海关报关实务(第六版)

谢国娥 编 著

U0951999

華東理工大學出版社
EAST CHINA UNIVERSITY OF SCIENCE AND TECHNOLOGY PRESS

图书在版编目(CIP)数据

海关报关实务 / 谢国娥编著. —6 版. —上海：华东理工大学出版社，2017.7(2025.1 重印)
ISBN 978-7-5628-5092-2

Ⅰ.①海… Ⅱ.①谢… Ⅲ.①进出口贸易-海关手续-中国-高等学校-教材 Ⅳ.①F752.5

中国版本图书馆 CIP 数据核字(2017)第 125417 号

内容提要

本教材从报关单位、报关员角度出发，结合海关业务的最新发展趋势——计算机技术在海关及报关业务中的运用，详尽介绍了报关单位及报关员的应知和应会，如海关对报关单位和报关员的管理规定，报关与进出口国家管制的关系，一般进出口货物、保税加工货物、保税物流货物，其他特殊进出口货物分别如何报关，进出口商品编码如何归类查询，关税及其他税费如何计算，报关单及其他主要单证如何填制，以及与报关有关的海关法律制度等多方面内容。

本书内容新颖、实用、可操作性强，且编排合理，详略得当，力图体现时代潮流。它不仅可以作为涉外经贸专业、海关专业及报关人员培训班的教材，也是从事或有志于从事涉外经贸业务人员的案头良伴，更是广大对报关业务知识有兴趣者的理想读物。

策划编辑 / 欧聿红
责任编辑 / 周　颖　牟小林
装帧设计 / 戚亮轩
出版发行 / 华东理工大学出版社有限公司
地址：上海市梅陇路 130 号，200237
电话：021-64250306
网址：www.ecustpress.cn
邮箱：zongbianban@ecustpress.cn
印　　刷 / 上海新华印刷有限公司
开　　本 / 787mm×1092mm　1/16
印　　张 / 21.25
字　　数 / 554 千字
版　　次 / 1997 年 7 月第 1 版
2017 年 7 月第 6 版
印　　次 / 2025 年 1 月第 6 次
定　　价 / 49.00 元

写在 20 周年

20 岁是人生的金色年华。本书从 1997 年第一版出版至今已 20 载，进入了最美好的年华。为了感谢读者的长期支持和厚爱，20 周年之际，作者将为读者献上一份精心的礼物—《海关报关实务》全新第六版。本版与时俱进，尽可能地纳入与报关有关的最近几年来的政策变化和操作变化，是一次较大范围的调整。希望将最新的政策与做法呈现给读者，能为读者的学习和工作带来助益。本次改版修订的内容包括以下几个方面。

1. 改版后，全书共计十章。将第五版第一、第二章合并，删除最后第十二章“各国口岸通关实务”，因为国外口岸通关通常是贸易伙伴的事，我方贸易商稍作了解便可，这样处理使得本书更显紧凑、精炼、实用。

2. 重写了海关对报关单位和报关员管理的大部分内容。随着海关总署公告 2013 年第 54 号《关于改革报关员资格管理制度》公告的颁布，以及海关总署令第 221 号 2014 年 2 月 13 日《中华人民共和国海关报关单位注册登记管理规定》的发布，海关对报关单位和报关员的管理有了全新的变化，本版如实呈现了这种变化，并将章后的所有单证附件做了更换。

3. 根据变化了的情况对出口配额许可证、出口许可证管理的货物以及自动进口许可证管理的货物做了调整与更换。

4. 重写了进出口货物外汇管理这一节内容。为大力推进贸易便利化，进一步改进货物贸易外汇服务和管理，国家外汇管理局、海关总署、国家税务总局决定，自 2012 年 8 月 1 日起在全国实施货物贸易外汇管理制度改革，并相应调整出口报关流程，优化升级出口收汇与出口退税信息共享机制。本版清晰梳理了货物贸易外汇管理制度改革的内容和做法。

5. 增加了新一代海关电子政务信息系统 H2010 版本的介绍。

6. 对出口退税部分内容进行了调整。根据国家外汇管理局公告 2012 年第 1 号规定，企业不再办理出口收汇核销手续，并相应调整了出口报关流程，出口报关以及出口退税都不再需要出口收汇核销单，本版据实作了反映。

7. 重写了保税区、保税港区、综合保税区进出货物的报关程序。随着中国进一步加大开放步伐，近几年保税港区和综合保税区发展迅速，本版将这些新内容纳入进来，以更全面地反映中国的开放局面。虽然自由贸易试验区也是国内进一步开放的体现，但本版未将其纳入。因为它们是作为国家战略设立的，是先行先试、深化改革、扩大开放的重大举措，主要是以制度创新为着力点，重在提升软实力。它们的功能更复杂，肩负的历史任务更重，远远不是货物的进出更便利化所能涵盖的。

8. 重写了进口货物原产地的申报要求以及申报常见错误。海关总署于 2016 年颁布了《关于优惠贸易协定项下进出口货物报关单填制规范》第 51 号公告，对于优惠贸易协定项下的随附单据栏的填制要求有了新的规定，本版及时对该内容进行了调整。

9. 重写了进出口货物报关单的填制这一章内容。海关总署于 2016 年颁布了关于修订《中华人民共和国海关进出口货物报关单填制规范》的公告，对报关单填制栏目做出了较大的调整，本版据此做了相应修改。

10. 每章最后增加了关键词和思考与问答，以启发读者思考并掌握各章的要点与难点。

本次改版保留了第五版每章的引导案例、小经验、小测验、答疑解惑、小案例或综合案例等受读者欢迎的内容。改版得到姚建新、张亮、许瑶佳、蓝国华、吴军剑、洪璇、谢琪、黄建国、谢飞、黄雨静等的支持,在此一并致谢。

编者 2017 年 3 月

目 录

海关对报关单位和报关员的管理

引导案例

某年4月12日，某有限公司委托上海航联报关有限责任公司，以一般贸易方式向海关申报出口至阿联酋60辆摩托车。4月13日，经吴淞海关查验发现，该公司出口的60辆摩托车发动机及车座上外部商标显示“HONLING”字样，撕去外部商标显示“YAMAHA”商标。经联系权利人，“YAMAHA”商标权利人雅马哈发动机株式会社确认摩托车为侵权货物。经海关调查发现，该批摩托车价值15 600美元，折合人民币129 480元。该公司行为已构成出口侵犯他人商标专用权货物的行为，根据《中华人民共和国知识产权海关保护条例》的规定，上海海关对该公司作出了没收侵权摩托车60辆的行政处罚决定。

海关监管的范围和对象是什么？海关的任务又是什么？一般在什么地方设立海关机构？

某公司是一家外资企业，之前委托报关行报关。最近该公司招了一名报关员，请问是否意味着该公司可以自行报关不用委托报关行了？另一公司在南京注册，有进出口经营权，并已办理海关注册登记。现需在天津口岸进口电子零配件，是否还需要到天津海关办理异地海关备案手续？

学完本章后，你将得到以上问题的答案。

第一节　海关与报关制度简介

一、我国海关的起源

据史书记载，我国古代是从西周开始设关的。西周建立于公元前11世纪，当时奴隶制经济已经成熟，商品交换已经得到相当程度的发展，与周围各民族的交往日渐增多，国家机构和政治制度日趋完备。西周建国后，即开始建立管理陆路进出境事务的关卡机构，在古籍中即有“关执禁以讥”“讥异服，识异言”的记载（讥，查问之意）。尤其注意那些说外地语言、穿外地服装、形迹可疑的人，其目的在于防止奴隶外逃和奸细潜入，带有军事色彩。

西周以后逐步进入封建社会，关卡增多，并开始征收关税。到了春秋战国时期（公元前770年至公元前221年），由于农业、手工业生产的发展，商品交换的发达和专业商贾的兴起，各诸侯国之间以及他们与境外各国之间交往的频繁，斗争的加剧，加上内外长城的建成，城市的发展，以及国家机构和政治制度的完善等多种原因，关卡日渐增多，并开始征收关税。作为这一历史现象的反映，当时古籍中就出现了许多关于“关”“关市之征”的记录。这可以说是我国海关的萌芽。

在中国海关发展和演变的过程中，正式使用海关这一名词是在清朝康熙二十四年（公元1685 年），当时设立江、浙、闽、粤四海关。

新中国建立初期，设立在沿海口岸的海关机构称为“海关”，设立在陆路边境以及内陆的海关机构称为“关”。“海关”或“关”下设分关、支关。1985 年 2 月 18 日，海关总署下达《关于统一海关机构名称和调整隶属关系的通知》，将原来的海关（关）、分关、支关统一改称为海关，并将全国 121 个海关机构（包括 3 所海关院校）的级别分为局、副局、处、科级。其中局级海关、部分副局级及处级海关由海关总署直接领导，称为直属海关，其余海关分别隶属于这些直属海关。

二、海关监管的范围和对象

（一）海关监管的范围

海关是对进出境货物、运输工具、行李物品、货币、金银等执行监督管理和稽征关税的国家行政机关。海关监管是在进出境这一特定环节上实施的，因此，海关监管的范围应该是与进出境有关的场所和地点。依据《海关法》，海关监管的范围主要包括三方面。

- 设有海关机构的港口、国界孔道、航空港、车站、国际邮件交换局（交换站）和内地海关业务比较集中的地方；
- 经国务院或者国务院授权部门批准运输工具、货物和物品进出境的未设立海关的地方；
- 其他有海关业务的场所。

（二）海关监管的对象

海关监管的对象是：进出境运输工具、货物、行李物品、邮递物品和其他物品，以及上述货物和物品有关的仓库、场所和国内运输工具。具体地说，主要包括以下几点。

- 进出关境的运输工具以及承运进出境货物和物品的国内运输工具。如：经营国际运输的船舶、列车、航空器（飞机、飞艇等）、汽车和驮运牲畜等。
- 进出口货物和物品。进口货物包括：进口货物、转口输入货物、暂时进口货物、保税货物等；出口货物包括：出口货物、转口输出货物、暂时出口货物等；进出口物品包括：展览品、广告品等以及运输工具需用的燃料、物料等。
- 过境、转运、通运货物。
- 进出境人员携带、托运的自用和家用物品、馈赠物品和职业所需物品，以及进出境运输工具、服务人员携带的自用物品，以及因公经常进出国境的邮政、运输机构工作人员、其他有权经常进出国境人员携带的自用物品。
- 进出境的国际邮递物品以及非贸易性印刷品。

需要注意的是，在海关管理中，货物和物品是有很大区别的。货物的进出境一般具有明显的盈利目的，而物品则没有；货物一般签有贸易合同、协议，或虽无贸易目的但有特定的使用目的（如暂准进出境货物），而物品则不存在签订货物合同或协议的问题；此外，货物一般数量较大，而物品通常量不大，允许在自用合理数量以内（参见案例 1－1）。本教程主要关注前者，报关员考试的主要内容也是围绕进出境货物而展开的。

案例 1-1

"三鹿"奶粉事件发生以来,奶粉、乳制品的进口政策成了热门的话题。根据深圳海关网站消息,针对近段时间境外奶粉大量通过行邮渠道入境,海关在执法中采取了相应的从宽把握措施。可以说,如果是年轻妈妈,这几天通过深圳口岸入境携带三箱(6 罐或 12 罐装)奶粉的话,当属自用合理范围,应该是可以顺利过关的。但对于"水客"(经常地、多次地携带应税物品入境谋利的旅客),海关会从严掌握验放标准。

资料来源:中国海关律师网。

三、海关的任务和权力

(一) 海关的任务

依据《海关法》,海关的基本任务有四项,即监督管理进出境的运输工具、货物、行李物品、邮递物品和其他物品;征收关税和其他税费;查缉走私;编制海关统计。

1. 海关监管

海关监管是由海关运用国家赋予的权力,通过报关登记、审核单证、查验放行、后续管理、查处违法行为等环节,对进出关境的各类运输工具、货物、物品实施有效的监督管理。它是海关四项基本任务的基础。海关监管可分为两个部分。

- 货物和运输工具的监管。包括监管以各种贸易方式,通过各种运输渠道,出入我国关境的货物,以及所有进出我国关境的海、陆、空运输工具。
- 行李、邮递物品的监管。包括各类进出境人员携带的行李物品及通过国际邮递渠道进出关境的各类物品。

海关对进出境货物、物品及运输工具实施监管的目的及意义比较广泛。在经济方面,通过实施进出口管理制度,保护本国的民族工业和自然资源,改善进出口贸易条件,促进对外经济贸易的健康发展;在政治方面,严格管制与国家安全直接相关的货物、物品,如武器、弹药、爆炸品、无线电通信器材及国家机密的出入境;在公众健康卫生方面,制止非法贩运的麻醉品以及国外病疫虫害等有害公众健康的其他物品入境;在文化道德方面,制止各类反动宣传品及淫秽、迷信物品的入境,以及防止国家珍贵历史文化遗产的流失等。

2. 海关征税

依据国务院颁布的《中华人民共和国海关进出口关税条例》、《中华人民共和国海关进出口税则》,以及海关总署发布的《关于入境旅客行李物品和个人邮递物品征收进口税办法》,海关必须对进出口货物及进口物品征收关税。除此之外,海关还依法代政府其他部门在货物进出口环节征收多种国内税、费,以及依法收取规费、监管手续费、滞报金、滞纳金。

3. 海关缉私

查缉走私是世界各国海关普遍承担的一项职责,也是海关的一项基本任务。海关缉私的目标是:制止和打击一切非法进出口货物、物品的行为,维护国家的主权和利益,保障社会主义现代化建设的顺利进行。海关依法在各个监管场所和设关地附近的沿海沿边规定地区执行缉私任务。由于我国国土辽阔,边境及海岸线漫长,走私活动无孔不入,因此,各有关执法部门应配合海关缉私,同走私活动进行有效的斗争。

4. 编制海关统计

海关统计是国家统计的一个重要组成部分。它以数字形式反映实际进出口的情况。国务院确定,海关统计是国家正式对外公布的进出口统计。列入我国海关统计的货物范围有两类,即实际出入境的对外贸易货物和直接影响我国物资储备增减的进出境物品。海关统计的主要作用是：为国家制定对外经济贸易方针、政策和计划提供依据；及时反映国家对外经济贸易方针、政策和计划的实际贯彻执行情况；为系统研究我国对外贸易和国际经济贸易关系提供资料；通过审核海关统计，对货运监管、征税等业务环节的工作质量起最后把关的辅助作用，以改进和严密海关的监督管理。海关统计数据直接来源于各口岸报关员填制的报关单，报关单填制质量如何直接影响着国家进出口统计数据的准确性和可靠性，因此，报关员应严肃认真对待。

除了这四项基本任务以外，近几年国家通过有关法律、行政法规赋予了海关一些新的职责，比如知识产权海关保护、海关对反倾销及反补贴的调查等，这些新的职责也是海关的任务。随着国家改革开放的不断深化，对外贸易的迅速增长，海关新的职责将还会出现。

（二）海关的权力

海关权力是指国家通过《海关法》赋予海关在监督管理活动中的支配、管理、指挥的权力。为了规范这些权力的使用，海关总署制定了相应的法律制度，以使各级海关执政有法可依。

1. 行政许可权

包括对报关企业注册登记许可以及从事海关监管仓库的仓储、转关运输货物的境内运输、加工贸易备案、变更和核销业务的许可，对报关员的报关从业许可等权力。该权力对应的法律制度是海关行政许可制度。

2. 税费征收权

包括代表国家依法对进出口货物、物品征收关税及其他税费；根据法律、行政法规及有关规定，依法对特定的进出口货物、物品减征或免征关税；以及对经海关放行后的有关进出口货物、物品，发现少征或者漏征税款的，依法补征、追征税款的权力。

3. 行政监督检查权

海关保证履行其行政管理职能得到履行的基本权力，主要包括检查权、查验权、查阅复制权、查问权、查询权、稽查权等（参见表 1－1）。该权力对应的法律制度是海关稽查制度。

表 1－1 行政检查权列表

类别	对象范围	备注
（1）检查权	进出境运输工具、有藏匿走私嫌疑货物、物品的场所、走私嫌疑人	在货物通关过程中行使
（2）查验权	进出境货物、物品	必要时，可径行提取货样
（3）施加封志权	所有未办结海关手续，处于海关监管状态的货物、物品、运输工具	
（4）查阅、复制	进出境人员证件、文件、资料等	
（5）查问	违法嫌疑人	调查违法行为
（6）查询权	涉嫌单位、人员在金融机构、邮政企业的存款或汇款	调查走私案件时，经直属海关关长或其授权的隶属海关关长的批准
（7）稽查权	与进出口货物直接相关的人、物、资料	进出口货物放行之后 3 年，对保税货物、减免税进口货物，海关监管期限内及其后 3 年

4. 行政强制权

该权力是《海关法》及相关法律、行政法规得以贯彻实施的重要保障，包括扣留权、滞报金及滞纳金征收权、提取货样施加封志权、提取货物变卖先行变卖权、强制扣缴和变价抵缴关税权、税收保全、抵缴变价抵缴罚款权、连续追缉权和其他特殊行政强制权等（参见表 1－2）。该权力对应的法律制度是海关事务担保制度、知识产权海关保护制度。

表 1-2　行政强制权列表

类别	内容
(1)扣留权	违规的进出境运输工具、货物、物品及相关单证资料
(2)滞报、滞纳金征收权	滞报金、滞纳金
(3)提取货物变卖,先行变卖权	超过期限3个月未申报货物,进口货物收货人或所有人声明放弃货物,海关有权提取变卖处理;经批准可扣留并提前变卖不宜长期保存货物
(4)强制扣缴,变卖抵缴关税权	纳税义务人、担保人超过规定期限未缴纳税款,经批准可以强制扣缴或变价抵缴
(5)税收保全	需进出口货物纳税义务人提供纳税担保而不能提供担保的,经批准可以采取税收保全措施
(6)抵缴、变价抵缴罚款权	逾期不履行海关处罚决定又不申请复议或起诉的
(7)其他,处罚担保	有违法嫌疑,但不便扣留的,应提供处罚金额等值担保
(8)其他,税收担保	在规定纳税期内转移财产等迹象,应提供应纳税款等值担保

5. 佩带和使用武器权

海关总署、公安部联合发布《海关工作人员使用武器和警械的规定》,对海关使用武器的种类、范围、对象及条件作了具体规定。

6. 行政处罚权

海关有权对尚未构成走私罪的违法当事人处以行政处罚。包括对走私货物、物品及违法所得处以没收;对有走私行为和违反海关监管规定行为的当事人处以罚款;对有违法情事的报关单位和报关员处以警告以及处以暂停或取消报关资格的处罚等。该权力对应的法律制度是海关行政处罚制度。

7. 其他行政处理权

包括行政裁定权、行政奖励权、行政立法权、行政复议权及对与进出境货物有关的知识产权实施保护等。该权力对应的法律制度是海关行政裁定制度、海关行政复议制度。

四、海关的三级法律体系

海关法一词在使用时,一般有两种表达意思:加书名号的和不加书名号的。两者的意义不同:加书名号的专指《中华人民共和国海关法》;不加书名号的含义是规定国家对进出境活动实行监督管理制度,用以调整海关与进出关境活动当事人之间、海关与其他国家机构之间以及海关机构之间在监督管理活动中相互关系的法律规范。具体地,海关的法律体系可以分为三级,国家最高权力机关全国人民代表大会制定通过的《海关法》,国务院颁发的《关税条例》《稽查条例》等行政法规以及海关总署依据上一级法律、法规制定的实施细则和管理办法,通常以海关总署令或海关公告形式发布(参见图 1-1)。

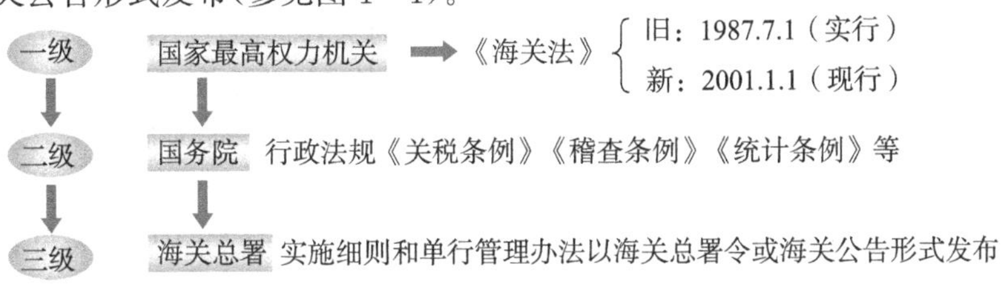

图 1-1　海关的三级法律体系

五、海关的管理体制与设关原则

目前,我国海关的管理体制为三级垂直领导体制,即海关总署(部级)、直属海关(局级或副局级)、隶属海关三级。直属海关由海关总署领导,向海关总署负责;隶属海关由直属海关领导,向直属海关负责。海关的隶属关系,不受行政区划的限制,地方海关的工作不受地方政府、人大的管辖。海关依法独立行使职权,向海关总署负责,海关总署由国务院直接领导(参见图1-2)。

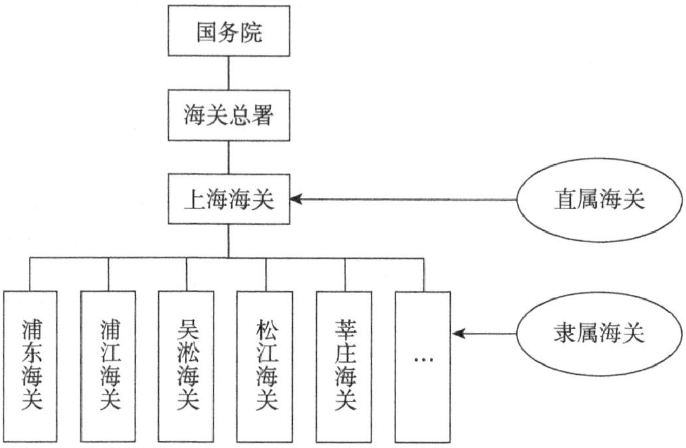

图1-2　海关垂直管理体系结构图

海关总署是海关系统的最高领导部门,下设广东分署,在上海、天津设立特派员办事处,协助总署管理区域内的海关。直属海关负责管理一定区域范围内的海关业务,就本关区内的海关事务独立行使职责,向海关总署负责。直属海关承担着在关区内组织开展海关各项业务和关区集中审单作业、全面有效地贯彻执行海关各项政策、法律、法规、管理制度和作业规范的重要职责,在海关三级业务职能管理中发挥着承上启下的作用。隶属海关负责办理具体海关业务,是海关进出境监督管理职能的基本执行单位,一般都设在口岸和海关业务集中的地点,根据海关业务情况设立若干业务科室。

在报关实务中,报关单位及所属报关员工作中直接接触机会最多的是隶属海关,有时也需要和直属海关打交道(如报关企业注册登记许可),少数情况下还可能需要直接和海关总署有关部门打交道(如知识产权备案等)。对于报关员来说,搞清楚应去哪一级海关部门办理相关事务,是开展报关工作的前提。

过去,我国海关机构一般设在沿海城市和一些边境口岸。随着改革开放和外向型经济的发展,经国务院批准,许多开放城市、开放地区和内陆省市也相继设立了海关机构,如西宁海关、兰州海关、银川海关、贵阳海关等,目前,全国共设有41个直属海关。

如前所述,海关的隶属关系不受行政区划的限制,即可以考虑在现有行政区划之外安排海关的上下级关系和海关的相互关系,如大连海关、沈阳海关,都在辽宁省境内,但大连海关不归属沈阳海关管辖,两者行政级别相同,都是直属海关,此外,广州海关、深圳海关、拱北海关和汕头海关都是平级单位、直属海关。更有一个特别的例子,济南海关是隶属海关,受青岛海关(直属海关)的管辖(参见附录一)。还有,有些境内地点(如各地经济技术开发区、保税区等)进出口业务频繁、转关运输监管、保税加工监管等海关监管业务相对较集中,海关总署在这些相关区域也设置了直属海关或隶属海关,方便监管。这说明,我国海关机构的设置是“按需”而设的。

因此,我国设立海关的基本原则是:国家在对外开放的口岸和海关监管业务集中的地点设立海关。具体地,依据《海关法》,我国在下列地方设立海关机构:(1) 对外开放口岸和进出口业务集中的地点;(2) 边境火车站、汽车站及主要国际联运火车站;(3) 边境地区陆路和江河上准许货物、人员进出的地点;(4) 国际航空港;(5) 国际邮件互换局(交换站);(6) 其他需要设立海关的地点。海关机构的设立、撤销,由国务院或者国务院授权海关总署决定。

需要指出的是,我国的香港、澳门和台澎金马地区不在海关总署管辖范围之内,属于单独关税区,各自实行独立的海关管理制度和单独的关税政策。

六、报关制度的形成

从报关制度的历史发展看,报关制度的初步形成经历了以下几个阶段。

1. 新中国建立初期—1979 年

新中国建立初期,海关曾延续实行过旧中国的报关行制度,但随着国营进出口公司在对外贸易中逐步占据主导地位,海关作业制度的简化,开始了外贸公司的自行报关,尤其是自 1953 年开始实行《进出口贸易许可证办法》后,海关凭经贸主管部门签发的进出口许可证进行监管,原有部分专业报关行因而失去其存在的价值。

2. 1979—1985 年

党的十一届三中全会以后,由于我国实行改革开放政策,对外贸易经济成分和经营方式逐渐呈现多元化趋势。1980 年起,我国海关应用了新格式的"进口货物报关单"和"出口货物报关单"。当时,我国对外贸易是在社会主义计划经济体制下运行的,对外贸易基本上都由国家经贸主管部门批准的外贸专业总公司及其在各省、直辖市、自治区的分公司或省一级政府批准的外贸公司统一经营。这些公司获得了对外贸易进出口经营权,即意味着自动取得了进出口报关资格。因此,自 1980 年到 1985 年上半年间,海关对报关单位的确认,主要通过审查其是否具有经国家经贸主管部门批准的进出口经营权。由于进出口贸易都是根据国家下达的计划任务来执行的,走私和违反海关规章的行为极少发生,因此海关对报关单位及报关人员在法律责任上没有特别的规定和要求。

3. 1985 年前后

1985 年前后,我国加快了对外开放的步伐,参与对外经济贸易活动的经营成分和贸易方式发生了很大的变化,工贸、农贸、商贸、军贸、技贸等公司或企业异军突起,原由外贸专业公司一统天下的垄断局面被打破。随着利用外资、引进先进技术和国外先进管理经验政策的进一步推行,"三来一补""外商投资"等灵活而又有利于我国经济建设发展的贸易方式开展得很活跃,大批的非外贸专业公司、企业的报关人员加入到进出口报关业务的行列,使我国形成一支多经营成分、多贸易方式企业组合的庞大报关大军。面对众多的初涉报关业务的企业及报关人员,为摆脱穷于应付的困扰和避免严重影响报关质量和效率,有不少海关通过实践开始认识到培训报关员和加强对报关单位管理的重要性和必要性,于是,频频试办报关员培训班,对报关员上岗前实行培训、考核和发证等管理办法。为适应当时对外经济贸易发展的形势,海关总署对各地海关的实践经验及时加以总结,于 1985 年 7 月制定了《中华人民共和国海关对报关单位实施注册登记制度的管理规定》(以下简称《管理规定》)。自此以后,我国海关有了一个较为完善的全国统一的报关制度的法律规定。这个规定明确,报关单位是直接向海关办理进出口货物和进出境运输工具报关手续的企业,或者是代收发货人和旅客及运输工具所有人、负责人办理进出口报关手续的企业。这些企业必须按规定向海关办理报关注册登记,否则不得直接办理报关手续,规定明确,报关人员要接受海关培训,经考试合格后,发给报关员证件并持证报关;规定还明确了报关单位和报关员的责任,即必须遵守国家有关进出口的政策、法律、法规,和海关法规、规章,保证按照海关的规定和要求认真、如实地填写报关单据,交验有关证件,办理进出口货物的报关手续;负责开拆和重封货物包装,缴纳税款、罚款及海关规定的各项费用。规定还强调,海关认为必要时,报关单位和报关员应负责向海关提供有关企业的贸易合同、来往账册和其他单证;海关发现企业有走私、违规行为的,除依法处罚外,还可以在一定时期内停止当事人的报关业务,吊销报关员的报关证书。这一规定的出台,无疑是我国海关报关制度形成的一个重要标志,也是海关对报关单位和报关人员规范化和制度化管理的一个具体体现。

七、报关制度的发展

1. 1987—1992 年

1987 年 7 月 1 日颁布实施的《中华人民共和国海关法》[①]首次以法律的形式明确了海关的性质,即中华人民共和国海关是国家进出关境监督管理机关,进出关境的活动是中国海关实施监督管理的范围。同时也首次以国家法律的形式对报关注册登记,报关企业、代理报关企业、报关员的管理作了规定,为我国报关管理制度的完善发展提供了坚实的法律基础。随着我国对外开放的继续深化和外贸体制的进一步改革,新成立的外贸企业和报关人员不断增加,报关单位及报关人员违反海关规定的走私、违规行为时有发生。一方面报关单位和报关人员觉得报关手续烦琐、效率低;另一方面,海关觉得报关单位法制观念不强,报关员素质低,填写报关单的质量差,影响通关速度。因而使海关内外都开始意识到 1985 年制定的《管理规定》已满足不了外贸发展的需要。为从根本上解决报关难与通关不畅的问题,海关总署在 1988 年 H883 报关自动化工程试点成功和 1992 年《商品名称及编码协调制度》顺利实施的基础上,为更好地适应改革开放的形势并加强对进出口货物报关单位和报关员的管理,于 1992 年 9 月制定了《海关对报关单位和报关员管理规定》(以下简称新《管理规定》)。此规定自同年 11 月 15 日起实施后,原《管理规定》即废止。新《管理规定》的指导思想明确提出报关制度的改革方向是报关专业化、社会化和网络化;支持、鼓励和扶植专业报关企业;逐步形成以专业报关、代理报关和自理报关三结合的报关制度。

新《管理规定》除了保留原《管理规定》的内容外,还将报关企业分为代理报关单位(即专业报关和代理报关)和自理报关单位,并对异地报关作了规定;在实行计算机报关的口岸,代理、自理报关单位或者报关员应当负责将报关单上申报的数据录入电子计算机,不具备自行录入报关数据条件的,可委托数据录入服务单位代为录入;新《管理规定》特别明确,经电子计算机传送数据的报关单与手工填写的报关单具有同等的法律效力。

2. 1994—1997 年

1994 年 10 月 24 日,海关总署以第 50 号总署令发布了《中华人民共和国海关对专业报关企业的管理规定》,自 1994 年 12 月 1 日起施行。1995 年 7 月,海关总署颁布《中华人民共和国

① 中华人民共和国海关总署:海关法规-法律,http://www.customs.gov.cn,2007-7-8。

海关对代理报关企业的管理规定》，自 1995 年 9 月 1 日起施行。这是海关对专业报关企业、代理报关企业实施全面管理的重要法规，标志着我国决心参照国际上海关报关的通行做法，大力培育和发展专业报关行或报关公司，走报关专业化、社会化的道路。

3. 1997—2001 年

为加强报关员管理，维护报关秩序，规范报关行为，海关总署发布了《中华人民共和国海关对报关员管理规定》《报关员资格全国统一考试暂行规定》(以下简称《规定》)，并分别于 1997 年 6 月 1 日和 7 月 1 日起实施。《规定》对报关员的资格审定、注册和年审、权利、义务和法律责任等提出了明确要求。且自《规定》实施之日起，海关实行报关员资格全国统一考试制度。这一制度是我国报关管理制度的一项重要改革，是提高报关质量和提高企业经济效益的一项重要措施。

2001 年 1 月 1 日起，新修订的《海关法》以法律的形式明确规定了向海关办理报关纳税手续的企业及人员的主体资格，报关企业及其委托人的法律地位和法律责任，企业的报关注册登记，报关从业人员资格，报关企业和报关员的业务守则等内容，将我国的报关管理制度进一步法制化和规范化，使我国的报关管理更加适应外贸体制的改革与中国加入 WTO 的要求，标志着我国报关管理制度走向完善。

4. 2002 年，中国报关协会成立

随着我国对外经济贸易的飞速发展，报关业务量迅速增长，据统计，2001 年全国报关量已达到近 2 000 万份报关单。报关业务量的增长带动了我国报关行业的迅速发展。目前，报关行业在我国对外经济贸易的快速发展中发挥着越来越重要的作用。

但是，在报关行业发展的过程中，由于管理体制的不适应和与市场机制的不协调等原因，一些报关企业和报关人员违规经营，甚至参与走私违法活动，严重扰乱了报关服务市场，影响了进出境工作的正常秩序，给报关行业的健康发展带来了很大的负面影响。随着形势的发展，特别是我国加入 WTO 后，中国报关企业将直接或间接地面临国际竞争。同时，伴随着我国国民经济和社会信息化的发展，政府部门广泛推广电子政务，海关等部门也加快了"电子海关"、"电子口岸"的建设，开始试行"无纸通关"，这对如何进一步提高和改进报关服务质量提出了新的要求。因此，建立一个全国统一、公平竞争、规范有序的报关服务市场体系已成为报关行业发展的必然要求。经过精心组织筹备，中国报关协会于 2002 年 12 月 11 日正式成立。

中国报关协会(China Customs Brokers Association，简称 CCBA)，是由经海关批准从事报关的企业和个人自愿结成的非营利性质的具有法人资格的全国性行业自律组织。该协会是中国唯一的全国性报关行业组织。协会成员包括专业报关企业、货运代理企业和自理报关企业及其报关员。中国报关协会受民政部和海关总署双重管理，其登记管理机构为民政部，业务主管单位为海关总署。

中国报关协会的宗旨是配合政府部门加强对我国报关行业的管理，维护、改善报关市场的经营秩序，促进会员间的交流与合作，依法代表本行业利益，保护会员的合法权益，促进我国报关服务行业的健康发展。报关行业协会的业务范围是：监督指导、沟通协调、行业自律、培训考试、年审初审、出版刊物、交流合作、创办实体。

显然，中国报关协会的成立将有助于规范报关市场秩序，从而促进我国对外贸易的发展。

八、报关制度的完善

随着《海关法》的修订，以及《对外贸易法》和《行政许可法》的颁布实施(均于 2004 年 7 月

1 日实施),原有的报关单位注册登记管理制度在很多方面已明显不适应新的形势。一方面全球经济的迅猛发展,我国社会主义市场经济的日益深化,使对外贸易和报关服务市场的经营主体均呈现出多元化的趋势;另一方面,《行政许可证》颁布后,政府将只能在法定的权限范围内依法履行职责,而不能再以行政命令的方式干预市场经营主体的自主经营。此外,从海关的执法实践看,由于报关企业多头审批,报关服务市场准入条件不一,企业年检手续繁杂等,也使海关管理遇到了许多新情况、新问题。基于上述原因,海关总署在原有规章的基础上,经充分调研、论证,几度修改并经立法复核后,颁布了《中华人民共和国海关对报关单位注册登记管理规定》,并于 2005 年 6 月 1 日起施行。这次修订颁布的《中华人民共和国海关对报关单位注册登记管理规定》修改的内容主要有以下几方面。

1. 报关企业可采取多种经营形式

随着各个行业准入限制的逐步放开,企业往往采取多种经营形式,以规避市场风险,寻求更多的利益增长点,原有的行业界限已经被打破。从报关企业的经营状况看,为满足现代物流"门到门"的客户服务要求,必然使报关企业将运输代理、仓储、配送、报关、报检、报验等环节衔接起来,采用多种经营相结合的方式。显然,对报关企业只允许专业经营的规定已不符合社会主义市场经济发展的规律。新规定对此作了修改,只要符合报关企业条件都可以申请取得报关企业注册登记的许可,不再区分专业报关企业和代理报关企业,允许报关企业采取多种经营,并实行统一的准入"门槛"。这项修改有利于形成物流业现代化、国际化的服务体系,能够使进出口物流更顺畅,通关更便捷。同时,也有利于海关集中力量规范报关企业及其报关员的报关行为,使报关服务市场的运作更规范,竞争更有序。

2. 报关企业注册登记实行许可制

根据《行政许可法》的规定,行政许可可以通过法律或行政法规以及国务院决定的形式设定。对报关企业的注册登记实行许可制度的法律依据体现在《海关法》第九条以及第十一条。第九条内容是:"进出口货物,除另有规定的外,可以由进出口货物收发货人自行办理报关纳税手续,也可以由进出口货物收发货人委托海关准予注册登记的报关企业办理报关纳税手续。"第十一条内容是:"进出口货物收发货人、报关企业办理报关手续,必须依法经海关注册登记。"《行政许可法》实施后,行政许可设定和实施均要遵循公开、公平、公正的原则,不能搞身份上的不平等。因此,新颁布实施的《报关单位注册登记管理规定》按照《海关法》的提法,不再对报关企业做传统的"专业"和"代理"的区分,只规定"报关企业"主体,实行统一的许可制,统一的市场准入标准、市场竞争规则和违法惩戒机制,以保证市场竞争具有公开、公平、公正的环境。

3. 报关企业设立的条件

《海关法》仅规定了报关企业只有依法经海关注册登记,方能从事报关业务,而对设立条件没有具体规定。由于海关的部门规章可以在有上位法依据的具体情况下,对具体设立条件进行规定,所以《报关单位注册登记管理规定》从报关企业的规模、管理人员素质、报关员数量、守法状况和管理制度等几个主要方面对设立条件予以明确。报关服务是一项专业性、技术性很强的工作,是进出口货物贸易中重要的中介服务环节。报关企业在不断拓展报关服务范围的同时,所承担的注册责任也加重了。随着海关业务改革的不断推进,海关内部的职能分工越来越细,海关对报关单位的要求也越来越高。因此,规定进入报关服务市场的企业必须要有一定的经营规模、相当数量的报关专业人员和有经验的管理人员,并具备健全的组织机构和财务管理制度。这也是防止出现盲目投资、从业企业过多、管理水平低下、竞争秩序混乱等现象,促使报关企业走规模化、规范化发展道路的有力措施，也是海关降低监管风险的需要。

4. 进出口货物收发货人注册登记

《海关法》并未对进出口货物收发货人注册登记的性质作出明确规定，只是要求其必须向海关注册登记后方能办理报关业务。国际上一般对进出口货物收发货人不实行报关注册登记管理，考虑到我国现有的进出口货物收发货人有相当一部分仍由自己办理报关纳税手续，且在与报关相关的海关法律、贸易管制政策、进出口商品等知识以及报关技能方面有待进一步提高；同时海关统计也需要对企业实行编码管理，所以《报关单位注册登记管理规定》第三十五条和第三十六条专门就进出口货物收发货人的注册登记手续作出了新规定。但需注意的是，与报关企业不同，进出口货物收发货人报关注册登记属于备案性质，因而办理报关注册登记的手续和条件比报关企业要简单。鉴于《对外贸易法》实施后，除外商投资企业外，经营对外贸易实行备案登记制，对外贸易经营权将全面放开，进出口货物收发货人的范围也将随之扩大。

5. 取消企业年检，代之以许可延续或换证

新的《海关对报关单位注册登记管理规定》取消了原有一年一次企业年检的规定，代之以对报关企业实行两年许可延续，对进出口货物收发货人实行三年换证制度。采取该项修改措施，主要基于两个原因：一是按《行政许可法》的规定，企业年检不能作为行政许可资格延续的条件，而且《海关法》也未对企业年检作出规定，因而设立年检于法无据；二是海关多年的实践表明，采用年检方式对企业进行定期审查，由于众多企业需要在短时间集中办理，使得海关无法对企业经营状况进行系统的分析审查，因而不能达到应有的监管作用和预期效果。

取消企业年检并不意味着海关已放弃了对报关企业和进出口货物收发货人的监管责任。代之以对报关企业实行两年的许可延续，对进出口货物收发货人的注册登记实行三年换证，同样可以完成对企业变更信息的收集，同样需要进行审查，而且目的性和针对性更强。在将定期年检变成日常管理形式后，管理的作用会增强，管理效率会更高。

根据国务院关于进一步减少资质资格类许可和认定的有关要求，海关总署经过深入调研和广泛征求意见，决定改革现行报关从业人员资质资格管理制度，取消报关员资格核准审批，对报关人员从业不再设置门槛和准入条件。今后，报关从业人员由企业自主聘用，由报关协会自律管理，海关通过指导、督促报关企业加强内部管理，实现对报关从业人员的间接管理。这一做法符合简政放权、转变职能的要求以及行政审批制度改革的方向，同时有利于降低就业门槛，释放就业活力，营造就业创业的公平竞争环境。[①]

基于此，海关总署决定自 2014 年起不再组织报关员资格全国统一考试。报关员资格全国统一考试的取消，预示着进入这一行业从业人员的门槛在降低，但并不意味着对报关员业务水平要求的降低，因为报关是一个专业性较强的行业，没有受过正规培训的人员很难从事这一行业，所以，虽然国家行政部门不再组织该考试，但民间机构——中国报关协会仍每年定期举办该考试。企业是市场的主体，将报关从业人员业务能力的认定交由报关企业通过市场机制解决，可以解决报关员的供求问题，今后，报关员考试过关证书将不再是加入报关行业的必备证书，企业将根据报关员的业务水平来决定是否录用以及录用后的薪资标准。因此，报关业务知识、能力过硬仍然是受欢迎的，中小企业将可以通过培训培养更多的员工掌握报关业务能力。

① 中华人民共和国海关总署：海关总署公告 2013 年第 54 号(关于改革报关员资格管理制度的公告)，2013－10－12。

九、国外报关行及其报关制度简介

在美国,报关行业与医疗行业、律师业类似,是一种领取政府颁发的资格证书和执照,可以独立开业的特殊行业。在该行业从业的人员称"海关代理商",其依法取得执照后即可代表他人与海关接洽,从事办理有关海关事务。具体包括代理进出口货物的报关,协助进出口商申领许可证,对进出口货物进行税则归类,估定完税价格并计算应缴纳的关税以及其他税费和海关规费。有时报关行也提供一些与进出口交易相关的运输、仓储和代办保险等服务。海关代理商主要是通过自己的中介地位为进出口商提供各种专业服务并从中提取一定的佣金或回扣。

发达的计算机产业使美国海关在 20 世纪 70 年代末即成功开发并投入使用了自动化代理报关系统,从而使传统报关填单方式朝着更为简洁、快速、价廉的无纸报关前进了一大步。当前,随着高新技术的日新月异,美国的进出口商和海关都对美国海关代理商提出了更多的新要求。传统的独自开业或三五个人合伙的小作坊式的经营方式已经落伍于时代。因此,美国的海关代理行业正在努力进行自我调整,以适应形势的需要。一方面,中小型的报关行逐渐趋于合并,扩大规模,利用其丰富的人力资源为客户提供多方位的快捷服务。另一方面,各大报关行纷纷投入巨额资金,购置装备各种自动化办公设施,根据不同类型用户的需求和海关监管的规定自行编制计算机应用软件,待进口商的货物一驶离发运地,即通过报关行在国外的分支机构将各种报关单证用自动化通信手段直接向美国海关的自动化报关系统办理通关手续,待货物抵达美国口岸后,进口商即可直接提货。目前美国各大口岸 85%以上的报关行均已与海关的自动化报关系统联网,客户对海关代理商提供的高度自动化的服务普遍表示满意,同时也使得海关对进出口货物的监管和稽查变得更加适时和有效。

日本早在 1967 年就制定了《海关行法》,对全国从事报关业务的报关行或报关代理人应履行的义务、责任,应具备的条件、资格以及海关管理等方面均作了法律规定。日本海关负责报关行资格审查,凡符合条件的才发给经营报关业务的许可证。其报关员必须参加全国海关业务专家资格统一考试,合格后才能被聘用。

第二节　海关对报关单位的管理

一、报关单位的概念及类型

报关单位是指已完成海关报关注册登记手续,有权办理进出口货物报关手续的境内法人。《海关法》第九条规定:"进出口货物,除另有规定的外,可以由进出口货物的收发货人自行办理报关纳税手续,也可以由进出口货物收发货人委托海关准予注册的报关企业办理报关纳税手续。"据此可知,向海关办理进出口货物报关纳税手续的企业主体是进出口货物收发货人以及报关企业。这两类企业虽在办理海关报关注册登记手续后均可取得报关资格,但从事报关的方式却有较大差异:前者具有进出口货物经营权,货物进出口时可由其自行向海关办理报关纳税手续;而后者并不参与进出口货物的贸易经营,只有当收发货人委托时,才由其在委托的范围内向海关办理报关纳税手续。因此,进出口货物收发货人又称为自理报关单位,其报关方式称作自理报关;报关企业又称为代理报关单位,其报关方式称为代理报关。

1. 进出口货物收发货人

进出口货物收发货人是指依法直接进口或者出口货物的中华人民共和国关境内的法人、其他组织或者个人。《对外贸易法》[①]实施后，除外商投资企业外，经营对外贸易实行备案登记制，从事货物进出口的对外贸易经营者（包括组织和个人），只要向国务院对外贸易主管部门或者其委托的机构办理备案登记就可取得对外贸易经营权。对于一些未取得对外贸易经营者备案登记表但按照国家有关规定需要从事非贸易性进出口活动的单位，如境外企业、新闻、经贸机构、文化团体等依法在中国境内设立的常驻代表机构；少量货样进出境的单位；国家机关、学校、科研院所等组织机构；临时接受捐赠、礼品、国际援助的单位；国际船舶代理企业等，在进出口货物时，海关也视其为进出口货物收发货人。

进出口货物收发货人经向海关注册登记后，只能为本单位进出口货物报关。

2. 报关企业

报关企业，是指按照规定经海关准予注册登记，接受进出口货物收发货人的委托，向海关办理报关纳税手续，从事代理报关服务的境内企业法人。进出口货物收发货人可以自理报关，为什么还要委托专门的报关企业代为报关呢？因为进出境报关是一项专业性很强的工作，有些进出口企业由于经济、时间、地点等方面的原因不能或者不愿自行办理报关手续，便在实践中产生了委托报关的需要。

目前，我国从事报关服务的报关企业主要有两类：一类是经营国际货物运输代理等业务，兼营进出口货物代理报关业务的国际货物运输代理公司等，如国内各地都有一些大的物流公司代理香港 DHL、FedEx、UPS、TNT、韩国 NICE、日本佐川急便等国际知名快递公司的货物进出口报关；另一类是主营代理报关业务的报关公司或报关行，读者可查询各地的报关协会网站。

报关企业的代理报关活动可采用以其委托人的名义（直接代理）或以报关企业自己的名义（间接代理）两种不同的形式。采用不同形式，报关企业应承担的法律责任各不相同，如表 1-3 所示。

表 1-3 报关代理的属性与法律责任

行为与责任 / 报关企业	代理方式	行为属性	法律责任
报关企业代理报关	直接代理	委托代理行为	法律后果直接作用于被代理人（委托人）；报关企业亦应承担相应的法律责任
	间接代理	视同报关企业自己报关	法律后果直接作用于代理人（报关企业）；由报关企业承担收发货人自己报关时所应承担的相同的法律责任

报关企业以其委托人的名义办理报关纳税手续的，属于委托代理行为，报关企业与委托人之间是代理人与被代理人（或称委托人）的关系。代理人代理权的取得、行使和效力是基于委托人的委托授权。报关企业必须得到委托人的明确授权，方可行使代理权。因此除委托人（在该项进出境活动中）应遵守海关的各项规定外，报关企业在行使代理权时，也应当遵守海关对其委托人的各项规定（代理报关委托书见附件 1-1）。违反海关法的规定，同样要承担相应的

① 中华人民共和国商务部：各国法规—全球法律法规网—中国法规，http://policy.mofcom.gov.cn，2004-4-6。

法律责任。

报关企业接受其委托人的委托,以报关企业自己的名义办理报关纳税手续的,海关视同报关企业自己报关,其法律后果将直接作用于报关企业。

目前,我国报关企业大都采取直接代理形式代理报关,间接代理报关只适用于经营快件业务的国际货物运输代理企业。

案例 1-2

在实际报关业务中,直接代理报关一般要有委托书交海关,用委托人的单证;间接代理报关,一般把报关事务外包给报关企业,不用委托书,用报关企业的单证。例如,甲公司是一家外贸公司,乙公司是一家报关企业,甲公司委托乙公司报关进口两个标箱的货物,甲、乙公司签订委托报关协议,乙公司以甲公司的名义报关,则此报关行为属于直接代理报关。而A公司是一家快递公司,有客户托付快递公司运送一小批出境货物,按惯例快递公司以自己的名义进行报关(客户无需参与报关具体事务),这种情形则属于间接代理报关。

3. 两类报关单位主营业务及经营审批的差异

进出口货物收发货人和报关企业是两类具有报关资格的报关单位。这两类报关单位的主营业务、经营审批部门等存在较大差异。进出口货物收发货人从事的是对外贸易经营活动,应由外经贸主管机关审批其经营权;报关企业从事报关纳税服务活动,须由海关办理报关注册登记许可和报关注册登记手续;报关企业如果同时经营国际货物运输代理或国际运输工具代理等业务,则由外经贸主管部门或交通主管部门审批其经营权。两种企业经不同的主管部门审批取得了相应的经营权,但只有在海关办理报关注册登记手续后方能获得报关权。两类企业行使报关权涉及的货物范围也不相同,进出口货物收发货人只能为本企业自营进出口货物办理报关纳税手续;报关企业可接受进出口货物收发货人在各种运输承运关系下委托办理的报关纳税手续。两者的差异如表 1-4 所示。

表 1-4 两类报关单位主营业务、经营审批及报关范围的异同

	主营业务	经营审批	报关或代理报关范围
进出口货物收发货人	对外贸易经营(贸易型、生产型、仓储型)	对外贸易主管部门审批	自营进出口货物的报关纳税(也可委托报关企业报关)
报关企业	报关纳税服务(主营报关)	海关报关注册登记许可	受各进出口货物收发货人的委托,代理报关纳税
	国际货物运输代理(兼营报关)	对外贸易主管部门审批	

二、报关单位的注册登记

我国《海关法》第十一条规定:"进出口货物收发货人、报关企业办理报关手续,必须依法经海关注册登记。报关人员必须依法取得报关从业资格。未依法经海关注册登记的企业和未依法取得报关从业资格的人员,不得从事报关业务。"法律明确规定了对向海关办理进出口货物报关手续的进出口货物收发货人、报关企业实行注册登记管理制度。因此,依法向海关注册登记是进出口货物收发货人、报关企业成为报关单位的法定要求。除了这两类企业可以向海关办理报关注册登记外,海关一般不接受其他企业和单位的报关注册登记申请。海关对未取得对外贸易经营者备案登记表,但需要从事非贸易性进出口活动的有关单位,允许其向进出口口岸地或者海关监管业务集中地海关办理临时注册登记手续,但一般不予核发注册登记证书,仅出具临时报关单位注册登记证明，该证明有效期最长为一年。

考虑到两类报关单位的不同性质，海关对其规定了不同的报关注册登记条件。对于进出口货物收发货人，可以直接向海关办理注册登记。对于报关企业，其办理报关注册登记的手续和条件比进出口企业更复杂，海关要求其必须具备规定的设立条件并取得海关报关注册登记许可。

（一）进出口货物收发货人注册登记

进出口货物收发货人应当按照规定到所在地海关办理报关单位注册登记手续。应向海关提交下述材料：《企业注册登记业务申请书》《报关单位情况登记表》（见附件 1－2）、营业执照副本复印件、组织机构代码证书副本复印件，以及对外贸易经营者备案登记表复印件或者外商投资企业（台港澳侨投资企业）批准证书复印件。

申请人应将申请材料按上述顺序排列提交，按规定提交复印件的，应当加盖公章同时向海关交验原件。报关单位在办理注册登记业务时，应当对所提交的申请材料以及所填报信息内容的真实性负责并且承担法律责任，向海关提交的注册信息中隐瞒真实情况、弄虚作假的，海关予以警告，责令其改正，可以处 1 万元以下罚款。

海关依法对所交材料进行审核，合格无误后核发“中华人民共和国海关进出口货物收发货人报关注册登记证书”（见附件 1－3），进出口货物收发货人凭以办理报关业务。进出口企业在海关办理注册登记后，可以在中华人民共和国关境内各个口岸地或者海关监管业务集中的地点办理本企业的报关业务，无需异地备案。报关单位无需到海关办理报关专用章备案手续，但是报关单位应当按照海关总署统一规定的要求刻制报关专用章。报关专用章应当包含报关单位名称全称和“报关专用章”字样，形状应当为椭圆形，长轴为 50mm，短轴为 36mm。进出口货物收发货人的报关专用章可以在全国各口岸或者海关监管业务集中地使用。

2014 年海关新政出台，进出口货物收发货人持有的《中华人民共和国海关报关单位注册登记证书》长期有效[①]，而之前该证有效期为 3 年。这一新规大大简化了手续，对广大进出口企业来说无疑是重大利好。

（二）报关企业注册登记

报关服务是一项专业性、技术性很强的工作，是进出口贸易中重要的中介服务环节。作为提供报关服务的企业，要有一定的经营规模、相当数量的报关专业人员和有经验的管理人员，并具备健全的组织机构和财务管理制度，同时应对报关服务市场有一定的了解。为此，海关对报关企业规定了具体的设立条件，报关企业注册登记应首先依法获得报关企业注册登记许可。因此，之前海关要求报关企业注册登记手续分两步，先办理报关企业注册登记许可再办理报关企业正式注册登记手续。新政出台后，以上两步合并为一步，可以同时办理。

1. 报关企业注册登记许可

（1）报关企业设立条件

2014 年的海关新政同时简化了报关登记手续流程，降低了报关企业注册门槛，删除了之前对报关企业注册资本不低于人民币 150 万元；报关员人数不少于 5 名；报关业务负责人具有 5 年以上从事对外贸易工作经验或者报关工作经验等要求，大大减轻了报关企业的人力、物力成本。当前，报关企业注册登记许可设立的条件只需满足以下几点：境内企业法人资格条件；法定代表人无走私记录；无因走私违法行为被海关撤销注册登记许可记录；有符合从事报关服

① 中华人民共和国海关总署：中华人民共和国海关报关单位注册登记管理规定，2014－2－13。

务所必需的固定经营场所和设施；海关监管所需要的其他条件。

（2）报关企业注册登记许可程序

申请人应当向所在地直属海关或其授权的隶属海关提出申请并递交申请注册登记许可材料。申请人委托代理人提出注册登记许可申请时必须出具授权委托书。提交材料包括：《报关企业注册登记许可（延续）申请书》（见附件 1－4）；《报关单位情况登记表》；企业法人营业执照副本复印件以及组织机构代码证书副本复印件；报关服务营业场所所有权证明或者使用权证明；其他与申请注册登记许可相关的材料。

海关对申请材料齐全、复合法定形式的，应当受理报关企业注册登记许可申请，并做出准予注册登记许可的书面决定。企业在申请报关企业注册登记许可时，可以同时办理所属报关人员备案，也可以分开申请两项业务。为了简化办事手续，申请人可以在申请报关企业注册登记许可时，向所在地海关同时递交所属报关人员备案材料。对申请人的申请符合法定条件的，海关将在核发《中华人民共和国海关报关企业注册登记证书》（见附件 1－5）时，一并核发《报关人员备案证明》。

（3）报关企业跨关区分支机构注册登记许可

报关企业如需要在注册登记许可区域外（另一直属海关关区）从事报关服务的，可以设立分支机构，并且向分支机构所在地海关备案。报关企业分支机构可以在备案海关关区内从事报关服务。备案海关为隶属海关的，报关企业分支机构可以在备案海关所属直属海关关区内从事报关服务。报关企业对其分支机构的行为承担法律责任。报关企业设立分支机构需要向其分支机构所在地海关提交下列备案材料：《企业注册登记业务申请书》；《报关单位情况登记表》原件及复印件；报关企业《中华人民共和国海关报关单位注册登记证书》复印件；分支机构营业执照副本复印件以及组织机构代码证书副本复印件；报关服务营业场所所有权证明复印件或者使用权证明复印件；海关要求提交的其他备案材料。经审查符合备案条件的，海关应当核发《中华人民共和国海关报关单位注册登记证书》。

2014 年海关新规取消了之前异地注册所要求的以下前提条件：报关企业自取得海关核发的《中华人民共和国海关报关企业报关注册登记证书》之日起满 2 年；报关企业每申请一项跨关区分支机构注册登记许可，应当增加注册资本人民币 50 万元；报关员人数不少于 3 名；分支机构负责人应当具有 5 年以上从事对外贸易工作经验或者报关工作经验。这体现了行政机构简政放权，增强企业自主权的改革方向。

报关企业注册登记许可期限为 2 年，被许可人需要延续注册登记许可有效期的，应当办理注册登记许可延续手续。报关企业办理注册登记许可延续手续，应当在有效期届满 40 日前持注册登记相关材料向海关提出申请。报关企业应当在办理注册登记许可延续的同时办理换领《中华人民共和国海关报关单位注册登记证书》手续。

报关企业分支机构备案有效期为 2 年，报关企业分支机构应当在有效期届满前 30 日持备案所需的相关材料到分支机构所在地海关办理换证手续。

报关企业或其分支机构的企业名称、法定代表人发生变更的，应当持《报关单位情况登记表》《中华人民共和国海关报关单位注册登记证书》、变更后的工商营业执照或者其他批准文件及复印件，以书面形式到注册地海关或所在地海关申请变更注册登记许可。

2. 报关企业注册登记

报关注册登记许可申请人的申请符合法定条件的，海关应当依法作出准予注册登记许可的书面决定，并送达申请人，同时核发《中华人民共和国海关报关单位注册登记证书》。申请人的申请不符合法定条件的，海关应当依法作出不准予注册登记许可的书面决定，并且告知申请人享有依法申请行政复议或者提起行政诉讼的权利。《中华人民共和国海关报关企业报关注册登记证书》有效期限为 2 年，报关企业应当在办理注册登记许可延续的同时办理换领《中华人民共和国海关报关企业报关注册登记证书》手续，逾期自动失效。

在新规出台以前，报关企业申请人经直属海关注册登记许可后，还需要到工商行政管理部门办理许可经营项目登记，并且自工商行政管理部门登记之日起 90 日内到企业所在地海关办理注册登记手续。逾期，海关不予注册登记。而海关总署 221 号令新政规定，海关对报关企业做出准予注册登记许可的同时，核发《中华人民共和国海关报关单位注册登记证书》，将原来报关企业注册登记的先许可、再注册登记的程序简化为在申请行政许可的同时办理注册登记，这种二合一的做法大大简化了注册登记流程和手续，减轻了企业的时间成本和负担。

报关单位在海关注册登记后，海关会给每个报关单位一个独有的十位数经营单位（收发货人）编码，该编码的第六位数为企业性质代码，数字 8 代表企业性质是“报关企业”，其余数字代表有进出口经营权的各类企业，如国有、集体、个体、三资企业等（详见第九章）。报关单位报关注册登记与报关权限的差异见表 1－5，值得注意的是，报关企业及其分支机构的报关专用章仅限在其取得注册登记许可或者备案的直属海关关区内使用。

表 1－5　报关单位报关注册登记与报关权限的差异

报关单位的类型	报关注册登记许可	报关注册登记	报关权限
进出口货物收发货人	无须申请报关注册登记许可	向企业所在地海关注册登记手续（长期有效），异地报关无需异地备案	可以在中华人民共和国各个口岸或海关监管业务集中的地点办理本企业进出口货物的报关业务（自理报关）
报关企业	报关企业向所在地海关办理注册登记许可	向企业所在地海关办理注册登记手续（关区内各口岸建立分支机构的须向直属海关备案）（有效期为 2 年）	可以由关区内各分支机构在直属海关各口岸和海关监管业务集中的地点接受进出口货物收发货人的委托代理报关
	报关企业跨关区分支机构向拟注册登记地海关办理注册登记许可	向跨关区分支机构所在地海关办理注册登记手续	可以在所在地口岸或者海关监管业务集中的地点，接受进出口货物收发货人的委托代理报关
无经营权单位拟从事非贸易性进出口活动	无须申请报关注册登记许可	向拟进出境口岸或海关监管集中地海关办理临时注册登记手续（有效期为 1 年）	在临时注册地口岸或海关监管业务集中的地点办理非贸易性进出口活动的报关业务

（三）临时注册登记

下列单位未取得对外贸易经营者备案登记表，按照国家有关规定需要从事非贸易性进出口活动的，应当办理临时注册登记手续：

（1）境外企业、新闻、经贸机构、文化团体等依法在中国境内设立的常驻代表机构；

（2）少量货样进出境的单位；

（3）国家机关、学校、科研院所等组织机构；

（4）临时接受捐赠、礼品、国际援助的单位；

（5）其他可以从事非贸易性进出口活动的单位。

值得注意的是,已经办理报关注册登记的进出口货物收发货人,海关不予办理临时注册登记手续。临时注册登记有效期最长为1年,有效期届满后应当重新办理临时注册登记手续。

临时注册登记单位应当向所在地海关办理备案手续,特殊情况下可以向拟进出境口岸或者海关监管业务集中地海关办理备案手续。须提交下列材料:《企业注册登记业务申请书》《报关单位情况登记表》、组织机构代码证书副本复印件(有营业执照的单位还需提交营业执照副本复印件)、本单位出具的委派证明或者授权证明、非贸易性活动证明材料。

注册地海关依法对申请注册登记材料进行核对。经核对申请材料齐全、符合法定形式的,可以出具临时注册登记证明(参见附件1-6),但是不予核发注册登记证书。

三、海关对报关单位的分类管理

海关对报关单位实施分类管理是解决目前海关严密监管与高效运作和日益增长的业务量与有限的人力资源矛盾的根本办法,是实现海关监管资源合理配置的有效途径。实施企业分类管理,对高类别的守法企业,简化了通关手续,加快了通关速度,降低了通关成本,给企业带来实实在在的便捷和效益,增强了企业的竞争力。而海关有限的监管力量将主要用于对低类别失信企业的严密监管上,让企业体会到不守法或不诚信行为所带来的代价,促使企业规范其进出口行为,同时也对其他企业起到了警示、教育和预防作用。

《中华人民共和国海关企业分类管理办法》①对适用对象作出了较为严格的界定,即在海关注册登记的进出口货物收发货人和报关企业,其中包括:海关特殊监管区域内(如保税区、保税物流园区、保税港区、出口加工区等)的企业。《中华人民共和国海关企业分类管理办法》规定,无论进出口货物收发货人还是报关企业均划分为AA、A、B、C、D五个管理类别进行管理,并对企业的管理类别予以公开。海关按照守法便利原则,对适用不同管理类别的企业,制定相应的差别管理措施,其中AA类企业为经海关验证的信用突出企业,A类企业为信用良好企业,AA类企业和A类企业适用相应的通关便利措施;B类企业为信用一般企业,适用常规管理措施;C类企业为信用较差企业,D类企业为信用很差企业,C类和D类企业适用严密监管措施。全国海关实行统一的企业分类标准、程序和管理措施(参见附录二)。

(一)进出口货物收发货人管理类别的设定

1. AA类进出口货物收发货人,应当同时符合下列条件:

- 已适用A类管理1年以上;
- 上一年度进出口报关差错率3%以下;
- 经海关验证稽查,符合海关管理、企业经营管理和贸易安全的要求;
- 每年报送“经营管理状况报告”和会计师事务所出具的上一年度审计报告;每半年报送“进出口业务情况表”。

2. A类进出口货物收发货人,应当同时符合下列条件:

- 已适用B类管理1年以上;
- 连续1年无走私罪、走私行为、违反海关监管规定的行为;
- 连续1年未因进出口侵犯知识产权货物而被海关行政处罚;
- 连续1年无拖欠应纳税款、应缴罚没款项情事;

---

① 中华人民共和国海关总署:海关总署令第197号,2010-11-15。

● 上一年度进出口总值 50 万美元以上；

● 上一年度进出口报关差错率 5%以下；

● 会计制度完善、业务记录真实、完整；

● 主动配合海关管理，及时办理各项海关手续，向海关提供的单据、证件真实、齐全、有效；

● 每年报送“经营管理状况报告”；

● 按照规定办理“中华人民共和国海关进出口货物收发货人报关注册登记证书”的换证手续和相关变更手续；

● 连续一年在商务、人民银行、工商、税务、质检、外汇、监察等行政管理部门和机构无不良记录。

3. 进出口货物收发货人有下列情形之一的，适用 C 类管理：

● 有走私行为的；

● 1 年内有 3 次以上违反海关监管规定行为，且违规次数超过上一年度报关单及进出境备案清单总票数千分之一的，或者 1 年内因违反海关监管规定被处罚款累计总额人民币 100 万元以上的；

● 1 年内有 2 次因进出口侵犯知识产权货物而被海关行政处罚的；

● 拖欠应纳税款、应缴罚没款项人民币 50 万元以下的。

4. 进出口货物收发货人有下列情形之一的，适用 D 类管理：

● 有走私罪的；

● 1 年内有 2 次以上走私行为的；

● 1 年内有 3 次以上因进出口侵犯知识产权货物而被海关行政处罚的；

● 拖欠应纳税款、应缴罚没款项人民币 50 万元以上的。

5. 进出口货物收发货人未发生 C 类管理和 D 类管理所列情形并符合下列条件之一的，适用 B 类管理：

● 首次注册登记的；

● 首次注册登记后，管理类别未发生调整的；

● AA 类企业不符合原管理类别适用条件，并且不符合 A 类管理类别适用条件的；

● A 类企业不符合原管理类别适用条件的。

6. 在海关登记的加工企业，按照进出口货物收发货人实施分类管理。

（二）报关企业管理类别的设定

1. AA 类报关企业，应当同时符合下列条件：

相应的条件与进出口收发货人基本相同，唯一不同的是第二条，报关企业应符合上一年度代理申报的进出口报关单及进出境备案清单总量在 2 万票（中西部 5 000 票）以上。

2. A 类报关企业，应当同时符合下列条件：

相应的条件与进出口收发货人大体相同，所不同的是第五条，报关企业应符合上一年度代理申报的进出口报关单及进出境备案清单等总量在 3 000 票以上；

3. 报关企业有下列情形之一的，适用 C 类管理。

相应的条件与进出口收发货人有几点不同：(1)1 年内代理报关的货物因侵犯知识产权而被海关没收达 2 次且未尽合理审查义务的；(2)上一年度代理申报的进出口报关差错率在 10%以上的；(3)代理报关的货物涉嫌走私、违反海关监管规定拒不接受或者拒不协助海关进行调查的；(4)1 年内因违反海关监管规定被处罚款累计总额人民币 50 万元以上的；(5)被海关暂停从事报关业务的。其余相同，如有走私行为的；1 年内有 3 次以上违反海关监管规定行为；拖欠应纳税款、应缴罚没款项人民币 50 万元以下的。

小经验 1-1

进出口报关差错率是指报关单位被记录报关差错的总次数，除以同期申报总次数的百分比。申请 A 类管理的企业上一年度进出口报关差错率必须在 5%以下，而报关企业上一年度代理申报的进出口报关差错率必须在 5%以下。如果报关企业上一年度代理申报的进出口报关差错率在 10%以上的，将会被降为 C 类管理。在此特别强调，因为报关差错率对于企业分类的评级有着直接的关系，所以各企业应该重视报关质量的提高，避免因此而造成降级，影响企业自身的运转。

4. 报关企业有下列情形之一的，适用 D 类管理：

- 有走私罪的；
- 1 年内有 2 次以上走私行为的；
- 1 年内代理报关的货物因侵犯知识产权而被海关没收达 4 次以上的；
- 拖欠应纳税款、应缴罚没款项人民币 50 万元以上的。

5. 报关企业未发生 C 类管理和 D 类管理所列情形，并符合下列条件之一的，适用 B 类管理：

- 首次注册登记的；
- 首次注册登记后，管理类别未发生调整的；
- AA 类企业不符合原管理类别适用条件，并且不符合 A 类管理类别适用条件的；
- A 类企业不符合原管理类别适用条件的。

实施 AA 类管理的企业，除享受 A 类通关便利措施外，海关还将实行信任放行，指派专人负责协调解决企业办理海关事务的疑难问题，报关单电子数据经电子审核后直接进入现场验放环节办理复核、验放手续，对进出口货物一般不予开箱查验等通关便利措施。至于对 A 类企业，海关将实施“属地报关、口岸验放”，优先派员到企业结合生产或装卸环节实施查验，业务现场优先办理货物申报、查验、放行手续，在进口货物启运后抵港前或出口货物运入海关监管场所前提前办理报关手续，优先安排在非工作时间和节假日办理加急通关手续，按规定实行银行保证金台账“空转”或不实行银行保证金台账制度(参见第四章)，优先办理加工贸易备案、变更、报核等手续，优先办理报关注册登记手续，优先组织对报关员的报关业务培训和岗位考核等一系列通关便利措施。海关对 B 类企业适用常规管理措施，而对 C、D 类企业，海关则要在审单、查验、核查等通关、加工贸易业务开展和后续管理环节实行严密的监管措施。

(三) 报关单位分类管理措施的实施

报关企业代理进出口货物收发货人开展报关业务，海关按照报关企业和进出口货物收发货人各自适用的管理类别分别实施相应的管理措施。因企业的管理类别不同导致与应当实施的管理措施相抵触的，海关按照下列方式实施。

(1) 报关企业或者进出口货物收发货人为 C 类或者 D 类的，按照较低的管理类别实施相应的管理措施；

(2) 报关企业和进出口货物收发人均为 B 类及以上管理类别的，按照报关企业的管理类别实施相应的管理措施。

加工贸易经营企业与承接委托加工的生产企业管理类别不一致的，海关对该加工贸易业务按照较低的管理类别实施相应的管理措施。

第三节 海关对报关员的管理

一、报关员资格考试与报关员水平考试

报关员是指经海关批准注册，代表所属报关企业向海关办理进出口货物报关纳税等通关手续，且以此为职业的人员。报关员是联系报关单位与海关之间的桥梁，在进出口货物的通关工作中起着重要作用。报关员业务水平的高低和报关质量的好坏不仅影响进出口货物的通关速度和海关的工作效率，也直接影响报关单位的经济效益和声誉，从而影响报关单位的生存和发展。

1. 报关员资格考试

由于进出口货物的报关手续比较复杂，办理人员需要熟悉法律、税务、外贸、商品等知识，报关职业要求报关员必须具备一定的学识水平、专业知识和业务能力。为了统一海关对报关员业务水平的要求，提高报关员队伍素质，规范对报关员的管理，从 1997 年起，中华人民共和国海关总署决定实行报关员全国统一考试制度。想从事报关工作的人员，首先必须通过报关员资格全国统一考试，取得《报关员资格证书》。考试是测试应试者从事报关工作必备业务知识水平和能力的职业资格考试，实行平等竞争的原则，采取全国统一报名日期、统一命题、统一时间闭卷笔试和统一评分标准、统一录取的方式进行。考试内容包括报关专业知识、报关专业技能、报关相关知识(外贸业务基础知识)以及与报关相关的法律、行政法规及海关总署规章。

为了落实简政放权，海关总署自 2014 年起取消了报关员资格全国统一考试，取消报关员资格核准审批，对报关人员从业不再设置门槛和准入条件，今后，报关从业人员由企业自主聘用，由报关协会自律管理，海关通过指导、督促报关企业加强内部管理，实现对报关从业人员的间接管理。这一做法符合简政放权、转变职能的要求以及行政审批制度改革的方向，同时有利于降低就业门槛，释放就业活力，营造就业创业的公平竞争环境。但报关工作专业性又很强，具有全国统一性和规范一致性的特点，报关质量也直接关系到通关效率和企业经营，而且报关从业人员队伍建设是报关行业建设与发展的重要基础。因此，对新入职的报关人员进行统一测试并出示相应的报告，还是有必要的，不仅有利于报关企业选聘人才，同时也会缩短报关新人适应工作的周期。同时，全国统一的报关水平测试工作也会给相应的职业院校提供培训方向，有助于提高整个行业的职业素养，也有利于进一步推进报关行业职业技能建设。因此，该考试目前改名为中国报关协会报关水平测试①，由民间机构中国报关协会组织。

2. 报关员水平测试

报关员水平测试的内容包括两个方面：报关基础知识(300 分)，主要包括对外贸易及对外贸易管理、海关及海关管理、报关及报关管理等与报关工作密切相关的基础理论知识；报关业务技能(200 分)，主要包括进出境报关、保税加工报备报核、商品归类、报关单填制、报关核算等与报关从业密切相关的基本技能操作(含模拟操作)。参加测试的考生可申领《报关水平测试成绩分析报告书》(以下简称《报告书》)。《报告书》由办公室统一印制，各地方报关协会、考

① 中国报关协会报关水平测试，http://baike.baidu.com。

试点颁发。内容包括：测试分数、成绩评价与分析、职业发展指导建议等。《报告书》是考生基础知识和职业技能水平的证明，可作为企业选人用人、职业院校学生职业能力水平评价和社会中介机构向企业推荐报关从业人员的基本依据之一。《报告书》有效期为 3 年。职业院校在校学生的相应课程的考试成绩可申请作为“报关基础知识”成绩，免试计入《报告书》。

与之前的报关员资格考试不同的是，报关员水平测试不再是行政强制考试，而是自愿参加，有需要的人员可以自行决定是否参加考试。考试内容更广泛，除必备的基础知识外，突出了进出境现场报关、保税加工报备报核、商品归类、报关单填制、报关核算等基本操作技能测评。成绩发放不同，不再是通过或者不通过，而是就报关基础知识及报关业务技能水平进行综合的评价与定量分析，特别是将按“技能模块”为单元给出相应的水平评价与分析。这样企业将会有针对性地选人用人，考试人员也会清楚自己的优劣之处。成绩的有效期不同，报关测试水平的有效期只有 3 年(之前报关员资格证书是长期有效)，因为测试的内容要根据对外贸易和海关业务的变化进行及时调整。

参加报关员水平测试的条件如下：具有中华人民共和国国籍、年满 16 周岁，具有完全民事行为能力；具有高中毕业证书或同等学力，包括高中、中专、技校、职高的应届毕业生；持有有效“港澳居民来往内地通行证”的港澳居民和“台湾居民来往大陆通行证”的台湾居民，可以报名参加考试。但以下人员无法报名参加应试或者报上名也视为无效：因刑事犯罪受过处罚的；因在报关活动中向海关工作人员行贿，被海关依法处理的；在测试中发生作弊行为，被宣布测试结果无效的。测试每年一次，一般安排在每年 11 月份，采取网上报名、网上缴费、网上自行打印准考证的方式，可密切关注中国报关协会官方网站；测试结果发布之日起 6 个月内就可向所在地考试点申领《报告书》。

二、报关员管理的变化

海关新政对报关员的管理方面，取消了报关员的注册登记，改为以报关单位名义对其所属从事报关业务人员进行备案，海关予以核发备案证明，取消了报关员记分考核管理，不再对报关人员进行记分和考核管理，改为对报关单位报关差错进行记录。

企业可以同时申请报关企业注册登记许可和办理所属报关人员备案，也可以分开申请两项业务。为了简化办事手续，申请人可以在申请报关企业注册登记许可时，向所在地海关同时递交所属报关人员备案材料。申请报关人员备案，应当提交下列材料：

1. 《企业注册登记业务申请书》；
2. 《报关单位情况登记表》(所属报关人员)(参见附件 1－7)；
3. 拟备案报关人员有效身份证件原件(交海关验核)。

对申请人的申请符合法定条件的，海关将在核发《中华人民共和国海关报关单位注册登记证书》时，一并核发《报关人员备案证明》(参见附件 1－8)。

根据海关总署令第 216 号的规定，2004 年 11 月 30 日以海关总署第 119 号令发布的《中华人民共和国海关对报关员记分考核管理办法》、2006 年 3 月 20 日以海关总署第 146 号令公布的《中华人民共和国海关报关员执业管理办法》以及 2010 年 3 月 1 日以海关总署第 187 号令公布的《中华人民共和国海关报关员资格考试及资格证书管理办法》均废止。不再对报关人员实行记分管理，并且取消了原来报关员记分满 30 分中止报关的限制。海关总署第 221 号令实施后，海关对报关人员的直接管理将改为通过报关单位来实施间接管理，报关人员发生的申报不规范或者走私、违规行为，报关单位对其所属报关人员的报关行为应当承担相应的法律责任。海关将对报关单位办理海关业务中出现的报关差错予以记录，并且公布记录情况的查询方式。报关单位对报关差错记录有异议的，可以自报关差错记录之日起 15 日内向记录海关以书面方式申请复核。海关应当自收到书面申请之日起 15 日内进行复核，对记录错误的予以更正。

按照宽进严管原则，对报关差错率高的报关单位，海关将通过风险管理等手段加大对报关单位的规范管理力度。因此，报关单位要加强对所属报关人员的管理，要求报关人员按照《中华人民共和国海关进出口商品规范申报目录》的要求规范申报，降低报关差错率。

报关单位所属报关人员备案内容发生变更的，报关单位应当在变更事实发生之日起 30 日内，到注册地海关办理变更手续，提交下列材料：《企业注册登记业务申请书》《报关人员备案证明》《报关单位情况登记表》（所属报关人员），以及变更证明文件。经审查符合条件的，海关办理变更手续，换发《报关人员备案证明》。

对所属报关人员不再从事报关业务、辞职或者报关单位注销等情况的，报关单位可以到注册地海关申请所属报关人员备案注销，提交下列材料：《企业注册登记业务申请书》《报关人员备案证明》《报关单位情况登记表》（所属报关人员）。经审查符合条件的，海关办理注销手续，收回《报关人员备案证明》。

报关人员在海关备案后，只需要备齐相关资料（如企业营业执照、劳动合同、申请书等），即可在海关申请报关员卡。报关人员在报关时，根据不同情况，在交验报关单及有关单据时，应同时出示《报关员证》或交验报关员条码卡。如果报关员条码卡显示的身份与报关单的有关数据不符，海关将不接受报关。海关对进出口收发货人和报关企业的报关员分别发两种不同颜色的报关员证，以便能一目了然地区分其报关业务范围，对其实施不同的管理措施。

小经验 1－2

报关 IC 卡

近年来我国进出口业务快速发展，在业务繁忙的口岸，由于交通拥挤，海关报关厅面积与设施不足，报关厅内往往挤满了人，排着长队报关。为改善这种情况，无论是海关还是进出口报关单位必须依靠先进的科技手段，特别是 EDI 技术。智能卡（报关 IC 卡是其中一种）海关管理信息系统能帮助用户（进出口报关单位）不离开本单位就能将报关数据发送至海关，并获得处理结果。

报关 IC 卡由海关统一发行给所有具备进行报关资格的报关员，据此统一管理报关员和企业的报关行为。使用 IC 卡管理后，报关员在进行报关时，必须插入具有身份识别作用的 IC 卡，输入有关密码后，报关系统才会允许进一步的操作。报关员将有关数据及辅证性资料准备好，启动报关软件。在系统提示下，插入自己的报关 IC 卡，键入个人密码，开始报关。其使用程序为：

逐项输入所有标准的报关数据，并利用系统提供的扫描功能，将有关证明资料电子化，从而形成完整的报关数据，在检查无误后，选择报关功能，确认将有关数据发送给海关，这样报关动作基本结束。之后报关员可以选择自动监听处理结果，在系统了解到已有处理结果时，将结果从海关处取回，并以声音或其他方式通知报关员。报关员也可以主动查询海关处理结果，获取回执。

使用 IC 卡，能带来以下几方面的便利性：对海关而言，方便了海关对报关员及企业报关行为的管理，减少差错，责任到人；对企业而言，方便对自己报关的管理，避免滥用、盗用报关功能，减少经济损失，以免给公司信誉带来影响。

三、报关员的权利与义务

1. 报关员的权利

(1) 以所在报关单位名义执业，办理报关业务；

(2) 向海关查询其办理的报关业务情况；

(3) 拒绝海关工作人员的不合法要求；

(4) 对海关对其做出的处理决定享有陈述、申辩、申诉的权利；

(5) 依法申请行政复议或者提起行政诉讼；

(6) 合法权益因海关违法行为受到损害的，依法要求赔偿；

(7) 参加执业培训。

2. 报关员的义务

(1) 熟悉所申报货物的基本情况，对申报内容和有关材料的真实性、完整性进行合理审查；

(2) 提供齐全、正确、有效的单证，准确、清楚、完整地填制进出口货物报关单，并按有关规定办理进出口货物的报关手续及相关手续；

(3) 海关检查进出口货物时，配合海关查验；

(4) 配合海关稽查和对涉嫌走私违规案件的查处；

(5) 按照规定参加直属海关或者直属海关授权组织举办的报关业务岗位考核；

(6) 持报关员证办理报关业务，海关核对时，应当出示；

(7) 妥善保管海关核发的报关员证和相关文件；

(8) 协助落实海关对报关单位管理的具体措施。

第四节　海关其他报关管理规定

一、报关单位和报关员的行为规则

(一) 进出口货物收发货人行为规则

- 进出口货物收发货人直接到所在地海关办理注册登记手续后，可以在关境内各口岸或者海关监管业务集中的地点办理本单位的报关业务，但不能代理其他单位报关；
- 进出口货物收发货人应当通过本单位所属的报关员办理报关业务，或者委托海关准予注册登记的报关企业，由报关企业所属的报关员代为办理报关业务；
- 进出口货物收发货人办理报关业务时，向海关递交的纸质进出口货物报关单必须加盖本单位在海关备案的报关专用章；
- 进出口货物收发货人对所属报关员的报关行为应当承担相应的法律责任。报关员离职，未按规定办理注销的，进出口企业应自其离职之日起 7 日内向注册地海关报告并注销其报关员证；报关员未交还报关员证的，应在报刊上声明作废并向海关注销。

(二) 报关企业的行为规则

- 报关企业可以在取得注册登记许可的直属海关关区内各口岸或者海关监管业务集中的

地点从事报关服务，但是应当在拟从事报关服务的口岸或海关监管业务集中的地点依法设立分支机构，并且在开展报关服务前向直属海关备案。

● 报关企业如需在注册登记许可区域外从事报关服务的，应依法设立分支机构，并向拟注册登记地海关递交报关企业分支机构注册登记许可申请，并对其分支机构的行为承担法律责任。

● 遵守法律、法规、海关的各项规定，履行代理人职责，配合海关监管工作，不得滥用报关权。

● 依法建立账簿和营业记录，真实、正确、完整地记录其办理报关业务的所有活动，完整保留委托单位提供的各种单证、票据、函电，接受海关稽查。

● 报关企业应当与委托方签订书面的委托协议，载明必要事项，由双方签章确认（见附件1-1）。

● 报关企业应当对委托人所提供情况的真实性、完整性进行合理审查，并承担相应的法律责任。审查内容包括：证明进出口货物的实际情况的资料；有关进出口货物的合同、发票、运输单据、装箱单、许可证及海关要求的加工贸易手册等。

● 不得出借其名义，供他人办理报关业务。

● 对于代理报关的货物涉及走私违规情事的，应当接受或者协助海关进行调查。

● 报关企业递交的纸质报关单须加盖在海关备案的报关专用章。报关专用章仅限在其标明的口岸地或者海关监管业务集中地使用，每一口岸地或者海关监管业务集中地报关专用章只有一枚。

● 报关企业对所属报关员的报关行为应当承担相应的法律责任。

（三）报关员的行为规则

● 报关员应当在一个报关单位执业，不得同时兼任两个或两个以上报关单位的报关工作；首次申请报关员注册人员在报关单位实习期间，不得以报关员的名义办理报关业务。

● 应在所属报关单位规定的报关地域范围内办理本企业授权承办的报关业务。

● 应持有效的报关员证件办理报关业务，其签字应在海关备案。报关员证件不得转借、涂改。报关企业的报关员办理报关业务，应交验委托单位的委托书。

● 不得故意制造海关与报关单位、委托人之间的矛盾和纠纷。

● 不得假借海关名义，以明示或暗示的方式向委托人索要委托合同约定以外的酬金或者其他财务、虚假报销；不得私自接受委托办理报关业务，或者私自收取委托人酬金及其他财物。

二、报关单位、报关员和报关活动相关人的法律责任

（一）报关单位的法律责任

报关单位在办理报关业务时，应遵守国家有关法律、行政法规和海关的各项规定，并对所申报货物、物品的品名、规格、价格、数量等的真实性、合法性负责，承担相应的法律责任。报关单位违法且构成犯罪的，依法追究刑事责任。违法且构成走私但不构成犯罪的，没收走私货物、物品及违法所得，可并处罚款；没收用于掩护走私的货物、物品、运输工具；拆毁或没收藏匿走私货物、物品的特制设备。违法但未构成走私，海关按《海关行政处罚实施条例》的有关规定处理。报关单位违反海关监管规定的具体处罚措施如下。

● 违反国家进出口管理规定，进出口国家禁止进出口的货物的，责令退运，处100万元以

下罚款。

● 违反国家进出口管理规定,进出口国家限制进出口的货物的,进出口货物的收发货人向海关申报时不能提交许可证件的,进出口货物不予放行,处货物价值30%以下罚款。

● 违反国家进出口管理规定,进出口属于自动进出口许可管理的货物,进出口货物的收发货人向海关申报时不能提交自动许可证明的,进出口货物不予放行。

● 对应申报项目未申报或申报不实的,按下列规定予以处罚,没收违法所得:(1) 影响海关统计准确性的,予以警告或处1 000~10 000元的罚款;(2) 影响海关监管秩序的,予以警告或处1 000~30 000元的罚款;(3) 影响国家许可证件管理的,处货物价值5%~30%罚款;(4) 影响国家税款征收的,处漏缴税款30%~200%以下罚款;(5) 影响国家外汇、出口退税管理的,处申报价格10%~50%罚款。

● 未经海关许可,擅自处置货物或未按照海关监管规定处置货物的,处货物价值5%~30%罚款,有违法所得的,没收违法所得。

● 报关单位有下列行为之一的,予以警告,可以处3万元以下罚款:(1) 擅自开启或者损毁海关封志的;(2) 遗失海关制发的监管单证、手册等凭证,妨碍海关监管的。

● 伪造、变造、买卖海关单证的,处5万~50万元罚款,有违法所得的,没收违法所得;构成犯罪的,依法追究刑事责任。

● 进出口侵犯知识产权的货物的,没收侵权货物,并处货物价值30%以下罚款;构成犯罪的,依法追究刑事责任。

● 报关企业有下列情形之一,责令改正,给予警告,可暂停6个月内从事报关业务:(1) 拖欠税款或不履行纳税义务的;(2) 出让其名义供他人办理进出口货物报关纳税事宜的;(3) 有需要暂停其从事报关业务的其他违法行为的。

● 报关企业有下列情形之一的,海关可以撤销其注册登记:(1) 构成走私犯罪或者1年内有2次以上走私行为的;(2) 所属报关员1年内3人次以上被海关暂停执业的;(3) 被海关暂停报关业务,恢复业务后1年内再次发生上述5项规定情形的;(4) 有需要撤销其注册登记的其他违法行为的。

● 报关企业非法代理他人报关或超出从业范围,责令改正,处5万元以下罚款,暂停6个月内从事报关业务;情节严重的,撤销其报关注册登记。

● 报关单位向海关工作人员行贿的,撤销报关注册登记,并处10万元以下罚款;构成犯罪的,依法追究刑事责任,并不得重新注册登记为报关企业。

● 未经注册登记从事报关的,予以取缔,没收违法所得,可并处10万元以下罚款;提供虚假资料骗取海关注册登记的,撤销其注册登记,并处30万元以下罚款。

● 报关单位有下列情形之一,予以警告,责令改正,并可处人民币1 000~5 000元罚款。(1) 报关单位注册登记的内容发生变更,未按规定办理变更手续的;(2) 未向海关备案,擅自变更或启用"报关专用章"的;(3) 所属报关员离职,未按规定报告并办理相关手续的。

(二) 报关员的法律责任

报关员在报关活动中,违反《海关法》和相关法律、行政法规的,由海关或其他部门给予相应处理和行政处罚;构成犯罪的,依法移送司法机关追究刑事责任。报关员构成走私犯罪,或1年内有2次以上走私行为的,海关可以取消其报关从业资格。具体处罚如下。

● 因疏忽或对委托人所提供情况的真实性未进行合理审查,致使应申报项目未申报或申报不实的，海关可暂停其 6 个月内报关执业；情节严重的，取消其从业资格。

● 被海关暂停报关执业，恢复后 1 年内再次被暂停的，海关可取消报关资格。

● 非法代理他人报关或者超出范围进行报关活动的，责令改正，处 5 万元以下罚款，暂停 6 个月内报关执业；情节严重的，取消其报关从业资格。

● 向海关工作人员行贿的，取消报关资格，并处以 10 万元以下罚款；构成犯罪的，依法追究刑事责任，并不得重新取得报关资格。

● 提供虚假资料骗取注册登记、报关从业资格的，撤销注册登记、取消从业资格，并处 30 万元以下罚款。

● 有报关员执业禁止行为，或者报关员海关注册内容发生变更，未按照规定向海关办理变更手续的，海关予以警告，责令其改正，并可以处 2 000 元以下罚款。

（三）报关活动相关人的法律责任

报关活动相关人是指经营海关监管货物仓储、加工、境内转运等业务的企业。这些企业虽不具有报关权，也不直接参与进出境报关纳税活动，但其经营活动与海关监管货物及海关监控要求有着密切的关联。因此，报关活动相关人在从事与报关相关的活动中，违反《海关法》和相关法律法规的，由海关责令改正，可以给予警告、暂停其从事有关业务，直至撤销注册，并承担相应的行政、刑事法律责任。其理由有以下几方面。

1. 海关监管货物是尚未办结海关手续的货物，在未缴纳关税和进口环节税，属国家限制进口未交验进口许可证件等情况下，应当由控制货物的当事人向国家承担在该货物被用于境内使用或消费时缴纳税款和交验许可证的责任。

2. 如果货物在收发货人的控制下，收发货人应当承担上述责任。但如果收发货人将货物交由海关监管的仓储企业储存或加工贸易生产企业加工或境内承运企业转关运输等，则货物应处于保管人或加工人或承运人的实际控制之下，收发货人无法预见，也无法防止货物灭失的情形发生，保管人或加工人或承运人应当对海关监管货物的收发货人承担控制的责任，并对非因不可抗力造成的灭失向国家承担纳税和呈验许可证件的责任。

3. 海关监管货物总是在某一特定当事人的实际控制之下。因此，对该货物负有保管或加工或承运义务的境内企业（报关活动相关人）不仅对货物本身负有保管的民事责任，而且更应当对国家负有不让该货物擅自被投入境内使用的义务和一旦被投入境内使用向海关纳税、呈验许可证件的责任。

4. 在某些情况下，海关尚无法知晓货物的收发货人，更应由货物的实际控制人，即报关活动相关人承担相应的法律责任。

小测验 1-3

长春市某进出口公司 A，购买韩国产新闻纸一批。货物进口时由大连口岸转关至长春海关办理该批货物的报关纳税手续。承担该批货物境内转关运输的是大连某运输公司 B。在运输途中，因汽车驾驶员王某吸烟，不慎引发火灾，致使该批新闻纸全部灭失。在这种情况下，关于该批货物的纳税义务，下列表述正确的是（　　）。（单选题）

A. 新闻纸虽已灭失，但 A 公司是该批货物的收货人，故应由 A 公司承担纳税义务

B. 因火灾是由王某个人造成的，应由王某个人承担该批货物的纳税义务

C. 因货物已灭失，不会对国内经济造成任何冲击，故该批货物无须缴纳任何税费

D. 因货物的转关运输是由 B 公司负责的，且该批货物的灭失发生在运输途中，故应由 B 公司承担纳税义务

附件 1-1

代理报关委托书

编号：

我单位现　　　(A 逐票、B 长期)委托贵公司代理　　　等通关事宜。(A. 填单申报　B. 辅助查验　C. 垫缴税款　D. 办理海关证明联　E. 审批手册　F. 核销手册　G. 申办减免税手续　H. 其他)详见《委托报关协议》。

我单位保证遵守《海关法》和国家有关法规，保证所提供的情况真实、完整、单货相符。否则，愿承担相关法律责任。

本委托书有效期自签字之日起至　　　年　　月　　日止。

委托方(盖章)：

法定代表人或其授权签署《代理报关委托书》的人(签字)

年　　月　　日

委托报关协议

为明确委托报关具体事项和各自责任，双方经平等协商签订协议如下：

委托方	
主要货物名称	
HS 编码	□□□□□□□□□□
进出口日期	年　　月　　日
提(运)单号	No.
贸易方式	
原产地/货源地	
传真电话	
其他要求：	
背面所列通用条款是本协议不可分割的一部分，对本协议的签署构成了对背面通用条款的同意。	
委托方业务签章： 经办人签章： 联系电话：　　年　月　日	

被委托方		
* 报关单编码	No.	
收到单证日期	年　月　日	
收到单证情况	合同□	发票□
	装箱清单□	提(运)单□
	加工贸易手册□	许可证件□
	其他	
报关收费	人民币：　　元	
承诺说明：		
背面所列通用条款是本协议不可分割的一部分，对本协议的签署构成了对背面通用条款的同意。		
被委托方业务签章： 经办报关员签章： 联系电话：　　年　月　日		

(白联：海关留存，黄联：被委托方留存，红联：委托方留存)　　中国报关协会监制

续背面条款

委托报关协议通用条件款

委托方责任

委托方应及时提供报关报检所需的全部单证，并对单证的真实性、准确性和完整性负责。

委托方负责在报关企业办结海关手续后，及时、履约支付代理报关费用，支付垫支费用，以及因委托方责任产生的滞报金、滞纳金和海关等执法单位依法处以的各种罚款。

负责按照海关要求将货物运抵指定场所。

负责与被委托方报关员一同协助海关进行查验，回答海关的询问，配合相关调查，并承担产生的相关费用。

在被委托方无法做到报关前提取货样的情况下，承担单货相符的责任。

被委托方责任

负责解答委托方有关向海关申报的疑问。

负责对委托方提供的货物情况和单证的真实性、完整性进行“合理审查”，审查内容包括：(一)证明进出口货物实际情况的资料，包括进出口货物的品名、规格、用途、产地、贸易方式等；(二) 有关进出口货物的合同、发票、运输单据、装箱单等商业单据；(三) 进出口所需的许可证件及随附单证；(四) 海关要求的加工贸易(纸质或电子数据的)及其他进出口单证。

因确定货物的品名、归类等原因，经海关批准，可以看货或提取货样。

在接到委托方交付齐备的随附单证后，负责依据委托方提供的单证，按照《中华人民共和国海关进出口报关单填制规范》认真填制报关单，承担“单单相符”的责任，在海关规定和本委托报关协议中约定的时间报关，办理海关手续。

负责及时通知委托方共同协助海关进行查验，并配合海关开展相关调查。

负责支付因报关企业的责任给委托方造成的直接经济损失，所产生的滞报金、滞纳金和海关等执法单位依法处以的各种罚款。

负责在本委托书约定的时间内将办结海关手续的有关委托内容的单证、文件交还委托方或其指定的人员(详见《委托报关协议》“其他要求”栏)。

赔偿原则 被委托方不承担因不可抗力给委托方造成损失的责任。因其他过失造成的损失，由双方自行约定或按国家有关法律法规的规定办理。由此造成的风险，委托方可以投保方式自行规避。

不承担的责任 签约双方各自不承担因另外一方原因造成的直接经济损失，以及滞报金、滞纳金和相关罚款。

收费原则 一般货物报关收费原则上按当地《报关行业收费指导价格》规定执行。特殊商品可由双方另行商定。

法律强制 本《委托报关协议》的任一条款与《海关法》及有关法律、法规不一致时，应以法律、法规为准。但不影响《委托报关协议》其他条款的有效。

协商解决事项 变更、中止本协议或双方发生争议时，按照《中华人民共和国合同法》有关规定及程序处理。因签约双方以外的原因产生的问题或报关业务需要修改协议条款，应协商订立补充协议。双方可以在法律、行政法规准许的范围内另行签署补充条款，但补充条款不得与本协议的内容相抵触。

附件 1－2

报关单位情况登记表

<table>
<tr><td>海关注册编码</td><td></td><td>组织机构代码</td><td></td><td>注册海关</td><td></td></tr>
<tr><td>中文名称</td><td colspan="5"></td></tr>
<tr><td>工商注册地址</td><td colspan="3"></td><td>邮政编码</td><td></td></tr>
<tr><td>统一社会信用代码</td><td colspan="5"></td></tr>
<tr><td>营业执照注册号</td><td></td><td>工商登记日期</td><td></td><td>进出口企业代码</td><td></td></tr>
<tr><td>行政区划</td><td></td><td>经济区划</td><td></td><td>经济类型</td><td></td></tr>
<tr><td>经营类别</td><td></td><td>组织机构类型</td><td></td><td>行业种类</td><td></td></tr>
<tr><td>法定代表人（负责人）</td><td></td><td>法定代表人（负责人）身份证件类型</td><td></td><td>法定代表人（负责人）身份证件号码</td><td></td></tr>
<tr><td>海关业务联系人</td><td></td><td>移动电话</td><td></td><td>固定电话</td><td></td></tr>
<tr><td>上级单位名称</td><td></td><td>上级单位组织机构代码</td><td></td><td>与上级单位关系</td><td></td></tr>
<tr><td>序号</td><td colspan="2">出资者名称</td><td>出资国别</td><td>出资金额(万)</td><td>出资金额币制</td></tr>
<tr><td>1</td><td colspan="2"></td><td></td><td></td><td></td></tr>
<tr><td>2</td><td colspan="2"></td><td></td><td></td><td></td></tr>
<tr><td>3</td><td colspan="2"></td><td></td><td></td><td></td></tr>
<tr><td colspan="6">本单位承诺，我单位对向海关所提交的申请材料以及本表所填报的注册登记信息内容的真实性负责并承担法律责任。

（单位公章）

年　月　日</td></tr>
</table>

《报关单位情况登记表》填表说明

1. 海关注册编码：企业初次到海关申请注册登记时，不填。申请其他企业管理业务时，必须填写“海关注册编码”。

2. 组织机构代码：填写《组织机构代码证》的编码。没有《组织机构代码证》的保税仓库可以不填。没有组织机构代码的自然人、临时组织机构在申请临时注册登记时可以不填。其他企业或组织机构必须填写“组织机构代码”。（已取得统一社会信用代码的单位可不填）

3. 注册海关：企业办理海关注册登记时，填写工商注册所在地海关名称。办理其他业务时，不填。

4. 中文名称：企业、个体工商户填写工商营业执照上的“名称”或“企业名称”，其他组织机构填写组织机构代码证上的“机构名称”。

5. 工商注册地址：企业、个体工商户填写工商营业执照上的“住所”或“企业住所”，其他组织机构填写《组织机构代码证》上的地址。

6. 邮政编码：填写工商注册地址对应的邮政编码。

7. 统一社会信用代码：工商营业执照上的“统一社会信用代码”。

8. 营业执照注册号：企业、个体工商户填写工商营业执照上的“注册号”。其他组织机构可不填。（已取得统一社会信用代码的企业可不填）

9. 工商登记日期：企业、个体工商户填写营业执照上的“成立日期”，其他组织机构可不填。

10. 进出口企业代码：对外贸易经营者填写《对外贸易经营者备案登记表》上的“进出口企业代码”。

11. 行政区划：根据《中华人民共和国行政区划代码》(GB/T 2260－2007)填写6位地区代码及对应的行政区划名称。

12. 经济区划：根据企业或组织机构所在地，在以下选项中选择填写：

编号	经济区划名称
01	经济特区
02	经济技术开发全区
03	高新技术产业开发区
04	保税区
05	出口加工区
06	保税港区/综合保税区
07	保税物流园区
09	一般经济区域

13. 经济类型：根据《经济类型分类与代码》(GB/T 12402—2000)填写3位经济类型分类代码及对应的名称。（在《中华人民共和国组织机构代码证基本情况登记表》上有对应的项目）

分支机构应与其上级单位经济类型一致。个体工商户、自然人、非企业组织机构、临时组织机构填“其他”。

14. 经营类别：根据企业在海关注册的类型，在以下选项中选择填写：

编号	经营类别名称
1	进出口货物收发货人
2	报关企业
3	报关企业分支机构
4	特殊监管区“双重身份”企业

续 表

编号	经营类别名称
5	临时注册登记
6	无进出口经营权加工生产企业
7	保税仓库
8	出口监管仓库
9	进出境运输工具负责人

15. 组织机构类型:根据《组织机构类型》(GB/T 20091-2006)填写2位组织机构类型及对应名称。

不是企业分支机构的保税仓库、临时组织机构填“其他未列明的组织机构”,个体工商户、自然人不填。

16. 行业种类:根据《国民经济行业分类》(GB/T 4754-2002)填写4位代码及对应名称。(在《中华人民共和国组织机构代码证基本信息登记表》上有对应的项目“经济行业”)

17. 法定代表人(负责人):企业法人填《企业法人营业执照》上的“法定代表人”,分支机构填《营业执照》上的“负责人”,个体工商户填《个体工商户营业执照》上的“经营者姓名”,个人独资企业填《个人独资企业营业执照》上的“投资者姓名”,其他企业填工商营业执照上的负责人姓名,其他组织机构填《组织机构代码证》上的法定代表人或负责人姓名。

18. 法定代表人(负责人)身份证件类型:身份证件类型在以下选项中选择填写:

编号	身份证件名称
0	身份证
1	户口簿
2	护照
3	军官证
4	士兵证
5	港澳居民来往内地通行证
6	台湾同胞来往内地通行证
7	临时身份证
8	外国人居留证
9	警官证
X	其他证件

19. 法定代表人(负责人)身份证件号码:填写身份证件的号码。

20. 海关业务联系人:填写本单位负责海关业务的联系人姓名。

21. 移动电话:填写海关业务联系人的移动电话。

22. 固定电话:填写海关业务联系人的固定电话。固定电话没有分机号码的,按照××××－××××××××的格式填写,有分机号码的按照××××－××××××××－×××的格式填写。

23. 上级单位名称:上级单位指企业,不填上级主管部门。对报关企业分支机构、保税仓库,该项目为必填项。

24. 上级单位组织机构代码:对报关企业分支机构、保税仓库,该项目为必填项。

25. 与上级单位关系:在以下项目中选择填写:

编号	与上级单位关系
0	其他
1	总/分公司
2	母/子公司
3	内设机构

26. 出资者名称:出资者为企业的,填写企业名称,出资者为自然人的,填写自然人姓名。

27. 出资国别:填写出资者所在国家或地区。

28. 出资金额(万):填写认缴出资金额。

29. 出资金额币制:填写出资金额的币制。

30. 报关人员身份证件比照法定代表人(负责人)的要求填写。

31. 报关单位根据办理注册登记或者报关人员备案具体业务需要,可以分开使用两个表格:如仅办理报关单位注册登记或者仅办理所属报关人员备案的,只需要单独填写并打印报关单位情况登记表相关部分。

32. 出资者或者所属报关人员数量超出表格容量的,可按相同格式添加。

附件1-3

QG07

中华人民共和国海关
报关单位注册登记证书

海关注册编码：6101962873

组织机构代码：321988363

企业名称：西安汇港商贸有限公司

企业住所：西安市莲湖区汉城壹号A区一号楼三单元32304室

企业经营类别：进出口货物收发货人

注册登记日期：2015年5月4日

法定代表人：张××

有效期：长期

注册海关：西安海关

核发日期：2015年5月4日

中华人民共和国西安海关
注册登记专用章
(1)

重要提示

报关单位应当在每年6月30日前向海关提交《报关单位注册信息年度报告》，不再另行通知。

中华人民共和国海关总署监制

附件 1-4

报关企业注册登记许可(延续)申请书

__________海关：

本申请人已具备《中华人民共和国海关报关单位注册登记管理规定》所列报关企业注册登记许可(延续)条件，并备齐申请材料，承诺所提交的材料真实、有效。现向你关提出报关企业注册登记许可(延续)申请，请予以受理。

联系人：　　　　　　　　　　　　　　　　联系电话：

申请人签印

年　月　日

附件1-5

QG07

中华人民共和国海关
报关单位注册登记证书

海关注册编码：××××××××××

组织机构代码：×××××××××

企 业 名 称：×××××有限公司

企 业 住 所：×××××

企业经营类别：报关企业

注册登记日期：2016年10月24日

法定代表人：孙××

有　效　期：2018年10月24日

注册海关：烟台海关

核发日期：2016年10月24日

重 要 提 示

报关单位应当在每年6月30日前向海关提交《报关单位注册信息年度报告》，不再另行通知。

中华人民共和国海关总署监制

附件 1－6

临时注册登记证明

（单位名称）：

经审核，申请人提交的临时注册登记申请符合《中华人民共和国海关报关单位注册登记管理规定》，给予办理注册登记，海关注册编码为：　　　　　（组织机构代码为：　　　　　）。

本临时注册登记有效期为 1 年，超过有效期自动失效。届时仍需办理进出口业务的，应当重新办理临时注册登记。

海关
（注册登记印章）
年　月　日

附件 1－7

报关单位情况登记表

（所属报关人员）

所属报关单位海关注册编码				
序号	姓名	身份证件类型	身份证件号码	业务种类
1				□备案　□变更　□注销
2				□备案　□变更　□注销
3				□备案　□变更　□注销
4				□备案　□变更　□注销
5				□备案　□变更　□注销
我单位承诺对本表所填报备案信息内容的真实性和所属报关人员的报关行为负责并承担相应的法律责任。 （单位公章） 年　月　日				

附件 1－8

报关人员备案证明

（报关单位名称）：

你单位（海关注册编码：__________）所属报关人员__________（（身份证件类型）号码：________________
__________）已完成海关备案，备案编号：__________，备案日期：__________。

海关
（注册登记印章）
年　月　日

附件 1－9

中华人民共和国海关行政审批受理单

报关企业注册登记行政审批事项

受理单编号：

<table>
<tr><td>申请项目名称</td><td colspan="3">报关企业　□注册登记　□变更　□延续　□注销</td></tr>
<tr><td rowspan="2">申请人信息</td><td>名称</td><td colspan="2"></td></tr>
<tr><td>通讯地址</td><td colspan="2"></td></tr>
<tr><td rowspan="2">联系人信息</td><td>姓名</td><td colspan="2"></td></tr>
<tr><td>联系方式</td><td colspan="2"></td></tr>
<tr><td>受理机构</td><td colspan="3">□现场业务一处　□惠州海关</td></tr>
<tr><td>受理依据</td><td colspan="3">《中华人民共和国海关报关单位注册登记管理规定》(海关总署令第 221 号)</td></tr>
<tr><td colspan="2">需提交的申请材料清单</td><td>已提交的(√)</td><td>备注</td></tr>
<tr><td colspan="2">1.《报关企业注册登记许可(延续)申请书》</td><td></td><td rowspan="10">□注册登记(提交 1.3.5.6.7.8 项资料)。
□变更(提交 2.3.4.5.8.10 项资料，住址变更还需提交 7)。
□延续(提交 1.3.5.6.7.8 项资料)。
□注销(提交 4.8.9 项资料)。
1. 第 4、5、6、7、8、10 项需同时向海关交验原件。所有复印件须加盖申请人的公章
2. 商事主体营业执照记载有统一社会信用代码的无需提交组织机构代码证
3. 报关服务营业场所属于报关企业自有产权的，需提供企业的房产证明文件。所有权人为企业法定代表人或其直系亲属的，需提供由其签署的将房产提供给该报关企业使用的《报关服务营业场所使用情况说明》。报关服务营业场所属于租赁的，需提供出租人与承租人签订的房屋租赁协议
4.《报关单位情况登记表》《报关服务营业场所使用情况说明》《授权委托书》均可在 http://www.szzw.gov.cn 下载</td></tr>
<tr><td colspan="2">2.《报关企业注册登记许可变更申请书》</td><td></td></tr>
<tr><td colspan="2">3.《报关单位情况登记表》</td><td></td></tr>
<tr><td colspan="2">4.《中华人民共和国海关报关单位注册登记证书》复印件</td><td></td></tr>
<tr><td colspan="2">5. 企业法人营业执照副本复印件</td><td></td></tr>
<tr><td colspan="2">6. 企业组织机构代码证书副本复印件</td><td></td></tr>
<tr><td colspan="2">7. 报关服务营业场所所有权证明或者使用权证明</td><td></td></tr>
<tr><td colspan="2">8. 提交材料人身份证复印件，如提交材料人非企业法定代表人本人，还需提供法定代表人签署、加盖企业公章的《授权委托书》，以及法定代表人的身份证原件及复印件</td><td></td></tr>
<tr><td colspan="2">9. 关于注销注册登记许可的申请(说明注销原因并承诺已办结海关手续，法人代表签字，盖公章)</td><td></td></tr>
<tr><td colspan="2">10. 市场监督(工商)管理部门核发的《变更(备案)通知书》复印件</td><td></td></tr>
<tr><td>受理时间</td><td>年　月　日</td><td>承诺办结期限</td><td>自受理之日起 40 个工作日内作出决定(办理过程中所需的听证、招标、拍卖、检验、检测、检疫、测绘、鉴定、专家评审等不计入时限)</td></tr>
<tr><td>收费状况</td><td>不收费</td><td>批件发放方式</td><td>□自取　□快递(由收件方支付邮费)</td></tr>
<tr><td>受理工作人员</td><td></td><td>联系电话</td><td></td></tr>
<tr><td>备注</td><td colspan="3">在受理后五个工作日内发现申请材料不齐全、不符合法定情形的，将书面告知申请人需要补正的全部内容，受理之日为海关重新收到提交的全部补正申请材料之日</td></tr>
</table>

(申请人)签章　　　　　　　　　　　　　　　　(受理机构)盖章

签收时间：　年　月　日　　　　　　　　　　　　年　月　日

填表说明：受理单为一式四联，一联当场交给申请人，一联由窗口留存，一联供审批部门掌握办理进度，一联提供给部门监督机构备查。

关键词

海关　海关监管　自理报关单位　代理报关单位　直接代理　间接代理　报关注册登记　注册登记许可　报关权限　报关单位分类管理　报关员注册　报关活动相关人员

思考与问答

1. 关境与国境有什么区别?
2. 海关监管的对象有哪些? 海关的基本任务有哪几项?
3. 进出境货物与物品有什么区别?
4. 海关设关的原则是什么? 具体在哪些地点设立海关?
5. 中国报关协会是怎样的一种机构?
6. 报关单位有哪几种类型? 其主营业务及报关范围有什么不同?
7. 直接报关和间接报关有什么区别?
8. 进出口收发货人和报关企业的注册登记手续有什么不同?
9. 海关对报关单位分哪几类进行管理,为什么要实施分类管理?
10. 报关员资格考试与报关员水平测试有什么不同?

报关与进出口国家管制

引导案例

某家公司想经营进口荷兰奶粉，如该公司要进口的话需要什么资格？有没有奶粉经营权的限制？

根据《中华人民共和国海关进出口税则》，奶粉及乳制品的进口监管条件为“A”，即需取得检验检疫部门出具的“入境货物通关单”，海关凭入境货物通关单办理报关手续。因此，奶粉及乳制品在进口时需向入境地检验检疫局办理报检手续。什么是入境货物通关单？什么货物需要提交入境货物通关单、出境货物通关单？本章将给出答案，并介绍进出口的各种管制政策。

第一节　进出口的国家管制

报关与进出口国家管制有什么关系呢？后面的章节会告诉我们，因为不同商品受到的国家进出口管制不同，报关时需要向海关提交各种单证，因此，报关员需要了解进出口的各种国家管制措施。

进出口国家管制也称“对外贸易管制”，是指一国政府从国家的宏观经济利益和国内外政策需要出发，在遵循国际贸易有关规则的基础上，对本国的对外贸易活动实施有效管理而实行的各种贸易制度或措施的总称，简称“贸易管制”。它是一种行政管理行为，体现国家意志并以国家强制力为后盾，不仅是各国政府的重要职能，也是国家对外经济政策的具体体现。我国对外贸的管制按管制对象可分为货物进出口贸易管制、技术进出口贸易管制和国际服务贸易管制。本书主要关注货物进出口贸易管制。

随着加入世贸组织，我国贸易管制制度日益完善，目前这一制度由对外贸易经营者资格管理制度、进出口许可制度、出入境检验检疫制度、进出口货物收付汇管理制度、贸易救济制度以及其他有关的管理制度所组成。这些贸易管制制度的内容可简要概括为“备”“证”“检”“核”“救”五个字。

“备”，即对外贸易经营资格的备案登记。它突出强调的是我国对外贸易经营者在从事或参与对外贸易经营活动以前，须按规定向国务院对外贸易主管部门或者其委托的机构办理备案登记。根据我国《对外贸易法》的相关规定，对外贸易经营者未按照规定办理备案登记的，海关不予办理进出口货物的验放手续。

“证”，即货物、技术进出口的许可。它主要是指进出口许可证件，即法律、行政法规规定的各种具有许可进出性质的证明、文件。进出口许可证件是我国实行进出口许可制度中的重要内容。进出口许可制度不仅是我国贸易管制的核心管理制度，而且也是我国贸易管制的主要实现方式之一。进出口许可证是货物或技术进出口的证明文件，既是我国贸易管制的最基本手段，同时又是我国有关行政管理机构执行贸易管制与监督的重要依据。此外，国家有关主管部门对于出口文物、进出口黄金及其制品、进口音像制品、进出口濒危野生动植物、进出口药品药材和进口废物等特殊进出口商品的批准文件或许可文件，同样是我国有关职能管理机构执行贸易管制的重要依据。

"检"，即商品质量的检验检疫、动植物检疫和国境卫生检疫，简称为"三检"。它主要强调的是对货物的进出口实行必要的检验或检疫，也是我国贸易管制方面的重要内容之一。其基本目标是为了保证进出口商品的质量、保障人民的生命安全与健康，我国出入境检验检疫机构可依法对进出口的货物实施必要的检验检疫。

"核"，即进出口收、付汇核销。它反映我国有关进出口货物的收、付汇管理，强调对实际进出口的货物与技术实行较为严格的收、付汇核销制度，以达到国家对外汇实施管制的目的，防止偷逃、偷套外汇。

"救"，即贸易管制中的救济措施。根据世界贸易组织的有关规定，任何一个世贸组织成员都可以为维护自身经济贸易利益的目的，防止或阻止本国产业受到侵害和损害而采取保护性措施。在对进出口贸易实行管制过程中，我国根据国际公认的规则所采取的贸易补救措施主要包括反倾销、反补贴和保障措施。

受管制的货物在进出境时要提交授权部门批准的有关证件。国家对进出口货物的管制措施是各自相对独立的。进出口货物实施管制措施的多少，要根据具体货物而定，对一种货物所实施的管制应全部实施，不能因实施了某种而减少或解除另一种。如进口废物，除交验进口废物批准证书外，若属国家其他管制的，如特定商品登记、商检等，进口时还应向海关提交其他授权部门批准进口的证件。以下将对这些管制制度一一进行详述。

第二节　对外贸易经营者管理制度

对外贸易经营者，是指依法办理工商登记或者其他执业手续，依照《对外贸易法》和其他有关法律、行政法规、部门规章的规定，从事对外贸易经营活动的法人、其他组织或者个人。对外贸易经营者管理制度是我国为了鼓励对外经济贸易的发展，发挥各方面的积极性，保障对外贸易经营者的对外自主权，由商务部和相关部门制定的一系列法律、行政法规、部门规章的总和。

我国对对外贸易经营者的管理实行备案登记制。法人、其他组织或者个人在从事对外贸易经营前，必须按照国家的有关规定，依法定程序在商务部备案登记，取得对外贸易经营的资格，在国家允许的范围内从事对外贸易经营活动。对外贸易经营者未按规定办理备案登记的，海关不予办理进出口货物的通关验放手续，对外贸易经营者可以接受他人的委托，在经营范围内代为办理对外贸易业务。

现在国家对企业申请进出口权已放开了，并无注册资金及年出口额的限制，只要有营业执照就可以申请，而且办理对外贸易经营者备案登记无需收费。对外贸易经营者备案登记工作实行全国联网和属地化管理，对外贸易经营者在本地区备案登记机关办理备案登记，程序如下。

1. 领取《对外贸易经营者备案登记表》

对外贸易经营者可以通过商务部政府网站[①]下载或到所在地备案登记机关领取《对外贸易经营者备案登记表》(以下简称《登记表》,参见附件 2－1)。

2. 填写《登记表》

对外贸易经营者应按《登记表》要求认真填写所有事项的信息,并确保所填写内容是完整、准确和真实的。同时认真阅读《登记表》背面的条款,并由企业法定代表人或个体工商负责人签字、盖章。

3. 上网登录后向备案登记机关提交备案登记材料

提交备案机关的备案登记材料包括:(1)按要求填写的《登记表》;(2)《营业执照》复印件;(3)《组织机构代码证书》复印件;(4)对外贸易经营者为外商投资企业的,还应提交外商投资企业批准证书复印件;(5)依法办理工商登记的个体工商户(独资经营者),须提交合法公证机构出具的财产公证证明,依法办理工商登记的外国(地区)企业,须提交经合法公证机构出具的资金信用证明文件。

4. 备案登记机关应自收到对外贸易经营者提交的上述材料之日起 5 日内办理备案登记手续,在《登记表》上加盖备案登记印章。备案登记机关在完成备案登记手续的同时,应当完整准确地记录和保存对外贸易经营者的备案登记信息和登记材料,依法建立备案登记档案。

5. 对外贸易经营者应凭加盖备案登记印章的《登记表》在 30 个工作日内到当地工商、税务、海关、电子口岸、外管局、出入境检验检疫局等多个部门办理开展对外贸易业务所需的有关手续。逾期未办理的,《登记表》自动失效。

获得进出口经营权的企业是自营出口还是委托专业外贸公司代理出口,应该说各有利弊。自营出口公司要做很多事情,比如办理各种证件、报关、准备各种资料等,不过利润要高些。外贸公司代理出口,公司只需要生产,没有那么多事情,简单省事,但是利润要低些。选择哪一种方式要根据公司的实际情况而定。早期业务不大时当然还是代理合算,做大了自营出口可能会好些。

小经验 2－1

如何获得进出口经营权

想做外贸?做外贸首先你要有自己的工厂或者供应商,其次你要注册一个进出口公司或者找一家进出口代理,那么如何办理进出口权手续呢?获得进出口权又有什么好处呢?

拥有了进出口权,企业就可以直接自营进出口,可以开设自己的外汇账户,从长期看,既方便又节省开支。自营进出口最大的好处是企业由此可以获得出口退税,在以往的委托代理业务中,退税部分一般由外贸公司享受,自营以后企业可以直接获得退税,这是一笔不小的利润。而且,企业自营进出口后,与外商接触和交流的机会更多,有利于企业寻求更多的商机。此外公司拿到进出口权后,自营进出口省去了找代理公司出口的环节和费用,而且货款直接到本公司外汇账户上,省心放心不说,还可提高效率减少中间环节。

企业申请进出口经营权的流程及预算时间:

- 到商务局办理对外贸易经营者备案登记手续,取得进出口资质,5 个工作日。
- 到工商局增加经营范围“货物进出口、技术进出口、代理进出口”,5 个工作日。
- 海关注册登记,进入海关系统,取得海关进出口代码,以备进出口报关时调用,5 个工作日。
- 公安局备案,刻“报关专用章”一枚。

---

① 对外贸易经营者备案登记系统,http://iecms.ec.com.cn/iecms/index.jsp。

● 出入境检验检疫局备案，取得检疫备案代码，5个工作日。

● 中国电子口岸备案，将海关、检疫、外管局和国税等几个部门的数据联网，进口汇及出口申请核销单、收汇和退税时所用，5个工作日。

● 外汇管理局取得外汇账户开立许可，并出口备案，3个工作日。

● 国税办理出口退税登记手续，5个工作日。

办理进出口权需要提交的资料如下：

营业执照副本复印件，4份，加盖公章；组织机构代码证复印件，4份，加盖公章；

国地税副本复印件，3份，加盖公章；法定代表人身份证复印件，2份，加盖公章；

银行开户许可证复印件，2份，加盖公章；公司章程复印件，1份，加盖公章；

公司英文名称、英文地址、联系电话、传真、电子邮箱；

电子卡操作人员、报关负责人、财务人员身份证复印件；

海关备案需要预留的公章模板（A4白纸加盖公章、法人章）。

资料来源：阿里巴巴中国供应商出口通。

第三节　进出口许可管理制度

进出口许可管理制度是指国家根据《中华人民共和国货物进出口管理条例》《中华人民共和国技术进出口管理条例》等相关法律、行政法规，对进出口贸易所实行的一种行政管理制度。货物、技术进出口许可管理制度是我国进出口许可制度的主体、核心内容。由于广大报关员面对的是货物的进出口，因此，本节主要阐述进出口货物许可证管理制度。

一、什么是进出口货物许可证管理

进出口货物许可证管理，是国家对进出口货物进行宏观管理的一种行政手段，其目的是维护正常的进出口秩序，保护和促进国内生产，协调出口，防止低价竞销，实行统一对外。实践证明，通过这一制度，可以有组织、有秩序地发展进出口贸易，稳定国内市场，保护和扩大国际市场。因此，它既是对外贸易管理的根本性措施，也是海关进行实际监督管理的主要依据。根据《海关法》第二十四条规定："进口货物的收货人、出口货物的发货人应当向海关如实申报、交验进出口许可证和有关单证。"进出口货物许可证是海关监管验放进出口货物的重要依据，报关员在向海关申报之前，首先要了解所申报的货物是否属于实行许可证管理范围的进出口商品。属于许可证管理范围的进出口货物，其收、发货人必须申领进出口许可证，才能向海关报关。对属于许可证管理范围而没有申领许可证的进出口货物，海关不接受申报，当然也不予放行。实行许可证管理的商品目录，由商务部统一调整、公布和解释。

进出口货物管制根据管制手段的不同，分为关税管制和非关税管制，由于世贸组织倡导贸易自由化，各成员国关税纷纷下调，非关税管制成为主要管制手段。非关税管制措施可以进一步分为配额管理和许可证管理两种；根据管制程度的不同，又分为禁止进出口的货物、限制进出口的货物、自由进出口的货物。

二、进出口货物管制手段——配额管理与许可证管理

目前，国际上对进出口货物进行管制的主要手段有配额和许可证两种。

1. 配额管理和许可证管理的定义

配额管理指的是国家在一定时期内对于某种商品的进出口数量或金额直接加以限制的管理措施。在规定的期限和配额以内的货物可以进出口,超过了的不准进出口。许可证管理指的是对外贸易经营者进口或者出口国家规定限制进出口的货物,必须事先征得国家的许可,取得进口或者出口许可证。许可证是国家许可对外贸易经营单位进口或者出口某种货物的证明,也是海关对进出境货物监管的重要依据。

配额管理和许可证管理是国家对商品进出口实行限制的重要手段。通过配额或许可证管理,国家可以直接控制某类商品的进出口总量,从而达到保护本国经济不受进口商品的冲击,维护本国产品在国际市场上的竞争力的目的。

世界上大多数国家对一些商品的进出口都制定有配额或许可证管制措施。从各国的情况看,配额与许可证这两种限制措施既可单独使用,也可以结合在一起使用。长期以来,我国采取了配额与许可证相结合的做法,即配额许可证管理措施,需要配额管理的商品必须申领许可证。

在我国成为世贸组织的正式成员以后,我国对限制进出口货物的管理方式已经发生了不同程度的调整与变化。自 2005 年 3 月起,我国取消了限制进口货物的数量限制,这意味着我国过去曾经长期采用的配额与许可证相结合的管理模式已经结束。目前,我国的配额管理主要针对部分限制出口货物。对于这些受配额管理的出口货物,要求申请者取得配额证明后,到商务部及其授权发放许可证的机关,凭配额证明申领出口货物许可证,凭以办理出口通关、外汇核销等手续。在进口贸易方面,现行的管理方式主要是许可证件管理,特别是许可证管理,少数货物采用关税配额管理。

2. 我国实行进口配额或许可证管理的商品

进口许可证管理按管理方式可分为进口配额管理和进口非配额管理。由于进口配额管理已取消,目前只剩下进口非配额管理(即许可证管理)。

我国实行进口许可证管理的商品是指国务院授权机关根据《中华人民共和国对外贸易法》关于对限制进口货物实行配额或许可证管理的规定,会同有关部门制定公布的实行进口配额或许可证管理的商品。

为了进一步开放市场和兑现加入世贸组织的承诺,我国已多次削减进口许可证管理的商品。2005 年起全部取消,仅保留对监控化学品、易制毒化学品和消耗臭氧层物质 3 种特殊商品的进口许可证管理。2006 年,进一步取消进口许可证管理的货物,仅剩消耗臭氧层物质 1 类。2009 年起实行进口许可证管理的货物调整为 2 种,为重点旧机电产品和消耗臭氧层物质,商务部负责签发重点旧机电产品的进口许可证,地方发证机构负责签发消耗臭氧层物质的进口许可证。

3. 我国实行出口配额或许可证管理的商品

出口许可证管理按管理方式可分为出口配额管理和出口非配额管理。

国家实行出口配额或许可证管理的商品是指国家授权商务部根据《中华人民共和国对外贸易法》关于对限制出口货物实行配额或许可证管理的规定,会同海关总署等有关部门制定公布的实行出口许可证管理的商品。2016 年实行出口许可证管理的 48 种货物,分别实行出口配额许可证或出口许可证管理。

实行出口配额许可证管理的货物是:活牛(对港澳出口)、活猪(对港澳出口)、活鸡(对港澳出口)、小麦、小麦粉、玉米、玉米粉、大米、大米粉、甘草及甘草制品、蔺草及蔺草制品、滑石块(粉)、镁砂、锯材、棉花、煤炭、原油、成品油(不含润滑油、润滑脂、润滑油基础油)、锑及锑制品、锡及锡制品、白银、铟及铟制品、磷矿石。其中,出口甘草及甘草制品、蔺草及蔺草制品、镁砂、滑石块(粉)的,需凭配额招标中标证明文件申领出口许可证。

实行出口许可证管理的货物有:活牛(对港澳以外市场)、活猪(对港澳以外市场)、活鸡(对港澳以外市场)、冰鲜牛肉、冻牛肉、冰鲜猪肉、冻猪肉、冰鲜鸡肉、冻鸡肉、矾土、稀土、焦炭、成品油(润滑油、润滑脂、润滑油基础油)、石蜡、钨及钨制品、碳化硅、消耗臭氧层物质、铂金(以加工贸易方式出口)、部分金属及制品、钼、钼制品、天然砂(含标准砂)、柠檬酸、青霉素工业盐、维生素 C、硫酸二钠、氟石、摩托车(含全地形车)及其发动机和车架、汽车(包括成套散件)及其底盘等。其中,对向我国港、澳、台地区出口的天然砂实行出口许可证管理,对标准砂实行全球出口许可证管理。

出口矾土、稀土、焦炭、钨及钨制品、碳化硅、锰、钼、柠檬酸、氟石的,凭货物出口合同申领出口许可证。消耗臭氧层物质的货样广告品需凭出口许可证出口。企业以一般贸易、加工贸易、边境贸易和捐赠贸易方式出口汽车、摩托车产品,需申领出口许可证,并符合申领许可证的条件;企业以工程承包方式出口汽车、摩托车产品,需凭中标文件等相关证明材料申领出口许可证;企业以上述贸易方式出口非原产于中国的汽车、摩托车产品,需凭进口海关单据和货物出口合同申领出口许可证;其他贸易方式出口汽车、摩托车产品免予申领出口许可证。对玉米、大米、煤炭、原油、成品油、棉花、锑及锑制品、钨及钨制品、白银等货物实行出口国营贸易管理。

进出口配额或许可证管理的商品目录每年由商务部统一对外公布,并根据国家的经济政策和对外经济贸易发展的需要以及国内外市场变化情况,对配额或许可证管理的商品目录进行调整。

三、进出口货物管制程度

(一) 禁止进出口管理

为维护国家安全和社会公共利益,保护人民的生命健康,履行中华人民共和国所缔结或者参加的国际条约和协定,国务院商务主管部门会同国务院其他有关部门,依照《中华人民共和国对外贸易法》第十七条的规定,制定、调整并公布禁止进出口货物、技术目录。海关依据国家相关法律、法规对禁止进出口目录商品实施监督管理,对列入该目录的商品及其他明令禁止或停止进出口的商品,任何企业不得经营进出口。

目前,我国公布的禁止进口货物目录共 6 个,即《禁止进口货物目录》第一批、第二批、第三批、第四批、第五批、第六批。第一批涉及国家禁止进口属破坏臭氧层物质的四氯化碳及属世界濒危物种管理范畴的犀牛角、麝香和虎骨等;第二批均为旧机电产品类,是国家对涉及生产安全(压力容器类),人身安全(电器、医疗设备类)和环境保护(汽车、工程及车船机械类)的旧机电产品所实施的禁止进口管理;第三批、第四批、第五批涉及的是对环境有污染的固体废物类,如城市垃圾、医疗废物、含铅汽油淤渣、废动物产品及废动植物油脂等 13 类废物;第六批涉及危险化学品、农药以及持久性有机污染物,如长纤维青石棉、二噁英等。国家法律、法规还明令禁止下列货物进境:动植物病源(菌种、毒种等)、害虫及其他有害生物;动植物疫情流行国家或地区的有关动植物、动植物产品等;动物尸体;土壤。此外,国家停止进口以 CFC12 为制冷工质的汽车及汽车空调压缩机，停止进口属右置方向盘的汽车，停止进口旧服装、Ⅷ因子制剂等血液制品等。

目前，我国公布的禁止出口货物目录共有四批，第一批和第三批涉及国家禁止出口属破坏臭氧层物质的四氯化碳及属世界濒危物种管理范畴的犀牛角、麝香和虎骨；禁止出口有防风固沙作用的发菜和麻黄草等植物；第二批涉及国家为保护我国匮乏的森林资源，防止乱砍滥伐而禁止出口的木炭；第四批主要包括硅砂、石英砂等天然砂。国家有关法律还明令禁止出口有重要价值的野生植物及禁止出口劳改产品、原料血浆及属商业性出口的野生红豆杉及其部分产品等。

（二）限制进出口管理

对于限制进出口货物的管理，我国《货物进出口管理条例》中的相关条款作了明确规定，即国家规定有数量限制的进出口货物，实行配额管理；其他限制进出口货物，实行许可证件管理。实行关税配额管理的进口货物，其目录由国务院外经贸主管部门会同国务院有关经济管理部门制定、调整并公布，对关税配额内进口的货物，按配额内税率缴纳关税，对关税配额外进口的货物，按配额外税率缴纳关税。据此，可将我国限制进出口货物的管理按其限制方式划分为以下几种（参见图 2－1）。

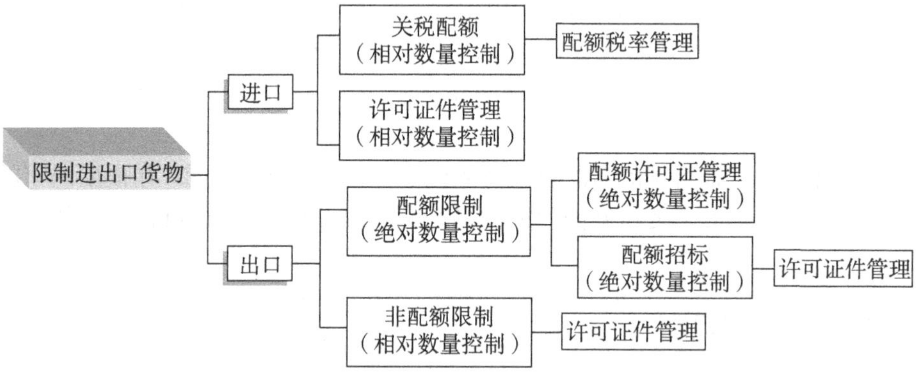

图 2－1 限制进出口货物的管制方式

1. 进口关税配额管理

在我国，一直以来进口配额限制有两种管理形式，即进口配额管理和关税配额管理。自 2005 年起，国家已经取消了对于进口产品的绝对数量限制规定，目前只剩下对某些进口产品（农产品及农用肥料）的相对数量限制。

关税配额管理系指一定时期内（一般是 1 年），国家对部分商品的进口制定配额优惠税率并规定该商品进口数量总额，在限额内，经国家批准后允许按照配额内税率征税进口，如超出限额则按照配额外税率征税进口的措施。一般情况，配额内税率优惠幅度很大，有的商品如小麦，关税配额税率与最惠国税率相差达 65 余倍。国家通过这种行政管理手段对一些重要商品以规定配额税率这个成本杠杆来实现限制进口的目的，因此关税配额管理是一种相对数量的限制。

我国按照对所有申请统一办理的方式分配关税配额，因此要求进口配额管理部门应当在每年 12 月 31 日前作出是否发放配额的决定；进口经营者凭进口配额管理部门发放的关税配额证明，向海关办理关税配额内货物的报关验放手续；关税配额持有者未使用完其持有的年度配额的，应当在当年9月15日前将未使用的配额交还进口配额管理部门；未按期交还并且在当年年底前未使用完的，进口配额管理部门可以在下一年度对其扣减相应的配额；进口配额管理部门应当根据本条例的规定制定有关关税配额的具体管理办法，对申请人的资格、受理申请的部门、审查的原则和程序等事项作出明确规定并在实施前予以公布等。

2. 出口配额限制

出口配额限制系指在一定时期内为建立公平竞争机制、增强我国商品在国际市场的竞争、保障最大限度的收汇，保护我国产品的国际市场利益，国家对部分商品的出口数量直接加以限制的措施。在我国出口配额限制有两种管理形式，即出口配额分配管理、出口配额招标管理。

出口配额分配管理是国家对部分商品的出口，在一定时期内(一般是1年)规定数量总额，采用按需分配的原则，经国家批准获得配额的允许出口，否则不准出口的配额管理措施。出口配额分配管理是国家通过行政管理手段对一些重要商品以规定绝对数量的方式来实现限制出口的目的。这种配额分配管理是通过直接分配的方式，由国务院商务主管部门或者国务院有关部门在各自的职责范围内根据申请者需求结合其进出口实绩、能力等条件，按照效益、公正、公开和公平竞争的原则进行分配(配额的分配方式和办法由国务院规定)，国家各配额主管部门对经申请有资格获得配额的申请者发放各类配额证明。申请者取得配额证明后，到国务院商务主管部门及其授权发证机关，凭配额证明申领《出口货物许可证》(参见附件2－3)，凭以办理出口通关、外汇核销等出口手续。

出口配额招标管理是国家对部分商品的出口，在一定时期内(一般是1年)规定数量总额，采取招标分配的原则，经招标获得配额的允许出口，否则不准出口的配额管理措施。出口配额招标管理是国家通过行政管理手段对一些重要商品以规定绝对数量的方式来实现限制出口的目的。

国家各配额主管部门对中标者发放各类配额证明。中标者取得配额证明后，到国务院商务主管部门及其授权发证机关，凭配额证明申领《出口货物许可证》，凭以办理通关、外汇核销等出口手续。

3. 进出口非配额限制

进出口非配额限制系指在一定时期内根据国内政治、工业、农业、商业、军事、技术、卫生、环保、资源保护等领域需要，以及为履行我国所加入或缔约的有关国际条约规定，以经国家行政许可并签发许可证件的方式来实现各类限制的进出口措施。其管理形式为非配额限制管理。非配额管理主要涉及对货物品种的限制，由于国家对这类货物主要通过许可证件而不是通过配额来进行管理，因此也被称为“许可证件管理”。

非配额限制管理是我国目前进出口许可制度限制出口管理中范围最大、涉及管理部门及管理证件最多的管理。我国进口非配额管理主要包括进口许可证、两用物项进口许可、濒危物种进口、可利用废物进口、进口药品、进口音像制品、黄金及其制品进口等管理。我国出口非配额管理主要包括出口许可证、濒危物种、两用物项出口、黄金及其制品出口等许可管理。

上述各项管理所涉及的各类许可证是由国务院商务主管部门或者国务院有关部门在各自的职责范围内，根据国家有关法律法规及国际公约的有关规定制定并调整各自的许可证件审批和发放程序和资格条件。我国《货物进出口管理条例》规定：“实行许可证管理的限制进出口货物，进出口经营者应当向国务院外经贸主管部门或者国务院有关部门提出申请。进出口许可证管理部门应当自收到申请之日起30天内决定是否许可；进出口经营者凭进出口许可证管理部门发放的进出口许可证,向海关办理报关验放手续;前款所称进出口许可证,包括法律、行政法规规定的各种具有许可进出口性质的证明、文件,即许可证件。”

(三) 自由进出口管理

除上述国家禁止、限制进出口货物外的其他货物,均属于自由进出口范围。这类货物本身不属于国家限制进出口的范围,但基于监测进出口情况的需要,国家对部分属于自由进出口的货物实行自动进出口许可管理,对所有自由进出口的技术实行进出口技术合同登记管理。

自动进口许可管理是在任何情况下对进口申请一律予以批准的进口许可制度。这种进口许可实际上是一种在进口前的自动登记性质的许可制度,通常用于国家对这类货物的统计和监督目的。它是我国进出口许可管理制度中的重要组成部分,是目前被各国普遍使用的一种进口管理制度。进口属自动进口许可管理的货物,经营者应在报关前,向有关主管部门提交自动进口许可证申请表(参见附件 2-4),主管部门在收到申请后,立即发放自动进口许可证明,经营者凭此向海关办理报关验放手续。

商务部授权配额许可证事务局,商务部驻各地特派员办事处,各省、自治区、直辖市、计划单列市商务主管部门以及地方机电产品进出口机构负责自动进口许可货物管理和自动进口许可证的签发工作。目前涉及的管理目录是商务部公布的《自动许可管理货物目录》,对应的许可证件为“中华人民共和国自动进口许可证”(以下简称自动进口许可证)。

自动进口许可证是我国自动进口制度中具有法律效力,用来证明对外贸易经营者经营某些商品合法进口的证明文件,是海关验放该类货物的重要依据。

近年实行自动进口许可管理的货物目录包括非机电类和机电类两类产品。非机电类产品由有关地方商务主管部门或者商务部签发自动进口许可证,涵盖牛肉、猪肉、羊肉等肉类,鲜奶、奶粉,农产品类,矿产品类,原油、成品油,钢材等 26 种商品;机电类产品一部分由商务部签发自动进口许可证,涵盖烟草机械、通信、卫星广播电视设备、汽车(轿车)、大型飞机、船舶等 7 种商品;另一部分由地方、部门机电产品进出口办公室签发自动进口许可证,涵盖汽轮机、发动机,食品、工程、造纸、纺织机械,电气设备等 16 种商品。

自 2016 年 2 月 1 日起,在全国范围内实施自动进口许可证通关作业无纸化。有效范围为实施自动进口许可“一批一证”管理的货物(原油、燃料油除外),且每份进口货物报关单仅适用一份自动进口许可证。[①] 下一步将扩大到全部自动许可管理商品和全部证书状态。

对满足条件的,企业可依据《货物进出口许可证电子证书申请签发使用规范》申请电子许可证,根据海关相关规定采用无纸方式向海关申报,免于交验纸质自动进口许可证。海关将通过自动进口许可证联网核查方式验核电子许可证,不再进行纸面签注。因海关和商务部门审核需要、计算机管理系统故障、其他管理部门需要验凭纸质自动许可证等原因,可以转为有纸报关作业或补充提交纸质自动进口许可证。

四、进出口许可证的申请、签发

进出口许可证(其样式参见附件 2-2、2-3)的审核和签发由商务部统一负责,并实行分级管理。申领进出口许可证要按照国家进出口许可证管理商品分级发证目录的要求向各级签发机关办理。具体办法如下:

---

① 中华人民共和国海关总署:海关总署、商务部公告 2016 年第 5 号(关于实行自动进口许可证通关作业无纸化的公告),http://www.customs.gov.cn,2016-1-29。

● 中央、国务院各部委及其所属企业，由其主管部门向商务部配额许可证事务局申领；

● 商务部授权该部驻各地特派员办事处，签发沿海开放城市及在其联系地区内有关部门的部分进出口许可证；

● 商务部授权各省、自治区、直辖市、计划单列市的商务厅(局)，签发本地区部分出口货物许可证和部分进口货物许可证。

申领进口或出口许可证，应按照商务部规定的要求填写"进口许可证申请表"或者"出口许可证申请表"，在申请表中写明申请单位名称、进口或出口商品名称、进口或出口成交价格、贸易方式、进口国别(地区)或输往国别(地区)、出运或到运口岸等内容。申领国家配额限制商品的进出口许可证，必须向许可证发证机构提供有关主管部门核发的进出口配额证明。发证机构自收到符合规定的申请之日起 3 个工作日内发放进出口许可证，特殊情况下，进口许可证最多不超过 10 个工作日。进口重点旧机电产品的，商务部应在正式受理后 20 日内决定是否批准进口许可证申请，如需征询行业协会意见的，则应在 35 日内决定是否批准。发证机构凭加盖经营者公章的申请表取证联和领证人本人身份证发放进出口许可证。经营者凭证向海关办理报关验放手续。各发证机构要严格按照进出口分级发证范围目录签发进出口许可证，严禁越权，无批件或超配额发证。

申领许可证可通过网上和书面两种形式。企业网上申领许可证的系统通过网络技术，连接各级配额管理机关、许可证发证机构、海关及进出口企业，对进出口配额的分配、进出口许可证网上申领、审批、同海关的联网核查等整个进出口业务和管理的各环节实现全面监管，形成全国进出口配额许可证管理闭合网络。该系统减少了办证流程，提高了办证效率，降低了办证成本，完善了发证管理，强化了监控手段，同时也将进一步增强许可证签发管理工作的公开性和透明度，促进签证工作的规范化、标准化和科学化。

根据商务部的要求，网上申领许可证企业必须进入由国家商务部统一管理的进出口许可证网上申领系统(中国国际电子商务网)。凡已经取得电子钥匙的企业，经正确安装和调试，可直接点击"在线申请进出口许可证"。还未办理电子钥匙的企业，首先须申请电子钥匙。凡符合规定的申请，发证机构自进出口商网上申领之日起 3 个工作日内签发进出口许可证。对确因特殊原因不能按期签发的，应向进出口商说明理由。进出口许可证网上申领流程如图 2 - 2 所示。

进出口许可证管理的商品若属国家实施其他进出口管制的，如商品检验、动植物检疫等，在进出口通关时，还应向海关提交授权发证机关签发的其他进出口证件。

五、各类许可证的使用规范

1. 进出口许可证

进口许可证的有效期为 1 年，当年有效，特殊情况需要跨年度使用时，有效期最长不得超过次年 3 月 31 日；除供港澳鲜活冷冻商品的出口许可证有效期仍为 1 个月外，其他商品的出口许可证有效期一律为 6 个月，其有效期与自然年度保持一致，截止时间不得超过当年 12 月 31 日，发证机构可自当年 12 月 10 日起，签发下一年度出口许可证，有效期自下一年度 1 月 1 日起。进出口许可证应当在有效期内使用，逾期自行失效，出口许可证货物数量视为配额持有者自动放弃。

进出口许可证不得擅自更改证面内容。如需更改，经营者应当在许可证有效期内提出更改申请,并将许可证交回原发证机构重新换发许可证。

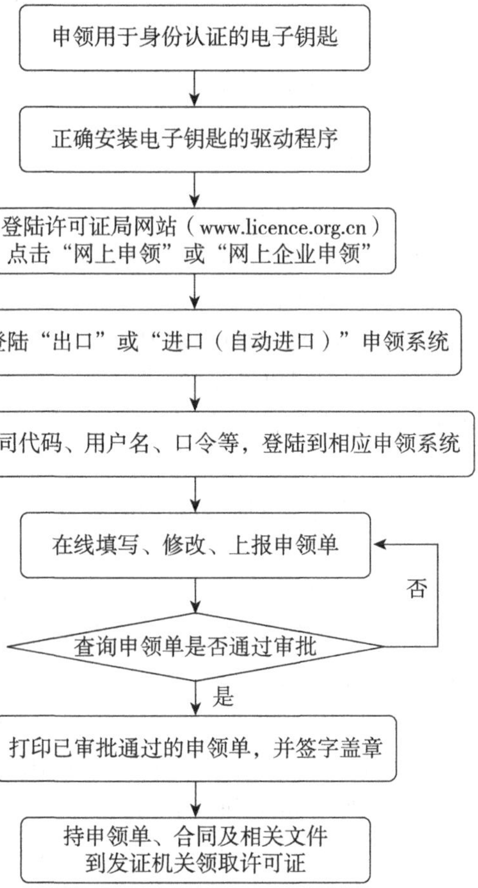

图 2-2 进出口许可证网上申领流程

进出口许可证管理实行"一证一关"(指进出口许可证只能在一个海关报关)管理;一般情况下,进出口许可证为"一批一证"(指进出口许可证在有效期内一次报关使用)。如要实行"非一批一证"(指进出口许可证在有效期内可多次报关使用),应当同时在进出口许可证备注栏内打印"非一批一证"字样,但最多不超过 12 次,由海关在许可证背面"海关验放签注栏"内逐批签注核减进出口数量。

对实行"一批一证"进出口许可证管理的大宗、散装货物,其溢装数量在货物总量 3%以内的原油、成品油予以免证,其他货物溢装数量在货物总量 5%以内的予以免证。对不实行"一批一证"制的大宗、散装货物,在每批货物进、出口时,按其实际进、出口数量进行核扣,最后一批货物进、出口时,其溢装数量按该许可证实际剩余数量并在规定的溢装上限 5%(原油、成品油在溢装上限 3%)内计算免证数额。

2. 自动进口许可证

自动进口许可证有效期为 6 个月,但仅限公历年度内有效。

自动进口许可证项下货物原则上实行"一批一证"管理,对于确实不能一次性清关的部分货物也可实行"非一批一证"管理。对实行"非一批一证"管理的,在有效期内可以分批次累计报关使用,但累计使用不得超过 6 次;海关在自动进口许可证原件"海关验放签注栏"内批注后，海关留存复印件，最后一次使用后，海关留存正本。同一进口合同项下，收货人可以申请并领取多份自动进口许可证。

海关对散装货物溢短装数量在货物总量正负 5%以内的予以免证验放；对原油、成品油、化肥、钢材四种大宗散装货物溢短装数量在货物总量正负 3%以内予以免证验放。对“非一批一证”进口实行自动进口许可管理的大宗散装商品，每批货物进口时，按其实际进口数量核扣自动进口许可证额度数量；最后一批货物进口时，其溢装数量按该自动进口许可证实际剩余数量并在规定的允许溢装上限内计算免证数额。

案例 2－1

进口设备未申领自动进口许可证被处罚

某年 1 月 12 日，天盛机电进出口有限公司（以下简称“天盛公司”）以一般贸易方式向 A 海关申报进口机床设备一批，所报货物不属于国家许可证件管理商品，价值人民币 50 万元。经 A 海关查验发现，天盛公司实际进口货物为某型号多功能机床仪器设备，实际进口货物与申报商品虽然税率相同，但前者属于自动进口许可管理商品。因天盛公司进口申报行为涉嫌违法，A 海关遂对此立案调查。海关经调查认定，天盛公司实际进口货物与申报不符系业务人员工作疏忽所致，并无逃避海关监管的主观故意，但该公司涉案行为构成影响国家许可证件管理的申报不实行为，违反海关监管规定，应承担相应法律责任。当年 4 月 17 日，A 海关对天盛公司作出行政处罚决定，根据《海关行政处罚实施条例》（以下简称《处罚条例》）第十五条第（三）项的规定，对该公司课处罚款人民币 5 万元；同时，因天盛公司进口国家自动进口许可管理货物，但申报时不能提交自动进口许可证明，A 海关根据《处罚条例》第十四条的规定，决定不予放行涉案货物。

行政复议情况是，天盛公司对 A 海关认定其申报不实并无异议，但不服海关的行政处罚决定，于是向 A 海关的上一级海关申请行政复议。

复议机关经审理认为，本案涉案货物属于自动进口许可管理商品。根据《中华人民共和国货物进出口管理条例》的有关规定，自动进口许可证是进口属于自动进口许可管理货物的收货人在办理海关报关手续前，须向国务院外经贸主管部门或国务院有关经济管理部门申领的许可证件，该类证件属于《处罚条例》第六十四条所规定的“许可证件”范畴，进出口货物申报不实涉及自动进口许可证明的，该申报不实行为应按影响国家许可证件管理处置。当年 6 月 3 日，复议机关作出行政复议决定，维持 A 海关对天盛公司作出的行政处罚决定。

入世以来，越来越多的原进口许可证或配额证管理的商品转为自动进口许可管理。自动进口许可管理商品所涉走私违规案件数量呈上升趋势，特别是在通关环节，自动进口许可商品申报不实的情形时有发生。现行《处罚条例》对涉及自动进口许可管理货物申报不实的行为作出了处理规定，但由于许多进出口经营单位对上述规定缺乏正确理解和认识，既不能正确对待海关依法作出的处理决定，也不能采取适当措施妥善解决有关问题，给海关执法工作造成了困难，对企业自身权益也产生了不利影响。

第四节　进出境商品检验和检疫制度

进出境检验检疫管理（也称出入境检验检疫管理）是为维护我国对外贸易信誉，保护进出口经营者的利益和人民生命财产安全，对进出境的货物及其包装物、物品及其包装物、交通运输工具、运输设备，和进出境人员实施检验、检疫监督管理。检验内容包括商品的质量、规格、数量、重量、包装，以及是否符合安全、卫生的要求。自 2001 年起，我国原出入境卫生检疫、动植物检疫和进出口商品检验机构合并成出入境检验、检疫机构，归属中华人民共和国质量监督检验检疫总局。因此,目前我国检验检疫机构为中华人民共和国质量监督检验检疫总局及其分支机构。货物进出境时,海关凭检验检疫机构出具的《入境货物通关单》或《出境货物通关单》验放。

一、出入境检验检疫职责范围

(1) 我国出入境检验检疫制度实行目录管理,即国家质量监督检验检疫总局根据对外贸易需要,公布并调整《出入境检验检疫机构实施检验检疫的进出境商品目录》(简称法检目录商品)。该目录所列名的商品称为法定检验商品,即国家规定实施强制性检验的某些进出境商品。

(2) 对于法定以外的进出境商品是否需要检验,由对外贸易关系人自行决定。对外贸易合同约定或者进出口商品的收发货人申请检验检疫时,检验检疫机构可以接受委托,实施检验检疫并签发证书。此外,检验检疫机构对法检以外的进出口商品,可以以抽查的方式予以监督管理。

(3) 对关系国计民生、价值较高、技术复杂,或重要环境及卫生、疫情标准的重要进出口商品,收货人应当在对外贸易合同中约定在出口装运前进行预检验、监造或监装,以及保留货到后最终检验和索赔的条款。

二、出入境检验检疫制度的组成

我国出入境检验检疫制度内容包括:进出口商品检验制度、进出境动植物检疫制度以及国境卫生监督制度。

1. 进出口商品检验制度

进出口商品检验制度是根据《中华人民共和国进出口商品检验法》及其实施条例的规定,国家质量监督检验检疫总局及其口岸出入境检验检疫机构对进出口商品所进行品质、质量检验和监督管理的制度。

我国实行进出口商品检验制度的目的是为了加强进出口商品检验工作,保证进出口商品的质量,维护对外贸易有关各方的合法权益,促进对外经济贸易关系的顺利发展。商品检验机构实施进出口商品检验的内容,包括商品的质量、规格、数量、重量、包装以及是否符合安全、卫生要求。我国商品检验的种类分为4种,即法定检验、合同检验、公正鉴定和委托检验。对法律、行政法规规定有强制性标准或者其他必须执行的检验标准的进出口商品,依照法律、行政法规规定的检验标准检验;法律、行政法规未规定有强制性标准或者其他必须执行的检验标准的,依照对外贸易合同约定的检验标准检验。

2. 进出境动植物检疫制度

进出境动植物检疫制度是根据《中华人民共和国进出境动植物检疫法》及其实施条例的规定,国家质量监督检验检疫总局及其口岸出入境检验检疫机构对进出境动植物、动植物产品的生产、加工、存放过程实行动植物检疫的进出境的监督管理制度。

我国实行进出境检验检疫制度的目的是为了防止动物传染病、寄生虫病和植物危险性病、虫、杂草以及其他有害生物传入、传出国境,保护农、林、牧、渔业生产和人体健康,促进对外经济贸易的发展。

口岸出入境检验检疫机构实施动植物检疫监督管理的方式有:实行注册登记、疫情调查、检测和防疫指导等。其管理主要包括：进境检疫、出境检疫、过境检疫、进出境携带和邮寄物检疫以及出入境运输工具检疫等。

3. 国境卫生监督制度

国境卫生监督制度是指出入境检验检疫机构卫生监督执法人员，根据《中华人民共和国国境卫生检疫法》及其实施细则，以及国家其他的卫生法律法规和卫生标准，在进出口口岸对出入境的交通工具、货物、运输容器，以及口岸辖区的公共场所、环境、生活设施、生产设备，所进行的卫生检查、鉴定、评价和采样检验的制度。

我国实行国境卫生监督制度是为了防止传染病由国外传入或者由国内传出，实施国境卫生检疫，保护人体健康。其监督职能主要包括：进出境检疫、国境传染病检测、进出境卫生监督等。

三、《中华人民共和国检验检疫出入境货物通关单》

1.《中华人民共和国检验检疫入境货物通关单》（以下简称《入境货物通关单》）

《入境货物通关单》是我国出入境检验检疫管理制度中，对进口列入《法检目录》中属进境管理的商品在办理进口通关手续前，依照有关规定口岸检验检疫机构接受报检后的凭据，同时也是进口通关的专用单据，是海关验放该类货物的重要依据之一（监管条件代码为 A）。《入境货物通关单》适用于下列情况：

- 列入《法检目录》属于进境管理的商品；
- 进口可再利用的废物原料；
- 进口旧机电产品；
- 进口捐赠的医疗器械；
- 其他未列入《法检目录》，但国家有关法律法规明确由出入境检验检疫机构负责检验检疫的入境货物。

2.《中华人民共和国检验检疫出境货物通关单》（以下简称出境货物通关单）

《出境货物通关单》是我国出入境检验检疫管理制度中，对出口列入《法检目录》中属出境管理的商品在办理出口通关手续前，依照有关规定口岸检验检疫机构接受报检后的凭据，同时也是出口通关的专用单据，是海关验放该类货物的重要依据之一（监管条件代码为 B）。《出境货物通关单》适用于下列情况：

- 列入《法检目录》属于出境管理的商品；
- 对外经济技术援助物资及人道主义紧急救灾援助物资；
- 其他未列入《法检目录》，但国家有关法律法规明确由出入境检验检疫机构负责检验检疫的出境货物。

对于出口到美国和巴西的货物，如确需使用木质包装的，在货物出口前，出口企业须向当地出入境检验检疫机构报检；出入境检验检疫机构根据国家出入境检验检疫局制定的有关规定，监督除害处理单位对木质包装进行检疫处理，经除害处理合格的，由出入境检验检疫机构出具"熏蒸/消毒证书"；出口企业凭出入境检验检疫机构签发的《出境货物通关单》向海关办理出口手续，未办理"熏蒸/消毒证书"出口产生的后果，由出口企业自负。

向海关申报进出口上述范围的商品，报关单位应主动向海关提交有效的《出入境货物通关单》及其他有关单据，《出入境货物通关单》实行"一批一证"制度，证面内容不得更改。

案例2-2

木质包装未报检,原封不动运回来

深圳某公司出口到美国的一批大理石板材,辗转近4个月后,又原封不动回到深圳。这是为什么呢?

检验检疫部门了解到:货主因嫌麻烦,在出口前,其用作承载大理石板材的木质包装未按检验检疫部门的要求报检、加施"IPPC"标识(IPPC是国际植物保护公约组织的简称)。结果,货物到达美国口岸后,美国检验检疫部门作出原柜退运出境处理。为使国际贸易更便利,2002年3月,IPPC公布了国际植物检疫措施标准第15号《国际贸易中的木质包装材料管理准则》,要求除胶合板、纤维板或者小于6mm的木质材料外,任何承载、包装、铺垫、支撑、加固货物的木质材料,如木板箱、木条箱、木托盘、木框、木桶、木轴、木楔、垫木、枕木、衬木等,必须按照国际认可的检疫除害处理方法实施处理,并按照国际标准加施专用"IPPC"标识。为执行上述国际标准,国家质检总局颁布了《出境货物木质包装检疫管理办法》,并于2005年3月1日起施行。检验检疫部门提醒各企业按照我国和国际相关规定对出境货物木质包装实施除害处理,以免造成不必要的贸易纠纷和经济损失。

四、具体检验检疫对象

- 《出入境检验检疫机构实施检验检疫的进出境商品目录》所列的商品以及其他国际公约、法律法规所定的商品,包括各种动植物和动植物产品等。
- 出口危险货物包装容器的性能鉴定和使用鉴定。
- 对装运出口易腐烂变质食品、冷冻品的船舱、集装箱等运输工具的适载检验。
- 运载动植物、动植物产品的运输工具及包装、铺垫材料、饲养工具等。
- 动物疫苗、血清、诊断液、动植物性废弃物。
- 出口食品卫生检疫。
- 进口食品、食品添加剂、食品容器、包装材料和食品用工具设备。

五、有关具体进出境报检手续

自2008年1月1日起,国家实行出入境货物通关单电子数据联网,出入境检验检疫机构对法检商品签发通关单,实时将通关单电子数据传输至海关,海关凭以验放法检商品,办结海关手续后将通关单使用情况反馈检验检疫部门。具体报检手续如下。

- 报检单位和代理报检单位必须首先办理登记备案手续,报检人员需经检验检疫机构培训,并领取《报检员证》或《代理报检员证》,凭证办理有关报检手续,代理报检的还需提供委托人按规定格式填写的委托书。
- 入境报检时,应填写入境货物报检单(参见附件2-5),并提供合同、发票、提货单等有关单证。
- 出境报检时,应填写出境货物报检单(参见附件2-6),并提供合同、发票、提单、信用证、装箱单等有关单证。
- 对入境货物、运输工具及人员,应在入境前或入境时向入境口岸指定的检验检疫机构办理报验手续。
- 对输入微生物、人体组织、生物制品、血液及其制品或种畜、禽及其精液、胚胎、受精卵的,应在入境前30天报检,其他动物应在入境前15天报验,对输入植物、种子、种苗及其他繁殖材料的,应在入境前7天报验。

- 出境的运输工具和人员应在出境前向口岸检验检疫机构报验或申报，需隔离检疫的出境货物在出境前 60 天预报，隔离前 7 天报验。
- 对出境货物最迟应在报关或装运前 7 天报检。

六、出入境货物检验检疫工作程序

法定检验检疫的入境货物，在报关时必须提供报关地出入境检验检疫机构签发的《入境货物通关单》(参见附件 2－7)，海关凭此单验放。入境货物的检验检疫工作程序是先放行通关后进行检验检疫，即：法定检验检疫入境货物的货主或其代理人首先向卸货口岸或到达站的出入境检验检疫机构报检；检验检疫机构受理报检，转施检部门签署意见，计收费，对来自疫区的、可能传播检疫传染病、动植物疫情及可能夹带有害物质的入境货物的交通工具或运输包装，实施必要的检疫、消毒、卫生除害处理后，签发《入境货物通关单》(入境废物、活动物等除外)供报检人办理海关的通关手续；货物通关后，入境货物的货主或其代理人需在检验检疫机构规定的时间和地点到指定的检验检疫机构联系对货物实施检验检疫，经检验检疫合格的入境货物签发《入境货物检验检疫证明》放行，经检验检疫不合格的货物签发检验检疫处理通知书，需要索赔的签发检验检疫证书。

法定检验检疫的出境货物，在报关时必须提供出入境检验检疫机构签发的《出境货物通关单》(参见附件 2－8)，海关凭报关地出入境检验检疫机构出具的《出境货物通关单》验放。出境货物的检验检疫工作程序是先检验检疫，后放行通关，即法定检验检疫的出境货物的发货人或者其代理人向检验检疫机构报检，检验检疫机构受理报检和计收费后，转检验或检疫部门实施检验检疫。对产地和报关地相一致的出境货物，经检验检疫合格的，出具《出境货物通关单》。对产地和报关地不一致的出境货物，出具《出境货物换证凭单》，由报关地检验检疫机构换发《出境货物通关单》。出境货物经检验检疫不合格的出具《出境货物不合格通知单》。详细流程如图 2－3 所示。

案例 2－3

报检员买卖伪造通关单获刑

日前，一名宁波检验检疫系统行政处罚案件相对人被依法判处有期徒刑 1 年 6 个月，缓刑两年。

某年 10 月，原宁波某国际货运有限公司报检员邬某通过网上交易，以人民币 2 150 元的价格从网友处购买了一份伪造的中华人民共和国出入境检验检疫出境货物通关单(编号为 380000207255357)，并以人民币 2 300 元的价格转手给温州某国际货运代理有限公司王某，用于报关出口一批未报经检验的法检商品。

这年 11 月底，在申报通关时，该份通关单被发现存在异常情况，通关单上所盖签发机构检验检疫专用章存在明显伪造痕迹，经比对鉴定其上所记载的发货人、货物名称、申报总值等有关信息与同一检验检疫机构签发的同一编号的《出境货物通关单》完全不符。事实上，这是一宗冒用真实存在的通关单编号，私刻检验检疫专用章，伪造国家机关出境货物通关单，并且非法买卖、使用通关单逃避商检的涉嫌犯罪的案件。

案发后，查获此案的北仑检验检疫局按照宁波检验检疫局要求在第一时间将案件移送当地警方，宁波局在不违背“先刑事后行政”原则的前提下，根据《中华人民共和国进出口商品检验法实施条例》第五十八条和《出入境检验检疫报检员管理规定》第二十三条规定，及时撤销邬某报检从业注册，吊销其“报检员证”。警方追查之后，邬某因涉嫌犯罪被检察机关提起公诉。当地法院经审理认为，邬某为获取非法利益而买卖国家机关公文，其行为已构成伪造、买卖国家机关公文罪，依法判处邬某有期徒刑 1 年 6 个月，并根据其认罪态度和悔罪表现，决定适用缓刑两年。

该案的办结对打击伪造、买卖检验检疫证单等违法行为，规范代理报检企业和人员的从业活动，维护检验检疫执法的权威性和严肃性，保障合法有序的进出境秩序起到了积极的影响。

资料来源：中国质量新闻网。

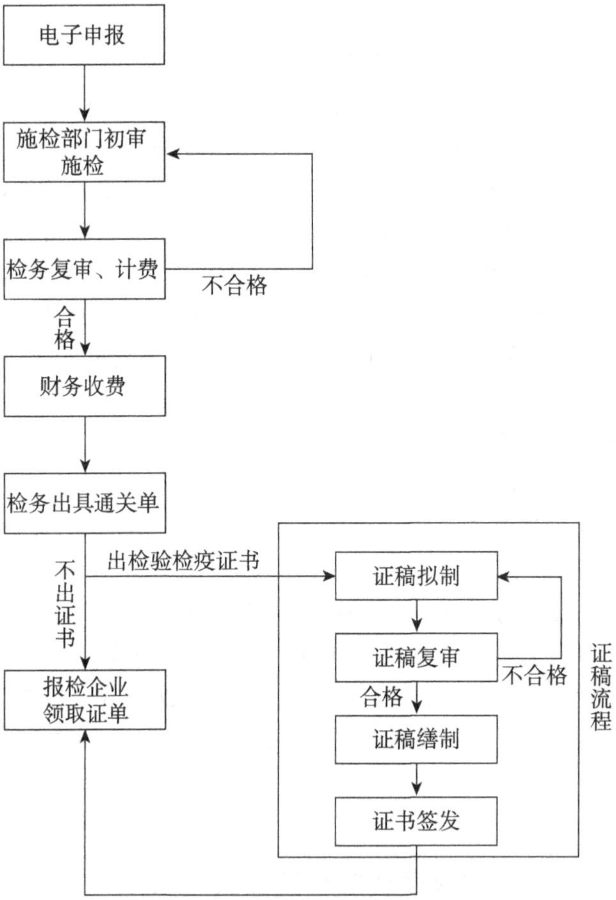

图 2-3　出入境检验检疫流程

第五节　进出口货物外汇管理

贸易外汇管理制度的核心内容之一便是贸易外汇收支业务审核，审核遵循经常项目可兑换的基本原则，将贸易便利化和风险管理相结合。外汇局对合规企业贸易外汇收支实施便利化管理措施，全面降低社会成本，对违规企业贸易外汇收支实施严格审慎监管，充分发挥对合规企业的激励、对违规企业的惩罚，以及对潜在违规企业的威慑作用。

企业贸易外汇收支应当具有真实、合法的交易基础。企业应当根据结算方式、交易性质以及资金流向认真填写申报单证，进行贸易收支信息申报，按规定凭相关单证到银行办理贸易外汇收支业务。金融机构为企业办理贸易外汇收支业务前，应当通过监测系统查询企业名录状态与分类状态，按规定对企业提交的交易单证的真实性及其与贸易外汇收支的一致性认真进行合理审查，按国际收支申报和贸易收支核查信息申报规定向外汇局报送信息。

一、货物贸易外汇管理制度改革

为大力推进贸易便利化，进一步改进货物贸易外汇服务和管理，国家外汇管理局、海关总署、国家税务总局决定，自 2012 年 8 月 1 日起在全国实施货物贸易外汇管理制度改革，并相应调整出口报关流程，优化升级出口收汇与出口退税信息共享机制。

1. 改革货物贸易外汇管理方式

自改革之日起，简化贸易进出口收付汇业务办理手续和程序，取消出口收汇核销单（以下简称核销单），企业不再办理出口收汇核销手续。国家外汇管理局分支局（以下简称外汇局）对企业的贸易外汇管理方式由现场逐笔核销改变为对企业货物流、资金流实施非现场总量核查。外汇局通过货物贸易外汇监测系统，全面采集企业货物进出口和贸易外汇收支逐笔数据，定期比对、评估企业货物流与资金流总体匹配情况，便利合规企业贸易外汇收支；对存在异常的企业进行重点监测，必要时实施现场核查。

2. 对企业实施动态监测和分类管理

外汇局根据企业贸易外汇收支的合规性及其与货物进出口的一致性，将企业分为 A、B、C 三类，如表 2 - 1 所示。外汇局根据企业在分类监管期内遵守外汇管理规定的情况，对其进行动态调整。A 类企业违反外汇管理规定将被降级为 B 类或 C 类；B 类企业在分类监管期内合规性状况未见好转的，将延长分类监管期或被降级为 C 类；B、C 类企业在分类监管期内守法合规经营的，分类监管期满后可升级为 A 类，监管有效期为一年。

表 2 - 1　企业分类标准

企业类别	如何确定分类？
A 类	核查期内企业遵守外汇管理相关规定，且贸易外汇收支经外汇局非现场或现场核查情况正常的
B 类	核查存在问题且经现场核查企业无合理解释；未按规定履行报告义务；未按规定办理贸易外汇业务登记；外汇局实施现场核查时，未按规定的时间和方式向外汇局报告或提供资料；应国家相关主管部门要求实施联合监管的；外汇局认定的其他情况
C 类	最近 12 个月内因严重违反外汇管理规定受到外汇局处罚或被司法机关立案调查；阻挠或拒不接受外汇局现场核查，或向外汇局提供虚假资料；B 类企业在分类监管有效期届满经外汇局综合评估，相关情况仍不符合列入 B 类企业标准；因存在与外汇管理相关的严重违规行为被国家相关主管部门处罚；外汇局认定的其他情况

在管理方式上，对 A 类企业贸易外汇收支，适用便利化的管理措施，进口付汇单证简化，可凭进口报关单、合同或发票等任何一种能够证明交易真实性的单证在银行直接办理付汇，出口收汇无需联网核查；银行办理收付汇审核手续相应简化。对 B、C 类企业在贸易外汇收支单证审核、业务类型、结算方式等方面实施严格监管。

对 B 类企业贸易外汇收支由银行实施电子数据核查管理，即金融机构在办理 B 类企业付汇、开证、出口贸易融资放款或待核查账户资金结汇或划出手续时，应当进行电子数据核查，通过监测系统扣减其对应的可收付汇额度；外汇局根据企业实际发生的进出口贸易类别，结合非现场核查和现场核查情况，确定相应的收付汇比率；企业贸易进出口可收、付汇额度，按对应收付汇日期在分类监管有效期内的进出口货物报关单成交总价与相应收付汇比率的乘积累加之和确定。

对C类企业贸易外汇收支须经外汇局逐笔登记后办理，即贸易外汇收支业务以及外汇局认定的其他业务，由外汇局实行事前逐笔登记管理，金融机构凭外汇局出具的登记证明为企业办理相关手续。外汇局办理登记手续时，对于企业以汇款方式结算的（预付货款、预收货款除外），审核相应的进、出口货物报关单和进、出口合同；以信用证、托收方式结算的，审核进、出口合同和发票；以预付、预收货款方式结算的，审核进、出口合同和发票；对于单笔预付货款金额超过等值5万美元的，还须审核经金融机构核对密押的外方金融机构出具的预付货款保函。

同时，自改革之日起，调整出口报关流程，取消出口收汇核销单，企业办理出口报关时不再提供核销单。企业申报出口退税时不再提供出口收汇核销单；税务部门参考外汇局提供的企业出口收汇信息和分类情况，依据相关规定，审核企业出口退税。国家外汇管理局与海关总署、国家税务总局将进一步加强合作，实现数据共享；完善协调机制，形成监管合力；严厉打击各类违规跨境资金流动和走私、骗税等违法行为。

二、进出口货物外汇管理

企业贸易外汇收支包括：从境外、境内保税监管区域收回的出口货款，向境外、境内保税监管区域支付的进口货款；从离岸账户、境外机构境内账户收回的出口货款，向离岸账户、境外机构境内账户支付的进口货款；深加工结转项下境内收付款；转口贸易项下收付款；其他与贸易相关的收付款（如出口信用保险理赔、出口货物保险理赔、出口买方信贷项下等境内收款等）。

1. 贸易收付汇业务审核基本要求

外汇局定期或不定期对企业一定期限内的进出口数据和贸易外汇收支数据进行总量比对，核查企业贸易外汇收支的真实性及其与进出口的一致性。外汇局对贸易信贷、转口贸易等特定业务，以及保税监管区域企业等特定主体实施专项监测。

外汇局对下列企业实施重点监测：贸易外汇收支与货物进出口匹配情况超过一定范围的；经专项监测发现异常或可疑的；其他需要重点监测的。外汇局可对企业非现场核查中发现的异常或可疑的贸易外汇收支业务实施现场核查。

企业应当按照“谁出口谁收汇、谁进口谁付汇”原则办理贸易外汇收支业务，代理进口、出口业务应当由代理方付汇、收汇。代理进口业务项下，委托方可凭委托代理协议将外汇划转给代理方，也可由代理方购汇。代理出口业务项下，代理方收汇后可凭委托代理协议将外汇划转给委托方，也可结汇将人民币划转给委托方。企业应当根据贸易方式、结算方式以及资金来源或流向，凭相关单证在金融机构办理贸易外汇收支，并按规定进行贸易外汇收支信息申报。金融机构应当查询企业名录和分类状态，按规定进行合理审查，并向外汇局报送前款所称贸易外汇收支信息。

企业贸易外汇收支应当先进入进出口收支待核查账户（简称：待核查账户），收入范围限于贸易外汇收入（含转口贸易外汇收入、不含出口贸易融资项下境内金融机构放款及境外回款）；支出范围包括结汇或划入企业经常项目外汇账户，以及经外汇局登记的其他外汇支出。

2. A类企业进出口收付汇管理

A类企业贸易外汇收支适用便利化的管理措施，企业可以根据其真实合法的进口付汇需求提前购汇存入其经常项目外汇账户。金融机构为企业办理进口付汇手续时，应当审核企业填写的申报单证，并按以下规定审核相应有效凭证和商业单据：

(1) 以信用证、托收方式结算的,按国际结算惯例审核有关商业单据;

(2) 以货到付款方式结算的,审核对应的进口货物报关单或进口合同或发票;

(3) 以预付货款方式结算的,审核进口合同或发票。

因合同变更等原因导致企业提前购汇后未能对外支付的进口货款,企业可自主决定结汇或保留在其经常项目外汇账户中。

金融机构为A类企业办理贸易出口收汇业务审核时,对于下列情况,金融机构需对企业提交的交易单证的真实性及其与该笔收入的一致性进行合理审核:

(1) 贸易付汇的退汇收入,因错误汇出产生的,审核原支出申报单证;因其他原因产生的,审核原支出申报单证、原进口合同;

(2) 因企业分立、合并等原因导致出口与收入主体不一致的收入,还应审核相关部门出具的分立、合并证明文件、出口合同;

(3) 因汇路不畅需要使用外币现钞结算的,办理外币现钞结汇时,审核出口合同、出口货物报关单等单证;结汇现钞金额达到入境申报金额的,还应审核经海关签章的携带外币现钞入境申报单正本;

(4) 对于按规定应当先办理登记的贸易收入,应凭外汇局签发的《登记表》办理。

除上述情况外,金融机构可直接为企业办理待核查账户资金结汇或划出手续。

3. B类企业进出口收付汇管理

金融机构在审核B类企业进口付汇业务单证时,有以下要求:(1) 以信用证、托收方式结算的,除按国际结算惯例审核有关商业单据外,还应当审核相应的进口合同;(2) 以汇款方式结算的(预付货款除外),审核对应的进口合同、进口货物报关单正本;(3) 以预付货款方式结算的,审核进口合同或发票;(4) 对于贸易收汇的退汇支付,因错误汇入导致的,审核原收汇凭证;因其他原因导致的,审核原收入申报单证和原出口合同;(5) 对于捐赠进口业务项下或因企业分立、合并等原因导致进口与支出主体不一致的支出业务,除依据不同结算方式审核有关单证外,还应审核进口合同、捐赠协议(仅捐赠业务提供)、相关部门出具的分立、合并证明文件(仅企业分立、合并的提供)等相关证明材料;(6) 对于转口贸易外汇支出(先收后支),金融机构应当审核买卖合同、收入申报凭证及相关货权凭证;(7) 对于电子数据核查超过可付汇额度的支出或按规定应先办理登记的其他贸易支出,应凭外汇局签发的《登记表》办理。

金融机构在审核B类企业出口收汇业务单证时,有以下要求:(1) 以信用证、托收方式结算的,除按国际结算惯例审核有关商业单据外,还应当审核出口合同;(2) 以汇款方式结算的(预收货款除外),审核出口合同、出口货物报关单正本;(3) 以预收货款方式结算的,审核出口合同、发票;(4) 对于贸易付汇的退汇收入,因错误汇出导致的,审核原支出申报单证,因其他原因导致的,审核原支出申报单证和原进口合同;(5) 对于汇路不畅需要使用外币现钞结算的,办理外币现钞结汇时,审核出口合同、出口货物报关单。结汇现钞金额达到规定入境申报金额的,还应审核经海关签章的携带外币现钞入境申报单正本;(6) 对于因企业分立、合并等原因导致出口与收入主体不一致的收入业务,还应审核相关部门出具的分立、合并证明文件及出口合同;(7) 对于转口贸易外汇收入(先支后收),金融机构应当审核买卖合同、支出申报凭证及相关货权凭证;(8) 对于超过出口可收回额度的收入或按规定先办理登记的其他贸易收入,应凭外汇局签发的《登记表》办理。

B类企业不得办理90天(不含)以上的延期付款业务,不得签订包含90天(不含)以上收汇条款的出口合同，不得办理收支日期间隔超过90天(不含)的转口贸易外汇收支业务。对于预收货款、预付货款以及30天(不含)以上的延期收款、延期付款，B类企业须按规定事后通过监测系统向外汇局进行贸易信贷报告。已开办出口收入存放境外业务的企业被列为B类的，在分类监管有效期内，企业出口收入不得存放境外账户，不得使用境外账户对外支付，外汇局可要求其调回境外账户余额。

4. C类企业进出口收付汇管理

C类企业在分类管理有效期内的所有贸易外汇收支业务应当逐笔到外汇局办理登记手续。金融机构应当凭外汇局出具的《登记表》为企业办理贸易进口付汇或开证手续，以及出口贸易融资放款或待核查账户资金结汇或划出手续。

C类企业不得办理转口贸易外汇收支，不得办理90天(不含)以上的远期信用证(含展期)、海外代付等进口贸易融资业务，不得办理90天(不含)以上的延期付款、托收业务，不得签订包含90天(不含)以上收汇条款的出口合同。对于预收货款、预付货款以及30天(不含)以上的延期收款、延期付款，C类企业须按规定事后通过监测系统向外汇局进行贸易信贷报告。C类企业为跨国集团集中收付汇成员公司的，不得继续办理集中收付汇业务；为跨国集团集中收付汇主办企业的，停止整个集团的集中收付汇业务。C类企业应当于列入之日起30日内关闭境外账户并调回境外账户余额。

答疑解惑2-1

B类企业怎么申请成为A类企业?

某先生：您好，我公司在外管局为B类企业，一年监管期到了，怎么申请成为A类企业？需要什么材料？非常感谢！

口岸答：您好！外汇局会在企业分类监管有效期届满前1个月内，对其监管期内的情况进行综合评估：(1)对于监管期内遵守外汇管理规定、指标恢复正常的B、C类企业，在监管期届满时分类结果自动恢复为A类；(2)对于监管期内指标未见好转或存在涉嫌违规行为的B类企业，可将B类监管期限延长一年，或直接将其分类结果调整为C类；(3)对于监管期内依然存在符合列为C类条件的行为的C类企业，可将C类监管期限延长一年；(4)外汇局直接将企业分类结果调整为B类或C类，或延长B、C类监管期限的，应当按照规定程序向企业发放《告知书》，并直接通过监测系统向金融机构发布企业分类信息。如有其他疑问，欢迎继续在浙江电子口岸政务咨询平台上提问，谢谢！

资料来源：浙江电子口岸。

第六节 对外贸易救济措施

世界贸易组织(WTO)允许成员方在进口产品倾销、补贴和过激增长等给其国内产业造成损害的情况下，可以使用反倾销、反补贴和保障措施手段来保护国内产业不受损害。

反补贴、反倾销和保障措施都属于贸易救济措施。反补贴和反倾销措施针对的是价格歧视这种不公平贸易行为，保障措施针对的则是进口产品激增的情况。

我国已于2001年底成为WTO的成员国。为充分利用WTO规则，维护国内市场的国内外商品的自由贸易和公平竞争秩序，我国依据WTO《反倾销协议》《补贴与反补贴措施协议》《保障措施协议》以及我国《对外贸易法》的有关规定，制定颁布了《中华人民共和国反补贴条例》《中华人民共和国反倾销条例》以及针对保障措施的有关规定。

一、反倾销措施

我国依据 WTO《反倾销协议》以及《中华人民共和国反倾销条例》实施反倾销措施。反倾销措施包括临时反倾销措施和最终反倾销措施。

1. 临时反倾销措施

临时反倾销措施是指，进口方主管机构经过调查，初步认定被指控产品存在倾销，并对国内同类产业造成损害，据此可以依据 WTO 所规定的程序进行调查，在全部调查结束之前，采取临时性的反倾销措施，以防止在调查期间国内产业继续受到损害。

临时反倾销措施有两种形式：一是征收临时反倾销税；二是要求提供保证金、保函或者其他形式的担保。

征收临时反倾销税，由商务部提出建议，国务院关税税则委员会根据其建议作出决定，由商务部予以公告。要求提供保证金、保函或者其他形式的担保，由商务部作出决定并予以公告。海关自公告规定实施之日起执行。

临时反倾销措施实施的期限，自临时反倾销措施决定公告规定实施之日起，不超过 4 个月；在特殊情形下，可以延长至 9 个月。

2. 最终反倾销措施

对终裁决定确定倾销成立并由此对国内产业造成损害的，可以征收反倾销税。征收反倾销税应当符合公共利益。

征收反倾销税，由商务部提出建议，国务院关税税则委员会根据其建议作出决定，由商务部予以公告，海关自公告规定实施之日起执行。

案例 2－5

我国反倾销案例：宝钢反倾销实践的启示

面对我国一些企业及其产品被他国拒之门外，而国外企业的产品却长驱直入，并给我国同类企业带来了严重威胁的局面，中国的企业应当如何面对？

宝钢的反倾销实践值得借鉴。1998 年，基于当时韩国对我国大量倾销冷轧板卷，宝钢即联合鞍钢等国内钢铁企业，向国家经贸委和外经贸部提出了反倾销调查申请。以浦项为首的韩国钢铁企业风闻此消息后，在立案前不得不来华向宝钢等中国企业赔礼道歉，并在此后提高了出口价格，节制了出口行为。鉴于韩国企业主动采取措施控制出口行为，宝钢等企业撤回了反倾销申请，起到了反倾销威慑的作用。至此，宝钢真正尝到了运用反倾销法律武器应对国外产品不公平竞争的甜头。

2001 年，面对国外产品的倾销，宝钢、鞍钢和武钢等国内钢铁企业不得不再次拿起反倾销武器，对原产于韩国、俄罗斯、乌克兰、哈萨克斯坦和我国台湾地区的冷轧板卷向国家经贸委提出了反倾销调查申请。

宝钢反倾销申诉的具体做法和经验：

一是领导挂帅，把握反倾销申诉大局。宝钢高层领导始终把应对倾销和反倾销列入整个集团贸易工作体系。集团公司主管贸易的副总经理亲自担任集团反倾销领导小组组长。领导小组全面主持、布置集团公司反倾销申诉工作，协调、处理申诉中的重大问题。

二是设立以法律事务部为主体的反倾销工作体系。在应对反倾销的日常工作中，集团公司法务部作为牵头部门，组织财务、销售、人事等部门人员，按照各自的工作职责，具体落实数据和信息收集中各自相应的工作，形成工作链，建立系统、完整的反倾销工作体系。

三是注意对员工的反倾销知识培训。宝钢通过多年的反倾销申诉和应诉工作，可以说从基层工人到高层领导都具备了反倾销基本知识。在此基础上，宝钢还建立起一支具有专业化素质的反倾销申诉和应诉队伍。

四是熟悉和正确运用我国的反倾销法律，注意从对手那里学习反倾销实践经验。

五是对承办律师的选聘，注重实绩和能力为主的标准。选择的律师事务所，要具备一定的规模(实力)和从事反倾销工作的知名度；要具备一定从事反倾销的经验，尤其是代理钢铁案件胜诉率较高的；从事反倾销代理的律师，要能够集法律技能与财务知识于一身。

六是建立必要的反倾销预警机制。宝钢在反倾销申诉和应诉工作中感到反倾销预警机制是企业反倾销工作的强大后盾。反倾销预警机制既可以为企业预防国外反倾销，又可对外国产品的倾销进行监控，及时提出反倾销申诉。

资料来源：中国钢铁新闻网。

二、反补贴措施

反补贴与反倾销的措施相同，也分为临时反补贴措施和最终反补贴措施。

1. 临时反补贴措施

初裁决定确定补贴成立并由此对国内产业造成损害的，可以采取临时反补贴措施。临时反补贴措施采取以保证金或者保函作为担保的征收临时反补贴税的形式。

采取临时反补贴措施，由商务部提出建议，国务院关税税则委员会根据其建议作出决定，由商务部予以公告。海关自公告规定实施之日起执行。

临时反补贴措施实施的期限，自临时反补贴措施决定公告规定实施之日起，不超过 4 个月。

2. 最终反补贴措施

在为完成磋商的努力没有取得效果的情况下，终裁决定确定补贴成立并由此对国内产业造成损害的，可以征收反补贴税。征收反补贴税应当符合公共利益。

征收反补贴税，由商务部提出建议，国务院关税税则委员会根据其建议作出决定，由商务部予以公告，海关自公告规定实施之日起执行。

案例 2－6

中国首起农产品反补贴案例

根据《中华人民共和国反补贴条例》规定，商务部应国内产业代表中国畜牧业协会的申请，于 2009 年 9 月 27 日发布公告，对原产于美国的进口白羽肉鸡产品进行反补贴立案调查，涉案金额超过 7 亿美元；产品范围界定为白羽肉鸡产品，从美国进口的白羽肉鸡产品数量占我国总进口量的 70%以上。立案后，美国政府、美国禽蛋品出口协会以及 35 家美国白羽肉鸡生产商、出口商登记应诉。2010 年 4 月 28 日，我国商务部发布了《关于白羽肉鸡产品反补贴调查初裁的公告》。商务部对被调查产品是否存在补贴和补贴金额、被调查产品是否对中国国内白羽肉鸡产业造成损害和损害程度以及补贴与损害之间的因果关系进行了调查。根据调查结果，商务部依据《中华人民共和国反补贴条例》第二十五条规定作出初裁认定，在本案调查期内，原产于美国的进口白羽肉鸡产品存在补贴，中国国内白羽肉鸡产业受到了实质损害，而且补贴与实质损害之间存在因果关系。美国应诉公司被裁定 3.8%至 11.2%不等的从价补贴率，未应诉公司从价补贴率为 31.4%。国务院关税税则委员会根据商务部的建议作出决定，自本公告列明之日起，采用临时反补贴税保证金的形式对原产于美国的进口白羽肉鸡产品实施临时反补贴措施。

资料来源：中国民商法律网。

三、保障措施

根据 WTO《保障措施协议》的有关规定，保障措施分为临时保障措施和最终保障措施。

1. 临时保障措施

临时保障措施是指，在有明确证据表明进口产品数量增加，将对国内产业造成难以补救的损害的紧急情况下，进口国与成员国之间可不经磋商而作出初裁决定，并采取临时性保障措施。临时保障措施的实施期限，自临时保障措施决定公告规定实施之日起，不得超过 200 天，并且此期限计入保障措施总期限。

临时保障措施采取提高关税的形式。如果事后调查不能证实进口激增对国内有关产业已经造成损害的，已征收的临时关税应当予以退还。

2. 最终保障措施

最终保障措施可以采取提高关税、数量限制和关税配额等形式。但保障措施应当限于防止、补救严重损害并便利调整国内产业所必要的范围内。

保障措施的实施期限一般不超过 4 年，如果继续采取保障措施对于防止或者补救严重损害仍有必要，或有证据表明相关国内产业正在进行调整，或延长后的措施不严于延长前的措施，则可适当延长实施期限。但保障措施全部实施期限(包括临时保障措施期限)不得超过 10 年。

四、三种措施的比较

以上三种措施是世界各国所通用的贸易救济措施。出发点是为了制约外国进口商品的恶意倾销，或是为了削弱受政府补贴的外国进口商品的竞争力，或是为了避免外国进口商品激增致使本国同类产品销售受阻。目的是限制外国进口商品在本国市场上的恶意竞争。三种措施具有不同的功能。

1. 三种措施的适用对象不同

反倾销与反补贴措施主要针对的是不公平贸易或不公平竞争，而保障措施主要针对的是公平条件下数量猛增的进口产品。

2. 三种措施实施的具体条件不同

反倾销措施的实施条件(或要件)是客观上的确存在低价倾销并且已经达到相当的幅度、对于进口国造成了实质性损害以及倾销与损害之间存在着因果关系；反补贴措施的实施条件(或要件)是进口产品因为得到政府经济性补贴或财政性支持而具有价格上的竞争优势，导致进口国家的同类产品及其生产行业受到损害并且事实证明的确存在着这样或那样的损害；保障措施的实施条件(或要件)是进口产品的数量激增极大地挤占了进口国家的国内同类产品的市场份额，并且对于进口国家的相关生产行业造成了不利影响。

3. 三种措施的具体实施形式不同

在具体形式方面，反倾销与反补贴措施的实施形式分别有保证金、价格承诺、保函以及最终加征相应的税赋等；而保障措施的主要形式是加征关税、实行配额数量限制或者最终加征关税或实行关税配额等。

4. 三种措施的实施期限不同

进口国家所实行的临时反倾销与反补贴措施的期限的具体规定是：自临时反倾销或临时反补贴措施决定公告规定实施之日起，不超过 4 个月，其中临时性反倾销措施可以在特殊情形下延长至 9 个月。而保障措施，包括临时性措施的实施期限一般不超过 4 年，该措施的全部实施期限也可相应延长，但不得超过 10 年。

第七节　其他特殊货物进出口国家管制

一、黄金及其制品进出口管理

进出口黄金管理是指中国人民银行、商务部依据《中华人民共和国金银管理条例》等有关规定,对进出口黄金及其制品实施监督管理的行政行为。

黄金及制品进出口管理属于我国进出口许可管理制度中限制进、出口管理范畴,中国人民银行总行为黄金及制品进出口的管理机关。

实施进出口管理的黄金,包括黄金条、块、锭、粉,黄金铸币,黄金制品,黄金基合金制品,含黄金化工产品,含黄金废渣、废液、废料,包金制品,镶嵌金制品等。

1. 黄金产品出口准许证

黄金产品出口准许证是我国进出口许可管理制度中具有法律效力,用来证明对外贸易经营者经营黄金及其制品合法出口的证明文件,是海关验放该类货物的重要依据。

出口黄金及其制品,出口企业应事先向中国人民银行申领"黄金产品出口准许证"(加工贸易除外)。报关时,应主动向海关提交有效的黄金产品出口准许证。

2. 中国人民银行授权书

中国人民银行授权书是我国进出口许可管理制度中具有法律效力,用来证明对外贸易经营者经营黄金及其制品合法进口的证明文件,是海关验放该类货物的重要依据。

进口黄金及其制品,进口企业应事先向中国人民银行申领批件,即"中国人民银行授权书"(加工贸易除外)。报关时,应主动向海关提交有效的中国人民银行授权书。该授权书当年有效,跨年度作废。

二、濒危物种进出口管理

我国是《濒危野生动植物种国际贸易公约》的成员国,对此,我国制定了《中华人民共和国野生动物保护法》等有关法规,以加强对濒危野生动植物的保护。

1. 濒危野生动植物种进出口管理的范围

列入《濒危野生动植物种国际贸易公约》附录一和附录二文件中的全部物种,列入《国家重点保护动物名录》和列入《国家珍贵树种名录》的全部物种均是珍贵稀有野生动植物种。上述物种是指:(1) 活的或死的动物、植物;(2) 任何可辨认的部分;(3) 物种的衍生物;(4) 人工培养的野生物种;(5) 野生动物的皮张、羽毛、掌骨、器官等。另外,凡含有珍贵稀有野生动植物成分的中药材,也属于濒危野生动植物种进出口管理的范围。

2. 管理规范

凡进出口列入《进出口野生动植物种商品目录》的野生动植物或其产品,必须严格按照有关法律、行政法规的程序进行申报和审批,并在进出口报关前取得国家濒管办或其授权的办事处签发的公约证明、非公约证明或物种证明后,向海关办理进出口手续。

对列入《进出口野生动植物种商品目录》中属于我国自主规定管理的野生动植物及其产品,不论以何种方式进出口,均须事先申领"非公约证明"。

对列入《进出口野生动植物种商品目录》中属于《濒危野生动植物种国际贸易公约》中的物种，不论以何种方式进出口，均须事先申领“公约证明”。

以上允许进出口证明实行“一批一证”制度。

对于进出口列入《进出口野生动植物种商品目录》中适用“公约证明”、“非公约证明”管理的《濒危野生动植物种国际贸易公约》附录及国家重点保护野生动植物以外的其他列入商品目录的野生动植物及相关货物或物品和含野生动植物成分的纺织品，均须事先申领“物种证明”。该证明分为“一次使用”和“多次使用”两种，前者有效期自签发之日起不得超过 6 个月；后者有效期截至发证当年 12 月 31 日，适用于同一物种、同一类型、同一报关口岸多次进出口的野生动植物。

3. 濒危野生动植物种进出口的基本手续

- 凡出口珍贵稀有野生动物，如大熊猫、金丝猴、白鳍豚、扬子鳄、中华鲟等，必须事先报请中华人民共和国濒危物种进出口办公室核准，发给《野生动植物允许出口证明书》，凭以向海关申报出口。
- 因科学研究、文化交流等出口的各种国家珍贵树种、树苗（含根、茎、叶、花、果实及其他产品、制成品等），海关凭《野生动植物允许进出口证明书》验放。
- 牛、虎、豹、熊、麝、穿山甲、海龟、玳瑁、大象、羚羊等属于《濒危野生动植物种国际贸易公约》附录物种或国家重点保护的野生动物。这些动物及其产品的国际贸易必须由进、出口濒危野生动植物种国际贸易公约管理机构签发允许进、出口证明文件，凭以向海关申报。
- 进、出口非洲象及其任何产品，必须经出口国政府和进口国政府商得濒危野生动植物种国际贸易公约秘书处同意后，发给允许出口证明和允许进口证明书，凭以向海关申报进、出口。
- 出口含珍贵稀有野生动植物药材成分的中药材，在出口前必须取得国家濒危野生动植物进出口管理办公室签发的允许进出口证明书后，方能向海关申报出口。
- 出口珍稀野禽、野味（整体或分割部分）及观赏野生动物（含标本），海关凭具有上述商品进出口经营权的单位及《野生动植物允许出口证明》验放。

案例 2－7

大连海关空港截获 37 枚整麝香

2008 年 3 月 19 日，大连海关对外公布，该关近日在空港旅检渠道查获 37 枚未经加工的整麝香。

据了解，欲携带这批麝香出境的是一名韩国籍旅客。当天，这名旅客将物品藏匿于随身行李中，未向海关申报出口。海关查获后，这名旅客也没有出具相关文件证明。

据了解，麝香是我国国家一级保护动物麝的分泌物，可以制成香料，也可以入药。由于供不应求，麝香的市场价格非常昂贵。目前，国际市场的麝香价格约为黄金价格的 6～8 倍。

海关人员介绍，由于麝类动物目前已成为濒危物种，属于《国家重点保护野生动物名录》中列名的国家一级保护动物，对麝及其制品（无论野生或是驯养繁殖）进出口海关均按照《中华人民共和国濒危野生动植物进出口管理条例》进行管理。

海关在此提醒，进口或者出口《国家重点保护野生动物名录》中的国家一级、二级保护野生动物，《国家重点保护野生植物名录》中的国家一级、二级保护野生植物和《濒危野生动植物种国际贸易公约》列名的濒危野生动植物及其产品的，在向海关申报进口或出口时，应提交国务院林业、农业（渔业）主管部门允许进出口证明书，接受海关监管，并自海关放行之日起 30 日内，将海关验讫的允许进出口证明书副本交国家濒危物种进出口管理机构备案。过境、转运和通运的濒危野生动植物及其产品，自入境起至出境前由海关监管。非法进口、出口或者以其他方式走私濒危野生动植物及其产品的，由海关依照《海关法》的有关规定予以处罚；情节严重，构成犯罪的，依法追究刑事责任。（大连海关 张妮）

资料来源：新华网。

三、进出口药品管理

进出口药品管理是指为加强对药品的监督管理，保证药品质量，保障人体用药安全，维护人民身体健康和用药合法权益，国家食品药品监督管理局依照《中华人民共和国药品管理法》、有关国际公约以及国家其他法规，对进出口药品实施监督管理的行政行为。

我国对进出口药品管理是我国进出口许可管理制度的重要组成部分，属于国家限制进出口管理范畴，实行分类和目录管理。进出口药品从管理角度可分为进出口精神药品、进出口麻醉药品以及进口一般药品。国家食品药品监督管理局会同国务院商务主管部门对上述药品依法制定并调整管理目录，以签发许可证件的形式对其进出口加以管制。

目前我国公布的药品进出口管理目录有：《精神药品管制品种目录》《麻醉药品管制品种目录》《进口药品目录》《生物制品目录》。

1. 精神药品进出口准许证

精神药品进出口准许证是我国进出口精神药品管理批件，国家食品药品监督管理局依据《中华人民共和国药品管理法》和国务院《精神药品管理办法》以及有关国际条约，对进出口直接作用于中枢神经系统，使之兴奋或抑制，连续使用能产生依赖性的药品，制定和调整《精神药品管制品种目录》并以签发"精神药品进口准许证"及"精神药品出口准许证"的形式对该目录商品实行进出口限制管理。

精神药品进出口准许证是我国进出口许可管理制度中具有法律效力，用来证明对外贸易经营者经营列入《精神药品管制品种目录》管理药品合法进出口的证明文件，是海关验放该类货物的重要依据。

经营者在办理该类药品进出口报关手续前，均须取得国家食品药品监督管理局核发的精神药品进出口准许证，然后向海关办理报关手续。海关凭上述单证办理验放手续。

2. 麻醉药品进出口准许证

麻醉药品进出口准许证是我国进出口麻醉药品管理批件，国家药品监督管理部门依据《中华人民共和国药品管理法》和国务院《麻醉药品管理办法》以及有关国际条约，对进出口连续使用后易使身体产生依赖性、能成瘾癖的药品，制定和调整《麻醉药品管制品种目录》并以签发"麻醉药品进口准许证"或"麻醉药品出口准许证"的形式对该目录商品实行进出口限制管理。

麻醉药品进出口准许证是我国进出口许可管理制度中具有法律效力，用来证明对外贸易经营者经营列入《麻醉药品管制品种目录》管理药品合法进出口的证明文件，是海关验放该类货物的重要依据。

该类药品进出口时，经营者在办理进出口报关手续前，均须取得国家食品药品监督管理局核发的麻醉药品进出口准许证向海关办理报关手续。海关凭上述单证办理验放手续。

任何单位以任何贸易方式进出口列入《精神药品管制品种目录》《麻醉药品管制品种目录》的药品，不论用于何种用途，均须事先申领精神药品进出口准许证、麻醉药品进出口准许证。

精神药品、麻醉药品的进出口准许证仅限在该证注明的口岸海关使用，并实行"一批一证"制度，证面内容不得自行更改，如需更改，应到国家食品药品监督管理局办理换证手续。

3. 进口药品通关单

进口药品通关单是国家针对一般药品，即除上述特殊用途药品外的其他药品的进口管理批件。

国家对一般药品的管理实行目录管理。国家食品药品监督管理局依据《中华人民共和国药品管理法》《中华人民共和国药品管理法实施条例》制定和调整《进口药品目录》；国家食品药品监督管理局授权的口岸药品检验所以签发进口药品通关单的形式对该目录商品实行进口限制管理。

进口药品通关单是我国进出口许可管理制度中具有法律效力，用来证明对外贸易经营者经营列入《进口药品目录》的药品合法进口的证明文件，是海关验放该类货物的重要依据。

进口药品通关单仅限在该单注明的口岸海关使用，并实行"一批一证"制度，证面内容不得更改。

任何单位以任何贸易方式进口列入《进口药品目录》的药品，不论用于何种用途，均须事先申领进口药品通关单。一般药品出口目前暂无特殊的管理要求。

四、两用物项和技术进出口许可证管理

两用物项和技术是指《中华人民共和国核出口管制条例》《中华人民共和国核两用品及相关技术出口管制条例》《中华人民共和国导弹及相关物项和技术出口管制条例》《中华人民共和国生物两用品及相关设备和技术出口管制条例》《中华人民共和国监控化学品管理条例》《中华人民共和国易制毒化学品管理条例》及《有关化学品及相关设备和技术出口管制办法》所规定的相关物项及技术。

为便于对上述物项和技术的进出口管制，商务部和海关总署依据上述法规颁布了《两用物项和技术进出口许可证管理办法》并联合发布《两用物项和技术进出口许可证管理目录》，规定对列入目录的物项及技术的出口统一实行两用物项和技术进出口许可证管理。商务部委托商务部配额许可证事务局(以下简称许可证局)统一管理、指导全国各发证机构的两用物项和技术进出口许可证发证工作。许可证局和受商务部委托的省级商务主管部门为两用物项和技术进出口许可证发证机构，省级商务主管部门在许可证局的统一管理下，负责委托范围内两用物项和技术进出口许可证的发证工作。两用物项和技术进出口前，进出口经营者应当向发证机关申领"中华人民共和国两用物项和技术进口许可证"或"中华人民共和国两用物项和技术出口许可证"(以下统称两用物项和技术进出口许可证)凭以向海关办理进出口通关手续。此外，对该类商品的通关规定还有以下几点。

- 对以任何方式进口或出口，以及过境、转运、通运列入以上目录的商品，进出口经营者应向海关提交有效的两用物项和技术进出口许可证。
- 本许可证实行"非一批一证"制和"一证一关"制，在两用物项和技术进口许可证备注栏内打印"非一批一证"字样；两用物项和技术出口许可证实行"一批一证"制和"一证一关"制。
- 本许可证有效期一般不超过 1 年。跨年度使用时，在有效期内只能使用到次年 3 月 31 日，逾期发证机构将根据原许可证有效期换发许可证。
- 本许可证仅限于申领许可证的进出口经营者使用，不得买卖、转让、涂改、伪造和变造；两用物项和技术进出口许可证应在批准的有效期内使用，逾期自动失效，海关不予验放。

五、进口废物管理

废物是指《中华人民共和国固体废物污染环境防治法》管理范围内的废物，即在生产建设、

日常生活和其他活动中产生的污染环境的固态、半固态废弃物质。包括:工业固体废物(指在工业、交通等生产活动中产生的固体废物)、城市生活垃圾(指在城市日常生活中或者为城市日常生活提供服务的活动中产生的固体废物以及法律、行政法规规定视为城市生活垃圾的固体废物)、危险废物(指列入国家危险废物名录或者根据国家规定的危险废物鉴别标准和鉴别方法认定的具有危险特性的废物)以及液态废物和置于容器中的气态废物。

进口废物管理是国务院环境保护行政主管部门根据《中华人民共和国固体废物污染环境防治法》和《废物进口环境保护管理暂行规定》等法律法规,对进口废物所实施的禁止、限制以及自动许可措施的总和。

为了防治固体废物污染环境,保障人体健康,促进社会主义现代化建设的发展,国家禁止进口不能用作原料的固体废物,对进口可以用做原料的固体废物实行限制管理。国家环境保护总局是进口废物的国家主管部门,会同国务院商务主管部门制定、调整并公布《限制进口类可用作原料的废物目录》及《自动进口许可管理类可用作原料的废物目录》,对未列入上述两目录的固体废物禁止进口。

进口可用作原料的废物的办理程序为:企业直接向国家环境保护总局提出废物进口申请,由国家环境保护总局审查批准,取得国家环境保护总局签发的"中华人民共和国自动许可进口类可用作原料的固体废物进口许可证"或"中华人民共和国限制进口类可用作原料的固体废物进口许可证"(以下统称为废物进口许可证)后才可组织进口。进口废物运抵口岸后,口岸检验检疫机构凭国家环境保护总局签发的废物进口许可证及其他必要单证受理报验,经审核未发现不符合环境保护要求的,向报验人出具入境货物通关单,海关凭有效废物进口许可证及入境货物通关单办理通关手续。对不符合环境保护要求的,向报验人出具检验证书并及时以检验证书副本通知口岸海关和当地环保部门,海关会同地方环保部门依法对废物进行处理。

废物进口许可证是法定目录中的废物合法进口的证明文件,是海关验放货物的重要依据。不论以何种方式进口列入上述管理范围的废物,均须事先申领废物进口许可证。

对未列入法定目录或虽列入上述目录但未取得有效废物进口许可证的废物一律不得进口和存入保税仓库。废物进口许可证实行"非一批一证"管理。

进口的废物不能转关(废纸除外),只能在口岸海关办理申报进境手续。

案例2-8

广东省对进口废物的管理

据了解,目前广东进口的废物中,限制类进口废物(包括废五金、废塑料、废不锈钢、废糖蜜、废织物)为706.2万吨和废钢船170艘,废五金和废塑料占大部分,占全国进口废物总量的1/4。

环保部门指出,要解决好进口废物的环境问题,必须区分进口废物和"洋垃圾"两个概念,坚持疏堵结合两种手段,封堵走私与夹藏两条主渠道,完善法律法规,加强多部门联动。

我国对进口废物分三类进行管理,即禁止进口、限制进口和自动许可进口。《固体废物污染环境防治法》明确规定,"禁止进口不能用作原料或者不能以无害化方式利用的固体废物";对可以用作原料的固体废物实行限制进口和自动许可进口分类。根据已公布的名录,医疗废物、生活垃圾、旧衣物、旧电脑等属禁止进口的废物,也就是俗称的"洋垃圾"。废五金、废塑料、废不锈钢等属于限制进口废物,不能简单地称之为"洋垃圾"。目前限制进口和自动进口废物名录中海关商品编码有40类,禁止进口废物名录海关商品编码有55类,随着情况变化,有关部门会不断修订。

经济社会发展需要进口废物。据介绍,进口废物对弥补我省资源不足,促进经济发展,解决社会就业,减少环境污染均具有重要意义,主要体现在两方面。

一是为经济社会发展提供丰富资源。我省是资源贫乏省份，在经济发展中占支柱地位的大宗矿产储量不足，特别是铁、铜、铝等关系经济安全的原生矿奇缺，通过进口废物可提供丰富的再生资源。仅以全国的有色金属基地——南海大沥镇为例，当地30多家进口废五金定点企业，每年进口废五金100多万吨，回收铜、铝几十万吨，为建筑、汽车制造、电子电器产品等企业提供了源源不断的原料，带动整个产业链的发展。

二是产生的污染远远小于直接从原生矿提炼资源。直接从原生矿提炼资源，往往造成生态破坏，同时耗费大量的水、能源，排放大量的污染物。研究表明，直接从原生矿提炼资源产生的污染要远远大于再生资源。据中国物资再生协会统计，进口废钢铁约4 000万吨，可炼钢3 600万吨，减少7 200万吨铁矿石进口，减少排放3 600万吨废渣；进口废纸7 000万吨，可造纸5 600万吨，节省木材2.1亿立方米，减少排放废水112亿立方米；进口废塑料2 000万吨，可节约石油6 000万吨。

资料来源：南方网。

六、音像制品进口管理

为了加强对音像制品进口的管理，促进国际文化交流，丰富人民群众的文化生活，我国颁布了《音像制品管理条例》《音像制品进口管理办法》及其他有关规定，对音像制品实行进口许可管制。新闻出版总署负责全国音像制品进口的监督管理工作，制定音像制品进口规划，审查进口音像制品内容，确定音像制品成品进口经营单位的总量、布局和结构。

音像制品成品进口业务由新闻出版总署指定的音像制品经营单位经营；未经新闻出版总署指定，任何单位或者个人不得从事音像制品成品进口业务。图书馆、音像资料馆、科研机构、学校等单位进口供研究、教学参考用的音像制品成品，应当委托新闻出版总署指定的音像制品成品进口经营单位办理有关进口审批手续。

音像制品进口单位凭新闻出版总署进口音像制品批准文件到海关办理母带(母盘)或者音像制品成品的进口手续，海关凭有效的"新闻出版总署进口音像制品批准单"(以下简称进口音像制品批准单)办理验放手续；对随机器设备同时进口以及进口后随机器设备复出口的记录操作系统、设备说明、专用软件等内容的音像制品，海关凭进口单位提供的合同、发票等有效单证验放。

进口音像制品批准单是我国进出口许可管理制度中具有法律效力，用来证明对外贸易经营者经营音像制品合法进口的证明文件，是海关验放该类货物的重要依据。

七、化学品首次进口及有毒化学品

1. 化学品首次进口的涵义

化学品首次进口是指外商或其代理人向中国出口其未曾在中国登记过的化学品，即使同种化学品已有其他外商或其代理人在中国进行登记，仍被视为化学品首次进口。

2. 有毒化学品的环境管理

- 进出口列入《中国禁止或严格限制的有毒化学品名录》的有毒化学品，海关凭国家环境保护局签发的《有毒化学品进(出)口环境管理放行通知单》验收。实行一批一证制，每份通知单在有效期内只能报关使用一次。

- 进出口有毒化学品属国家实施其他进出口管制的，如进出口许可证管理、商检等，在进出口通关时，还应出具其他授权机关签发的有关证件。

附件 2-1

对外贸易经营者备案登记表

备案登记表编号：　　　　　　　　　　　　　　　　　　　　进出口企业代码：

经营者中文名称			
经营者英文名称			
组织机构代码		经营者类型 （由备案登记机关填写）	
住　所			
经营场所(中文)			
经营场所(英文)			
联系电话		联系传真	
邮政编码		电子邮箱	
工商登记 注册日期		工商登记 注册号	

依法办理工商登记的企业还须填写以下内容

企业法定代表人姓名		有效证件号	
注册资金			(折美元)

依法办理工商登记的外国(地区)企业或个体工商户(独资经营者)还须填写以下内容

企业法定代表人/ 个体工商负责人姓名		有效证件号	
企业资产/个人财产			(折美元)

备注：	

填表前请认真阅读背面的条款，并由企业法定代表人或个体工商负责人签字、盖章。

备案登记机关

签　章

年　　月　　日

附件 2-2

中华人民共和国进口许可证

IMPORT LICENCE OF THE PEOPLE'S REPUBLIC OF CHINA

<table>
<tr><td colspan="3">1. 进口商：
Importer</td><td colspan="3">3. 进口许可证号：
Import Licence No.</td></tr>
<tr><td colspan="3">2. 收货人：
Consignee</td><td colspan="3">4. 进口许可证有效截止日期：
Import Licence expire date</td></tr>
<tr><td colspan="3">5. 贸易方式：
Terms of trade</td><td colspan="3">8. 出口国(地区)：
Country/Region of exportation</td></tr>
<tr><td colspan="3">6. 外汇来源：
Terms of foreign exchange</td><td colspan="3">9. 原产地国(地区)：
Country/Region of origin</td></tr>
<tr><td colspan="3">7. 报关口岸：
Place of clearance</td><td colspan="3">10. 商品用途：
Use of goods</td></tr>
<tr><td colspan="3">11. 商品名称：
Description of goods</td><td colspan="3">商品编码：
Code of goods</td></tr>
<tr><td>12. 规格、型号
Specification</td><td>13. 单位
Unit</td><td>14. 数量
Quantity</td><td>15. 单价（ ）
Unit price</td><td>16. 总值（ ）
Amount</td><td>17. 总值折美元
Amount in USD</td></tr>
<tr><td></td><td></td><td></td><td></td><td></td><td></td></tr>
<tr><td></td><td></td><td></td><td></td><td></td><td></td></tr>
<tr><td></td><td></td><td></td><td></td><td></td><td></td></tr>
<tr><td></td><td></td><td></td><td></td><td></td><td></td></tr>
<tr><td>18. 总计
Total</td><td></td><td></td><td></td><td></td><td></td></tr>
<tr><td colspan="3">19. 备注
Supplementary details</td><td colspan="3">20. 发证机关签章
Issuing authority's stamp & signature

21. 发证日期
Licence date</td></tr>
</table>

对外贸易经济合作部监制(2000)

续 表

海关验放签注栏

进口日期	报关日期	运输工具名　称	提货单号	出口国（地区）	进口数量	许可证结余数	海关签章

附件 2－3

中华人民共和国出口许可证

EXPORT LICENCE OF THE PEOPLE'S REPUBLIC OF CHINA

1. 出口商：　编码： Exporter	3. 出口许可证号： Export Licence No.
2. 发货人：　编码： Consignor	4. 出口许可证有效截止日期： Export Licence expire date
5. 贸易方式： Terms of trade	8. 进口国(地区)： Country/Region of importation
6. 合同号 Contract No.	9. 收款方式： Terms of payment
7. 报关口岸： Port of clearance	10. 运输方式： Means of transport
11. 商品名称： Description of goods	商品编码： Code of goods

12. 规格、型号 Specification	13. 单位 Unit	14. 数量 Quantity	15. 单价(　) Unit price	16. 总值(　) Amount	17. 总值折美元 Amount in USD
18. 总计 Total					

19. 备注： Supplementary details	20. 发证机关盖章： Issuing authority's stamp & signature 21. 发证日期： Licence date

对外贸易经济合作部监制(2000)

续 表

海关验放签注栏

报关日期	运输工具名称	装货单号	进口国（地区）	出运数量或金额	许可证结余数	海关签章

附件 2-4

中华人民共和国自动进口许可证申请表

<table>
<tr><td colspan="3">1. 进口商： 代码：**13 位企业代码**
×××公司
（该企业必须具有进出口经营资格）</td><td colspan="3">3. 自动进口许可证申请表号：
企业不填
自动进口许可证号：</td></tr>
<tr><td colspan="3">2. 进口用户：
×××公司
（进口产品的最终使用单位）</td><td colspan="3">4. 申请自动进口许可证有效截止日期：
企业不填
年 月 日</td></tr>
<tr><td colspan="3">5. 贸易方式
例如：一般贸易</td><td colspan="3">8. 贸易国（地区）：
××国（地区） （指出口该产品的国家或地区）</td></tr>
<tr><td colspan="3">6. 外汇来源：
例如：银行购汇</td><td colspan="3">9. 原产地国（地区）：
××国（地区） （指该产品的生产国家或地区）</td></tr>
<tr><td colspan="3">7. 报关口岸：
××口岸（只能填一个）</td><td colspan="3">10. 商品用途：
例如：销售</td></tr>
<tr><td colspan="6">11. 商品名称： 商品编码： 设备状态：
××× **海关 HS 码** **新**</td></tr>
<tr><td>12. 规格、等级</td><td>13. 单位</td><td>14. 数量</td><td>15. 单价（币别）</td><td>16. 总值（币别）</td><td>17. 总值折美元</td></tr>
<tr><td>**A 型**</td><td>**千克**</td><td>×××</td><td>××.××
（请注明币种）</td><td>×××××</td><td>×××××</td></tr>
<tr><td>**B 型**</td><td>**千克**</td><td>××</td><td>×.×
（请注明币种）</td><td>×××××</td><td>×××××</td></tr>
<tr><td></td><td></td><td></td><td></td><td></td><td></td></tr>
<tr><td></td><td></td><td></td><td></td><td></td><td></td></tr>
<tr><td colspan="2">18. 总 计</td><td>××××</td><td></td><td>×××××××</td><td>×××××××</td></tr>
<tr><td colspan="3">19. 备注：
加盖进口商公章!!!

联系人：××
联系电话：×××××××××
申请日期：××年××月××日</td><td colspan="3">20. 签证机构审批意见：

企业不填</td></tr>
</table>

注：黑色字体部分为填写内容及注意事项

附件 2－5

中华人民共和国出入境检验检疫
入境货物报检单

报检单位(加盖公章)： *编　　号________________

报检单位登记号：　　联系人：　　电话：　　报检日期：　　年　月　日

收货人	(中文)	企业性质(画"√")	□合资□合作□外资
	(外文)		
发货人	(中文)		
	(外文)		

货物名称(中/外文)	H. S. 编码	原产国(地区)	数/重量	货物总值	包装种类及数量

运输工具名称号码				合同号	
贸易方式		贸易国别(地区)		提单/运单号	
到货日期		启运国家(地区)		许可证/审批号	
卸毕日期		启运口岸		入境口岸	
索赔有效期至		经停口岸		目的地	
集装箱规格、数量及号码					
合同订立的特殊条款以及其他要求				货物存放地点	
				用　　途	

随附单据(画"√"或补填)		标记及号码	*外商投资财产(画"√")	□是□否
□合同 □发票 □提/运单 □兽医卫生证书 □植物检疫证书 □动物检疫证书 □卫生证书 □原产地证 □许可/审批文件	□到货通知 □装箱单 □质保书 □理货清单 □磅码单 □验收报告 □ □ □		*检验检疫费	
			总金额(人民币元)	
			计费人	
			收费人	
报检人郑重声明： 1. 本人被授权报检。 2. 上列填写内容正确属实。 签名：__________			领取证单	
			日期	
			签名	

注：有"＊"号栏由出入境检验检疫机关填写　　◆国家出入境检验检疫局制

[1－1(2001.1.1)]

附件 2－6

中华人民共和国出入境检验检疫
出境货物报检单

报检单位(加盖公章)：　　　　　　　　　　　　　　　　* 编　　号________

报检单位登记号：　　　　　　联系人：　　　　电话：　　　　报检日期：　　年　月　日

收货人	(中文)				
	(外文)				
发货人	(中文)				
	(外文)				
货物名称(中/外文)	H.S.编码	产(地)	数/重量	货物总值	包装种类及数量

运输工具名称号码		贸易方式		货物存放地点	
合同号		信用证号		用途	
发货日期		输往国家(地区)		许可证/审批号	
启运地		到达口岸		生产单位注册号	
集装箱规格、数量及号码					

合同、信用证订立的检验检疫条款或特殊要求	标记及号码	随附单据(画"√"或补填)	
		□合同 □信用证 □发票 □换证凭单 □装箱单 □厂检单	□包装性能结果单 □许可/审批文件 □ □ □ □

需要证单名称(画"√"或补填)		* 检验检疫费	
□品质证书 __正__副 □重量证书 __正__副 □数量证书 __正__副 □兽医卫生证书 __正__副 □健康证书 __正__副 □卫生证书 __正__副 □动物卫生证书 __正__副	□植物检疫证书 __正__副 □熏蒸/消毒证书 __正__副 □出境货物换证凭单 □出境货物通关单 □ □ □	总金额(人民币元)	
		计费人	
		收费人	

报检人郑重声明： 1. 本人被授权报检。 2. 上列填写内容正确属实、货物无伪造或冒用他人的厂名、标志、认证标志，并承担货物质量责任。 签名：________	领 取 证 单	
	日期	
	签名	

注：有"＊"号栏由出入境检验检疫机关填写　　　　◆国家出入境检验检疫局制

[1－2(2001.1.1)＊1]

附件 2-7

中华人民共和国出入境检验检疫
入境货物通关单

编号:310100103032260000

1. 收货人 上海力至优叉车制造有限公司 * * *				5. 标记及号码
2. 发货人 * * * * * *				
3. 合同/提(运)单号 0308028/OS—493		4. 输出国家或地区 日本		
6. 运输工具名称及号码 船舶 * * *		7. 目的地 上海市		8. 集装箱规格及数量 海运 40 尺普通 1 个
9. 货物名称及规格 硫化橡胶制密封圈等 * * * (以下空白)	10. H. S. 编码 40169390 * * * (以下空白)	11. 申报总值 *5 799.4 美元 * * * (以下空白)		12. 数/重量、包装数量及种类 *80 千克 *3 其他 (以下空白)
13. 内容 上述货物办完海关手续后,请及时联系落实检验检疫事宜。未经检验检疫,不得销售、使用。对未经检验检疫而擅自销售或者使用的,检验检疫机构将按照法律法规规定予以处罚。 签字: 日期:2003 年 08 月 28 日				
14. 备注				

C1849960 ②货主须知

印刷流水号:C1849960 [2-1-1(2002.1.1)*1]

附件 2-8

中华人民共和国出入境检验检疫
出境货物通关单

编号:310050203826151

<table>
<tr><td colspan="3">1. 发货人
黄山市灵杰电缆有限责任公司
* * *</td><td rowspan="3">5. 标记及号码
N/M</td></tr>
<tr><td colspan="3">2. 收货人
* * *
* * *</td></tr>
<tr><td colspan="2">3. 合同/信用证号
DZ20031101/* * *</td><td>4. 输往国家或地区
印度</td></tr>
<tr><td colspan="2">6. 运输工具名称及号码
船舶* * *</td><td>7. 发货日期
* * *</td><td>8. 集装箱规格及数量
* * *</td></tr>
<tr><td>9. 货物名称及规格
同轴电缆
* * *
* * *
(以下空白)</td><td>10. H. S. 编码
85442000
* * *
* * *
(以下空白)</td><td>11. 申报总值
*18 546 美元
* * *
* * *
(以下空白)</td><td>12. 数/重量、包装数量及种类
*333 060 米
*
*
(以下空白)</td></tr>
<tr><td colspan="4">13. 证明
上述货物已经检验检疫,请海关予以放行。
本通关单有效期至二〇〇四年二月二十三日

签字:　　　　　　　　　　日期:2003 年 12 月 25 日</td></tr>
<tr><td colspan="4">14. 备注</td></tr>
</table>

7657967　　①货物通关　印刷流水号:C7657967　　[2-2(2000.1.1)]

关键词

进出口国家管制　备案登记　进出口许可管理 配额管理　关税配额管理　配额许可证管理　自动进口许可管理　进出口商品检验检疫　企业贸易外汇收支分类管理　反倾销措施　反补贴措施　保障措施

思考与问答

1. 进出口国家管制具体包括哪些内容?
2. 进出口货物管制根据管制手段和管制程度的不同分别可分成哪几类?
3. 什么是关税配额管理? 网上查询一下该管理手段一般适用于什么货物?
4. 配额管理与许可证管理有什么区别?
5. 阅读案例 2-1、2-2,回答为什么会发生这种事情?
6. 出入境检验检疫制度包括哪几项内容? 入境货物与出境货物的检验检疫工作程序有什么不同?
7. 什么是出入境通关单? 有何作用?
8. 仔细阅读案例 2-3、2-4,谈谈你从中得到的教训和启示。
9. 概述货物贸易外汇管理制度改革的内容。
10. 对外贸易救济措施通常包括哪些? 它们之间有什么区别?

一般进出口货物报关程序

引导案例

某年，东莞某公司报关员梁某串通某公司业务员冯某，将该公司进口存入保税仓库的螺纹钢 3 245.5 吨，在未办理报关手续的情况下提走，在广州、深圳等地倒卖。案发后报关员梁某逃逸，未被抓获归案。该公司因报关管理上的漏洞，损失人民币 976 万元，最后破产。

案例中该公司货物未办理报关手续就被提走(即未申报)，属于走私违规行为，导致最后破产。可见，按海关规定进行申报是合法进出境的必经途径。本章将介绍一般货物的通关流程。

第一节　海关监管货物概述

一、海关监管货物的概念及分类

海关监管货物是指所有进出境货物，即自进境起到办结海关手续止的进口货物，自向海关申报起到出境止的出口货物，包括海关监管时限内的一般进出口货物、保税货物、特定减免税货物、暂准进出境货物，以及过境、转运、通运货物和其他尚未办结海关手续的进出境货物。

按货物进出境的不同目的划分，海关监管货物可以分成以下五大类。

- 一般进出口货物。指从境外进口，办结海关手续直接进入国内生产或流通领域的进口货物，以及按国内商品申报，办结出口手续到境外消费的出口货物，包括一般进口货物和一般出口货物。
- 保税货物。指经海关批准未办理纳税手续而进境，在境内储存、加工、装配后复运出境的货物。此类货物又分为保税加工货物和保税物流货物两类。
- 特定减免税货物。指经海关依法准予免税进口的用于特定地区、特定企业、有特定用途的货物。
- 暂准进出境货物。指经海关批准，凭担保进境或出境，在境内或境外使用后，原状复运出境或进境的货物。
- 其他进出境货物。指由境外启运，通过中国境内继续运往境外的货物，以及其他尚未办结海关手续的进出境货物。

海关按照对各种监管货物的不同要求，分别建立了相应的海关监管制度。

二、海关监管货物的报关程序

报关程序是指进出口货物收发货人、运输工具负责人、物品所有人或其代理人按照海关的规定,办理货物、物品、运输工具进出境及相关海关事务的手续和步骤。在我国,货物的进出境必须经过海关审单、查验、征税、放行四个作业环节;进出口货物收发货人或其代理应办理进出口申报、配合查验、缴纳税费、提取或装运货物等手续。但是,这些程序还不能满足海关对所有进出境货物的实际监管要求。比如加工贸易原材料进口,海关要求事先备案,因此不能在申报和审单这一环节完成上述工作,必须有一个前期办理手续的阶段;而且上述原材料加工成成品出口,在放行和装运货物离境的环节也不能完成所有的海关手续,必须有一个后期办理核销结案的阶段。因此,从海关对进出境货物进行监管的全过程来看,报关程序按时间先后可以分为3个阶段:前期阶段、进出境阶段、后续阶段。

1. 前期阶段

前期阶段是指根据海关对保税货物、特定减免税货物、暂准进出境货物、其他进出境货物的监管要求,进出口货物收发货人或其代理人在货物进出境以前,向海关办理备案手续的过程。主要包括以下几种情况:

- 保税加工货物进口之前,进口货物收货人或其代理人应当办理加工贸易备案手续,申请建立加工贸易电子账册、电子手册或者申领加工贸易纸质手册。
- 特定减免税货物在进口之前,进口货物收货人或其代理人应当办理货物的减免税申请、备案和申领减免税证明手续。
- 暂准进出境货物进出境之前,进出境货物收发货人或其代理人应当办理货物暂准进出境备案申请手续。
- 其他进出境货物中的出料加工货物实际出境之前,出境货物发货人或其代理人应当办理出料加工的备案手续。

2. 进出境阶段

进出境阶段是指根据海关对进出境货物的监管制度,进出口货物收发货人或其代理人在一般进出口货物、保税货物、特定减免税货物、暂准进出境货物、其他进出境货物进出境时,向海关办理进出口申报、配合查验、缴纳税费、提取或装运货物手续的过程。

在进出境阶段中,进出口货物收发货人或其代理人应当按照步骤完成以下四个环节的工作。

- 进出口申报。指进出口货物的收发货人或其代理人在海关规定的期限内,按照海关规定的形式,向海关报告进出口货物的情况,提请海关按其申报的内容放行进出口货物的工作环节。
- 配合查验。指申报进出口的货物经海关决定查验时,进出口货物的收发货人,或者办理进出口申报具体手续的报关员到达查验现场,配合海关查验货物,按照海关要求搬移货物,开拆包装,以及重新封装货物的工作环节。
- 缴纳税费。指进出口货物的收发货人或其代理人接到海关发出的税费缴纳通知书后,向海关指定的银行办理税费款项的缴纳手续,通过银行将有关税费款项缴入海关专门账户的工作环节。
- 提取或装运货物。即提取进口货物,是指进口货物的收货人或其代理人,在办理了进口申报、配合查验、缴纳税费等手续，海关决定放行后凭海关加盖放行章的进口提货凭证或海关通过计算机发送的放行通知书，提取进口货物的工作环节；装运货物即装运出口货物，是指出口货物的发货人或其代理人，在办理了出口申报、配合查验、缴纳税费等手续，海关决定放行后，凭海关加盖放行章的出口装货凭证或凭海关通过计算机发送的放行通知书，通知港区、机场、车站及其他有关单位装运出口货物的工作环节。

3. 后续阶段

后续阶段是根据海关对保税货物、特定减免税货物、暂准进出境货物、部分其他进出境货物的监管要求，进出口货物收发货人或其代理人在货物进出境储存、加工、装配、使用、维修后，在规定的期限内，按照规定的要求，向海关办理上述进出口货物核销、销案、申请解除监管等手续的过程。

- 保税货物，无论是保税加工货物还是保税物流货物，进口货物收货人或其代理人应当在规定期限内办理申请核销的手续。
- 特定减免税货物，进口货物收货人或其代理人应当在海关监管期满，或者在海关监管期内经海关批准出售、转让、退运、放弃并办妥有关手续后，向海关申请办理解除海关监管的手续。
- 暂准进境货物，收货人或其代理人应当在暂准进境规定期限内，或者在经海关批准延长暂准进境期限到期前，办理复运出境手续或正式进口手续，然后申请办理销案手续；暂准出境货物，发货人或其代理人应当在暂准出境规定期限内，或者在经海关批准延长暂准出境期限到期前，办理复运进境手续或正式出口手续，然后申请办理销案手续。
- 其他进出境货物中的出料加工货物、修理货物、部分租赁货物等，进出境货物收发货人或其代理人应当在规定的期限内办理销案手续。

三、电子报关及电子通关系统

《海关法》规定："办理进出口货物的海关申报手续，应当采用纸质报关单和电子数据报关单的形式。"这一规定确定了电子报关的法律地位，使电子数据报关单和纸质报关单具有同等的法律效力。

那么，什么是电子报关呢？它是指进出口货物收发货人或其代理人通过计算机系统，按照《中华人民共和国海关进出口货物报关单填制规范》(以下简称《填制规范》有关要求，向海关传送报关单电子数据，并备齐随附单证的申报方式。

在一般情况下，进出口货物收发货人或其代理人应当采用纸质报关单形式和电子数据报关单的形式向海关申报，即进出口货物收发货人或其代理人先向海关计算机系统发送电子数据报关单，接收到海关计算机系统发送的"接受申报"电子报文后，凭以打印纸质报关单，附必需的其他单证，提交给海关。

特殊情况下经海关同意，允许先采用纸质报关单形式申报，电子数据事后补报。在向未使用海关信息化管理系统作业的海关申报时，可以单独使用纸质报关单向海关申报；在特定条件下，进出口货物收发货人或其代理人可以单独使用电子数据报关单向海关申报，保存纸质报关单证。

我国海关已经在进出境货物通关作业中全面使用计算机进行信息化管理，成功地开发运用了多个电子通关系统。

1. 海关 H883/EDI 电子通关系统

海关信息化始于 1988 年。H883/EDI 电子通关系统是中国海关报关自动化系统的简称，是我国海关利用计算机对进出口货物进行全面信息化管理，实现监管、征税、统计三大海关业务一体化管理的综合性信息利用项目。

2. 海关 H2000 电子通关系统

H2000 电子通关系统是对 H883/EDI 电子通关系统的全面更新换代项目。该通关系统在集中式数据库的基础上建立了全国统一的海关信息作业平台，不但提高了海关管理的整体效能，而且使进出口企业真正享受到了简化报关手续的便利。进出口企业可以在其办公场所办理加工贸易登记备案、特定减免税证明申领、进出境报关等各种海关手续，也使企业在办理各种跨关区进出口业务时享受相关工作便利，采用该系统有效解决了转关手续繁杂、时间长等问题。

3. 中国电子口岸系统

中国电子口岸系统又称口岸电子执法系统，简称电子口岸，是与进出口贸易管理有关的国家 12 个部委利用现代计算机信息技术，将各部分委分别管理的进出口业务信息电子底账数据集中存放在公共数据中心，为政府管理机关提供跨部门、跨行业联网数据核查，为企业提供网上办理各种进出口业务的国家信息系统。

4. 海关 H2010 电子通关系统

2009 年 4 月，现代海关综合管理系统(也称新一代海关电子政务信息系统)H2010 立项，它是 H2000 海关通关自动化信息系统的升级版(参见图 3 - 1)，是海关电子政务应用深化发展的需要。目前正处于推广与完善阶段的 H2010 分为重点应用、优化整合和技术基础三个部分。重点应用项目建设包括从海关大监管体系设计和各业务总体设计中提出的 11 类重点应用项目；优化整合建设部分分为信息技术标准规范体系、数据整合、参数库整合、应用项目整合 4 类建设任务；技术基础系统建设分为应用平台、系统、网络、安全、运维等 7 个方面任务，对现有技术平台进行升级和完善。

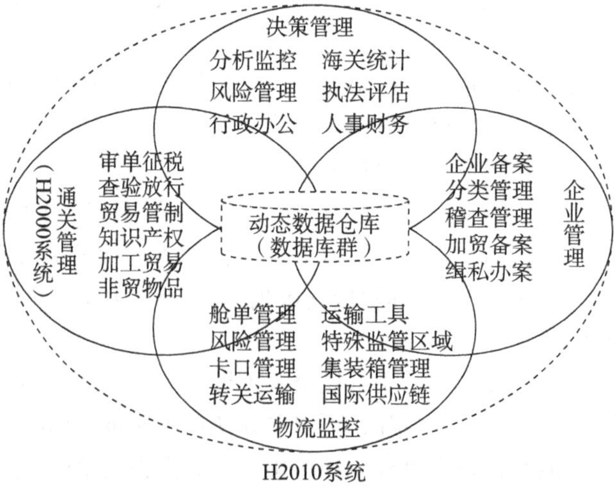

图 3 - 1 H2010 工程内容示意图

电子口岸系统和海关电子通关系统，尤其是和 H2000/H2010 电子通关系统连接起来，构成了覆盖全国的进出口贸易服务和管理的信息网络系统。进出口企业在其办公室就可以上网向海关及国家其他有关部委办理与进出口贸易有关的各种手续；与进出口贸易有关的海关及国家各有关部委也能在网上对进出口贸易进行有效管理。

第二节　一般进出口货物的申报

一、一般进出口货物概述

一般进出口货物是指在进出口环节缴纳了应征的进出口税费并办结了所有必要的海关手续，海关放行后不再进行监管，可以直接进入生产和消费领域流通的进出口货物。这里，我们需要区分一般进出口货物和一般贸易货物。

一般贸易是国际贸易中的一种交易方式，如中国境内有进出口经营权的企业单边进口或单边出口的贸易，按一般贸易方式进出口的货物即为一般贸易货物。一般贸易货物范畴更广，它可以是一般进出口货物，也可以是特定减免税货物，还可以是保税货物。一般进出口货物，是指按照海关一般进出口监管制度监管的进出口货物。一般贸易货物在进口时按一般进出口监管制度办理海关手续，它就是一般进出口货物；符合条件可以享受特定减免税优惠的，按特定减免税监管制度办理海关手续，它就是特定减免税货物；经海关批准保税，可以按保税监管制度办理海关手续，这时它就是保税货物。

（一）一般进出口货物的特征

1. 进出境时缴纳进出口税费

一般进出口货物的收发货人应当按照《海关法》和其他有关法律、行政法规的规定，在货物进出境时向海关缴纳应当缴纳的税费。

2. 进出口时提交相关的许可证件

货物进出口应受国家法律、行政法规管制的，进出口货物收发货人或其代理人应当向海关提交相关的进出口许可证件。

3. 海关放行即办结了海关手续

海关征收了全额的税费，审核了相关的进出口许可证件，并对货物进行实际查验（或做出不予查验的决定）以后，按规定签章放行。这时，进出口货物收发货人或其代理人才能办理提取进口货物或者装运出口货物的手续。对一般进出口货物来说，海关放行就意味着海关手续已经全部办结，海关不再监管，可以直接进入生产和消费领域流通。

（二）一般进出口货物的范围

实际进出口货物（进、出境后不再复运出境、复运进境的货物），除特定减免税货物外，都属于一般进出口货物的范围。主要包括：一般贸易进口货物；一般贸易出口货物；转为实际进口的保税货物、暂准进境货物或转为实际出口的暂准出境货物；易货贸易、补偿贸易进出口货物；不批准保税的寄售代销贸易货物；承包工程项目实际进出口货物；外国驻华商业机构进出口陈列用的样品；外国旅游者小批量订货出口的商品；随展览品进境的小卖品；实际进出口货样广告品；免费提供的进口货物，如外商在经济贸易活动中赠送的进口货物、外商在经济贸易活动中免费提供的试车材料等,我国在境外的企业、机构向国内单位赠送的进口货物。

(三)一般进出口货物的报关程序

《海关法》规定,货物或运输工具进出境时,其收、发货人或其代理人必须向进出境口岸海关请求申报,交验规定的证件和单据,接受海关人员对其所报货物和运输工具的查验,依法缴纳海关税、费和其他由海关代征的税款,然后才能由海关批准货物和运输工具的放行。这一请求和接受办理进出境通关手续的整个过程,通常称为报关。具体说来,我们可以从海关与收、发货人两条线来看进出境货物的通关程序。从海关方面看,海关对一般进出口货物的监管,其业务程序是:接受申报、查验货物、征收税费、结关放行。作为进出境货物收、发货人,相应的报关手续应为:提出申报、接受查验、缴纳税费、凭单取货或装船出运。

一般进出口货物报关程序没有前期阶段和后续阶段,只有进出口阶段,通常由4个基本环节组成,即在进出境环节向海关申报、陪同海关查验、缴纳进出口税费和提取或装运货物等。所有的进出境货物报关程序都有进出口阶段,因此一般进出口货物的报关程序除缴纳税费环节外也适用于其他所有进出境货物的报关。本节我们重点关注申报这一环节。

二、一般进出口货物的申报

(一)报关企业申报前的准备工作

1. 准备申报单证

在接到进口提货通知,或备齐出口货物后,企业如需委托报关则需办理报关委托,代理报关者则需接受报关委托。接下来主要就是准备申报单证了。申报单证可以分为报关单(证)和随附单证两大类,其中随附单证包括基本单证和特殊单证。

报关单(证)是指进出口货物报关单或者带有进出口货物报关单性质的单证,比如保税区、出口加工区进出境备案清单,ATA单证册,过境货物报关单,转关运输申报单,快件报关单等。任何货物的申报,都必须有报关单(证)。

基本单证是指进出口货物的货运单据和商业单据,主要有进口提货单据、出口装货单据、商业发票、装箱单等。一般来说,任何货物的申报,都必须有基本单证。

特殊单证主要有进出口许可证件、加工贸易登记手册(包括纸质手册、电子手册和电子账册)、特定减免税证明、作为有些货物进出境证明的原进出口货物报关单证、出口收汇核销单、原产地证明书、贸易合同(如租赁贸易货物进口申报,必须有租赁合同)等。

进出口货物收发货人或其代理人应向报关员提供基本单证、特殊单证,报关员审核这些单证后据此填制报关单。报关单证准备完毕后,报关人员要对报关单进行预录入,并将报关单上的数据、内容经电子计算机传送到海关报关自动化系统,然后在海关规定时间、地点向海关递交书面报关单证。

2. 商品的预归类申请

商品预归类是WCO(世界海关组织)向各国海关当局和企业组织推荐的一种现代贸易通关中的商品管理工作模式,所以属于一种国际通行的做法。简单讲,预归类就是把商品归类过程前置,在货物实际进出口之前完成商品归类税号的确定工作。当前我国海关实行的是一种约束性预归类制度,之所以称之为约束性预归类,是因为确定的预归类税号,它是对海关和当事人具有双向约束力的归类行为,受法律保护。它的好处是,可以有效地提高海关归类的准确性和时效性,加速货物通关,增强政策法规的透明度,方便合法进出。

我国海关预归类的做法是：一般贸易的货物在实际进出口前，申请人以海关规定的书面形式向海关提出申请并提供商品归类所需的资料，必要时提供样品，直属海关或海关总署在规定工作时限内依法作出具有法律效力的商品归类决定，并向申请人签发“海关进出口商品预归类决定书”一式两份，一份由申请人持有，另一份由作出预归类决定的海关留存。进行约束性商品预归类符合以下两个条件就可办理：

(1) 申请人资格是在海关注册的进出口货物的经营单位或其代理人；

(2) 申请商品为一般贸易范围进出口货物。目前上海关区预归类申请人主要为高资信、低风险的A类、AA类生产型企业、重点税源企业以及纳入进出口分类通关改革试点的企业。

小经验3-1

进出口货物报关单上“商品编号”一栏通常由报关员填写。不一样的商品编号涉及的适用税率、监管条件可能差别很大。由于商品归类是一项技术性很强的海关工作，有些商品的归类对报关员来说有难度。企业或个人在实际进出口行为中，如遇《海关进出口商品税则》无具体列名或无法确定的疑难归类商品，可向当地海关的关税部门申请归类咨询。申请办理归类咨询的人员需了解其进出口商品的详尽资料，或由相关工程或技术人员陪同。但归类咨询不具备法律效力。对于需要正式答复的归类问题，咨询人可采用申请“海关进出口商品预归类决定书”的方式得到书面决定。

3. 申报前看货取样

由于进口货物通常要等到货物到港，收货人才可能知道其真实面貌，所以如果发生错卸、出口人发错货、或存在欺诈等情况导致实际货物与进口人预期的货物不一致，就可能导致报关时“单货不符”，造成海关和进口货物收货人间的误会。因此，海关给予进口人在报关前看货取样的机会。

进口货物的收货人向海关申报前，可以向海关提出查看货物或者提取货样的书面申请；海关审核同意的，派员到现场监管。查看货物或提取货样时，海关开具取样记录和取样清单；提取货样的货物和动植物及其产品以及其他须依法提供检疫证明的，应当按照国家的有关法律规定，在取得主管部门签发的书面批准证明后提取。取样后，到场监管的海关关员与进口货物的收货人在取样记录和取样清单上签字确认。

如果当事人自己放弃行使看货取样的权利，此时所产生的法律后果，只能由收货人自己承担。类似“错发货”等就不能再成为申报不实的理由。

(二) 申报

所谓申报，也可理解为狭义上的报关，是指货物、运输工具和物品的所有人或其代理人在货物、运输工具、物品进出境时，向海关呈送规定的单证并申请查验、放行的手续。申报可以采取以下两种方式。

1. 电子数据申报

进出口货物收发货人或其代理人可以选择终端申报方式、委托EDI方式、自行EDI方式、网上申报方式等4种电子申报方式中适用的一种，将报关单内容录入海关电子计算机系统，生成电子数据报关单。

进出口货物收发货人或其代理人在委托录入或自行录入报关单数据的计算机上接收到海关发送的接受申报信息，即表示电子申报成功；接收到海关发送的不接受申报信息后，则应当根据信息提示修改报关单内容后重新申报。

2. 提交纸质报关单及随附单证

海关审结电子数据报关单后，进出口货物收发货人或其代理人应当自接到海关"现场交单"或"放行交单"信息之日起 10 日内，持打印的纸质报关单，备齐规定的随附单证并签名盖章，到货物所在地海关提交书面单证，办理相关海关手续。

申报与否，包括是否如实申报，是区别走私与非走私的重要界限之一。因此，海关法律对货物、运输工具的申报，包括申报的单证、申报时间、申报内容都作了明确的规定，把申报制度以法律的形式固定下来。海关在接受申报时，将严格审核有关单证，因审核单证是海关监管的第一个环节，它不仅为海关监管的查验和放行环节打下了基础，也为海关的征税、统计、查私工作提供了可靠的单证和资料。海关审单的主要任务有以下几项。

- 确认报关企业及报关员是否具备报关资格，有关证件是否合法有效；
- 报关时限是否符合海关规定，是否需征收滞报金；
- 货物的进出口是否合法，即是否符合国家有关对外贸易法律、法规的规定；
- 报关单证的填制是否完整、准确，单证是否相符、齐全、有效；
- 在《加工贸易登记手册》上核扣并登记加工贸易合同的进出口数据；
- 确定进出口货物的征、免税性质。

3. 报关时应交验的单证

进出口商向海关报关时，需提交以下单证。

- 进出口货物报关单。一般进口货物应填写一式两份；需要由海关核销的货物，如加工贸易货物和保税货物等，应填写专用报关单一式三份；货物出口后需国内退税的，应另填一份退税专用报关单。
- 货物发票。要求份数比报关单少一份，对货物出口委托国外销售，结算方式是待货物销售后按实销金额向出口单位结汇的，出口报关时可准予免交。
- 陆运单、空运单和海运进口的提货单及海运出口的装货单。海关在审单和验货后，在正本货运单上签章放行退还报关单，凭此提货或装运货物。
- 货物装箱单。其份数同发票，但是散装货物或单一品种且包装内容一致的件装货物可免交。
- 根据海关对出口商品的监管条件，还须提供相应证明，如商检证、出口许可证、熏蒸证等。
- 海关认为必要时，还应交验贸易合同、货物产地证书等。
- 其他有关单证。包括：经海关批准准予减税、免税的货物，应交海关签章的减免税证明，北京地区的外资企业需另交验海关核发的进口设备清单；已向海关备案的加工贸易合同进出口的货物，应交验海关核发的登记手册；如属代理报关的，还应提交代理报关委托书。

（三）报关地点

根据现行海关法规的规定，进出口货物的报关地点，应遵循以下三个原则。

1. 进出境地原则

在一般正常情况下，进口货物应当由收货人或其代理人在货物的进境地向海关申报，并办理有关进口海关手续；出口货物应当由发货人或其代理人在货物的出境地向海关申报，并办理有关出口海关手续。

2. 转关运输原则

由于进出口货物的批量、性质、内在包装或其他一些原因，经收发货人或其代理人申请，海关同意，进口货物也可以在设有海关的指运地，出口货物也可以在设有海关的启运地向海关申报，并办理有关进出口海关手续。这些货物的转关运输，应当符合海关监管要求，必要时，海关可以派员押运。具体要求在后面的有关章节中详细论述。

3. 指定地点原则

经电缆、管道或其他特殊方式输送进出境的货物，经营单位应当按海关的要求定期向指定的海关申报并办理有关进出口海关手续。这些以特殊方式输送进出境的货物，输送路线长，往往需要跨越几个海关甚至几个省份；输送方式特殊，一般不会流失；有固定的计量工具，如电表、油表等。因此，上一级海关的综合管理部门协商指定其中一个海关管理，经营单位或其代理人可直接与这一海关联系报关即可。

（四）申报期限

报关期限是指货物运到口岸后，法律规定收发货人或其代理人向海关报关的时间限制。

1. 进口货物的申报期限

根据《海关法》有关规定，进口货物的报关期限为自运输工具申报进境之日起 14 日内（从运输工具申报进境之日的第二天开始算，下同）。进口货物的收货人或其代理人超过 14 天期限未向海关申报的，由海关征收滞报金。滞报金的日征收金额为进口货物到岸价格的 0.5‰。进口货物滞报金期限的起算日期为运输工具申报进境之日起第 15 日；邮运的滞报金起收日期为收件人接到邮局通知之日起第 15 日。转关运输滞报金起收日期有两个：一是运输工具申报进境之日起第 15 日，二是货物运抵指运地之日起第 15 日。两个条件只要达到一个，即征收滞报金（起征点为人民币 50 元）。如果两个条件均达到则要征收两次滞报金。经海关批准准予集中申报的进口货物，自装载货物的运输工具申报进境之日起 1 个月内办理申报手续。

进口货物自运输工具申报进境之日起超过 3 个月还没有向海关申报的，货物由海关提取并依法变卖处理。如果属于不宜长期保存的，海关可根据实际情况提前处理。变卖后所得价款在扣除运输、装卸、储存等费用和税费后尚有余款的，自货物变卖之日起 1 年内，经收货人申请，予以发还；逾期无人申领，上缴国库。

规定进口货物的报关期限和征收滞报金是为了运用行政手段和经济手段，促使进口货物人或其代理人及时报关，从而加速口岸货运，减少积压，使货物早日投入生产和使用。进口货物的收货人，为能尽快收到货物，并且在海关规定期限内办理报关手续，应该要求国外厂商及时把货运单据寄来，在货物及有关单证上正确标明货物的全部标记唛码，包括合约的号码、详细年份、字头、编号及代号，以及收货人的名称、地址。

2. 出口货物的申报期限

《海关法》同时规定，出口货物的发货人除海关特准外，应当在装货的 24 小时以前向海关申报。至于装货 24 小时以前到什么程度，是 3 天、5 天，还是 1 个月，可由报关人视口岸的仓储能力自定，海关一般不予过问。

规定出口货物的报关期限主要是为了留给海关一定的时间，办理正常的查验和征税等手续，以维护口岸的正常货运秩序。除了需紧急发运的鲜活、维修和赶船期货物等特殊情况之外，在装货的 24 小时以内申报的货物一般暂缓受理。

经电缆、管道或其他特殊方式进出境的货物，进出口货物收发货人或其代理人按照海关规定定期申报。

（五）申报日期

进出口货物收发货人或其代理人的申报数据自被海关接受之日起，其申报的数据就产生法律效力，因此，海关接受申报数据的日期非常重要。

申报日期是指申报数据被海关接受的日期。不论是以电子数据报关单方式申报，还是以纸质报关单方式申报，海关接受申报数据的日期即为接受申报的日期。采用先电子数据报关单申报，后提交纸质报关单，或者仅以电子数据报关单方式申报的，申报日期为海关计算机系统接受申报数据时记录的日期，该日期将反馈给原数据发送单位，或公布于海关业务现场，或通过公共信息系统发布。

电子数据报关单经过海关计算机检查被退回的，视为海关不接受申报，报关单位应当按照要求修改后重新申报，申报日期为海关接受重新申报的日期。海关已接受申报的电子数据，送人工审核后，需要对部分内容进行修改的，进出口货物收发货人或其代理人应当按照海关规定进行修改并重新发送，申报日期仍为海关原接受申报的日期。

先纸质报关单申报，后补报电子数据，或只提供纸质报关单申报的，海关工作人员在报关单上作登记处理的日期，为海关接受申报的日期。

三、优惠贸易安排下的申报要求

为顺应地区经济一体化的潮流，我国与不少国家陆续签订了一些优惠贸易协定，这些协定项下的货物进口申报有特殊要求，以下我们介绍其中的一些。

1.《亚太贸易协定》规则

货物申报进口时，进口货物收货人应当按照海关的申报规定填制《中华人民共和国海关进口货物报关单》，声明适用《亚太贸易协定》协定税率或者特惠税率，并同时提交下列单证：

(1) 由《亚太贸易协定》成员国政府指定的机构在货物出口时签发或者货物装运后 3 个工作日内签发的原产地证书正本。因不可抗力不能在原产地证书签发之日起 1 年内提交原产地证书的，进口货物收货人还应当一并提交证明材料。

(2) 货物商业发票正本、装箱单及其相关运输单证。货物经过其他国家或者地区运输至我国境内的，进口货物收货人应当提交在该成员国境内签发的联运提单、货物商业发票正本，以及证明符合该协定项下规定的相关文件。除此之外，纳税义务人还应当向海关提交受惠国政府指定机构签发的原产地证书正本作为报关单随附单证。

2.《东盟协议》规则

纳税义务人应当主动向申报地海关申明该货物适用中国—东盟协定税率。除了按照其进口货物所需提交的单证之外，纳税义务人还应当向海关提交由东盟出口国(2004 年 1 月 1 日起，包括东盟 10 国中除了菲律宾之外的其他东盟 9 国：越南、泰国、新加坡、马来西亚、印度尼西亚、文莱、缅甸、老挝、柬埔寨)指定政府机构签发的原产地证书(包括正本和第三联)作为报关单随附单证。

如果是货物经过非东盟自由贸易区成员国(地区)关境的，除了上述单证之外，纳税义务人还应当向海关交验在东盟出口国签发的联运提单、货物所经过的该过境国家(地区)海关出具的未再加工证明文件[香港、澳门分别由中国检验(香港)有限公司、澳门中国检验有限公司签发、其他国家(地区)由过境地海关签发]。

3. CEPA 香港规则和 CEPA 澳门规则

纳税义务人应当主动向申报地海关申明该货物适用零关税税率。除了按照其进口货物所需提交的单证之外，纳税义务人还应当向海关提交符合 CEPA 项下规定的有效原产地证书作为报关单随附单证（这一规定自 2016 年起有变化，见下文）。

如果是 CEPA 香港项下原产于香港的受惠商品，应当从香港直接运输至内地口岸，且除了上述单证之外，纳税义务人还可以提交承运人提供的香港海关查验报告以适用绿色关锁制度。

如果是 CEPA 澳门项下原产于澳门的受惠商品，且是经过香港转运至内地口岸的，除了上述单证之外，纳税义务人还应当向海关交验在澳门签发的联运提单、中国检验（香港）有限公司出具的未再加工证明文件等。

4. 中国—巴基斯坦自由贸易区原产地规则

应主动向海关申报适用中巴自贸协定税率，并在有关货物进境报关时向海关提交巴基斯坦指定的政府机构签发的原产地证书。

5. “特别优惠关税待遇”项下受惠进口货物

应当主动向进境地海关申明有关货物享受特别优惠关税，并提交出口受惠国原产地证书签发机构签发的由该国海关于出口时加盖印章的原产地证书。

6.《中智自贸协定》

进口时申明货物适用中智自贸协定税率，并提交智利外交部国际经济关系总司在货物出口前签发的或者出口后 30 天内签发的原产地证书正本。价格不超过 600 美元且不属于为规避有关规定而实施的货物，免交原产地证书。

对于来自其他与中国签订了双边自由贸易协定的国家进口的货物，其申报要求均参照以上办理。此外，自 2016 年起，为进一步便利优惠贸易安排实施，简化已实现原产地电子数据交换的优惠贸易安排项下原产地证书提交要求，对已实现原产地电子数据交换的《内地与香港关于建立更紧密经贸关系的安排》《内地与澳门关于建立更紧密经贸关系的安排》和《海峡两岸经济合作框架协议》等优惠贸易安排项下进口货物，海关不再要求进口货物收货人或其代理人（以下简称“进口人”）在申报进口时提交原产地证书正本。海关认为有必要时，进口人应当补充提交相关原产地证书正本。

第三节　一般进出口货物的查验

一、海关查验

海关查验（Inspection）也即验关，是指海关接受报关员的申报后，对进口或出口的货物进行实际的核对和检查，以确定货物的自然属性，货物的数量、规格、价格、金额以及原产地等是否与报关单所列一致。

海关查验，一方面是要复核申报环节中所申报的单证及查证单货是否一致，通过实际的查验发现审单环节不能发现的无证进出问题及走私、违规、逃漏关税等问题；另一方面，通过查验货物才能保证关税的依率计征。因为进口货物税则分类号列及适用税率的确定，申报的货价海关是否予以接受，都决定于查验的结果。如查验不实，税则分类及估价不当，不仅适用的税率可能发生差错，且估价易或高或低，因而使税负不公，国家或进口厂商将蒙受损失。如某市外运分公司申报进口制冷机,应归入税号 8415,但该税号有 8 个子目,子目 84158210 税率为 130%,子目 84158220 税率为 90%,所附单据看不出制冷机的制冷温度和容量。通过实际查验,确定该机应归入税号 84158220,按税率 90%计征关税,从而避免了进口厂商负担其不应负担的关税额,体现了海关征税工作的严肃性,维护了集体的利益。

二、查验范围、方法和地点

1. 查验范围

进出口货物,除海关总署特准免验的以外都应接受海关查验。

海关查验主要是检查进出口货物的名称、品质规格、包装式样、数量、重量、标记唛码、生产或贸易国别等项是否与报关单和其他证件相符,防止非法进出,检查货物中是否有走私夹带和政治、经济破坏等事件发生。

2. 查验方法

海关实施查验可以是彻底查验,也可以是抽查。彻底查验,是指对货物逐件开箱(包)查验,对货物品种、规格、数量、重量、原产地货物状况等逐一与货物申报单具体核对。抽查,即按一定比例对货物有选择地开箱抽查,必须卸货,卸货程度和开箱(包)比例以能够确定货物的品名、规格、数量、重量等查验指令的要求为准。

查验操作可以分为人工查验和设备查验。海关可以根据货物情况以及实际执法需要,确定具体的查验方式。人工查验包括外形查验、开箱查验。外形查验是指对外部特征直观、易于判定基本属性的货物的包装、运输标志和商标等状况进行验核,如核对货名、规格、生产国别和收发货单位等标志是否与报关单相符,检查外包装是否有开拆、破损痕迹。外形查验只能适用于大型机器、大宗原材料等不易搬运、移动的货物。开箱查验是指将货物从集装箱、货柜车箱等箱体中取出并拆除外包装后对货物实际状况进行验核。根据货物的品种、性质、贵重程度,以及国内外走私违规动态,收发货单位经营作风等历史资料,海关分析认为数量或其他方面可能有问题和存在走私破坏嫌疑(如进口成套组装散件,伪报为零部件化整为零进口等)的货物,则应进行开箱检查,必要时可以逐件细查细验,防止进行经济、政治破坏。

设备查验是指利用技术检查设备为主对货物实际状况进行验核,如海关充分利用科技手段(如地磅和 X 光机等查验设施和设备)配合查验。

海关查验部门自查验受理起,到实施查验结束、反馈查验结果最多不得超过 48 小时,出口货物应于查验完毕后半个工作日内予以放行。查验过程中,发现有涉嫌走私违规等事情的,不受此时限限制。

有下列情形之一的,海关可以径行开验:①进出口货物有违法嫌疑的;②经海关通知查验,进出口货物收发货人或其代理人届时未到场的。海关在进出口货物收发货人或其代理人不在场的情况下,自行开拆货物进行查验。海关行使"径行开验"的权利时,应当通知货物存放场所的管理人员、运输工具负责人到场协助,并由其在海关的查验记录上签字确认。

3. 查验地点

查验货物一般在设有海关的码头、机场、车站的仓库或场院等海关监管场所进行。为了加速验放,方便外贸运输,根据货物性质,海关对海运进出口的散装货物(如矿砂、粮食、原油、原木等),大宗货物(如化肥、水泥、食糖、钢材等),危险品和鲜活商品等,结合装卸环节,在船边等现场验放。对于成套设备、精密仪器、贵重物资、急需急用的物资和"门对门"运输的集装箱货物等,在海关规定地区进行查验有困难的,经进出口货物收发货人的申请,海关核准,海关可以派员到监管区域以外的地点进行查验,就地查验放行货物。但申请单位应按规定缴纳规费,并提供往返交通工具、住宿等方便条件。

三、查验时报关人员的职责

1. 代表货主到场

海关查验货物时,进出口货物的收发货人或他们的代理人应到达货物查验现场,并按照海关的查验要求,负责搬移、开拆和重封货物的包装等。为了较好地完成这一任务,报关人在代理报关以前,对被代理报关的货物应有一定的了解,对各种单证应进行初步的审查,有不清楚或不符合规定的地方应向被代理人了解或指出。在海关查验现场回答海关人员提出的有关问题,并配合海关的查验监管活动。

2. 缴付规费

海关根据所在地港口、车站、国际航空港、国界孔道和国际邮件交换站进出境货物、旅客行李、邮件以及运输工具的实际情况,规定其监管区域。在海关监管区域执行任务不收规费。但若进出境货物的收、发货人及其代理人要海关派员到海关监管区域以外的地方(如:货主的仓库、工厂、施工工地或铁路专用线、专用码头、专用机场等)办理海关手续,执行监管任务时,应事先向海关提出申请,经海关同意,并按海关的规定缴付规费。因此,规费是海关超出监管区域向货主提供服务而收取的服务费。其作用,既是对海关服务的报偿,也具有一定的限制功能,因为海关人员缺乏,工作紧张,不可能经常大量地派出人员执行分散的监管任务。

四、《海关法》对货物查验损失赔偿的规定

海关查验进出口货物造成损失时,进出口货物的收、发货人或其代理人可以要求海关予以赔偿。

1. 赔偿的范围

按《海关法》第九十四条规定:"海关查验进出境货物、物品时,损坏被查验的货物、物品的,应赔偿实际损失。"这里所说的"实际损失"是指:"由于海关关员的责任造成被查验货物、物品损坏的,海关应当依照本办法的规定赔偿当事人的直接经济损失。"赔偿直接经济损失的金额,根据被损坏的货物、物品或其他部件受损程度或修理费用确定。必要时,可凭公证机构出具的鉴定证明确定。

2. 不予赔偿的范围

在下述情况下,海关对被查验货物造成的损失不予赔偿。

- 由于收发货人或其代理人搬移、开拆、重封包装或保管不善造成的损失;
- 易腐及易失效货物、物品在海关正常工作程序所需要时间内(含扣留或代保管期间)所发生的变质或失效,当事人未事先向海关声明的;
- 海关正常检查产生的不可避免的磨损;
- 在海关查验之前已发生的损坏和海关查验之后发生的损坏;
- 由于不可抗力的原因造成货物、物品的毁坏和损失。
- 进出口货物收发货人或其代理人在海关查验时对货物是否损坏未提出异议,以后发现

货物有损坏的。

3. 海关赔偿的程序和方式

(1) 若海关关员在查验货物、物品时,损坏被查验的货物、物品,应如实填写《中华人民共和国海关查验货物、物品损坏报告书》一式两份,由查验人员和当事人双方签字,一份交当事人,一份留海关存查。海关依法进行开验、复验或者提取货样时,应会同有关货物、物品保管人共同进行,如造成货物、物品损坏,查验人员应请在场的保管人员作为见证人在《损坏报告书》上签字,并及时通知货主。

(2) 进出口货物的收发货人或其代理人在收到《损坏报告书》后,可与海关共同协商确定货物、物品的受损程序。受损程度确定后,以海关审定的完税价格为基数,确定赔偿金额。报关人和海关对赔偿金额有争议时,可向法院起诉,由法院裁定和判决赔偿金额。

(3) 赔偿金额确定后,由海关填发《中华人民共和国海关损坏货物、物品赔偿通知单》,报关人自收到《赔偿通知单》之日起 3 个月内凭单向海关领取赔款,或将银行账号通知海关划拨,逾期海关不予赔偿。赔款一律用人民币支付。

(4) 赔偿的方式通常有:金钱赔偿、恢复原状、返还原物,以及消除影响、恢复名誉和赔礼道歉等。

答疑解惑 3-1

海关是否可以径行查验?

牟先生:某企业向当地海关申报进口一批咖啡壶,货物已运抵海关监管区内的仓库,海关根据情报得知该批货物有问题,于是在没有通知该公司的情况下,由仓库管理人员陪同对这批货物进行了查验,发现该批货物是高档音响器材。该企业以海关查验时报关员不在场为由,拒绝承认查验结果。请问:当地海关是否可以以此查验结果对其进行处罚?

海关:可以。因为海关查验时,虽然货物的所有人不在场,但却有仓库人员陪同查验,因此仍符合径行开验的程序,所以查验结果是有效的。

第四节 一般进出口货物的征税

海关在审核单证和查验货物以后,根据《中华人民共和国关税条例》[①]规定和《中华人民共和国海关进出口税则》规定的税率,对实际货物征收进口或出口关税。另外,根据有关规定可减、免、缓、退、保税的,报关单位应向海关送交有关证明文件。

一、关税的概念与分类

(一) 关税的概念

关税是一国根据本国经济、政治的需要,由海关按照国家制定的关税税法、税则,对准许进出境的货物和物品所征收的一种税。它具有强制性、无偿性和固定性等特点,具有增加财政收入(是国家财政收入的三大来源之一)、保护与促进国内生产、调节进出口商品结构和经济利益分配等作用。

① 中华人民共和国海关总署:海关法规—行政法规,http://www.customs.gov.cn,2003-11-23。

关税征收的特定对象是进出口货物及进出境的行李物品、邮递物品及其他物品。国家要对上述货物和物品征收关税，是因为进口货物和进境物品要在国内消费，影响了国内经济建设与生产，影响了国内的商品市场；而国内货物出口或物品出境也会影响到国内的经济及资源结构。另外，进出口关税在国际经济贸易活动中，也是国与国之间交往时使用的一种手段。因此，关税体现了国家经济和对外政策。

(二) 关税的种类

关税一般可分以下几种。

1. 进口税(Import Duties)

进口税是对外国商品进口所征收的正常关税(Normal Tariff)，或在进入关境时征收，或在商品从海关保税仓库中提出，投入国内市场时征收。进口税是关税中最重要的一种，在一些废除了出口税和过境税的国家，进口税是唯一的关税。因此，进口关税是执行关税政策的主要手段。

正常进口税可以分为最惠国税和普通税两种。最惠国税适用于世贸组织成员国。普通税适用于未与本国签订贸易协定的国家与地区。参加了世界贸易组织的国家和地区之间都能享受最惠国待遇。最惠国税与普通税的差别很大，两者之间有时相差1倍以上。如我国2005年进口税号10051000的玉米普通税率为180%，最惠国税率为20%；进口菜籽油普通税率为170%，最惠国税率为19.9%。在国际贸易中进口税是随着商品的加工程度而提高的。如过去西欧共同市场对棉花是免税的，棉纱的进口税则为8%，而棉织品却达到了14%。

2. 出口税(Export Duties)

出口税是对本国商品出口时所征收的关税。因为征收出口税会导致本国商品出口后在国外的售价提高从而降低了出口商品在国外市场的竞争能力，不利于扩大出口，所以目前发达国家大多不征收出口税。但有些国家，主要是一些发展中国家，现在仍对某些商品征收出口税，目的在于保证本国市场的供应，或是为了保证其财政收入。我国也对一小部分商品征收出口税。

3. 过境税(Transit Duties)

过境税是对经过本国国境或关境运往另一国的外国货物所征收的关税。由于过境货物对本国市场和生产没有影响，而且外国货物过境时，可以使铁路、港口、仓储等方面从中获得一些益处，因此目前世界上大多数国家不征收过境税，仅在外国货物通过本国国境或关境时，征收少量准许费、印花费、签证费、统计费等。我国海关不征收过境税。

4. 进口附加税(Import Surtaxes)

进口附加税是对进口商品除征收正常关税外再加征的额外的关税。这种税是一种特定的临时性措施，也称特别关税，其目的是为了解决国际收支逆差，防止外国商品倾销，或对某国实行歧视与报复等。如1971年美国出现了贸易逆差，尼克松总统为了应付国际收支危机，实行新经济政策，对进口商品征收10%的附加税，此举在实行半年以后因盟国的反对而被迫取消了。以下几种税都属于进口附加税。

(1) 反倾销税(Anti-dumping duty)。反倾销税是指某一进口国针对某一或某些出口商的倾销行为征收的一种特别关税。按照原关贸总协定的有关规定，必须符合两个必要条件才能征收反倾销税,即:进口产品的价格低于正常价格;倾销品对进口国造成了危害。对某一产品,只有在进行价格比较后才能确定其为倾销品。价格比较分为三种情况:该产品的进口价格与该产品在其出口国国内市场上的价格相比;如果该产品不是出口国的原产地产品,则可与该产品相似产品在出口国市场上的销售价格,或该产品在原产地国国内市场的销售价格相比;如果出口国无相似产品可比较,或没有这种产品的正常价格可比较,则可与该产品出口到第三国的价格相比较,或与该产品原产地国的生产成本加上合理的管理费、销售费、利润以及其他合理费用后的总费用相比较。经过比较,当该产品的进口价格低于被比较价格时,才能确定其为倾销产品。

另外,必须用事实来说明倾销对进口国造成了损害。这种损害是指对进口国的某项工业造成实质性损害或产生实质性损害威胁,或妨碍进口国某项新兴工业的建立。对倾销的确立和反倾销税的征收,有严格的立案、调查和处理程序。按照关贸总协定的有关规定,反倾销税的税额不应超过该产品的"倾销差额"。有些国家规定,在满足一定条件的情况下,在最终确定倾销之前,可以先征收与反倾销税作用相当的暂定关税。

(2) 反补贴税(Anti-subsidy duty)。反补贴税是进口国为抵消出口国对某种商品在制造、生产或输出时,直接或间接给予的任何奖励或补贴而征收的一种特别关税。补贴和倾销对进口国产生的损害可以说是一样的,但对补贴的确定要比对倾销的确定难度要大得多、复杂得多。

(3) 报复关税(Retaliatory duty)。报复关税是指某国针对另一国对其本国出口产品的不利或不公正歧视性待遇而对这一国的进口商品加重征收的关税。

(4) 紧急关税(Emergency duty)。紧急关税是某国当某类进口产品突然、大量、低价进入本国市场时,为保护本国相关产业而紧急征收的一种保护性关税。

二、关税的缴纳与退补

(一) 关税的缴纳

《海关法》规定,进口货物的收货人,出口货物的发货人,进出境物品的所有人,是关税的纳税义务人。同时也规定了有权经营进出口业务的企业和海关准予注册的报关企业也是法定纳税人。

上述纳税义务人应当在海关签发税款缴纳证之日起 15 日内(节假日包括在内,期末遇节假日顺延),向指定银行缴纳税款。逾期不缴纳的,由海关按日征收欠缴税款总额的 0.5‰的滞纳金。对超过 3 个月仍未缴纳税款的,海关可责令担保人缴纳税款或者将货物变价抵缴,必要时,可以通知银行在担保人或者纳税义务人的存款内扣款。

纳税义务人同海关发生纳税争议时,应当先缴纳税款,然后自海关填发税款缴纳证之日起30 天内向海关书面复议。

(二) 关税的退税

根据最新《中华人民共和国进出口关税条例》规定,有下列情形之一的,进出口货物的收发货人或者他们的代理人,可以自缴纳税款之日起 1 年内,书面声明理由,连同原纳税收据向海关申请退税,逾期不予受理。

- 已征进口关税的货物,因品质或规格原因,原状退货复运出境的;
- 已征出口关税的货物,因品质或规格原因,原状退货复运进境,并已重新缴纳因出口而退还的国内环节有关税收的；

● 已征出口关税的货物，因故未装运出口，申报退关，经海关查验属实的。

对按照规定可予减免税的进出口货物，由于某种原因，进出口报关时没能向海关交验经海关签章的减免税证明，海关照章纳税的，可在缴纳税款之日起 3 个月内向海关递交减免税证明和税款缴纳证申请退税，并交纳人民币 50 元退税手续费，逾期海关不予受理。

退税手续：办理退税，纳税义务人应填写《退税申请书》，连同盖有银行收款章的原税款缴纳证正本及其他必要单证，向原办理征税的海关申请退税。海关应当自受理退税申请之日起 30 日内作出书面答复并通知退税申请人。经海关审核同意后，开具《收入退还书》交原纳税人凭以办理转账退付。

（三）关税的补税

进出口货物完税后，如发现少征或者漏征税款，海关应当自缴纳税款或者货物放行之日起 1 年内，向收发货人或者他们的代理人补征。因收发货人或者他们的代理人违反规定而造成少征或者漏征的，海关在 3 年内可以追征，并从缴纳税款或者货物放行之日起按日加收少征或者漏征税款 0.5‰的滞纳金。

补税要根据不同的情况，采取不同的方法。基本原则是采取原进口时的税率、汇率。具体情况如下。

● 按照特定减免税办法批准予以减免税的进口货物，后因情况改变经海关批准转让或出售需予补税时，应按其原进口日所实施的税则税率征税，其汇率也应按原进口时的汇率（这种情况主要涉及外商投资企业进口的减免税货物，关税处、中关村和平谷以及稽查处查缉的案件）。

● 来料加工，进料加工等进口料、件等属于保税性质的进口货物，如经批准转为内销，应按向海关申报转为内销当天的税则税率征税，其适用的汇率也应按申报日的汇率；如未经批准擅自转为内销的，应按海关查获日期所实施的税则税率征税（后改为由于违章案件一般能查明原进口日，因此应按原进口日的税率，汇率征税）。

● 对于分期支付租金的租赁进口货物，分期付税时，都应按该项货物原进口日所实施的税则税率征税，但其汇率应按分期付税时，申报当天的汇率计征（这种情况主要是指航材公司的租赁飞机）。

● 处理溢卸，误卸货物事后确定需要征税时，应按其原申报进口日期的税率征税，其汇率也应按原进口日的汇率计征。

● 对于由于税则归类改变，完税价格的审定或其他工作差错而需补税时，应按原征税日期的税率和汇率补征税款（目前这类补税在计算机内的操作是在其原进口的报关单上进行修改）。

● 对于批准缓税进口的货物，以后补缴税款时，不论是分期或一次缴清税款，都应按货物原进口日实施的税率和汇率征税。

● 对于查获的走私进口货物需予补税时，应按查获日的税则税率征税，其汇率应采用海关开具税票的日期（这种情况应与查获的违规案件区分）。

● 对于暂时进口货物转为正式进口需予补税时，应按其转为正式进口日所实施的税则税率征税。对于汇率，如果已经交纳保证金的按原进口日期，如果没有缴纳保证金则按海关开出税票之日的汇率计征（如果收取保证金后应按原进口日计征，否则按申报日计征）。

案例3-1

不服海关归类补税决定之纳税争议行政复议案

一、基本案情

某公司于2005年申报进口化工品,申报税号均为A税号。某现场海关按申报税号征税放行。后经审核,某现场海关认为进口货物的税号应该归为B税号。2007年6月22日,该现场海关发出《海关补征税款告知书》,告知该公司因其原申报税号有误,导致少缴关税及增值税,根据《中华人民共和国进出口关税条例》第五十一条的规定,决定对上述税款予以补征,并于2007年7月16日作出补税决定。

该公司不服补税决定,在交纳税款的同时向该现场海关的上级海关——某直属海关申请复议。申请人称,现场海关于2007年7月16日开具进口关税及代征增值税专用缴款书,而货物进口放行日期是2005年3月23日。根据《海关法》第六十二条的有关规定,现场海关(即被申请人)如果发现少征或漏征关税,应当在一年内向申请人补征税款;但被申请人却于2007年7月16日向申请人补征,违反了海关法规定,请求某直属海关撤销被申请人补征税款的具体行政行为。

被申请人认为申请人作为纳税义务人未履行《中华人民共和国海关法》、《中华人民共和国进出口关税条例》等有关法律、法规规定的如实申报义务。根据《海关法》第六十二条的规定,因纳税义务人违反规定而造成的少征或者漏征,被申请人可以在3年以内追征相关税款,适用法律正确、事实清楚、证据充分确凿,建议依法予以维持。

二、复议审理及复议决定

某直属海关(复议机关)审查认为,本案被申请人提交的证据材料报关单证、书面说明以及海关内部工作联系单等,没有保存货物样品。根据这些材料,无法核实本案货物的实际税号,也无法证明申请人存在违反海关规定行为导致海关少征、漏征税款。此外,被申请人制发的《海关补征税款告知书》中也没有对申请人违规事实进行认定。因被申请人具体行政行为存在上述事实不清、证据不足的情况,据此,复议机关作出复议决定:根据《中华人民共和国行政复议法》第二十八条第一款(三)项规定,撤销被申请人归类补税决定,由被申请人重新作出具体行政行为。

三、案件点评

这是一起比较典型的海关纳税争议案件。在对海关追征税款具体行政行为的适用条件有明确认识和充分把握的情况下,是不难在此类纳税争议案件中为企业争取合法权益的。从此案的处理中,可以了解到以下三点。

第一,追征与补征是性质和法律后果完全不同的海关征税具体行政行为。根据《海关法》第六十二条的规定,海关发现少征或者漏征税款,应当自缴纳税款或者货物、物品放行之日起一年内向纳税义务人补征。因纳税义务人违反规定而造成的少征或者漏征,海关在三年以内可以追征。如果海关要在三年内追征税款,就必须有证据证明纳税义务人存在违反规定造成海关少征或者漏征税款的事实。

第二,事实和证据是复议机关的审查重点,且在行政复议中适用举证责任倒置的原则。在行政复议中,被申请人必须证明申请人存在违反海关规定的行为。被申请人提交的证据材料无法核实本案货物的实际税号,且不能证明申请人存在违反海关规定行为导致海关少征、漏征税款,向申请人制发的《海关补征税款告知书》中也没有对其违反规定的事实作出明确认定。由此事实不清、证据不足导致了原补税决定被撤销。

第三,纳税争议的处理程序及法律依据。根据《海关法》第六十四条,纳税义务人同海关发生纳税争议时,应当缴纳税款,并可以依法申请行政复议;对复议决定仍不服的,可以依法向人民法院提起诉讼。因此,行政复议是海关纳税争议行政诉讼前的必经程序,也称前置程序。

资料来源:精英关务论坛。

三、海关代征税

海关代征税是指海关在对进口货物征收关税的同时,对该货物代为征收的国内税费。海关的代征工作是海关征税工作的一个重要组成部分。《海关法》规定:海关负有依法代征有关国内税、费的义务。代征税与关税性质不一样,它们的征税依据不在于进口,而在于将这些进口货物在国外经过的生产流通环节与国内同类货物经过的生产流通环节同等对待。这样,国内同类货物已征收的流转税,进口货物也要征收。为简便手续,由海关代理征收,节约人力、物力和时间。

目前,法律规定由海关代征的进口环节国内税费主要有增值税、消费税、船舶吨税(针对在我港口的外籍船舶及外商租用的中国籍船舶按注册吨位征收的一种税)。以下重点介绍增值税、消费税。

1. 增值税

增值税是指以企业生产的产品中新增加的价值额或劳务中的增值额为课税对象征收的一种税。所谓新增加的价值额,即指企业或个人因从事工业制造、商品经营或提供劳务等,由生产劳动而创造的那一部分价值额。对增值部分进行征税,可排除重复计税。增值税的纳税义务人是境内从事生产、经营或提供劳务和进口应税产品(条例中)的单位和个人。

海关在进口环节代征的增值税和国内产品征收的增值税一样,基本税率为 17%,但对于一些关系到国计民生的重要物资,其增值税率较低,为 13%。这些物资包括以下几种。

- 粮食、食用植物油;
- 自来水、暖气、冷气、热水、煤气、石油液化气、天然气、沼气、居民用煤炭制品;
- 图书、报纸、杂志;
- 饲料、化肥、农药、农机、农膜;
- 金属矿和非金属矿等产品(不包括金粉、锻造金,它们为零税率);
- 国务院规定的其他货物。

对于纳税人提供加工、修理、修配等劳务,税率为 17%。

2. 消费税

消费税是指以消费品或消费行为的流转额为课税对象的税种。我国从 1994 年 1 月 1 日起开始实施消费税,它是我国税收体制向国际标准化迈进的重要一步,它划归中央税收,因而也是国家产业政策调控的一个重要手段。我国消费税的立法宗旨和原则是调节我国的消费结构,引导消费方向,确保国家财政收入。我国的消费税是在对货物普遍征收增值税的基础上,选择少数消费品再予征收的税。

消费税的纳税义务人是境内从事生产、委托加工和进口应税产品的单位和个人。进口环节消费税由海关代税务机关征收。除国务院另有规定者外,进口环节消费税一律不得给予减税或者免税。

消费税的征收范围,仅限于少数消费品。自 2006 年 4 月 1 日起,国家对进口环节消费税税目、税率及相关政策进行了调整:一是新增对高尔夫球及球具、高档手表、游艇、木制一次性筷子、实木地板、石脑油、溶剂油、润滑油、燃料油、航空煤油等产品征收消费税;二是停止对护肤护发品征收消费税;三是调整汽车、摩托车、汽车轮胎、白酒的消费税税率;石脑油、溶剂油、润滑油、燃料油暂按应纳消费税税额的 30%征收;航空煤油暂缓征收消费税;子午线轮胎免征消费税。其中,对进口白酒类征收复合消费税时,应按 20%的税率计征从价消费税,同时按 1 元/千克的单位税额计征从量消费税。对进口卷烟仍按规定的计税方法计征复合消费税。调整后征收进口环节消费税的商品共 14 类(见附件 3-1)。

应税消费品大体可分为以下四种类型。

- 一些过度消费会对人的身体健康、社会秩序、生态环境等方面造成危害的特殊消费品，例如烟、酒、酒精、鞭炮、焰火等；
- 奢侈品、非生活必需品，例如贵重首饰及珠宝玉石、化妆品及高尔夫球及球具、高档手表、游艇等；
- 高能耗的高档消费品，例如小轿车、摩托车、汽车轮胎等；
- 不可再生和替代的资源类消费品，例如汽油、柴油等。

从2002年1月1日起，进口钻石及钻石饰品的消费税改由税务部门在零售环节征收，进口环节不再征收。此外，从当年6月1日起，除加工贸易外，进出口钻石统一集中到上海钻石交易所办理报关手续，其他口岸均不得进出口钻石。

四、出口退税制度

(一) 出口退税的含义

出口退税是出口产品退还其国内税的简称，其基本含义是指对出口产品退还其在国内生产和流通环节实际缴纳的增值税、消费税，从而使我国产品以不含税成本进入国际市场，与国外产品在同等条件下进行竞争，并增强竞争能力，扩大出口创汇。它与退关税完全是两回事。

对出口产品退还其在生产加工环节实际缴纳的国内税，以不含税成本进入国际市场是当前国际上普遍采用的一种政策。原《关税和贸易总协定》中有规定：一个国家可以根据本国的税法对进口产品征收国内税，但其税负不得高于国内同类产品的税负；同样，一个国家也可以对本国的出口产品退还或免征国内税，别国不得因此而对该国产品实施报复措施。这表明“进口征税、出口退税”为国际所公认，其目的在于避免重复征税，公平竞争，鼓励和扶持本国的对外贸易。因此，出口产品退税制度，是一个国家税收制度的重要组成部分。

(二) 出口退税的范围

依据国家鼓励产品出口和对某些货物限制出口的政策，对纳税人出口货物，有的给予退税和免税；有的给予免税不退税；也有的既不退税，也不免税。其范围的限定如下。

1. 出口退税的产品范围

我国出口的产品，凡属于已征或应征增值税、消费税及营业税的，除国家明确规定不予退税者外，均予以退还已征税款或免征应征税款。另外，国家对退税的产品范围也做了特殊规定，特准某些产品视同出口产品予以退(免)税。

(1) 特准退(免)税的产品。特准退(免)税的产品主要有：对外承包工程公司运出境外用于对外承包项目的货物，对外承接修理修配业务的企业用于对外修理、修配的货物，外轮供应公司、远洋运输供应公司销售给外轮、远洋国轮而收取外汇的货物，利用国际金融组织或外国政府贷款采取国际招标方式由国内企业中标销售的机电产品、建筑材料，企业在国内采购并运往境外作为在国外投资的货物。

(2) 可免征增值税、消费税，但不办理退税的产品。国家同时规定下列出口货物可以免征增值税、消费税，不办理退税：来料加工复出口的货物，即原材料进口免税，加工产制的货物出口不退税；避孕药品和用具、古旧图书，内销及出口均免税；出口卷烟，有出口卷烟权的企业出口国家出口卷烟计划内的卷烟，在生产环节免征增值税、消费税，出口环节不办理退税，其他非计划内出口的卷烟照章征收增值税和消费税，出口一律不退税；军品以及军队系统企业出口军需工厂生产或军需部门调拨的货物免税。

此外，国家规定免税的货物，如从农业生产者直接购进的免税农产品出口，不办理退税。

(3) 不退税，也不免征增值税、消费税的产品。国家也明确规定除经批准属于进料加工复出口贸易以外，下列出口货物不退税，也不免征增值税、消费税：原油、援外出口货物、国家禁止出口的货物(包括天然牛黄、麝香、铜及铜基合金、白银等)、糖。

上述产品不退税，是指不退还出口货物从原材料到产成品销售各个环节已缴纳的增值税和在生产环节已缴纳的消费税；上述的不免税，是指不免征生产环节的增值税、消费税和采购货物出口的进项税额。

出口企业从小规模纳税人购进并持普通发票的货物，不论是内销或者出口均不得作扣除或退税处理。但对下列出口货物，考虑其占出口比重较大及其生产、采购的特殊因素，特准予以扣除或退税：抽纱、工艺品、香料油、山货、草柳竹藤制品、渔网渔具、松香、五倍子、生漆、鬃尾、山羊板皮、纸制品。

2. 出口退税的企业范围

出口产品退税原则上应将所退税款全部退给出口企业。这里的出口企业是指负责出口产品盈亏的企业，而不是指负责办理出口手续的企业。出口退税的企业范围如下。

- 具有外贸出口经营权的企业。
- 委托出口的企业(即工业企业委托具有出口经营权的企业出口自产产品)。退税款原则上应退给委托方，若委托代理合同明确规定退给代理方的，税务部门也可将税款退给代理方。
- 特定出口退税企业，如外轮供应公司、对外修理修配企业、对外承包工程公司。

(三) 出口退税的条件

- 必须是属于增值税、消费税征税范围内的产品；
- 必须已报关离境，也就是凡在国内销售而不报关离境的产品，不论出口企业是以外汇结算还是以人民币结算，也不论企业在财务上和其他管理办法上作何处理，均不得视为出口产品而予以退税；
- 必须在财务上作出口销售；
- 必须是在国外消费的产品；

出口产品必须同时具备上述条件才能予以退税。

(四) 办理出口退税时应交验的单证

以前企业办理对外货物贸易交易，要先到外汇管理局领核销单，然后到海关报关、银行办理收付汇手续，之后再重回外汇管理局进行核销。《国家税务总局、国家外汇管理局、海关总署关于货物贸易外汇管理制度改革的公告》(国家外汇管理局公告 2012 年第 1 号)规定，自 2012 年 8 月 1 日起在全国实施货物贸易外汇管理制度改革，取消出口收汇核销单，企业不再办理出口收汇核销手续，并相应调整了出口报关流程，简化了出口退税凭证。因此，作为出口企业办理退(免)税申报的重要资料之一的出口收汇核销单就不再需要填写和提交。

取消核销单后，企业仍要重视收汇管理，尽量不违规不被降级，确保年度收汇总量不要偏低。各地外管部门监管预警线不同，低于预警线的话容易被列为外管重点监管企业或者直接被降为 C 类，届时申报退税会要求同时报送收汇凭证，这样会拖慢整个退税流程的周期，加大资金成本。取消出口收汇核销单后，办理出口退税只需提交以下单证。

（1）购进出口货物的增值税专用发票（税款抵扣联）或普通发票。申请退消费税的企业，还应提供由工厂开具并经税务机关和银行（国库）签章的《税收（出口产品专用）缴款书》（以下简称“专用税票”）。

（2）出口货物销售明细账。主管出口退税的税务机关必须对销售明细账与销售发票等认真核对后予以确认。

出口货物的增值税专用发票，消费税专用税票和销售明细账，必须于企业申请退税时提供。

（3）盖有海关验讫章的《出口货物报关单（出口退税联）》。《出口货物报关单（出口退税联）》原则上应由企业于申请退税时附送。但对少数出口业务量大，出口口岸分散或距离较远而难以及时收回报关单的企业，经主管出口退税税务机关审核，认为该企业财务制度健全且从未发生过骗税行为的，可以批准延缓在3个月期限内提供。逾期不能提供的，应扣回已退（免）税款。

案例3-2

骗取出口退税案例解析

一、基本案情

2003年8月18日福州市国税稽查局接到福建省国税稽查局转来的苏××骗税案线索，初步分析后敏锐地意识到这触及了税收最为敏感的退税领域，而且是有货物出口但采取低值高报骗取出口退税，手法隐匿，性质恶劣，案情重大，立即向福建省国税稽查局和福州市国税局领导汇报，同时提请福州市公安经侦支队提前介入，迅速组成专案组。

二、案件处理

1999—2003年9月期间A公司出口劳保手套61 135 681副，报关金额6 402万美元，与国外客户的实际成交价为2 473万美元，高报出口3 929万美元，指使49户生产厂家虚开增值税专用发票1 707份，金额15 210万元，税款2 585万元，价税合计17 795万元，骗取出口退税总值5 469万元，福州市国税局作出对A公司已取得骗取出口退税款1 305万元进行追缴，处以2倍罚款共2 610万元的处理决定，采取税收强制执行措施将A公司离岸账户存款240万美元追缴入库，拟追缴外贸公司已退税款1 043万元，外贸公司未退税款1 506万元不予退税，其余骗税款已由各地税务机关陆续追缴并处理，公安机关批捕涉案人员8人，其中苏××已由福州市检察院以涉嫌虚开增值税专用发票和骗取出口退税罪向福州市中级人民法院提起公诉，等待他的是法律的严厉制裁。

三、案件分析

这起骗税案反映了一种新型的骗取出口退税形式，在有真实的货物出口的情况下，虚构出口货物的价格，以低报高出口。A公司通过国外接单、国内下单、向外贸公司买单、虚抬单价高报出口、压低数量抬高单价虚开专用发票、将压低开票数量部分的货物通过有进出口经营权的生产厂家直接高报出口等一系列操作，魔术般地将货值虚抬至三倍骗取国家出口退税款。

1. 货物流：A公司向国外客户接单，谈妥业务后与国外客户签订“成交确认书”，同时取得国外客户传真的货物样单和品质要求，后下单给国内79家生产企业进行生产，签订“内购合同”，派跟单员监督生产厂家的整个生产过程，监督货物的品质是否合乎要求，出货时间是否及时等，生产完毕后生产厂家把货物送到“内购合同”上指定的A公司设在深圳的仓库，由仓管员验收合格通知A公司，由单证员向海运公司办理货物出口海运，向保险公司办理出口货物保险，海运公司开具“提单”、保险公司开具“保单”给A公司。

2. 利用外贸企业获取空白报关资料和外汇核销单。苏××在完成与国外客户签订订单即国外接单、安排国内生产厂家生产即国内下单后，以A公司的香港身份与外贸公司签订购销合同，取得外贸公司已盖好公章的空白报关资料和外汇核销单、装箱单，以高于真实成交价近三倍的金额（略低于海关手套出口指导价）自行委托报关行高报出口。

3. 指使生产企业虚开增值税专用发票。要取得退税款还必须取得增值税专用发票和6.8%出口专用缴款书，A公司苏××开具“开票通知书”(开票通知书上注明受票单位名称，货物的品名、单价、数量、金额，开票注意事项等内容)指使生产企业按“开票通知书”的内容以略低于报关价的金额虚开增值税专用发票，其虚开形式归纳起来有：抬高单价、数量不变、抬高总金额；抬高单价、降低数量，总金额不变；无货虚开等。

4. 将已盖好章的海关报关单、外汇核销单、虚开的专用发票、专用缴款书等“两单两证”提供给外贸公司向税务机关申报出口退税。

5. 通过生产厂家退税款回流到苏××手中。A公司将“提单”一联交给国外客户提货，将“提单”、“保单”、自制出口发票提供给招商银行离岸部向国外客户银行托收货款，收到国外客户外汇后，按海关关单上的高报金额将外汇通过A公司离岸账户汇给外贸公司核销外汇，外贸公司收到汇款后按生产厂家虚开的增值税专用发票金额(含退税款)将款项付给厂家，厂家在扣除了真实成交价和开票费用后将余额汇还给苏××及其指定的家人户头。

6. 串通有进出口经营权的生产企业直接高报出口共同骗取出口退税。A公司将虚开发票压低开票数量部分的货物串通有进出口经营权的生产企业直接高报出口，生产企业按出口货物的数量或收汇的一定比例将获取的骗税款分成给苏××。

7. 取得虚开的进项发票。查实虚开的进项发票是核实已纳税款，确定骗税额的关键。虚开增值税专用发票的生产厂家为了少交税、保持正常的税负率，必然要在进项发票上做文章，取得虚开的进项发票进行抵扣。而废旧物资发票和收购业发票由于享有免税等税收优惠和在税务管控上存在相当大的难度，理所当然地成为他们的选择。生产厂家或采取自己成立废品回收公司一套人马两块牌子，自己为自己虚开发票，或采取到当地废品公司缴纳0.2%手续费虚开发票，或为自己虚开收购业发票，查实，生产厂家取得虚开的废旧物资发票和虚开收购业发票2 868份，价税合计26 167万元，已抵扣税款3 263万元。

从表面上看，A公司并未直接从国家取得出口退税款，但退税款通过外贸企业付给生产企业，又从生产企业回流到其手中，或直接从有进出口经营权的生产厂家取得骗税款分成，因此从整个案件的后果看，A公司是骗取出口退税的直接操纵者和骗税款的最大得利者。

资料来源：世贸人才网。

五、关税的减免

关税减免是关税政策的重要组成部分，减税免税是联系征税对象及其他条件，在一定时期内对某些纳税人给予鼓励和照顾的一种特殊规定。它反映了税收制度严肃性和灵活性的结合。

根据《海关法》的规定，关税的减免可分为法定减免、特定减免、临时减免三种类型。

(一) 法定减免

法定减免指《海关法》《关税条例》和《进出口税则》中所规定的给予进出口货物的关税减免。进出口货物属于法定减免税的，进出口人或代理人无须事先向海关提出申请，海关征税人员可凭有关证明文件和报关单证按规定直接给予减免税，海关对法定减免税货物一般不进行后续管理，也不作减免税统计。

1. 免税物品

- 关税税额在人民币50元以下的一票货物；
- 无商业价值的广告品和货样；
- 外国政府、国际组织无偿赠送的物资；
- 进出境运输工具装载的途中必需的燃料、物料和饮食用品；
- 出口货物因故退回，由原发货人或其代理人申报进口，并能提供原出口单证，经海关审核属实的可免征进口关税，但已征的出口关税不予退还；
- 进口货物因故退回，由原发货人或其代理人申报出境，并能提供原进口单证，经海关核

实可免征出口关税,但已征的进口关税不予退还;

- 经核准暂时进口或出口,并保证在 6 个月内复运出、进口的应税货物,免予征税;
- 无代价抵偿的进口货物,符合无代价抵偿进口货物的规定并且原进口货物已征进口税的,可予免税。

2. 酌情减免税的物品

- 在境外运输途中或者在起卸时,遭受损坏或者损失的;
- 起卸后海关放行前,因不可抗力而遭受损坏或者损失的;
- 海关查验时已经破漏、损坏或者腐烂,经证明不是保管不慎造成的。

3. 中华人民共和国缔结或者参加的国际条约规定减征或免征关税的货物、物品,海关应当按照规定予以减免关税。

(二) 特定减免

特定减免是政策性减免税,指海关根据国家规定,对特定地区、特定用途、特定企业给予的减免关税和进口环节海关代征税的优惠。在《海关法》《关税条例》和《进出口税则》中虽然已作了法定减免税的规定,但在实际工作中对一些法定减免税规定中没有予以解决的,而根据我国经济发展情况和对外开放政策又很需要的,还需作出进一步的关税优惠规定。实行改革开放以来,为了适应和支持对外开放,鼓励利用外资和引进技术,扩大对外贸易,发展工农业生产和科学、教育事业,国家陆续制定了诸如经济特区、经济技术开发区等特定地区,外商投资企业等特定企业,国内企业技术改造、国外贷款项目等特定用途的进出口货物的一系列配套的优惠政策,对促进改革开放,促进技术进步,发展国民经济发挥了积极的作用。随着我国对外开放的进一步发展和社会主义市场经济体制的逐步建立,一些优惠政策已经与国际惯例和建立社会主义市场经济体制的要求不相适应。因此,从 1993 年起,国务院开始对减免税政策进行清理,采取"一次清理,分步到位"的做法,对不违反国际惯例而对我国经济发展和对外开放有较好促进作用的减免税政策、规定予以保留,继续执行;对不符合国际惯例和社会主义市场经济要求,不利于平等竞争或明显不合理的减免税政策、规定,一般到期或额满为止,不再延长时间或增加数额。截至目前,我国已多次对特定减免税政策进行了调整,最新的特定减免政策规定如下。

第一类,按特定地区实施的关税优惠。目前,按地区实施的关税优惠政策已大部分取消,仅保留了对保税区进出口货物、出口加工区进出口货物、边民互市和边境小额贸易进口货物、物品的免税规定。具体包括:① 保税区、出口加工区进口用于基础设施建设的物资、机器、设备,区内行政管理机构进口自用合理数量的管理设备和办公用品,以及区内企业进口的生产、管理设备和其他企业自用物资;② 边民互市贸易中规定的金额或数量范围内进口的商品。指边境地区边民在我国陆路边境 20 公里以内,经政府批准的开放点或指定的集市上,在不超过规定的金额或数量内进行的商品交换活动。

第二类,按特定企业实施的关税优惠。属于国家鼓励发展产业的外商投资企业(外国投资者的投资比例不低于 25%)、外商研究开发中心、先进技术型、产品出口型的外商投资企业,在企业投资额以外的自有资金(指企业储备基金、发展基金、折旧、税后利润)内,对原有设备更新(不包括成套设备和生产线)和维修进口国内不能生产或性能不能满足需要的设备,以及与上述设备配套的技术、配件、备件,可以免征进口关税,进口环节增值税照章征收。

第三类,按特定用途实施的关税优惠。

1. 国内投资项目

属于《当前国家重点鼓励发展的产业、产品和技术目录》的国内投资，包括利用国外商业贷款的基建或技改项目，在投资总额内进口的自用机器及随附的技术、配件，免征进口关税，进口环节增值税照章征收。

2. 利用外资项目

属于《外资投资产业指导目录》鼓励类，并转让技术的外商投资项目，在投资总额内进口的自用机器设备及随附的技术、配件，以及利用外国政府贷款和国际金融组织贷款进口的机器设备，免征进口关税，进口环节增值税照章征收。

3. 进口科教用品

经国务院批准，海关总署于 1997 年 4 月 10 日发布实施《科学研究和教学用品免征进口税收暂行规定》。《规定》指出，科研机构和学校在合理数量范围内进口国内不能生产的科研和教学用品，直接用于科研或教学的，免征进口关税和进口环节增值税。具体包括用于科教的仪器仪表及其附件；实验室设备；各类计算机、图书、报刊、软件、标本、模型、教学用幻灯片；化学、生化和医疗实验用材料；实验用动物；医疗仪器及其附件；优良品种植物及种子；专业级乐器和音像资料；特殊需要的体育器材；教练飞机；教学实验船舶所用关键设备；科学研究用的非汽油、柴油动力样车等。

4. 残疾人组织及个人进口物品

经国务院批准，海关总署于 1997 年发布《残疾人专用品免征进口税收暂行规定》及其实施办法，该办法规定，以下残疾人专用物品免征进口关税和进口环节增值税、消费税。

(1) 个人进口残疾人专用物品在自用合理数量范围内，由纳税人直接在进口地海关办理免税进口手续。批量进口残疾人专用品，进口单位在进口前应提供用途说明等文件，向所在地主管海关申请，经所在地主管海关审核同意后，出具《进出口货物征免税证明》(三联单)通知进口地海关办理免税手续。

(2) 福利、康复机构进口国内不能生产的残疾人专用品的免税手续按以下规定办理。

进口前，有关福利、康复机构应按隶属关系，填写《残疾人免税进口专用品申请表》一式三份，分别向民政部或中国残疾人联合会提出申请；经上述机构审核无误后，一份存档，另两份报海关总署；经海关总署关税司审核无误后，通知福利、康复机构所在地主管海关。

福利、康复机构所在地主管海关凭关税司下发的批准文件，填写《进出口货物征免税证明》三联单，其中第一联交福利、康复机构所在地主管海关留存；第二、三联送交进口地海关凭以免税，进口地海关在免税验放后，及时将第三联退福利、康复机构所在地主管海关。

(3) 境外捐赠给残疾人个人或有关福利、康复机构的国内不能生产的残疾人专用品，凭捐赠证明按本法办理。

5. 无偿援助项目进口物资、救灾捐赠物资

外国政府、国际组织无偿赠送的进口物资；外国民间团体、企业、友好人士和港、澳、台、侨胞无偿向我境内受灾地区捐赠的直接用于救灾的物资，在合理数量范围内，免征关税和进口环节增值税、消费税。

6. 扶贫慈善捐赠物资

为促进公益事业的健康发展，经国务院批准，对境外捐赠人无偿向受赠人捐赠的直接用于扶贫、慈善事业的物资，免征进口关税和进口环节增值税。

此外，远洋渔业项目进口自捕水产品，海上石油、陆上石油项目进口用于开采作业的设备、仪器、零附件、专用工具，免征进口关税和进口环节增值税。集成电路项目进口自用生产性原材料、净化室专用建筑材料、生产设备零备件；贷款中标项目进口机电产品零部件，免征进口关税，进口环节增值税（或消费税）照章征收。国家还根据不同时期的需要制定相关的减免税政策。

（三）临时减免

临时减免也称特案减免，是指法定减免税和特定减免税以外的其他形式的减免税。临时减免由海关总署或会同财政部按照国务院的规定，根据某个单位、某类商品、某个时期或某批进出口货物的特殊情况，需要对其进口应税货物特案予以关税减免。对于临时减免税的进出口货物，除海关总署批复有用途限制要加以管理外，其余的货物，海关一般不需要进行后续管理，但要进行免税统计。临时性减免税一般是“一案一批”。

第五节 一般进出口货物的放行

进出口货物在办完向海关申报、接受查验、完纳税款等手续以后，由海关在货运单据上签印放行。收发货人或其代理人必须凭海关签印放行的货运单据才能提取或发运进、出口货物。未经海关放行的海关监管货物，任何单位和个人不得提取或发运。

货物的放行是海关对一般贸易进出口货物监管的最后一个环节。如果这一环节海关把关不严，把不该放行的货物放了，则会导致经济上的损失甚至产生不良的政治影响。所以海关必须采取严肃认真的态度对待货物的进出口。放行前，将由专人将该票货物的全部报关单证及查验货物记录等进行一次全面的复核审查并签署认可，然后在货运单据上盖印放行，交货主签收。但对违反进出口政策、法令规定，尚未缴纳应缴纳的税款以及根据上级指示不准放行的进出口货物，海关均不予以放行。

1. 海关进出境现场放行和货物结关

海关进出境现场放行是指海关接受进出口货物的申报，审核电子数据报关单和纸质报关单及随附单证，查验货物、征免税费或接受担保以后，对进出口货物做出结束海关进出境现场监管决定，允许进出口货物离开海关监管现场的工作环节。

海关进出境现场放行一般由海关在进口货物提货凭证或者出口货物装货凭证上加盖海关放行章。进出口货物收发货人或其代理人签收进口提货凭证或者出口装货凭证，凭以提取进口货物或将出口货物装运到运输工具上离境。

在实行“无纸通关”申报方式的海关，海关做出现场放行决定时，通过计算机将海关决定放行的信息发送给进出口货物收发货人或其代理人和海关监管货物保管人。进出口货物收发货人或其代理人从计算机上自行打印海关通知放行的凭证，凭以提取进口货物或将出口货物装运到运输工具上离境。

货物结关是进出境货物办结海关手续的简称。进出境货物由收发货人或其代理人向海关办理完所有的海关手续，履行了法律规定的与进出口有关的一切义务，就办结了海关手续，海关不再进行监管。

海关进出境现场放行有两种情况：一种情况是货物已经结关，对于一般进出口货物，放行时进出口货物收发货人或其代理人已经办理了所有海关手续，因此，放行表示解除海关监管，进境货物可以由收货人自由处置，出境货物可以由发货人装船出运。另一种情况是，货物尚未结关，对于保税货物、特定减免税货物、暂准进出境货物、部分其他进出境货物，放行时进出境货物的收发货人或其代理人并未全部办完所有的海关手续，海关在一定期限内还需进行监管，只有在办理核销、结案或者补办进出口和纳税手续后，才能结关。所以该类货物的海关进出境现场放行不等于结关。

2. 提取货物或装运货物

进口货物收货人或其代理人签收海关加盖海关放行章戳记的进口提货凭证（提单、运单、提货单等），凭以到货物进境地的港区、机场、车站、邮局等地的海关监管仓库办理提取进口货物的手续。

出口货物发货人或其代理人签收海关加盖海关放行章戳记的出口装货凭证（运单、装货单、场站收据等），凭以到货物出境地的港区、机场、车站、邮局等地的海关监管仓库，办理将货物装上运输工具离境的手续。

3. 申请签发报关单证明联或其他证明手续

进出口货物收发货人或其代理人，办理完提取进口货物或装运出口货物的手续以后，如需要海关签发有关的货物进口、出口证明联的，均可向海关提出申请。常见的证明主要有下列几种。

（1）进口付汇证明

对需要在银行或国家外汇管理部门办理进口付汇核销的进口货物，报关员应当向海关申请签发“进口货物报关单”付汇证明联。海关经审核，对符合条件的，即在“进口货物报关单”上签名、加盖海关验讫章，作为进口付汇证明联签发给报关员。同时，通过电子口岸执法系统向银行和国家外汇管理部门发送证明联电子数据。

（2）出口收汇证明

对需要在银行或国家外汇管理部门办理出口收汇核销的出口货物，报关员应当向海关申请签发“出口货物报关单”收汇证明联。海关经审核，对符合条件的，即在“出口货物报关单”上签名、加盖海关验讫章，作为出口收汇证明联签发给报关员。同时，通过电子口岸执法系统向银行和国家外汇管理部门发送证明联电子数据。

（3）出口退税证明

对需要在国家税务机构办理出口退税的出口货物，报关员应当向海关申请签发“出口货物报关单”退税证明联。海关经审核，对符合条件的，予以签发并在证明联上签名、加盖海关验讫章，交给报关员。同时，通过电子口岸执法系统向国家税务机构发送证明联电子数据。

（4）进口货物证明书

对进口汽车、摩托车等，报关员应当向海关申请签发“进口货物证明书”，进口货物收货人凭以向国家交通管理部门办理汽车、摩托车的牌照申领手续。海关放行汽车、摩托车后，向报关员签发“进口货物证明书”。同时，将“进口货物证明书”上的内容通过计算机发送给海关总署，再传输给国家交通管理部门。

综上，海关对一般进出境的货物进行监管的过程可分为申报、查验、征税、放行四个环节，对保税货物、特定减免税货物、暂准进出境货物等的监管分为备案、申报、查验、征税、放行、结关（核销结案）六个环节。为提高监督管理的质量，在实际工作中，这几个环节逐渐发展成为具有严格作业程序和工作方法的基本作业制度，其中申报、查验、放行构成海关监管制度的核心。

附件 3-1

消费税税目税率调整对比表

税目	计税单位	调整前税率(税额)	调整后税率(税额)	备注
一、烟				
1. 卷烟				
(1) 每标准条调拨价 50 元(含)以上的卷烟	标准箱	45%:150 元/标准箱		未作调整
(2) 每标准条调拨价 50 元以下的卷烟		30%:150 元/标准箱		
2. 雪茄烟		25%		
3. 烟丝		30%		
二、酒及酒精				
1. 粮食白酒		25%:0.5 元/斤	20%:0.5 元/斤	
2. 薯类白酒		15%:0.5 元/斤	20%:0.5 元/斤	未作调整
3. 黄酒		240 元		未作调整
4. 啤酒				
(1) 价格在 3 000 元(含)以上的啤酒	吨	250 元		
(2) 价格在 3 000 元以下的啤酒		220 元		
5. 其他酒		10%		未作调整
6. 酒精		5%		未作调整
三、成品油				新设税目
1. 汽油				
(1) 含铅汽油		0.28 元		未作调整
(2) 无铅汽油		0.20 元		未作调整
2. 柴油		0.10 元		未作调整
3. 航空煤油	升		0.10 元	新增
4. 石脑油			0.20 元	新增
5. 溶剂油			0.20 元	新增
6. 润滑油			0.20 元	新增
7. 燃料油			0.10 元	新增
四、小汽车			1. 乘用车	调整后将小轿车、越野车子目合并为乘用车子目，将税率分为六档；
1. 小轿车			(1) 1.5 升(含)以下:3%	
(1) 气缸容量(排气量,下同)在 2.2 升(含)以上的		8%	(2) 1.5 升以上至 2.0(含):5%	
(2) 气缸容量在 1.0 升(含)至 2.2 升的		5%		

续表

税 目	计税单位	调整前税率(税额)	调整后税率(税额)	备 注
(3) 气缸容量在 1.0 升以下的 2. 越野车(四轮驱动) (1) 气缸容量在2.4升(含)以上的 (2) 气缸容量在 2.4 升以下的 3. 小客车(面包车) (1) 气缸容量在2.0升(含)以上的 (2) 气缸容量2.0升以下的		3% 5% 3% 5% 3%	(3) 2.0 升以上至2.5升(含):9% (4) 2.5 升以上至3.0升(含):12% (5) 3.0 升以上至4.0升(含):15% (6) 4.0 升以上:20% 2. 中轻型商用客车:5%	将小客车子目改为中轻型商用客车子目
五、摩托车		10%	1. 250 毫升(含)以下:3% 2. 250毫升以上:10%	调整后以 250 毫升的排气量作为划分税率档次的排放标准
六、汽车轮胎		10%,子午轮胎免税	3%,子午轮胎免税	
七、化妆品		30%		适当调整征税范围
八、贵重首饰及珠宝玉石		10%,金银首饰、钻石和钻石饰品在零售环节减按5%的税率纳税		未作调整
九、高尔夫球及球具			10%	新增
十、高档手表			20%	新增,高档手表是指销售价格(不含增值税)每只在10 000元(含)以上的各类手表
十一、游艇			10%	新增
十二、鞭炮、焰火		15%		未作调整
十三、木制一次性筷子			5%	新增
十四、实木地板			5%	新增
十五、护肤护发		8%		停止并取消税目品

关键词

一般进出口货物　基本单证　特殊单证　商品预归类　申报(报关)　电子申报与纸质申报　滞报金　滞纳金　海关查验　进口税　进口附加税　反倾销税　反补贴税　海关代征税　增值税　消费税　出口退税　法定减免　特定减免　核销结案

思考与问答

1. 海关对进出境货物监管的全过程包括哪几个阶段?
2. 什么是一般进出口货物? 其报关程序包括哪些环节?
3. 一般进出口货物与一般贸易货物有什么区别?
4. 报关时一般应交验哪些单证?
5. 报关地点应遵循什么原则?
6. 进口货物与出口货物的申报期限有什么不同?
7. 什么情况下海关可以径行查验?
8. 关税的退税与出口退税有什么区别?
9. 什么情况下需要补交关税? 结合案例 3-1,谈谈你的想法。
10. 什么是海关代征税? 通常代征的税种有哪些?
11. 出口退税必须具备什么条件? 结合案例 3-2,分析当事人是在哪些方面做了手脚?
12. 海关进出境现场放行有哪两种情况?

保税加工货物的报关程序

引导案例

东莞某大型外资来料加工企业，成立于1988年。进口保税料件为显像管、显示器等；出口产品为电视机、显示器等。产品100%外销。1998年5月经海关调查发现，该司在执行三本来料加工合同期间，14″、20″、21″、25″、29″彩色显像管各短少6 224只、2 145只、21 590只、2 013只、130只，价值239万美元，偷逃关税人民币441万元。其中短少的21 590只21″彩色显像管被该司报关员林某利用工作之便，未经公司同意，非法进口后倒卖以谋取私利。案发后报关员逃跑。老板被海关扣留，企业设备也被海关查封。苦心经营十年的企业，由于对报关员的管理不善，于1998年6月份停产。一夜之间损失过千万元人民币。

第一节　保税制度和保税货物

据统计，目前保税制度下加工贸易进出口货值已占我国进出口总值的一半以上，表明保税制度已成为我国海关一项主要的业务制度。因此，我们很有必要了解保税制度和保税货物的概念及其有关内容。

一、保税制度

保税制度是一种国际上通行的海关制度，在世界大多数国家的对外经济贸易中得到广泛的应用，对国际贸易活动的发展起到了重要的促进作用。我国在改革开放后批准建立了大量的保税仓库和保税工厂，有力地促进了我国对外开放和对外经济贸易往来。

1. 保税制度的定义

保税制度是指经海关批准的境内企业所进口的货物，在海关监管下在境内指定的场所储存、加工、装配，并暂缓缴纳各种进口税费的一种海关监管业务制度。

保税制度是基于国际经济贸易发展的需要而产生的。随着各国之间经济贸易交往的增多，专门从事国际间商品转口贸易的商人，在进口某一批货物时往往很难确定其销售的最终流向，若销往其他国家而复运出口，商人为降低成本，则希望能允许将货物置于免纳进口税费的状态下储存一段时间；若准备进入本国市场，商人也希望能将纳税时间推迟到货物实际进入国内销售时。为了适应国际转口贸易的需要，照顾进口商的利益，产生了“保税”这样一种不同于一般贸易做法的海关监管制度。随着国际经济贸易范围的扩大，保税制度的内容不断得到丰富，保税方式更加多样，由原来单一为商品贸易服务扩展成为加工制造、技术引进、服务贸易提供便利。

2. 保税制度的主要形式

在国际海关组织海关合作理事会主持制定的《京都条约》中,涉及保税业务的有两个基本制度。一个是海关保税储存制度。指进口货物在海关监管下储存于指定场所,并可无需缴纳进口税费的一种海关制度。这种保税储存形式为进口货物能在不需缴纳进口税状态下较为长期储存提供了便利,使货物储存人有充分时间在国内或国外推销货物。需要指出的是,储存中只允许对货物进行整理、分拣以及为保存货物的惯常操作,不得进行实质性加工,这是一种为国际商品贸易服务的海关保税形式。另一个是暂准进口在国内加工的制度。指准许某些货物有条件地暂时豁免进口税费进入关境的一种海关制度。这些货物应是为某一特定目的而进口,并在规定时间内以进口时的原状或经特定制造、加工或修理后复运出口。这一制度对货物为特定目的而暂时进入境内使用或加工制造提供了便利。申请实施这一制度通常须有担保。这是一种超出单纯国际商品贸易,使保税制度由储存扩展为使用或加工制造,为世界各国充分利用本国资金、技术、劳动力资源发展国际加工贸易的海关保税形式。

根据以上两个基本制度可知,国际上保税业务制度的主要形式有三种:

- 商品贸易型,如保税仓库、保税货棚、保税陈列场等;
- 加工制造型,如保税工厂、加工贸易、出口加工区等;
- 商品贸易与加工制造混合型,如保税区、自由港、自由贸易区等。

我国保税制度借鉴和参照了国际上通行的做法,其主要类型与海关合作理事会《京都条约》中的内容基本一致。然而由于我国还是发展中国家,我国保税制度的重点是促进对外加工制造业的发展,以充分利用国外资金、技术,发挥本国劳动力资源优势,加快国民经济建设的步伐。目前,我国保税制度的主要形式有两类:一类是为国际商品贸易服务的,如保税仓库、保税区、寄售代销、免税品商店;另一类是为加工制造服务的,如来料加工、进料加工、保税工厂、保税区等。

二、保税货物

保税制度在国际贸易中的广泛应用,使这一制度所涉及的保税货物成为进出口货物中的一个重要组成部分。海关对保税货物的监管与一般进出口货物有着明显区别,因此,保税货物的报关与一般贸易进出口货物的报关有较大不同。

1. 保税货物的定义

保税货物(Bonded Goods)是指经海关批准未办理纳税手续进境,在境内储存、加工、装配后复运出境的货物。它具有以下三个特征。

- 特定目的。我国《海关法》将保税货物限定于为两种特定目的而进口的货物,即进行贸易活动(储存)和加工制造活动(加工、装配)。这样将保税货物与为其他目的暂时进口的货物(如工程施工、科学实验、文化体育活动等)区别开来。
- 暂免纳税。保税货物未办理纳税手续进境,属于暂时免纳,而不是免税,待货物最终流向确定后,海关再决定征税或免税。
- 复运出境。这是构成保税货物的重要前提。从法律上讲,保税货物未按一般货物办理进口和纳税手续,因此,保税货物必须以原状或加工后产品复运出境,这既是海关对保税货物的监管原则,也是经营者必须履行的法律义务。

2. 保税货物的范围

保税货物可以分为保税加工货物和保税物流货物两大类，具体如下。

- 加工贸易项下(来料加工装配、进料加工)进口的料件。加工贸易保税货物不完全等同于加工贸易货物。加工贸易货物只有经过海关批准才能保税进口，经海关批准准予保税进口的加工贸易货物才是保税加工货物。
- 经商务部门批准寄售的外国商品、国外产品维修用的零备件、外汇免税商品。
- 转口贸易货物，外商寄存、暂存货物，供应国际航行船舶的燃料、物料和零配件，以及在指定地区储存国际天然橡胶组织的天然橡胶。

3. 保税货物与减免税货物的区别

我国为了扩大对外开放，吸引外资和引进先进技术，曾制订了一系列进口优惠政策，如对外商投资企业进口机器设备予以免税，对企业技术改造项目所引进先进技术设备予以减税等。由于这些货物与保税货物一样在进口时均不缴纳税款，使有的企业、单位容易将两者混淆，不了解海关对这两类货物不同的办理程序和管理方法，以致出现违法违规情况。因此，从事报关的人员应该掌握这两类货物的海关监管规定。保税货物与减免税货物的区别如下。

- 性质不同。减免税货物是国家对特定地区、特定企业、特定用途的进口货物，为支持、鼓励其在国内使用或消费给予的税收优惠；保税货物则是以复运出境为前提，不是在国内最终使用或消费，而是为了支持、鼓励其出口而给予的保税优惠。
- 货物范围不同。减免税货物的范围主要是固定资产投资部分，如机器设备、仪器、仪表等；保税货物则集中于流动资产部分，如原材料、零部件、元器件等。
- 海关手续不同。减免税手续和保税手续均须在进口货物前到海关办理，但前者是办理减免税申请，海关签发征免税证明；后者是办理保税合同登记备案，海关核发加工贸易登记手册。
- 海关监管方式不同。减免税货物和保税货物均属于海关监管货物，经营者均需承担有关法律义务。但海关对前者实行时效管理，以监管年限为解除监管的依据，经营者承担不得擅自转让、出售的法律义务；海关对后者实行核销管理；以复出口为解除监管的依据，经营者不仅要承担不得擅自转让、出售的法律义务，还要履行复运出口的义务。

案例 4-1

保税货物当成一般贸易货物

某一加工贸易企业因不熟悉海关业务法规，将由保税进口料件橡木板制成的 340 件共计 67 万美元的家具以一般贸易方式申报出口，虽然成品已经出口境外，但其行为影响了海关对保税货物的监管秩序，海关对当事人以上行为课处罚款人民币 2 万元。

第二节 加工贸易进口料件银行保证金台账制度

保税制度的一个重要功能是为来料加工、进料加工等对外加工贸易服务。为了进一步完善加工贸易的管理，充分发挥海关、银行等部门的监督作用，堵塞加工贸易管理上的漏洞，国家决定自 1996 年 7 月 1 日起在全国推广实行加工贸易进口料件银行保证金台账制度。因此，在介绍保税加工货物进出口报关内容前，让我们先来认识这一制度。

一、加工贸易进口料件银行保证金台账制度

加工贸易进口料件银行保证金台账制度，是指加工贸易合同在主管海关登记备案时，经营单位持外经贸主管部门批准该加工贸易合同的文件，凭海关核准的手续，按合同备案料件金额，向指定的中国银行申请设立加工贸易进口料件保证金台账，待海关核销合同后，由中国银行核销保证金台账的一种保税业务制度。

所有的加工贸易合同，包括来料加工合同，进料加工合同，外商投资企业履行产品出口合同，保税工厂、保税集团的加工贸易合同，都要按“加工贸易银行保证金台账”制度的规定办理，或不设台账，即“不转”；或设台账不付保证金，即“空转”；或设台账并付保证金，即“实转”。

加工贸易银行保证金台账制度的核心内容是对企业和商品实行分类管理，对部分企业进口的开展加工贸易的部分料件，银行要按照有关料件的进口税额征收保证金。

二、银行保证金台账制度的基本运作程序

1. 外经贸主管部门审批合同

经营加工贸易单位在对外签订加工贸易合同后，应根据加工产品的分类上报相应级别的外经贸主管部门审批。主管部门核查经营单位及加工生产企业的经营状况和生产能力后，根据有关规定审批合同。

2. 主管海关办理合同备案

在完成上述手续后，经营单位须在加工生产企业所在地主管海关办理合同备案手续。主管海关按合同备案料件金额签发《开设银行保证金台账联系单》交经营单位向指定的中国银行办理开设银行保证金台账手续。对C类企业和从事加工生产限制类产品的企业，海关核定应缴纳的进口关税和进口环节增值税，作为保证金，由企业在办理银行保证金台账手续时存入海关指定账户。

3. 中国银行开设保证金台账

经营单位持上述联系单向主管海关所在地指定的中国银行申请设立保证金台账。中国银行根据海关签发的联系单及经营单位的申请，审核后按合同备案料件金额设立保证金台账或按海关规定收取保证金，并签发《银行保证金台账登记通知单》和保证金收存凭证，交经营单位，凭以向主管海关申领《加工贸易登记手册》。

4. 主管海关核发手册

主管海关根据中国银行签发的《银行保证金台账登记通知单》或保证金收存凭证及其他有关单证，向经营单位核发加工贸易登记手册。

5. 主管海关核销合同

经营单位在海关规定的期限内执行完毕加工贸易合同或最后一批加工产品出口后，向主管海关办理合同核销手续。经海关审核确认后，签发《银行保证金台账核销联系单》，以及退还保证金通知单。

6. 中国银行注销台账

经营单位持海关签发的《银行保证金台账核销联系单》向原设立台账的银行办理保证金台账销账手续，领取应该退还的保证金，并按活期存款利率计付利息。海关和中国银行按月对保证金台账的设立、核销情况进行对账。

加工贸易银行保证金台账运转流程图如图4-1所示。

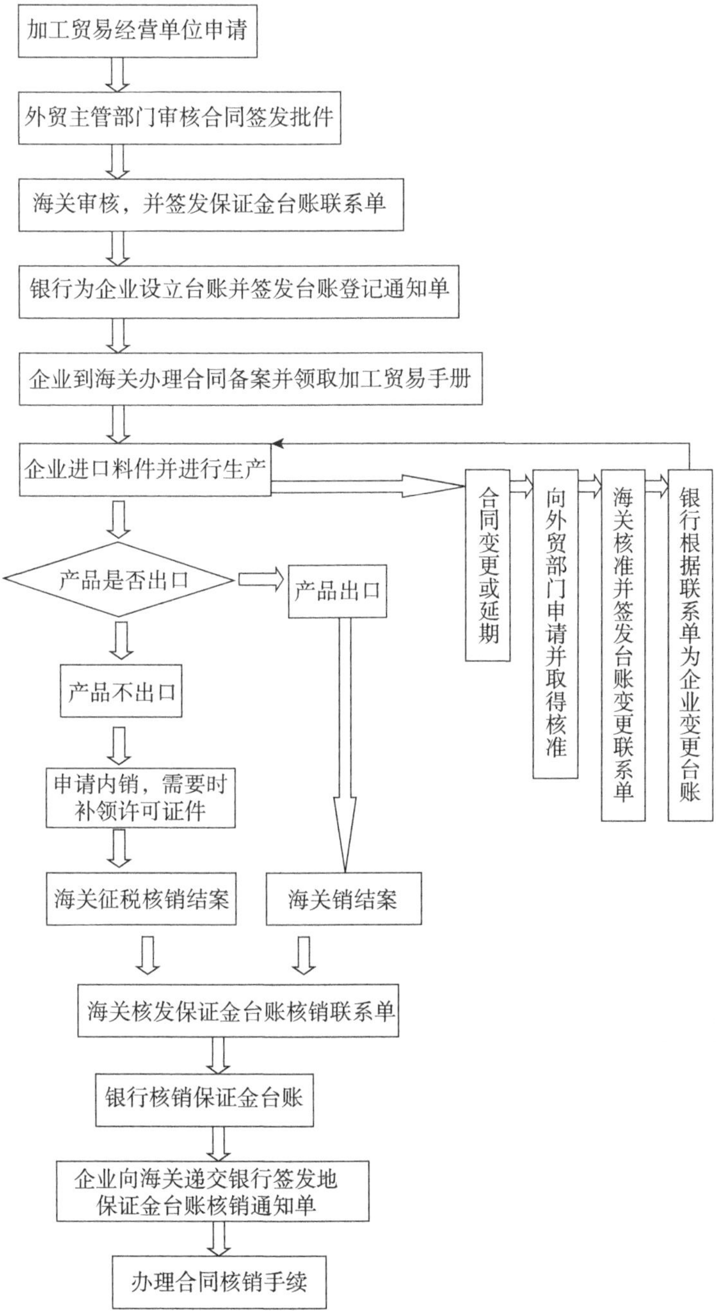

图 4－1　加工贸易银行保证金台账运转流程图

三、不同企业银行保证金台账制度的实行

国家规定,海关对从事加工贸易的企业实行分类管理①,根据企业年加工实绩和遵守国家法律的状况,将企业分为 AA、A、B、C、D 五类,并实行不同的银行保证金台账管理。同时,根据国家产业政策要求,国家按进口商品将加工贸易分为禁止类、限制类和允许类(参见表 4-1)。

表 4-1 加工贸易银行保证金台账分类管理

分类	禁止类	限制类	允许类	1 万美元及以下 零星料件	5 千美元及以下 78 种辅料
AA 类	不准	空转/领册	不转/领册	不转/领册	不转/免册
A 类	不准	空转/领册	空转/领册	不转/领册	不转/免册
B 类	不准	半实转/领册	空转/领册	不转/领册	不转/免册
C 类	不准	实转/领册	实转/领册	实转/领册	实转/免册
D 类	不准	不准	不准	不准	不准

加工贸易禁止类商品主要有:列名的废、旧机电产品和废料化肥;煤炭、烧制木炭的木材;仿真枪支的原材料;为种植和养殖等出口产品而进口种子、种苗、化肥、饲料、添加剂、抗生素等;进口冻的鸡翅尖、鸡爪、鸡肝及其他鸡杂碎,冻鱼翅、干鱼翅、湿鱼翅,燕窝,西洋参,鹿茸及其粉末。

加工贸易限制类商品:指进口料件属于国内外差价大且海关不易监管的敏感商品。包括塑料原料(初级形态的聚乙烯)、聚酯切片、化纤原料(涤纶长丝和化学纤维短纤)、棉花、棉纱、棉坯布(含漂白和未漂白两种)、钢材(铁及非合金钢材和不锈钢)、羊毛(包括羊毛和羊毛条)、食糖(原糖、砂糖和绵白糖)、未经化学改性的植物油、天然橡胶(含天然胶乳和烟胶片)、冻鸡等 12 种商品大类的部分商品税号。其他商品为允许类商品。

分类管理的具体内容如下。

- 对保税区内的企业,以及经海关评定适用 A 类管理,且实行海关派员驻厂监管或与主管海关实行计算机联网管理保税工厂的企业,或从事飞机、船舶等特殊行业加工贸易的企业,或者年进出口总额为 3 000 万美元(自营生产企业出口额 1 000 万美元)及以上,或者年加工出口额为 1 000 万美元以上的企业(俗称 AA 类企业),进口允许类商品,可以不设台账(俗称"不转"),进口限制类商品设台账,但不征收保证金(俗称"空转")。
- 适用 A 类管理企业设台账,无论限制类还是允许类商品都不需付保证金(即"空转")。
- 适用 B 类管理企业设台账,限制类商品按进口料件应征税款的 50%付保证金(俗称"半实转"),允许类商品不付保证金。
- 适用 C 类管理企业设台账,无论限制类还是允许类商品都要按进口料件应征税款付保

---

① 中华人民共和国海关总署:海关总署令第 197 号(关于发布《中华人民共和国海关企业分类管理办法》),http://www.customs.gov.cn,2010-11-15。

证金(俗称“实转”)。

- 适用D类管理的企业不得开展加工贸易。
- 任何企业都不得开展禁止类商品的加工贸易。

为了简化手续,国家还规定对列名的拉链、纽扣、鞋扣、扣绊、摁扣、垫肩、胶袋、花边等78种客供服装辅料,即一般出口合同中订明的由境外厂商提供的辅料以及其他零星进口料件金额在1万美元及以下的,适用A、B类管理的加工贸易企业可以不设台账,因此也不必向银行交付保证金,但要申领登记手册。适用A、B类管理加工贸易企业进口金额在5 000美元及以下的列名的78种客供服装辅料不仅可以不设台账,还可以免申领登记手册,但必须凭出口合同向主管海关备案。

小测验4-1

某B类企业签订了一笔价款1 000美元的进料加工合同,该笔加工业务属于限制类。该企业报关时要求按照银行保证金台账制度“空转”办理相关手续。请问:该企业的要求是否合理?为什么?

第三节　保税加工货物的报关

一、保税加工货物的概念及其监管模式、监管特征

(一) 保税加工货物的含义

保税加工货物就是通常所说的加工贸易保税货物,是指经海关批准未办理纳税手续进境,在境内加工、装配后复运出境的货物。加工贸易通常有来料加工和进料加工两种方式。

保税加工货物包括专为加工、装配出口产品而从国外进口且海关准予保税的原材料、零部件、元器件、包装物料、辅助材料(简称料件)以及用上述料件生产的成品、半成品。

经营加工贸易的企业可以是对外贸易经营企业和外商投资企业。加工贸易经营企业可以根据需要申请设立保税工厂、保税集团。

保税工厂是指由海关批准的专门从事保税加工的工厂或企业。这是在来料加工、进料加工和外商投资企业履行产品出口合同的基础上,发展形成的一种保税加工的监管形式。

保税集团是指经海关批准,由一个具有进出口经营权的企业牵头,在同一关区内,同行业若干个加工企业联合对进口料件进行多层次、多工序连续加工,直至最终产品出口的企业联合体。

(二) 来料加工与进料加工的区别

来料加工(Processing with Supplied Materials)是指由外商提供全部或部分原材料(主料)、辅料、零部件、元器件、配套件和包装物料,必要时还提供设备,由我方加工企业按外商的要求进行加工装配,成品交外商销售,我方收取工缴费,外商提供的作价设备价款,我方用工缴费偿还的贸易形式。

这一加工方式也可采用灵活做法,我方与同一外商同时签订原辅料进口合同和成品出口合同,我方工厂按外商要求进行加工,进口原辅料和出口成品各作各价,但进口原辅料我方不付外商价款,当成品返销外商后,我方收取成品出口值与外商来料进口值之间的差价,这种方

式不动用外汇，也不对开信用证（对开信用证的进口合同，视为动用外汇，按进料加工），称为“各作各价对口合同”来料加工。外商提供原材料，我方加工成品，称“来料加工”；外商提供零部件我方组装成品称“来件装配”，两者统称为来料加工装配，有时简称来料加工。来料加工装配进口的料件属于海关保税货物。

进料加工（Processing with Imported Materials）是指我国有关经营单位用外汇购买进口的原料、材料、辅料、元器件、零部件、配套件和包装物料加工成成品或半成品后再外销出口的贸易方式。一般情况下，加工贸易主要指进料加工和来料加工，这是我国对外开放以来采取“以进养出”政策，支持鼓励产品出口、提高出口产品质量和档次、增强出口产品在国际市场竞争能力的重要方式。

进料加工与来料加工的主要区别体现在经营方面：首先，来料加工进口的料件由外商提供，我方不支付外汇；进料加工则是我方经营单位动用外汇购买进口料件。来料加工装配进口的料件及加工的成品，所有权属外商；进料加工进口的料件，所有权属我方经营单位。来料加工装配中，我方按合同要求进行加工，赚取工缴费，盈亏由外商承担；进料加工中，我方经营单位则自负盈亏、自担风险。来料加工装配的进口与出口有密切的内在联系，外商往往既是料件的供应人，又是成品的接受人，是连在一起的一笔交易，其合同不是以货物所有权转移为内容的买卖合同；进料加工则由我方经营单位以买主身份与外商签订进口合同，又以卖主身份签订出口合同，为两笔交易，且都是以货物所有权转移为特征。其次，在税收上，进料加工方式下，除对签有进口料件和出口成品对口合同的进料加工业务外，一般进料加工复出口业务其进口料件根据规定按 85%、95%比例免征关税、增值税等（参见表 4－2），加工出口后按“免、抵、退”税的规定办理（免）退税。来料加工方式下，海关对企业进口的原材料或零部件等予以保税，加工产品出口时，海关对出口货物及企业收取的工缴费收入免征出口环节的关税、增值税等，但出口货物所耗用国内辅件所支付的进项税额不得抵扣或不予退税。再次，两者的海关监管要求不同，审批难易程度也不同（参见表 4－3）。

表 4－2　进料加工进口料件征免税比例表

表内列名的料件进口时，按 95%免税，5%征税；未列名的其他料件进口时，一律按 85%免税，15%征税。

序号	货　名	序号	货　名
1	各种未硝毛皮	9	玳瑁、珊瑚、琥珀
2	各种已硝毛皮	10	毛条和毛纱
3	各种生皮	11	64″以上宽幅棉布
4	各种皮革	12	64″以上宽幅棉涤布
5	各种合成革、人造革	13	纯毛、纯棉、化纤及其他纤维混纺的面料、里料、人造毛皮
6	象牙		
7	珍珠	14	各种机电产品的零件、部件
8	各种宝石、钻石及毛坯	15	已制成型的包装用品

表 4－3　进料加工与来料加工的区别

项目	进料加工	来料加工
经营方面的区别	1. 外汇方面：经营企业要用外汇购买原料进口，成品外销再收取外汇；2. 销售管理：经营单位自行生产、自行销售货物；3. 风险：经营企业对货物拥有所有权，自负盈亏，风险自担	1. 外商负责提供全部或部分原料，不占用经营单位外汇；2. 出口的货物，经营单位不负责销售；3. 加工后的成品，经营单位只有保管权，没有所有权。只收取加工费，不参与经营活动利润分配，不用承担经营风险
税务方面的区别	1. 进料加工进口时要付料件费用，但不用交增值税和消费税，关税的交纳要看具体哪种材料；2. 进料加工没有加工费这个概念；3. 进料加工货物出口可以享受退税优惠	1. 来料加工进口材料是全额免税；2. 来料加工的加工费免征增值税、消费税；3. 来料加工货物出口免征增值税、消费税，享受免税优惠
海关监管要求不同	进料加工项下的保税料件经海关批准允许与本企业内的非保税料件进行串换	来料加工项下的保税料件因物权归属外商，不得进行串换
审批难易不同	进料加工方式较容易获得审批	自 2004 年以来，政府开始限制来料加工的贸易方式，因此难以获得审批

案例 4－2

加工贸易货物的保税与征税

2005 年 7 月 25 日，一加工贸易企业在海关办理一本来料加工登记手册，进口塑料粒子 108 吨。2005 年 12 月，当事人接公司内销订单，由于库存内销原料不能满足订单生产需要，当事人遂于 2005 年 12 月 15 日至 2006 年 1 月 17 日间，将登记手册项下的 144 吨库存 ABS—FR 染色塑料粒子用于内销产品的生产，并于 2005 年 12 月 29 日将以上 144 吨塑料粒子的外销转内销情况向商务部提出申请并获批准，但未报请海关核准并征税。截止海关核查期间，以上共计 144 吨 ABS—FR 染色塑料粒子已制成成品入库，其中 47.069 吨已销往国内。

根据《中华人民共和国海关法》第八十六条第（十）项及国办发（1999）35 号文之规定，当事人擅自转让海关监管货物，已构成违反海关监管规定的行为。根据《中华人民共和国海关行政处罚实施条例》的有关规定，事后当事人被处罚款人民币 20 万元整，并责令其补缴税款 62 万元。

（三）海关对保税加工货物的监管模式

海关对保税加工货物的监管模式有两大类：一类是非物理围网的监管模式，采用纸质手册管理或计算机联网监管；另一类是物理围网的监管模式，包括出口加工区和跨境工业园区，采用电子账册管理。

1. 物理围网监管

所谓物理围网监管，是指经国家批准，在境内或边境线上划出一块地方，采用物理围网，让企业在围网内专门从事保税加工业务，由海关进行封闭式的监管。

在境内的保税加工封闭式监管模式称为出口加工区，已经施行了多年，有一套完整的监管制度；在边境线上的保税加工封闭式监管模式称为跨境工业园区，尚在一处试行，即珠澳跨境工业区，由澳门园区和珠海园区两部分组成，由中国海关和澳门海关共同监管。

2. 非物理围网监管

(1) 纸质手册管理

这是一种传统的监管方式，主要是用加工贸易纸质登记手册进行加工贸易合同内容的备案，凭以进出口，并记录进口料件出口成品的实际情况，最终凭以办理核销结案手续。

这种监管方式在海关对保税加工货物监管中曾经起过相当大的作用，但随着对外贸易和现代科技的高速发展，将逐渐被联网监管模式所替代，目前尚在一定的范围内使用。

(2) 计算机联网监管

这是一种高科技的监管方式，主要是应用计算机将海关和加工贸易企业联网，建立电子账册或电子手册，备案、进口、出口、核销，全部通过计算机进行。海关管理科学严密，企业通关便捷高效，受到普遍欢迎，将成为海关对保税加工货物监管的主要模式。

这种监管方式又分为两种：一种是针对大型企业的，以建立电子账册为主要标志，以企业为单元进行管理，不再执行银行“保证金台账”制度，已经实施了多年，形成了完整的监管制度；另一种是针对中小企业的，以建立电子手册为主要标志，继续以合同为单元，执行银行“保证金台账”制度，现在已开始施行，今后将取代纸质手册管理。

(四) 海关对保税加工货物监管的基本程序

保税加工货物进入海关监管程序之前，必须先经过商务主管部门审批。一是由商务主管部门审批加工贸易合同，经审批后，凭商务主管部门出具的“加工贸易业务批准证书”和“加工贸易经营企业经营状况和生产能力证明”两个单证及商务主管部门审批同意的加工贸易合同到海关备案；二是由商务主管部门审批加工贸易经营范围，凭上述两个单证到海关申请联网监管并建立电子账册、电子手册。之后，保税加工货物便可以进入“备案保税、纳税暂缓、监管延伸、核销结关”等海关监管程序了。

1. 备案保税

国家规定，加工贸易料件经海关批准才能保税进口。海关批准保税是通过受理备案来实现的。凡是准予备案的加工贸易料件一律可以不办理纳税手续，即保税进口。

纸质手册管理和联网监管下的保税加工货物报关有备案程序，海关通过受理备案实现批准保税。出口加工区管理下的保税加工货物报关虽然没有备案程序，但是进境报关使用“中华人民共和国出口加工区进境备案清单”，把备案和进境申报融合在一起，简化了手续，也带有备案的性质。

海关受理加工贸易料件备案的原则是：合法经营，复运出境，可以监管（指在所有环节海关都可以监管，不会因某种因素造成监管失控）。

2. 纳税暂缓

国家规定专为加工出口产品而进口的料件，按实际加工复出口成品所耗用料件的数量准予免缴进口关税和进口环节增值税、消费税。这里所指的免税，是指用在出口成品上的料件可以免税。但是在料件进口的时候无法确知用于出口成品上的料件的实际数量，因此也无法免税。海关只有先准予保税，在产品实际出口并最终确定使用在出口成品上的料件数量后，再确定征免税的范围，即用于出口的免税，不出口的征税，然后再由企业办理纳税手续。因此，保税加工的料件纳税时间被推迟到了加工成品出口后。也正是因为这个原因，保税加工货物（出口加工区除外），经批准内销要征收缓税利息。

3. 监管延伸

保税加工货物的海关监管无论是地点，还是时间，都必须延伸。

从地点上说，保税加工的料件离开进境地口岸海关监管场所后进行加工、装配的地方，都是海关监管的场所。

从时间上说，保税加工的料件在进境地被提取，不是海关监管的结束，而是海关保税监管的开始，海关一直要监管到加工、装配后复运出境或者办结正式进口手续为止。这里有两个期限，准予保税的期限和申请核销的期限。

准予保税的期限是指经海关批准保税后在境内加工、装配、复运出境的时间限制。申请核销的期限是指加工贸易经营人向海关申请核销的最后日期。详情见表 4－4。

表 4－4　保税加工货物保税期限及核销期限

保税加工监管模式	准予保税的期限	申请核销的期限
纸质手册管理	原则上不超过 1 年，经批准可延长，延长的最长期限也是 1 年	手册有效期到期之日起或最后一批成品出运后 30 天内
电子账册管理	从企业的电子账册记录第一批料件进口之日起到该电子账册被撤销止	一般以 6 个月为一个报核周期。首次报核从海关批准电子账册建立之日起算，满六个月后的 30 天内报核
出口加工区	从加工贸易料件进区到加工贸易成品出区办结海关手续止	企业每 6 个月向海关申报 1 次保税加工货物的进出境、进出区的实际情况

企业向海关报核是法定义务，报核的期限是一种法定期限，如果企业不按时报核，海关有权依法处理。

4. 核销结关

保税加工货物的报核必须如实申报实际单耗，保税加工货物（出口加工区的除外）经过海关核销后才能“结关”。

保税加工的料件进境后要进行加工、装配，改变原进口料件的形态，复出口的商品不再是原进口的商品。这样，向海关的报核，不仅要确认进出数量是否平衡，而且还要确认成品是否由进口料件生产。在报核的实践中，数量往往是不平衡的。正确处理报核中发生的数量不平衡问题，是企业报核必须解决的问题。

案例 4－3

企业三账不一致，后果很严重

年前，海关调查科突然对香港某上市公司东莞厂进行查厂，据说是收到举报。当时海关人员兵分两路。一路来到厂部写字楼，要求写字楼有关人员打开文件柜和抽屉，包括出纳的保险柜；带走一大批文件资料，包括近几年的客户和供应厂商资料、销货单和进货单、执行中合同的复印件和转厂的数量、会计部所有账本等资料。另一路海关人员对仓库进行实地盘点，带走盘点结果和仓库账本。海关通知要求厂方负责人、报关、采购、仓库、财务等人员在未结案之前限制离开东莞，要求提供担保，并冻结银行存款 200 万元为保证金。在随后半年期间，厂里有关人员每天到海关签到，配合海关调查。海关查出来问题主要有：合同手册结存与仓库结存严重不符；会计账面上反映出来材料价值虚高，是仓库材料实际价值的 2 倍；会计账的很多内销收入无法解析其材料来源。后来海关以补税和罚款共计 500 万元结案。

海关查账与税局查账的手法基本一样，税局也是这样稽查的，所以三账平衡要引起企业重视。财务账、仓库账、报关员手册材料进出账三者要经常核对，看看三账之间数量、金额是否一致。

二、纸质手册管理下的保税加工货物及其报关程序

纸质手册管理模式到目前为止还是常规监管模式，这种监管模式的主要特征是以合同为单元进行监管。

这种监管模式适用于来料加工、进料加工、外商投资企业履行产品出口合同、保税工厂、保税集团等形式下进出口的保税加工货物，其基本程序是合同备案、货物报关、合同报核。

(一) 合同备案

1. 合同备案的含义

加工贸易合同备案是指加工贸易企业持合法的加工贸易合同到主管海关备案，申请保税并领取“加工贸易登记手册”或其他准予备案凭证的行为。

海关受理合同备案，是指海关根据国家规定在接受加工贸易合同备案后，批准合同约定的进口料件保税，并把合同内容转化为登记手册内容或作必要的登记，然后核发登记手册或其他准予备案凭证的海关行政许可事项。

对符合规定的加工贸易合同，海关应当在规定的期限内予以备案，并核发“加工贸易登记手册”或其他准予备案的凭证。对不予备案的合同，海关应当书面告知经营企业。

2. 合同备案的企业

国家规定开展加工贸易业务应当由经营企业到加工企业的所在地主管海关办理加工贸易合同备案手续。经营企业和加工企业有可能是同一个企业，也可能不是同一个企业。经营企业，是指负责对外签订加工贸易进出口合同的各类进出口企业和外商投资企业，以及经批准获得来料加工经营许可的对外加工装配服务公司。加工企业，是指接受经营企业委托，负责对进口料件进行加工或者装配，且具有法人资格的生产企业，以及由经营企业设立的虽不具有法人资格，但实行相对独立核算并已经办理工商营业证(执照)的工厂。

加工贸易合同项下海关准予备案的料件，全额保税；加工贸易合同项下海关不予备案的料件，以及试车材料、未列名消耗性物料等，不予保税，进口时按照一般进口办理。

答疑解惑4-1

关于进口加工贸易专用设备的征免性质

某先生问：我公司是一家德国独资的汽车配件公司，现将进口加工贸易专用设备，想申请加工贸易设备(贸易方式0420)，请问在这种贸易方式下征免性质是否可以全免？还是照章征税？或者是只免关税？想申请这种贸易方式(加工贸易手册?)有什么条件？谢谢！

海关答：进口加工贸易设备(监管方式0420)需要全额缴纳关税与进口环节增值税。进口外商免费提供的加工贸易不作价设备(监管方式0320)符合规定的，免关税，缴纳进口环节增值税。具体请查阅海关总署2008年第103号公告。该设备需要在独立厂房中运作，或70%以上产品出口，海关监管年限5年。若要申请办理加工贸易不作价设备的，需要同时申请开展加工贸易业务，申领加工贸易手册。

资料来源：中华人民共和国海关。

3. 合同备案的凭证

海关受理并准予备案后，企业应当领取海关签章的“加工贸易登记手册”或其他准予备案的凭证。

经海关批准，企业在领取“加工贸易登记手册”的基础上，可以根据不同的情况(指在企业多口岸报关周转困难或异地深加工结转需要手册的情况)申领“加工贸易登记手册”分册。该

分册在进出口报关时可以与原手册分开使用，但必须同时报核。

4. 合同备案的变更

已经海关登记备案的加工贸易合同，其品名、规格、金额、数量、加工期限、单损耗、商品编码等发生变化的，须向主管海关办理合同备案变更手续，开设台账的合同还须变更台账。具体变更手续见表 4-5。

表 4-5 加工贸易合同不同情况下的变更

不同情况	合同变更手续
变更金额大于 1 万美元的合同	在合同有效期内报原商务主管部门重新审批
变更金额小于等于 1 万美元，延长不超过 3 个月的合同	直接到海关和银行办理变更手续
原 1 万美元及以下备案合同，变更后超 1 万美元的 A、B 类管理企业	需重新开设台账
适用 B 类管理的企业金额变更后，进口料件若涉及限制类商品	由银行加收相应的保证金
因企业管理类别调整，合同从“空转”转为“实转”的	由银行对原合同未履行出口部分收取台账保证金

(二) 货物报关

1. 保税加工货物进出境报关

加工贸易保税货物进出境由加工贸易经营单位或其代理人申报。申报时，必须持有“加工贸易登记手册”或其他准予合同备案的凭证。

加工贸易企业在主管海关备案的情况在计算机系统中已生成电子底账，有关电子数据通过网络传输到相应的口岸海关，因此企业在口岸海关报关时提供的有关单证内容必须与电子底账数据相一致。也就是说，报关数据必须与备案数据完全一致，一种商品报关的商品编码号、品名、规格、计量单位、数量、币制等，无论在字面上还是计算机格式上都必须与备案数据完全一致。只要在某一方面不一致，报关就不能通过。要做到完全一致，首先必须做到报关数据的输入十分准确。

加工贸易保税货物属于国家规定应交验进出口许可证的，在报关时应交验许可证。未经海关批准，不得擅自将加工贸易货物外发加工、串换。

准予保税的加工贸易料件进口，暂缓纳税。加工贸易项下出口应税商品，如系全部使用进口料件加工生产的产(成)品，不征收出口关税。加工贸易项下出口应税商品，如系部分使用进口料件部分使用国产料件加工的产(成)品，则按海关核定的比例征收出口关税。具体计算公式是：

$$\text{出口关税}=\text{出口货物完税价格}\times\text{出口关税税率}\times\text{出口产(成)品中使用的国产料件和全部料件的价值比例}$$

案例 4-4

未经海关批准，擅自将加工贸易货物外发加工、串换

2005 年 2 月至 2006 年 2 月期间，某特种设备有限公司在开展数控电火花切割机及成型机的进料加工业务及内贸用途业务过程中，在未经主管海关许可并办理有关海关手续的情况下，擅自将上臂、导线器、端子盒、数控电源部件、线端处理器、水箱调节件等保税料件与一般贸易进口料件相互借用或调换，使保税料件用于内贸成品用途，非保税料件用于登记手册项下出口，后又用同名称、同规格和相同数量的料件予以归还。该案涉案货物价值人民币 2 000 万元，涉税人民币 367.83 万元。经海关缉私分局调查核实后，根据《中华人民共和国海关行政处罚实施条例》的规定，课处当事人罚款 100 万元。

2. 加工贸易保税货物深加工结转报关

加工贸易保税货物深加工结转,是指加工贸易企业将保税进口料件加工的产品转至另一海关关区内的加工贸易企业进一步加工后复出口的经营活动。

转出、转入企业实际收发货后,应当按照以下规定办理结转报关手续。

- 转出、转入企业分别在转出地、转入地海关办理结转报关手续。转出、转入企业可以凭一份申请表分批或者集中办理报关手续,转出(入)企业每批实际发(收)货后,在 90 日内办结该批货物的报关手续。
- 转入企业凭申请表、登记表等单证向转入地海关办理结转进口报关手续,并在结转进口报关后的第二个工作日内将报关情况通知转出企业。
- 转出企业自接到转入企业通知之日起 10 日内,凭申请表、登记表等单证向转出地海关办理结转出口报关手续。
- 结转进口、出口报关的申报价格为结转货物的实际成交价格。
- 一份结转进口报关单对应一份结转出口报关单,两份报关单之间对应的申报序号、商品编号、数量、价格和手册号应当一致。
- 结转货物分批报关的,企业应当同时提供申请表和登记表的原件及复印件。

(三) 合同报核

1. 报核和核销的含义

加工贸易合同报核,是指加工贸易企业在加工贸易合同履行完毕或终止合同并按规定对未出口部分货物进行处理后,按照规定的期限和规定的程序,向加工贸易主管海关申请核销要求结案的行为。

加工贸易合同核销,是指加工贸易经营企业加工复出口并对未出口部分货物办妥有关海关手续后,凭规定单证向海关申请解除监管,海关经审查、核查属实,且符合有关法律、行政法规的规定,予以办理解除监管手续的海关行政许可事项。

答疑解惑 4-2

关于进口加工贸易专用设备内销的处理

某先生问:我公司于 2006—2008 年进口了数台加工贸易不作价设备,监管期为 5 年(手册有效期)。请问:监管期未满的不作价设备内销的话如何办理?是否需要旧机电许可证和检验检疫证书?谢谢!

海关答:加工贸易项下外商提供的不作价进口设备,在海关监管期满后,凡留在原企业继续从事加工贸易业务的,在办理解除海关监管手续时,企业免予办理《机电产品进口许可证》和《检验检疫证书》,直接向海关办理解除监管手续。监管期限未满、申请提前解除监管并留在境内的"不作价设备",企业须补缴关税、进口环节增值税,海关凭相关进口许可证件及其他单证办理解除监管手续。

资料来源:中华人民共和国海关。

2. 报核的时间

经营企业应当在规定的期限内将进口料件加工复出口,并自加工贸易手册项下最后一批成品出口或者加工贸易手册到期之日起 30 日内向海关报核。

经营企业对外签订的合同因故提前终止的,应当自合同终止之日起 30 日内向海关报核。

3. 报核的单证

- 企业合同核销申请表;
- "加工贸易登记手册";

- 进出口报关单；
- 核销核算表；
- 其他海关需要的资料。

4. 报核的步骤

- 合同履约后，及时将登记手册和进出口报关单进行收集、整理、核对；
- 根据有关账册记录、仓库记录、生产工艺资料等查清此合同加工生产的“实际单耗”，并据以填写核销核算表（产品的实际单耗如与合同备案单耗不一致的，应在最后一批成品出口前进行单耗的变更）；
- 填写核销预录入申请单，办理“报核预录入”手续；
- 携带有关报核需要的单证，到主管海关报核，并填写报核签收“回联单”。

海关自受理企业报核之日起 20 个工作日内，应当核销完毕，情况特殊，可以由直属海关的关长批准或者由直属海关的关长授权的隶属海关关长批准延长 10 个工作日。

经核销情况正常的，未开设台账的，海关应当立即签发“核销结案通知书”；经核销情况正常的，开设台账的，应当签发“银行保证金台账核销联系单”，企业凭以到银行销台账，其中“实转”的台账，企业应当在银行领回保证金和应得的利息或者撤销保函，并领取“银行保证金台账核销通知单”，凭以向海关领取核销结案通知书。

案例 4－5

单耗与实际不符

某年 11 月 13 日，海关在某公司一工艺品登记手册核销过程中经下厂核查发现该公司申报单耗与实际测定单耗不符，致使价值人民币 32.55 万元的保税货物核销错误，针对此单耗申报与实际不一致情况，根据《中华人民共和国海关行政处罚实施条例》的规定，海关缉私分局对当事人课处罚款人民币 3 万元，并责令当事人补缴税款并办理其他海关手续。

三、电子账册管理下的保税加工货物及其报关程序

（一）相关概念

1. 联网监管和电子围网监管

海关对加工贸易企业联网监管，是指海关通过计算机网络数据交换平台从加工贸易企业提取监管所必需的财务、物流、生产经营等数据，并对数据进行核对、核算，同时结合实物进行核查的一种海关保税加工监管模式。

海关利用计算机手段对企业加工贸易生产物流数据进行核查，并根据情况下厂实际核查保税加工货物，企业通过计算机网络向海关办理备案、变更、核销、进出口货物等有关手续。一切都通过计算机网络进行，所以这种监管方式也被称为电子围网的监管模式。

2. 电子账册管理与电子手册管理

电子账册管理与电子手册管理是海关用电子围网对保税加工货物实施监管的两种模式。电子账册管理是以企业整体加工贸易业务为单元实施对保税加工货物的监管，电子手册管理则仍然以企业的单个加工贸易合同为单元实施对保税加工货物的监管，但不再使用纸质手册。电子账册管理的模式施行多年，已经形成完整的监管制度，以下先介绍电子账册管理下的保税加工货物及其报关程序。

3. 电子账册的建立

电子账册的建立过程如下：

保税加工联网企业的申请和审批 → 加工贸易业务的申请和审批 → 建立电子账册和商品归并关系

(1) 保税加工联网企业的申请和审批

具备相应条件(具体参见 http://www.customs.gov.cn)的加工贸易企业可以向所在地直属海关申请加工贸易联网监管，申请时应当向海关提供的单证包括：加工贸易企业联网监管申请表；企业进出口经营权批准文件；企业上一年度经审计的会计报表；工商营业执照复印件；经营范围清单，含进口料件和出口制成品的品名及 4 位数的 HS 编码；其他海关认为需要的单证。

符合条件、单证具备的企业与海关签订“联网监管责任担保书”后即成为保税加工联网监管企业。

(2) 加工贸易业务的申请和审批

企业在向海关申请联网监管前应当先向企业所在地商务主管部门办理前置审批手续，由商务主管部门，总审定联网企业的加工贸易资格、业务范围和加工生产能力，并签发“联网监管企业加工贸易业务批准证”。应提交的单证包括：工商营业执照复印件；海关对企业实施联网监管的验收合格证书；企业进出口经营权批准文件；加工企业注册地县级以上商务主管部门出具的“加工企业状况和生产能力证明”正本；联网企业上年度加工贸易出口情况证明材料；经营范围清单，含进口料件和出口制成品的品名及 4 位数的 HS 编码；其他审批机关认为需要出具的证明文件或材料。

(3) 建立电子账册和商品归并关系

联网企业凭“联网监管企业加工贸易业务批准证”向所在地主管海关申请建立电子账册。海关以商务主管部门批准的加工贸易经营范围、年生产能力等为依据，建立电子账册，取代纸质加工贸易登记手册。电子账册包括经营范围电子账册(用于检查商品范围，由于第一、第二位标记代码为“IT”，也称“IT”账册)和便捷通关电子账册(用于备案、通关、核销，由于第一位标记代码为“E”，也称“E”账册)。

商品归并关系是指海关与联网企业根据监管的需要，按照中文品名、HS 编码、价格、贸易管制等条件，将联网企业内部管理的“料号级”商品与电子账册备案的“项号级”商品归并或拆分，建立一对多或多对一的对应关系。

(二) 通关程序

1. 备案

备案包括“经营范围电子账册”的备案和“便捷通关电子账册”的备案。

企业凭商务主管部门的批准证通过网络向海关办理“经营范围电子账册”备案手续，企业在收到海关的备案信息后，应将商务主管部门的纸质批准证交海关存档。企业的经营范围、加工能力等发生变更时，经商务主管部门批准后，企业可通过网络向海关申请变更。

“便捷通关电子账册”备案手续同样可通过网络向海关办理，备案内容包括：企业基本情况表；料件、成品部分；单耗关系等。该账册的基本情况表里的内容、料件、成品发生变化的，包括料件、成品品种、单损耗关系的增加等，只要未超出经营范围和加工能力，企业不必报商务主管部门审批，可通过网络直接向海关申请变更。电子账册备案不设立“银行保证金台账”，准予备案的进口料件一律保税。

2. 货物报关

联网企业进出口保税加工货物，应使用企业内部的计算机，采用计算机原始数据形成报关清单，经中国电子口岸自动归并后生成报关单，向海关申报。联网企业备案的进口料件和出口成品等内容，是货物进出口时与企业实际申报货物进行核对的电子底账，因此申报数据与备案数据应当一致。海关按照规定审核申报数据，进口报关单总金额不得超过电子账册最大周转金额的剩余值，若对某项下料件的数量进行限制，报关单上该项商品的申报数量不得超过电子账册最大周转量的剩余值。

联网企业可根据需要和海关规定分别选择有纸报关或无纸报关方式申报。选择前者，应由本企业的报关员办理现场申报手续；选择后者，海关凭盖有申报单位和其代理企业的提货专用章的放行通知书办理“实货放行”手续；凭盖有经营单位、报关单位和报关员印章的纸质单证，办理“事后交单”手续。报关放行前，发现报关单需要修改的，企业经海关同意可直接修改“表头”内容；若涉及报关单表体内容的，企业必须删除报关单重新申报。

联网企业深加工结转报关与纸质手册管理下的保税加工货物深加工结转报关一样。

3. 报核

海关对联网企业实行定期或周期性的核销制度。一般规定为 180 天为一个报核周期。首次报核期限，从电子账册建立之日起 180 天后的 30 天内；以后报核期限，从上次报核之日起 180 天后的 30 天内。报核步骤如下：

预报核 → 海关同意报核 → 正式报核

预报核是指企业在向海关正式申请核销前，在电子账册本次核销周期到期之日起 30 日内，将期内申报的所有电子账册报关数据，按海关要求，以电子报文形式申请报核。海关通过计算机将企业的预报核报关单内容与电子账册数据进行比对，比对结果完全相同，计算机反馈“同意报核”的，便可进入正式报核。

正式报核是指企业预报核通过海关审核后，以预报核海关核准的报关数据为基础，准确并详细填报本期保税进口料件的应当留存数量、实际留存数量等内容，以电子报文形式向海关正式申请报核。经海关认定企业实际库存多于应存数，有合理理由的，可计入电子账册下期核销，其他原因造成的，依法处理。

企业必须在规定的期限内完成报核手续，确有正当理由不能按期报核的，经主管海关批准可以延期，但延长期限不得超过 60 天。

联网企业不再使用电子账册的，应向海关申请核销，海关对电子账册核销完毕，予以注销。

四、电子手册管理下的保税加工货物及其报关程序

（一）相关概念及监管特点

电子手册管理是加工贸易联网监管的另一个监管模式，它是以企业的单个加工贸易合同为单元实施对保税加工货物的监管，不再使用纸质手册。海关为联网企业建立电子底账。一个加工贸易合同建立一本电子手册。

电子手册管理有以下特点。

● 以合同(订单)为单元进行管理

商务部门审批每份加工贸易合同(订单),海关根据合同(订单)建立电子底账,企业根据合同(订单)的数量建立多本电子手册。

● 可分段备案也可非分段备案

电子手册的备案模式分为分段式备案和非分段式备案两种模式。分段式备案模式指将电子手册的相关内容分为合同备案和通关备案两部分,通关备案的数据建立在合同备案数据的基础上。而在非分段式备案模式下,无需进行合同备案,直接进行通关备案表头、表体数据的审批即可。企业可以分段备案,也可以非分段备案。

● 网络审批和备案

企业通过计算机网络向商务主管部门和海关申请办理合同审批和合同备案、变更等手续。

● 实行银行保证金台账制度

纳入加工贸易银行保证金台账制度管理,A 类企业除外。

● 全额保税

纳入电子手册的加工贸易货物进口时全额保税。

● 全国口岸报关

无需调度手册,凭身份认证卡实现全国口岸的报关。

(二) 电子手册建立

电子手册的建立同样要经过加工贸易经营企业的联网监管申请和审批、加工贸易业务的申请和审批、建立商品归并关系和电子手册 3 个步骤,基本程序同电子账册。

1. 建立归并关系

经海关批准实行电子手册联网监管的,海关应审核企业提交的料号级保税进口料件、出口成品的名称及对应的 HS 编码是否准确,必要时还应审核企业提供的为确认 HS 编码所需的资料,如有疑难,应按规定上报归类职能部门审定。

在预归类的基础上,海关应审核企业提交的预归并关系是否正确,是否符合相应的归并原则。电子手册的归并原则与“便捷通关电子账册”归并原则一致。

2. 配置硬件和软件

实施电子手册联网监管的,海关端应配置可登录互联网的微机,供查阅电子手册的物料和归并关系备案等。企业端除应配置可登录互联网的微机外,还需向电子口岸数据中心租用服务器,用于存储企业的基本情况、备案、通关、核查、核销等海关需要的数据。此外,企业应有 IC 卡或数字签名加解密卡,供电子口岸数据中心系统进行操作员身份验证,并将经操作员申报的数据进行自动电子签名、加密。

在海关端和企业端配置的可登录互联网的微机上,必须安装中小企业模式联网监管系统,以便海关和企业登陆电子口岸数据中心,进行数据报送和审批等操作。

3. 建立底账

海关审核通过企业提交的预归类、预归并关系后,企业将申报地海关、企业内部编号、经营单位、加工单位、主管海关、管理对象等企业的基本信息,及保税进口料件和出口成品的序号、货号、中文品名、计量单位、法定单位等企业料号级物料数据传送到电子口岸数据中心,海关登录数据中心相关界面对数据进行审核,审核通过后,系统自动向企业发送回执。

企业接收回执后，再将包括归并关系列表、归并后物料信息、归并前物料信息列表等数据在内的料件归并关系和成品归并关系发送至电子口岸，海关予以审核通过，建立电子底账。

（三）报关程序

1. 备案

电子手册备案时，海关审核要求与对纸质手册的审核要求完全一致，会审核企业的备案申请内容与商务部门出具的“加工贸易业务批准证”是否相符，备案申请数量是否超出了商务部门确定的加工生产能力，企业的报关申请是否符合法律、行政法规的规定。电子手册审核通过后，系统自动生成手册编号。电子手册的编号规则与纸质手册一致，只是其顺序号全部是50000以上。

非分段式电子手册的备案直接利用H2000电子手册系统的通关备案手册审核功能进行审核，而分段式电子手册在合同备案手册产生时会直接生成通关备案的表头数据，因此分段式合同备案手册进行通关备案时不需利用通关备案手册审核功能，而是直接使用手册通关变更审核功能进行审核。

电子手册管理的联网监管实行银行保证金台账制度，基本内容和程序与纸质手册一致，其中有两点区别：① 建立电子手册的A类管理企业可以不设台账；② 5 000美元及以下78种列名额供服装辅料合同，即使是适用AA类、A类、B类管理的企业，也要建立电子手册并备案，纳入电子手册管理（参见表4－6）。

表4－6 电子手册的银行保证金台账管理

分类	禁止类	限制类	允许类	1万美元及以下零星料件	5千美元及以下78种辅料
AA类	不准	不转/建册	不转/建册	不转/建册	不转/建册
A类	不准	不转/领册	不转/建册	不转/建册	不转/建册
B类	不准	半实转/建册	空转/建册	不转/建册	不转/建册
C类	不准	实转/建册	实转/建册	实转/建册	实转/建册
D类	不准	不准	不准	不准	不准

2. 货物报关

电子手册模式的联网监管企业保税加工货物的报关与纸质手册模式一样，包括进出境货物报关、深加工结转货物报关和其他保税加工货物的报关。

企业在加工贸易货物进出口报关前，应从企业管理系统导出料号级数据生成归并前的报关清单或通过电子口岸电子手册系统按规定格式录入当次进出口的料号级清单数据，并向电子口岸数据中心报送。

数据中心按归并关系和其他合并条件，将企业申报的清单生成报关单。企业通过中小企业模式联网监管系统的报关申报系统调出清单所生成的报关信息后，将报关单上剩余各项填写完毕，即可生成完整的报关单，向海关进行申报。

如属异地报关的，本地企业将报关单补充完整后，将报关单上载，由异地报关企业下载报关单数据，进行修改、补充后向海关申报。

3. 报核和核销

海关对电子手册核销的基本要求是掌握企业在某个电子手册下所进口的各项加工贸易保税料件的使用、流转、损耗的情况，确认是否符合以下的平衡关系：

进口保税料件（含深加工结转进口）＝出口成品折料（含深加工结转出口）＋内销料件＋内销成品折料＋剩余料件＋损耗－退运成品折料

海关核销除了对书面数据进行必要的核算外，还会根据实际情况采取盘库的方式进行核对。

电子手册采用的是以企业合同（或订单）为单元的管理模式，一个企业可以有多本电子手册，海关根据加工贸易合同的有效期限确定核销日期，对实行电子手册管理的联网企业进行定期核销管理，即对电子手册按照对应的合同（或订单）项下加工贸易进出口情况进行平衡核算。报核和核销的程序如下：

企业通过电子口岸数据中心向主管海关传送报核表头、报关单、进口料件、出口成品、单损耗等五方面的报核数据；海关对报核的电子手册进行数据核算，核对企业报核的料体、成品进出口数据与海关底账数据是否相同，核实企业申报的成品单损耗与实际耗用量是否相符，企业内销征税情况与实际内销情况是否一致。

海关对通过核销核算的电子手册进行结案处理，并打印结案通知书交付企业。

案例 4-6

进料余料货物结转申报净重与实际净重严重不符

2008 年 11 月 21 日，某企业委托某报关有限公司以“进料余料结转”贸易方式向海关申报进口弹簧、螺丝、卷轴弹板、索引板等保税料件一批，其中弹簧、螺丝、卷轴弹板、索引板等进口料件申报重量均为 0.001 千克，申报货物净重与实际净重相差数百万倍，严重影响了海关统计数据的准确性。经查，以上申报不实情事，系企业工作人员工作疏忽，提供单据错误，误将料件单重以总重申报所致。另外，报关公司对该企业提供的存在明显差错的单据未能进行合理审查。2009 年 5 月 29 日，海关依法对该企业和该报关公司分别课处罚款人民币 6 000 元和 5 000 元。

五、出口加工区及其货物的报关程序

（一）相关概念及监管特点

出口加工区是指由省、自治区、直辖市人民政府报国务院批准在中华人民共和国境内设立的，由海关对保税加工进出口货物进行封闭式监管的特定区域。出口加工区原则上应当设立在国务院批准的经济技术开发区内。

出口加工区的主要功能是保税加工以及为区内保税加工服务的储运业务。加工区设有加工区管理委员会、出口加工企业（从事保税加工业务）、仓储企业和运输企业（从事为保税加工服务的储运业务）。区内不得经营零售、一般贸易、转口贸易及其他与加工区无关的业务，不得建立营业性的生活消费设施。

加工区是海关监管的特定区域。加工区与境内其他地区之间设置符合海关监管要求的隔离设施及闭路电视监控系统，在进出区通道设立卡口。海关在加工区内设立机构，对进出加工区的货物及区内相关场所实行 24 小时监管。区内企业与海关实行电子计算机联网，进行电子数据交换。进出出口加工区的税收征免情况见表 4-7。

表 4－7　进出加工区的税收征免情况

进出区内情况	税收征免情况
境外运入区内的加工贸易货物	全额保税
境外运入区内自用的生产、管理所需设备、物资	特定减免税（交通车辆、生活用品免税）
出口加工区运往境内区外的货物	视同进口，按制成品征税
境内区外进入区内的货物	视同出口，可以办理出口退税

（二）报关程序

出口加工区企业在进出口货物前，应向区主管海关申请建立电子账册，包括“加工贸易电子账册”和“企业设备电子账册”。出口加工区进出境货物和进出区货物通过电子账册办理报关手续。

1. 出口加工区与境外之间进出货物的报关

出口加工区企业从境外运进货物或运出货物到境外，由收发货人或其代理人填写进、出境货物备案清单，向出口加工区海关报关。对于同一直属海关的不同关区进出境的出口加工区货物，可以按直通式报关①；对于不同直属海关（跨越关区）进出境的出口加工区货物，可以按“转关运输”中的直转转关方式②办理转关。这里，我们主要介绍后者的报关程序。

（1）境外货物运入出口加工区

货物到港后，收货人或其代理人向口岸海关录入转关申报数据，并持“进口转关货物申报单”、“汽车载货登记簿”向口岸海关物流监控部门办理转关手续；口岸海关审核同意企业转关申请后，向出口加工区海关发送转关申报电子数据，并对运输车辆进行加封。

货物运抵出口加工区后，收货人或其代理人向加工区海关办理转关核销手续，加工区海关物流监控部门核销“汽车载货登记簿”，并向口岸海关发送转关核销电子回执；同时收货人或其代理人录入“出口加工区进境货物备案清单”，向出口加工区海关提交运单、发票、装箱单、电子账册编号、相应的许可证件等单证办理进境报关手续；出口加工区海关审核有关报关单证，确定是否查验，对不需查验的货物予以放行；对须查验的货物，由海关实施查验后，再办理放行手续，签发有关备案清单证明联。其流程如下：

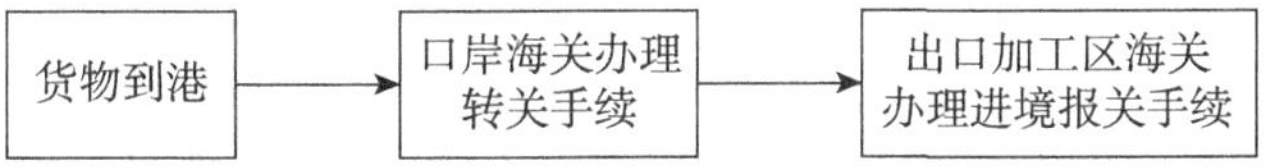

（2）出口加工区货物运往境外

发货人或其代理人录入“出口加工区出境货物备案清单”，向加工区海关提交运单、发票、装箱单、电子账册编号等单证办理出口报关手续，同时向加工区海关录入转关申报数据，并持“出口加工区出境货物备案清单”“汽车载货登记簿”向加工区海关物流监控部门办理出口转关手续；加工区海关审核同意企业转关申请后，向口岸海关发送转关申报电子数据，并对运输车辆进行加封。

货物运抵出境地海关后，发货人或其代理人向出境地海关办理转关核销手续，出境地海关核销“汽车载货登记簿”，并向出口加工区海关发送转关核销电子回执；货物实际离境后，出境

① 直通式报关尚没有从专业的高度严格定义，往往是用来描述一种快速、简捷的通关方式，例如从港口卸货直接运到保税区或出口加工区报关这样的“港区联动”，行内人称为直通式。

② 进口直转转关是指在进境地海关办理转关手续，货物运抵指运地，再在指运地海关办理报关手续；出口直转转关是指在货物运抵启运地海关监管场所报关后，在启运地海关办理出口转关手续。

地海关核销清洁载货清单并反馈出口加工区海关，出口加工区海关凭以签发有关备案清单证明联。其流程如下：

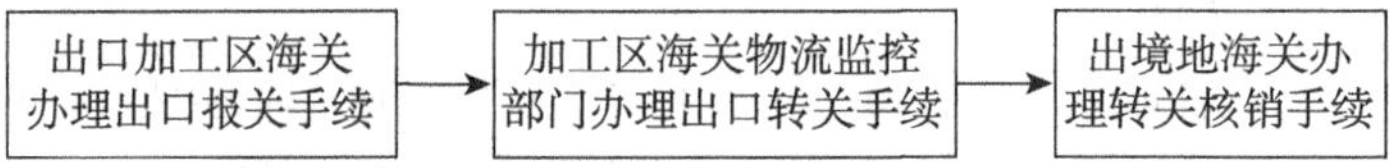

2. 出口加工区与境内区外其他地区之间进出货物报关

(1) 出口加工区货物运往境内区外(视同进口)

由区位企业录入进口货物报关单，凭发票、装箱单、相应的许可证件等单证向出口加工区海关办理进口报关手续。进口报关结束后，区内企业填写“出口加工区出境货物备案清单”，凭发票、装箱单、电子账册编号等单证向出口加工区海关办理出区报关手续。货物放行后，加工区海关向区外企业签发“进口货物报关单” 付汇证明联，向区内企业签发“出口加工区出境货物备案清单”收汇证明联。

(2) 境内区外货物运入出口加工区(视同出口)

由区外企业录入出口货物报关单，凭购销合同、发票、装箱单等单证向加工区海关办理出口报关手续。出口报关结束后，区内企业填写“出口加工区进境货物备案清单”，凭购销发票、装箱单、电子账册编号等单证向加工区海关办理进区报关手续。

加工区海关查验、放行货物后，向区外企业签发“出口货物报关单” 收汇证明联，向区内企业签发“出口加工区进境货物备案清单”付汇证明联。

3. 出口加工区出区深加工结转货物报关

出口加工区货物出区深加工结转是指加工区内企业按照有关法律规定，将本企业加工生产的产品直接或者通过保税仓库转入其他出口加工区、保税区等海关特殊监管区域内及区外加工贸易企业进一步加工后复出口的经营活动(按转关运输方式办理结转手续)。

转出企业需凭出口加工区管委会批复，向所在地的加工区海关办理海关备案手续后方可开展货物的实际结转。对转入特殊监管区域的，转出、转入企业分别在自己的主管海关办理结转手续，对转入特殊监管区域外加工贸易企业的，转出、转入企业在转出地主管海关办理结转手续。对转入特殊监管区域的深加工结转，比照转关运输方式办理结转手续；对结转至海关特殊监管区域外的加工贸易企业的货物，海关按照对加工贸易进口货物的有关规定办理手续。

转入区外加工贸易企业的深加工结转报关程序包括计划备案、实际收发货登记、结转报关三个环节。转出企业、转入企业每批实际发货、收货后，可以凭申请表和转出地卡口海关签注的登记表分批或者集中办理报关手续。转出、转入企业每批实际发货、收货后，应当在实际发货、收货之日起 30 天内办结该批货物的报关手续。转入企业填报结转进口报关单，转出企业填报结转出口备案清单。一份结转进口报关单对应一份结转出口备案清单。

(三) 监管和报关要点

(1) 加工区与境外之间进、出的货物，除国家另有规定的外，不实行进出口许可证件管理。

(2) 对加工区运往境内区外的货物，按进口货物报关，属许可证件管理的，出具有效的进口许可证件，缴纳进口关税、增值税、消费税，免交付缓税利息。

(3) 出口加工区区内企业开展加工贸易业务不实行“加工贸易银行保证金台账”制度，适用电子账册管理，实行备案电子账册的滚动累加、扣减，每 6 个月核销一次。

(4) 出口加工区内企业在需要时，可将有关模具、半成品运往区外进行加工，经加工区主管海关的关长批准，由接受委托的区外企业，向加工区主管海关缴纳货物应征关税和进口环节增值税等值的保证金或银行保函后方可办理出区手续。加工完毕后，加工产品应按期(一般为6个月)运回加工区，区内企业向加工区主管海关提交运出加工区时填写的“委托区外加工申请书”及有关单证，办理验放核销手续。加工区主管海关办理验放核销手续后，应退还保证金或撤销保函。

(5) 从境内区外运进加工区供区内企业使用的国产机器、设备、原材料、零部件、元器件、包装物料、基础设施、加工企业和行政管理部门生产、办公用房合理数量的基建物资等，按照对出口货物的管理规定办理出口报关手续，海关签发出口退税报关单。境内区外企业依据“报关单出口退税联”向税务部门申请办理出口退(免)税手续。

(6) 出口加工区区内企业经主管海关批准，可在境内区外进行产品的测试、检验和展示活动。测试、检验和展示的产品，应比照海关对暂时进口货物的管理规定办理出区手续。

(7) 区内使用的机器、设备、模具和办公用品经主管海关批准可运往境内区外维修、测试或检验但不得用于境内区外加工生产和使用。并自运出之日起2个月内运回区内，特殊情况应提前7天申请最多可延期1个月。海关需留存模具生产的样品，以备运回时核查。

案例4－7

津港保税加工区功能利用的案例

1. 大宗货物进口寄售

案例：国外很多大宗货物经销商将需要进口到国内的大宗货物到港后存放到出口加工区，国内客人可以到出口加工区内看货、取样、成交后付款缴税进口。

优势：大宗货物进口到出口加工区可以保税，避免买卖双方大量税金占压；现货交易，避免由于价格波动给买卖双方带来损失。同时也是商人低买高卖的好方式，赚取差价(很多农产品外商多是产期大量收购货物，然后根据客人销售出货)；缩短国内买家付款—交货的时间，以往都是付款后国外发货，需要2～3周才能到港，此期间价格会有波动，而且品质无法保证。可以整进分出。

2. 国际中转

案例1：国内贸易公司出货给国外买家，到港后由于某些原因国外客人拒收，货物需要退回国内。按照以往办法需要办理出口复进口或者临时进口。这样手续复杂而且费用与风险高。利用加工区进口保税的优势可以将货物进口到加工区，不需要客人提供人手手续，一切有仓库搞定(进境备案)，货物入加工区也不需要相关配额商检，并且保税。货物在库内可以进行检修以及包装等增值作业。待完成后可以再次出货给另外的买家。

案例2：某国际采购商在亚洲地区大量采购服装，销往欧美国家。需要选择交通便利的港口保税仓库，对所采购商品在库内进行集拼、贴标、再加工服务。该采购商正是利用了天津地区港口航线发达的优势，以及低廉的仓租和劳动力成本，完成一系列的库内作业。

优势：避免繁琐的进出境手续；节省成本；进出更灵活。

3. 进口缓税(保税)分拨业务

案例：国内采购商批量从国外采购进口商品，根据不同门店销售需求每天分批出区并配送到不同门店补货。

优势：节省关税占压；保证即时供货；在库货物可以对品质检验不合格的随时退运。

4. 进口集拼业务

案例：某采购商从国外a采购设备a部分，从国外b采购设备b部分，两部分设备在库内组成最终的c，销往国内客户。

优势：节省在国外集拼成本；避免买方跟卖方直接见面；利用国际采购优势。

资料来源：天津大田储运有限公司。

关键词

保税制度　保税货物　银行保证金台账制度　实转　半实转　空转　不转　保税工厂　保税集团　来料加工　进料加工　物理围网监管　非物理围网监管　计算机联网监管　纸质手册管理　电子账册管理　电子手册管理　出口加工区

思考与问答

1. 保税制度是如何产生的？主要有哪些形式？
2. 保税货物有哪些特征？它与减免税货物有什么区别？
3. 阐述加工贸易银行保证金台账制度分类管理的具体内容。
4. 来料加工与进料加工具体有什么区别？
5. 海关对保税加工货物监管的基本程序有哪些？
6. 结合案例4－3、4－5，谈谈保税加工货物在报核中应注意的问题。

保税物流货物的报关程序

引导案例

香港A公司在宝安、东莞均设有工厂，国外的原材料到香港码头后，转由福汉兴福保或盐田物流园保税仓库/堆场存放，待国内工厂需要用料时，通知福汉兴报关部直接报关进口或转关至东莞海关报关。这样做的好处是：可节省可观的仓租和拖车费用；报关员无须出境而确保报关数据准确无误。再如：东莞的Q公司和宝安的A公司都是加工型企业，Q公司生产的成品，如电阻，要卖给A公司作料件，以往办理这种跨关区的"转厂"，手续很烦琐。现在他们选择了福汉兴福保或盐田物流园保税仓库后一切都变得简单了：Q公司办理东莞至福保/物流园的出口转关交货至福汉兴保税仓库视同出境，完成海关监管手续，可以退税，再用A公司的进口报关单证办理货物的进口手续，货物的运输可由国内车辆完成。这样使复杂问题简单化，开支节省。货物采取保税方式还有其他许多好处，学完本章读者可以尽收眼底。

第一节　保税物流货物概述

一、相关概念

保税物流货物，是指经海关批准未办理纳税手续进境，并在境内储存后复运出境的货物，也称保税仓储货物。已办结海关出口手续尚未离境，经海关批准存放在海关专用监管场所或特殊监管区域的货物带有保税物流货物的性质。保税物流货物在境内储存后的流向除出境外，还可以留在境内按照其他海关监管制度办理相应的海关手续，如保税加工、正式进口等。

保税物流货物进境时暂缓缴纳进口关税及进口环节海关代征税，复运出境免税，内销应当缴纳进口关税和进口环节海关代征税，不征收缓税利息；进出境时除国家另有规定外，免于交验进出口许可证件。

二、监管模式

海关对保税物流货物的监管模式有两大类：一类是非物理围网的监管模式，包括保税仓库、出口监管仓库、保税物流中心A型；另一类是物理围网的监管模式，包括保税物流中心B型、保税物流园区、保税区、保税港区。它们是随着经济发展的需要逐渐建立起来的，见图5-1。

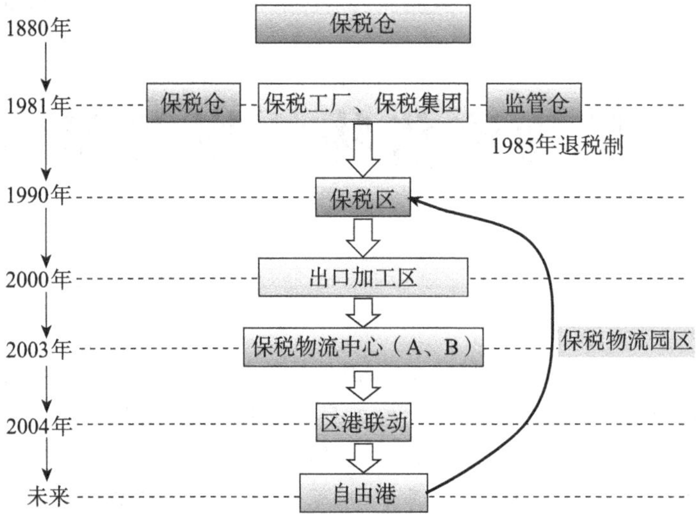

图5-1 保税监管模式的发展变化

保税港区正在试点运行，还没有形成完整的海关监管制度。本节就已经或者初步形成监管制度的保税仓库、出口监管仓库、保税物流中心A型、保税物流中心B型、保税物流园区、保税区等六种监管模式及其所存货物的报关程序逐一进行介绍。

三、监管特征

1. 设立审批

保税物流货物必须存放在经过法定程序审批设立的专用场所或者特殊区域。保税仓库、出口监管仓库、保税物流中心A型、保税物流中心B型，要经过海关审批，并核发批准证书，凭批准证书设立及存放保税物流货物；保税物流园区、保税区、保税港区要经过国务院审批，凭国务院同意设立的批复设立，并经海关等部门验收合格才能存放保税物流货物。

未经法定程序审批同意设立的任何场所或者区域都不得存放保税物流货物。

2. 准入保税

保税物流货物报关，在任何一种监管模式下，都没有备案程序，因此不能像对保税加工货物那样通过备案实现法律规定的批准保税，而只能通过准予进入来实现批准保税。这样，准予进入成为海关保税物流货物监管目标之一。这个监管目标只有通过对专用场所或者特殊区域的监管来实现。海关应当依法监管这些专用场所或者特殊区域，按批准存放范围准予货物进入监管场所或者区域，不符合规定存放范围的货物不准进入。

除自用物资外，凡按照批准范围进入经过法定程序审批而设立的专用监管场所或者特殊监管区域的进境货物，或者已办结海关出口手续尚未离境的货物，就意味着已经保税。

3. 监管延伸

进境货物从进境地海关监管现场，已办结海关出口手续尚未离境的货物从出口申报地海关现场，延伸到专用监管场所或者特殊监管区域。监管时间期限见表5-1。

保税仓库存放保税物流货物的时间是1年，最长可以延长1年；出口监管仓库6个月，最长可以延长6个月；保税物流中心A型1年，最长可以延长1年；保税物流中心B型2年，最长可以延长1年；保税物流园区、保税区、保税港区无时间限制。

表 5–1　各种监管形式下的保税物流货物监管要点比较

监管场所、区域名称	存货范围	存储期限	服务功能	注册资本	面积（不低于）		审批权限	入区退税	备注
					东部	中西部			
保税仓库	进口	1 年 + 1 年	储存	RMB：300 万元	公用 / 维修 2 000 m^2 液体 5 000 m^3		直属海关	否	按月报核
出口监管仓库	出口①	半年 + 半年	储存 / 出口配送 / 国内结转		配送 5 000 m^2 结转 1 000 m^2		直属海关	否②	退换货物先入后出
保税物流中心（A 型）	进出口	1 年 + 1 年	储存 / 全球采购配送 / 国内结转 / 转口 / 中转③	RMB：3 000 万元	公用 20 000 m^2 自用 4 000 m^2	公用 5 000 m^2 自用 2 000 m^2	海关总署	是	
保税物流中心（B 型）	进出口	2 年 + 1 年		RMB：5 000 万元	100 000 m^2	50 000 m^2	海关总署	是	
保税物流园区	进出口	无期限	储存 / 贸易 / 全球采购配送 / 中转 / 展示				国务院	是	按年报核
保税区	进出口	无期限	物流园区功能 + 维修 / 加工				国务院	否	离境退税
保税港区	进出口	无期限	保税区功能 + 港口功能				国务院	是	

① 出口配送型仓库可以存放为拼装出口货物而进口的货物。
② 经批准享受入仓即退税政策的除外。
③ 保税物流中心B型的经营者不得开展物流业务。

4."运离"结关

根据规定,保税物流货物报关同保税加工货物报关一样有报核程序,有关单位应当定期以电子数据和纸质单证向海关申报规定时段保税物流货物的进、出、存、销等情况。但是实际"结关"的时间,除外发加工和暂准"运离"(维修、测试、展览等)需要继续监管以外,每一批货物"运离"专用监管场所或者特殊监管区域,都必须根据货物的实际流向办结海关手续;办结海关手续后,该批货物就不再是"运离"的专用监管场所或者特殊监管区域范围的保税物流货物。

第二节 保税仓库及其进出货物的报关程序

一、相关概念及其他

(一)含义

保税仓库是指经海关批准设立的专门存放保税货物及其他未办结海关手续货物的仓库。我国的保税仓库主要是根据使用对象、范围来分类,即分为公用型和自用型两种。但根据所存货物的特定用途,公用型保税仓库和自用型保税仓库下面还衍生出一种专用型保税仓库,所以目前我国大体上有三种保税仓库。

- 公用型保税仓库

公用型保税仓库由主营仓储业务的中国境内独立企业法人经营,专门向社会提供保税仓储服务。

- 自用型保税仓库

自用型保税仓库由特定的中国境内独立企业法人经营,仅存储供本企业自用的保税货物。

- 专用型保税仓库

专门用来存储具有特定用途或特殊种类的商品的保税仓库称为专用型保税仓库;专用型保税仓库包括液体危险品保税仓库、备料保税仓库、寄售维修保税仓库和其他专用保税仓库;液体危险品保税仓库是指符合国家关于危险化学品存储规定的,专门提供石油、成品油或者其他散装液体危险化学品保税仓储服务的保税仓库。

(二)存放货物的范围

经海关批准可以存入保税仓库的货物有保税货物和未办结海关手续的货物,具体如下:

- 加工贸易进口货物;
- 转口货物;
- 供应国际航行船舶和航空器的油料、物料和维修用零部件;
- 供维修外国产品所进口寄售的零配件;
- 外商进境暂存货物;
- 未办结海关手续的一般贸易进口货物;
- 经海关批准的其他未办结海关手续的进境货物。

保税仓库不得存放国家禁止进境货物,不得存放未经批准的影响公共安全、公共卫生或健康、公共道德或秩序的国家限制进境货物以及其他不得存入保税仓库的货物。

(三)保税仓库的设立

保税仓库应当设立在设有海关机构、便于海关监管的区域。经营保税仓库的企业,应当具备下列条件：

- 经工商行政管理部门注册登记，具有企业法人资格；
- 注册资本最低限额为 300 万元人民币；
- 具备向海关缴纳税款的能力；
- 经营特殊许可商品存储的，应当持有规定的特殊许可证件；
- 经营备料保税仓库的加工贸易企业，年出口额最低为 1 000 万美元；
- 具有专门存储保税货物的营业场所(公用保税仓库面积最低为 2 000 平方米，液体危险品保税仓库容积最低为 5 000 立方米，寄售维修保税仓库面积最低为 2 000 平方米。

二、保税仓库货物报关程序

保税仓库货物的报关程序可以分为进仓报关和出仓报关。

1. 进仓报关

货物在保税仓库所在地进境时，除国家另有规定的外，免领进口许可证件，由收货人或其代理人办理进口报关手续，海关进境现场放行后存入保税仓库。

货物在保税仓库所在地以外其他口岸入境时，经海关批准，收货人或其代理人可以按照转关运输的报关程序办理手续，也可以直接在口岸海关办理异地传输报关手续。

2. 出仓报关

保税仓库货物出库可能出现进口报关和出口报关两种情况。保税仓库货物出仓根据情况可以逐一报关，也可以集中报关。

(1) 进口报关

保税仓库货物出仓用于加工贸易的，由加工贸易企业或其代理人按加工贸易货物的报关程序办理进口报关手续；保税仓库货物出库用于可以享受特定减免税的特定地区、特定企业和特定用途的，由享受特定减免税的企业或其代理人按特定减免税货物的报关程序办理进口报关手续；保税仓库货物出库进入国内市场或使用于境内其他方面，由收货人或其代理人按一般进口货物的报关程序办理进口报关手续。保税仓库货物出仓运往境内其他地方转为正式进口的，必须经主管海关保税监管部门审核同意，同时要填制两张报关单，一张办结出仓报关手续，填制出口货物报关单；一张办理进口申报手续，按照实际进口监管方式，填制进口货物报关单。

(2) 出口报关

保税仓库货物为转口或退运到境外而出库的，保税仓库经营企业或其代理人按一般出口货物的报关程序办理出口报关手续，但可免缴纳出口关税，免交验出口许可证件。

(3) 集中报关

保税货物出库批量少、批次频繁的，经海关批准可以办理定期集中报关手续。

保税仓库与其他海关保税监管场所往来流转的货物，按转关运输的有关规定办理相关手续；保税仓库转往其他保税仓库的，应当各自在仓库主管海关报关，报关时应先办理进口报关，再办理出口报关。

三、监管和报关要点

- 保税仓库所存货物的储存期限为 1 年。如因特殊情况需要延长储存期限，应向主管海关申请延期,经海关批准可以延长,延长的期限最长不超过1年。

● 保税仓库所存货物是海关监管货物,未经海关批准并按规定办理有关手续,任何人不得出售、转让、抵押、质押、留置、移作他用或者进行其他处置。

● 货物在仓库储存期间发生损毁或者灭失,除不可抗力原因外,保税仓库应当依法向海关缴纳损毁、灭失货物的税款,并承担相应的法律责任。

● 保税仓库货物可以进行包装、分级分类、印刷运输标志、分拆、拼装等简单加工,不得进行实质性加工。

● 保税仓库经营企业应于每月5日之前以电子数据和书面形式向主管海关申报上一个月仓库收、付、存情况,并随附有关的单证,由主管海关核销。

案例5-1

保税物流助龙口粉丝破解难题

龙口粉丝是龙口海关辖区内最著名的民族品牌。多年来,龙口海关以发展地方经济为己任,以扶植民族品牌发展壮大为工作重心,主动为企业送政策办实事,利用保税物流模式支持粉丝生产企业克服进料价格和仓储问题,使龙口粉丝再展风采,受到当地政府和企业的广泛好评。

对于传统的粉丝加工行业而言,多年来其对外贸易一直沿用着这样的模式:需要进口原料时,首先向多家原料(豌豆)供应商询盘,选择其中价格和信誉方面都比较好的供应商签订进口合同,在规定的期限内开立信用证。待原料(豌豆)到港后,到海关和商检办理报关、报检等手续,缴纳税费后,将原料运往公司,加工成粉丝后再返销国际市场。

在这个传统的模式中,存在着两大难题无法克服。一个是原料价格问题企业无法选择。企业完全按照原料豌豆的实时价格进行交易,而豌豆价格是受市场规律调节的,短时期内起伏较大,最低时为150美元/吨左右,最高时可升至210美元/吨左右。而成品粉丝在国际市场上的价格多年来却是比较稳定的,鲜有较大起伏。这样造成的现状就是,原料价格低时企业利润就高一点,原料价格高时企业利润就低一点,如果原料价格达到一定高度,为占有市场和稳定客户,企业还必须赔本经营。

粉丝加工企业面临的另一个难题是税费和仓容问题,为解决原料价格问题,不少企业选择在原料豌豆价格较低时大量购进,但受企业实力所限,大量购买原料所必须缴纳的进口环节税费却是一般中小型企业负担不起的。另外豌豆大量进口后如何进行仓储保管也是一大难题。

针对粉丝行业发展存在的以上问题,龙口海关积极研究对策,在认真研究国家政策和充分调研论证的基础上,该关认为应通过大力发展保税物流业以解决当前制约粉丝行业进一步发展的难题。为此,该关主动出击,通过举办培训班和召开粉丝行业座谈会等形式送政策上门,加大宣传力度,鼓励大多数的粉丝加工企业通过保税仓库进口原料。

通过实践,保税仓库的优越性逐步体现出来并为广大粉丝加工企业所追捧。首先,保税仓库可以利用进口料件国际市场价格的变化低价购进,可以大量降低成本。如2006年下半年进口豌豆的国际市场价格一度飙升至210美元/吨左右,比2005年同期增长了近60美元。该关辖区一粉丝加工企业烟台宏发食品有限公司准确把握住了这一机遇,利用保税仓库一次性进口豌豆2 400余吨,仅此一项即可节省原料成本近14.4万余美元。另外,保税仓库超大的仓储空间和专业的保管能力成功地解决了原料的仓储问题,从而成为广大粉丝加工企业的又一重要货源地。

为鼓励保税仓库经营,龙口海关还为其提供了一系列优惠政策支持,如货物入、出保税仓库可以享受到快捷通关优惠,可以减少滞港时间,节省港存费用;同时保税仓库货物还可以享受批量通关、纳税,分批提货的待遇,有效地缓解了企业一次性缴纳进口关税的资金压力。

保税仓库的建立,成功地解决了制约粉丝行业发展的两大难题,龙口海关也在扶持粉丝行业发展的过程中,成功地把握住了执行国家政策和服务地方经济的切入点,为民族产业的腾飞和地方经济的发展做出了应有的贡献。2006年，龙口海关报关大厅被团中央授予“全国青年文明号”的荣誉称号，这个已成立20年的老关也在“依法行政、为国把关、服务经济、促进发展”的求索过程中焕发了新的青春。

资料来源：《国际商报》。

第三节　出口监管仓库及其进出货物的报关程序

一、相关概念及其他

1. 含义

出口监管仓库，是指经海关批准设立，对已办结海关出口手续的货物进行存储、保税货物配送、提供流通性增值服务的海关专用监管仓库。

出口监管仓库分为出口配送型仓库和国内结转型仓库。出口配送型仓库是指存储以实际离境为目的的出口货物的仓库，国内结转型仓库是指存储用于国内结转的出口货物的仓库。

2. 存放货物的范围

经海关批准可以存入出口监管仓库的货物有：一般贸易出口货物；加工贸易出口货物；从其他海关特殊监管区域、场所转入的出口货物；其他已办结海关出口手续的货物。

出口配送型仓库还可以存放为拼装出口货物而进口的货物。但出口监管仓库不得存放下列货物：国家禁止进出境货物；未经批准的国家限制进出境货物；海关规定不得存放的货物。

3. 出口监管仓库的设立

出口监管仓库的设立应当符合区域物流发展和海关对出口监管仓库布局的要求，符合国家土地管理、规划、交通、消防、安全、环保等有关法律和行政法规的规定。申请设立出口监管仓库的经营企业，应当具备下列条件：

- 经工商行政管理部门注册登记，具有企业法人资格；
- 具有进出口经营权和仓储经营权；
- 注册资本在300万元人民币以上；
- 具备向海关缴纳税款的能力；
- 具有专门存储货物的场所，其中“出口配送型”仓库的面积不得低于5 000平方米，国内结转型仓库不得低于1 000平方米。

企业申请设立出口监管仓库，应当向仓库所在地主管海关提交书面申请，提供能够证明上述条件已经具备的有关文件。

海关受理、审查设立出口监管仓库的申请属于海关行政许可，应当按照行政许可的法定程序，对符合条件的，作出准予设立的决定，并出具批准文件；对不符合条件的，作出不予设立的决定，并书面告知申请企业。

申请设立出口监管仓库的企业应当自海关出具批准文件之日起1年内向海关申请验收出口监管仓库。

企业无正当理由逾期未申请验收或者验收不合格的，该出口监管仓库的批准文件自动失效。出口监管仓库验收合格后，经直属海关注册登记并核发“中华人民共和国出口监管仓库注册登记证书”，可以投入运营。该证书有效期 3 年。

二、出口监管仓库货物报关程序

出口监管仓库货物报关，大体可以分为进仓报关、出仓报关、结转报关和更换报关。

1. 进仓报关

出口货物存入出口监管仓库时，发货人或其代理人应当向主管海关办理出口报关手续，填制出口货物报关单。按照国家规定应当提交出口许可证件和缴纳出口关税的，发货人或其代理人必须提交许可证件和缴纳出口关税。

发货人或其代理人按照海关规定提交报关必需单证和仓库经营企业填制的“出口监管仓库货物入仓清单”。

对经批准享受入仓即退税政策的出口监管仓库，海关在货物入仓办结出口报关手续后予以签发“出口货物报关单”退税证明联；对不享受入仓即退税政策的出口监管仓库，海关在货物实际离境后签发“出口货物报关单”退税证明联。

经主管海关批准，对批量少、批次频繁的入仓货物，可以办理集中报关手续。

2. 出仓报关

出口监管仓库货物出仓可能出现出口报关和进口报关两种情况。

（1）出口报关

出口监管仓库货物出仓并出口时，仓库经营企业或其代理人应当向主管海关申报。仓库经营企业或其代理人按照海关规定提交报关必需的单证，并提交仓库经营企业填制的“出口监管仓库货物出仓清单”。

出仓货物出境口岸不在仓库主管海关的，经海关批准，可以在口岸所在地海关办理相关手续，也可以在主管海关办理相关手续。

入仓没有签发“出口货物报关单”退税证明联的，出仓离境海关按规定签发“出口货物报关单”退税证明联。

（2）进口报关

出口监管仓库货物转进口的，应当经海关批准，按照进口货物的有关规定办理相关手续。用于加工贸易的，由加工贸易企业或其代理人按加工贸易货物的报关程序办理进口报关手续；用于可以享受特定减免税的特定地区、特定企业和特定用途的，由享受特定减免税的企业或其代理人按特定减免税货物的报关程序办理进口报关手续；进入国内市场或使用于境内其他方面，由收货人或其代理人按一般进口货物的报关程序办理进口报关手续。

3. 结转报关

经转入、转出方所在地主管海关批准，并按照转关运输的规定办理相关手续后，出口监管仓库之间、出口监管仓库与保税区、出口加工区、保税物流园区、保税物流中心、保税仓库等特殊监管区域、专用监管场所之间可以进行货物流转。

4. 更换报关

对已存入出口监管仓库因质量等原因要求更换的货物，经仓库所在地主管海关批准，可以更换货物。被更换货物出仓前，更换货物应当先行入仓，并应当与原货物的商品编码、品名、规格型号、数量和价值相同。

三、监管和报关要点

● 出口监管仓库必须专库专用，不得转租、转借给他人经营，不得下设分库。

● 出口监管仓库经营企业应当如实填写有关单证、仓库账册，真实记录并全面反映其业务活动和财务状况，编制仓库月度进、出、转、存情况表和年度财务会计报告，并定期报送主管海关。

● 出口监管仓库所存货物的储存期限为 6 个月。如因特殊情况需要延长储存期限，应在到期之前向主管海关申请延期，经海关批准可以延长，延长的期限最长不超过 6 个月。货物存储期满前，仓库经营企业应当通知发货人或其代理人办理货物的出境或者进口手续。

● 出口监管仓库货物所存货物，是海关监管货物，未经海关批准并按规定办理有关手续，任何人不得出售、转让、抵押、质押、留置、移作他用或者进行其他处置。

● 货物在仓库储存期间发生损毁或者灭失，除不可抗力原因外，保税仓库应当依法向海关缴纳损毁、灭失货物的税款，并承担相应的法律责任。

● 经主管海关同意，可以在出口监管仓库内进行品质检验、分级分类、分拣分装、印刷运输标志、改换包装等流通性增值服务。

案例 5－2

出口监管仓库的业务

深圳某公司已开展货物拼柜出口到香港以及海运拼柜的业务。如客户有散货出口的情况，可以利用该公司出口监管仓拼柜出口，将货物送到客户指定的地点，客户只需用普货车将货物送入该公司出口监管仓，并提供给该公司报关所需的相关单证即可，从该公司出口监管仓到客户货物出口的指定地点的整个过程的相关操作都由该公司负责。不仅可以降低关务风险，也可以大大降低整体运作成本。

某一工厂生产精密仪器，需从国内另一厂家转厂进口胶粒和一内资厂进口纸箱以制作产品外包装；现该工厂利用该公司出口监管仓库，将所生产的仪器出口到该公司出口监管仓库，并让另外两工厂用加工贸易和一般贸易的方式将其各自货物出口到该公司出口监管仓，然后进行拼装出口即可；再如该公司另一客户生产打印机，其将国内工厂生产的打印机运到该公司出口监管仓，再将光盘从香港进口到该公司保税仓，然后利用该公司仓库将两者拼装在一起转关出口到深圳码头或香港再上船到国外。

这种加工贸易进仓，加工贸易提货的出口监管模式，代替了转厂模式，可以大大减小关务风险，也可以大大减小对账的困难度。

第四节 保税物流中心及其进出货物的报关程序

一、相关概念及其他

保税物流中心分为 A、B 两种类型。A 型是指经海关批准，由中国境内企业法人经营、专门从事保税仓储物流业务的海关监管场所。保税物流中心(A 型)由一家物流企业经营，糅合、集成、拓展“两仓”功能于一体，既可存放出口货物又可存放进口货物，能够将运输、仓储、转口、简单加工、配送、检测、信息等方面有机结合，形成完整的供应链，充分发挥其在进出口物流中的“采购中心、配送中心、分销中心”的作用，为用户提供辐射国内外的多功能、一体化综合性服务保税场所。A型物流中心按照服务范围分为公用型物流中心和自用型物流中心。B型是指经海关批准，由中国境内一家企业法人经营，多家企业进入并从事保税仓储物流业务的海关集中监管场所。它是由多家保税物流企业在空间上集中布局的公共型场所，具有一定规模和综合物流服务功能的联结国内、国外两个市场的保税物流场所。海关对B型保税物流中心按照出口加工区监管模式实施区域化和网络化的封闭管理。A、B型保税物流中心设立的条件见表5-2。

表5-2 设立A、B型保税物流中心条件对照表

设立保税物流中心(A型)的条件	设立保税物流中心(B型)的条件
1. 符合海关监管规划建设要求	1. 符合海关监管规划建设要求
2. 公用型仓储面积，东部不低于20 000 m^2，中西部不低于5 000 m^2；自用型东部不低于4 000 m^2，中西部不低于2 000 m^2	2. 物流中心仓储面积，东部地区不低于100 000 m^2，中西部地区不低于50 000 m^2
3. 选址在国际物流需求量较大，交通便利且便于海关监管的地方	3. 选址在靠近海港、空港、陆路交通枢纽及内陆国际物流需求量较大，交通便利，设有海关机构且便于海关集中监管的地方
4. 注册资本不低于3 000万元人民币	4. 注册资本不低于5 000万元人民币
5. 建立符合海关监管要求的计算机管理系统，通过“电子口岸”平台与海关联网，以便海关在统一平台上与国税、外汇管理等部门实现数据交换及信息共享	5. 建立符合海关监管要求的计算机管理系统，通过“电子口岸”平台与海关联网，以便海关在统一平台上与国税、外汇管理等部门实现数据交换及信息共享
6. 设置符合海关监管要求的安全隔离设施、视频监控系统等监管、办公设施	6. 设置符合海关监管要求的安全隔离设施、视频监控系统等监管、办公设施
7. 符合国家土地管理、规划、消防、安全、质检、环保等方面的法律、行政法规、规章及有关规定	7. 经省政府确认，符合地方经济发展总体布局，满足加工贸易发展对保税物流的需求

保税物流中心是以整合“保税仓库和出口监管仓库”功能为基础，打破“两仓”隔离状态，弥补“两仓”功能单一的缺陷，是“两仓”功能的整合、优化和提升，适应现代物流的发展要求。同时，具有同区港联动保税物流园区相同的保税仓储物流功能，是区港联动保税物流园区向内地的补充和延伸，更有利于内地以及沿海(未设有保税区)地区加工贸易及物流集散的发展。因此，可以说保税物流园区是和保税区配套的，一般在港口城市，而保税物流中心在内陆城市，它们共同促进各地加工贸易及物流业务的发展。

保税物流中心存放货物的范围是保税仓库存放货物与出口监管仓库存放货物的总和。保税物流中心开展业务的范围包括：保税存储进出口货物及其他未办结海关手续货物；对所存放货物开展流通性简单加工和增值服务①；全球采购和国际分拨、配送；转口贸易和国际中转业

① “流通性简单加工和增值服务”是指对货物进行分级分类、分拆分拣、分装、计量、组合包装、打膜、加刷条形码、刷贴标志、改换包装、拼装等辅助性简单作业的总称。

务；经海关批准的其他国际物流业务。

保税物流中心以保税仓储物流为主要功能，因此，不得开展商业零售、加工贸易、维修、翻新和拆解等业务，也不享受国务院赋予保税区、出口加工区和保税物流园区的税收优惠政策。

符合设立保税物流中心条件的经营企业应当向所在地直属海关提交书面申请，直属海关受理后，报海关总署审批，由海关总署出具批准申请企业筹建物流中心的文件。企业自海关总署出具批准文件之日起 1 年内向直属海关申请验收，验收合格后，由海关总署向企业核发“保税物流中心（A 型或 B 型）验收合格证书”和“保税物流中心（A 型或 B 型）注册登记证书”，颁发“保税物流中心（A 型或 B 型）标牌”。

物流中心在验收合格后方可开展有关业务。无正当理由逾期未申请验收或者验收不合格的以及获准开业后连续 6 个月未开展业务的，均视同撤回设立申请。

保税物流中心（A 型）注册登记证书有效期为 2 年，B 型为 3 年，企业在每次有效期满 30 日前向直属海关办理延期审查申请手续。海关对审查合格的经营 A 型物流中心的企业准予延期 2 年，经营 B 型物流中心的企业准予延期 3 年。

二、保税物流中心进出货物报关程序

1. 保税物流中心与境外之间的进出货物报关

- 物流中心与境外之间进出的货物，应当在物流中心主管海关办理相关手续。物流中心与口岸不在同一主管海关的，经主管海关批准，可以在口岸海关办理相关手续。
- 物流中心与境外之间进出的货物，除实行出口被动配额管理和中华人民共和国参加或者缔结的国际条约及国家另有明确规定的以外，不实行进出口配额、许可证件管理。
- 从境外进入物流中心内的货物，凡属于规定存放范围内的货物予以保税；属于物流中心企业进口自用的办公用品、交通运输工具、生活消费品等，以及物流中心开展综合物流服务所需进口的机器、装卸设备、管理设备等，按照进口货物的有关规定和税收政策办理相关手续。

2. 保税物流中心与境内之间的进出货物报关

物流中心货物进入关境内的其他地区视同进口，按照货物进入境内的实际流向和实际状态办理进口报关手续；货物从境内进入物流中心视同出口，办理出口报关手续，如需缴纳出口关税的，应当按照规定纳税。

物流中心内货物运往所在关区外，或者跨越关区提取货物进入物流中心，可以在物流中心主管海关办理进出中心的报关手续，也可以按照境内监管货物转关运输的方式办理相关手续。属于许可证件管理的商品，还应当向海关出具有效的许可证件。企业根据需要经主管海关批准，可以分批进出货物，月度集中报关，但集中报关不得跨年度办理。

三、监管和报关要点

- A 型物流中心内货物保税存储期限为 1 年，B 型物流中心保税存储期限为 2 年。确有正当理由的，经主管海关同意可以予以延期，除特殊情况外，延期不得超过 1 年。B 型物流中心经营企业不得在本中心内直接从事保税仓储物流的经营活动。
- 从境内运入物流中心的原进口货物，境内发货人应当向海关办理出口报关手续，经主管海关验放；已经缴纳的关税和进口环节海关代征税，不予退还。
- 从境内运入物流中心已办结报关手续或者从境内运入物流中心供中心内企业自用的国

产机器设备、装卸设备、管理设备、检测检验设备等以及转关出口货物（启运地海关在已收到物流中心主管海关确认转关货物进入物流中心的转关回执后）签发出口退税报关单证明联。

● 从境内运入物流中心的下列货物，海关不签发出口退税报关单证明联：供中心企业自用的生活消费品、交通运输工具；供中心企业自用的进口的机器设备、装卸设备、管理设备、检测检验设备等；物流中心之间，物流中心与出口加工区、保税物流园区、物流中心（B型）和已实行国内货物入仓环节出口退税政策的出口监管仓库等海关特殊监管区域，或者海关保税监管场所往来的货物。

● 从物流中心进入境内用于在保修期限内免费维修有关外国产品并符合无代价抵偿货物有关规定的零部件，或者用于国际航行船舶和航空器的物料或者属于国家规定可以免税的货物，免征关税和进口环节海关代征税。

● 实行集中申报的进出口货物，应当适用每次货物进出口时海关接受申报之日实施的税率、汇率。

● 保税仓储货物在存储期间发生损毁或者灭失的，除不可抗力外，物流中心经营企业应当依法向海关缴纳损毁、灭失货物的税款，并承担相应的法律责任。

第五节　保税物流园区及其进出货物的报关程序

一、相关概念及海关监管特点

1. 含义及功能

保税物流园区是指经国务院批准，在保税区规划面积或者毗邻保税区的特定港区内设立的、专门发展现代国际物流的海关特殊监管区域。

保税物流园区的主要功能是保税物流。可以开展的保税物流业务包括以下几种。

● 存储进出口货物及其他未办结海关手续的货物；
● 对所存货物开展流通性简单加工和增值服务；
● 进出口贸易，包括转口贸易；
● 国际采购、分配和配送；
● 国际中转；
● 商品展示；
● 经海关批准的其他国际物流业务。

保税物流园区行政机构及其经营主体，在保税物流园区内设立的企业等单位的办公场所应当设置在园区规划面积内、围网外的园区综合办公区内。除安全人员和相关部门、企业值班人员外，其他人员不得在园区内居住。园区内设立仓库、堆场、查验场和必要的业务指挥调度操作场所，不得建立工业生产加工场所和商业性消费设施；园区内不得开展商业零售、加工制造、翻新、拆解及其他与园区无关的业务；法律、行政法规禁止进出口的货物、物品不得进出园区。

2. 海关监管特点

保税物流园区是海关监管的特定区域。园区与境内其他地区之间应当设置符合海关监管要求的卡口、围网隔离设施、视频监控系统及其他海关监管所需的设施。

海关在园区派驻机构，依照有关法律、行政法规，对进出园区的货物、运输工具、个人携带物品，以及对园区内相关场所实行 24 小时监管。海关对园区企业实行电子账册监管制度和计算机联网管理制度。

园区行政管理机构或者其经营主体应当在海关指导下通过电子口岸建立供海关、园区企业及其他相关部门进行电子数据交换和信息共享的计算机公共信息平台。

园区企业须编制月度货物进、出、转、存情况表和年度财务会计报告，并定期报送园区主管海关。

二、报关程序

1. 保税物流园区与境外之间进出货物报关

海关对园区与境外之间进出货物，实行备案制管理（园区自用的免税进口货物、国际中转货物或者法律、行政法规另有规定的货物除外）。

园区与境外之间进出货物应当向园区主管海关申报。园区货物的进出境口岸不在园区主管海关管辖区域的，经主管海关批准，可以在口岸海关办理申报手续。

园区内开展整箱进出、二次“拼箱”等国际中转业务的，由开展此项业务的企业向海关发送电子舱单数据，园区企业向园区主管海关申请提箱、集运等，提交舱单等单证，办理进出境申报手续。

(1) 境外运入园区

境外货物到港后，园区企业及其代理人可以先提交舱单将货物直接运到园区，再提交“进境货物备案清单”向园区主管海关办理申报手续。除法律、行政法规另有规定的外，境外运入园区的货物不实行许可证件管理。

境外运入园区的下列货物保税：园区企业为开展业务所需的货物及其包装物料；加工贸易进口货物；转口贸易货物；外商暂存货物；供应国际航行船舶和航空器的物料、维修用零部件；进口寄售货物；进境检测、维修货物及其零配件；看样订货的展览品、样品；未办结海关手续的一般贸易货物；经海关批准的其他进境货物。

境外运入园区的下列货物免税：园区的基础设施建设项目所需的设备、物资等；园区企业为开展业务所需机器、装卸设备、仓储设施、管理设备及其维修用消耗品、零配件及工具；园区行政机构及其经营主体、园区企业自用合理数量的办公用品。

境外运入园区的园区行政机构及其经营主体、园区企业自用交通运输工具、生活消费品，按一般进口货物的有关规定和程序办理申报手续。

(2) 园区运往境外

从园区运往境外的货物，除法律、行政法规另有规定外，免征出口关税，不实行许可证件管理。进境货物未经流通性简单加工，需原状退运出境的，园区企业可以向园区主管海关申请办理退运手续。

2. 保税物流园区与区外之间进出货物报关

园区与区外之间进出的货物，由区内企业或者区外的收发货人或其代理人在园区主管海关办理申报手续。园区企业少批量、多批次进出货物的，经主管海关批准可以办理集中申报手续，并使用每次货物进出口时海关接受该货物申报之日实施的税率、汇率。集中申报的期限不得超过 1 个月,且不得跨年度办理。

(1) 园区货物运往区外(视同进口)

园区企业或者区外收货人或其代理人按照进口货物的有关规定向园区主管海关申报,海关按照货物出园区时的实际监管方式的有关规定办理:进入国内市场的,按一般进口货物报关,提供相关的许可证件,照章缴纳进口关税、进口环节增值税、消费税;用于加工贸易的,按加工贸易保税货物报关,提供加工贸易登记手册(包括纸质的或电子的),继续保税;用于可以享受特定减免税的特定企业、特定地区或有特定用途的,按特定减免税货物报关,提供"进出口货物征免税证明"和相应的许可证件,免缴进口关税、进口环节增值税。

园区企业跨关区配送货物或者异地企业跨关区到园区提取货物的,可以在园区主管海关办理申报手续,也可以按照海关规定办理进口转关手续。

(2) 区外货物运入园区(视同出口)

由区内企业或者区外的发货人或其代理人向园区主管海关办理出口申报手续。属于应当缴纳出口关税的商品,应当照章缴纳;属于许可证件管理的商品,应当同时向海关出具有效的许可证件。

用于办理出口退税的"出口货物报关单"证明联的签发具体见表 5-3。

表 5-3 运入园区的不同货物海关签发出口报关单出口退税联情况

从区外运入园区的各种不同用途货物	海关是否签发出口货物报关单出口退税联
供区内企业开展业务的国产货物及包装材料	签发
供区内行政管理机构、经营主体、区内企业使用的国产基建物资、机器、装卸设备、管理设备等	签发
供区内行政管理机构、经营主体、区内企业使用的生活消费品、办公用品、交通运输工具等	不予签发
原进口货物、包装物料、设备、基建物资等	不予签发

(3) 保税物流园区与其他特殊监管区域、保税监管场所之间往来货物

海关对于园区与海关其他特殊监管区域或者保税监管场所之间往来的货物,继续实行保税监管,不予签发"出口货物报关单"证明联;不征收进出口环节和国内流通环节的有关税收。

三、监管和报关要点

- 园区货物不设存储期限。但园区企业自开展业务之日起,应当每年向园区主管海关办理报核手续。园区主管海关应当自受理报核申请之日起 30 天内予以"核库"。企业有关账册、原始数据应当自"核库"结束之日起至少保留 3 年。
- 园区企业可以对所存货物开展流通性简单加工和增值服务,包括分级分类、分拆分拣、分装、计量、组合包装、"打膜"、印刷运输标志、改换包装、拼装等具有商业增值的辅助性作业。
- 已办理出口退税的货物或者已经流通性简单加工的货物(包括进境货物)如果退运,按照进出口货物的有关规定办理海关手续。
- 经主管海关批准,园区企业可以在园区综合办公区专用的展示场所举办商品展示活动。展示的货物应当在园区主管海关备案,并接受海关监管。园区企业在区外其他地方举办商品展示活动的,应当比照海关对暂时进口货物的管理规定办理有关手续。

● 供区内行政管理机构及其经营主体和区内企业使用的机器、设备和办公用品等需要运往区外进行检测、维修的，应当向园区主管海关提出申请，经主管海关核准、登记后可以运往区外。这些货物不得留在区外使用，并自运出之日起60天内运进区内。

案例5-3

出口复进口，青岛保税物流经典案例

青岛大明制革有限公司是"两头在外"的出口加工型企业。按照以往的做法，该公司的出口成品必须先报关出口，运输到香港（日本或韩国）等周边的自由贸易区，实现出口退税及核销；然后该批货物再由境外进口到青岛海华纤维有限公司作为进口料件，形成了所谓的"境外游"现象。整个流程下来需要近半个月的时间，既费时，又费钱。而通过青岛保税物流园区隆轩物流代理"一日游"业务，企业出口退税只需一到两天的时间，不再需要出口到境外，这为企业节省了大量运费，缩短了供货时间。

在日企斯大精密中国总部，斯大牌打印机就是国内企业生产，为了享受退税政策，企业选择了"香港游"，出口至香港，再进口分拨到国内市场，现在斯大精密完全可以由隆轩物流代理把货物出口至青岛保税物流园区，获得退税，再通过免表等形式进入国内市场。

烟台斗山机床韩国投资的大型设备生产厂家，公司生产的设备，应用于国内很多家外资企业生产中，选择隆轩物流出口至物流园区，以设备出资的外商企业，就可以与斗山公司通过园区进行美元交易，以设备免税表办理提货手续。

第六节　保税区、保税港区、综合保税区进出货物的报关程序

一、相关概念及其监管特点

1. 保税区的含义、功能及税收政策

保税区是指经国务院批准在我国境内设立的某一个特定的与国际市场紧密相连，按照国际经济惯例运作，具有自由贸易区性质的，由海关进行监管的封闭式区域。保税区具有出口加工、转口贸易、商品展示、仓储运输等多种功能，也就是说既有保税加工的功能，又有保税物流的功能。保税区可以享受保税、免税的货物具体见表5-4，免税进入保税区的进口货物，海关按照特定减免税货物进行监管。保税区内仅设置保税区行政机构和企业。除安全保卫人员外，其他人员不得在保税区居住。

表5-4　保税区可以享受保税、免税的货物

保税区享受保税的货物	保税区享受免税的货物
保税加工货物	区内生产性的基础设施建设项目所需的机器、设备和其他基建物资
保税仓储货物	企业自用的生产、管理设备和自用合理数量的办公用品，所需的维修零配件、生产用燃料
转口贸易货物	建厂房、仓储设施所需的物资、设备
为展示而进入保税区的货物	区内行政管理机构自用合理数量的管理设备和办公用品、所需的维修零配件

目前,我国共设立了上海浦东外高桥保税区、天津港保税区、深圳福田保税区、深圳沙头角保税区、深圳盐田港保税区、大连保税区、广州保税区、海口、张家港、宁波、福州、青岛、厦门、汕头、珠海 15 个保税区。从历史的眼光看,保税区所具有的出口加工、保税仓储和国际贸易三项功能均取得了较好的经济效益和社会效益,但物流功能等相对薄弱,而且,一些优惠政策并没有落实。随着世界经济的发展尤其是经济全球化进程的加快,保税区这种形式已经满足不了中国更好地参与全球经济的需要。例如,越来越多的跨国公司在中国投资,其产品在研制、生产、销售等环节需要高度的国际化,迫切需要一个具备国际配送、国际采购、国际中转等功能,且货物能自由、高效流通的区域,而保税区功能较为单一。

与此同时,中国对外开放水平的全面提高,使保税区原来的政策和功能优势逐步弱化。加入世界贸易组织后,随着我国关税的不断调低,并取消所有的非关税措施,使保税区的关税效应不断减弱,保税区的优势和功能不断遭到削弱,因此,功能更齐全的保税港区、综合保税区纷纷出现。

2. 保税港区的含义、功能及税收政策

保税港区是指经国务院批准,设立在国家对外开放口岸港区和与之相连的特定区域内,具有口岸、物流、加工等功能的海关特殊监管区域,实行封闭式管理,是中国内地开放层次最高、优惠政策最多、功能最齐全的特殊功能区之一。目前,全国设立的保税港区共 14 个(见表 5 - 5),其中,上海洋山保税港区是中国第一个保税港区;重庆两路寸滩保税港区是唯一一个位于中国内陆地区的保税港区,也是第一个采取“水港+空港”的保税港区;江苏张家港保税港区是江苏以及长江中下游沿线第一个保税港区,也是第一个位于县域口岸的保税港区;山东烟台保税港区是全国第一家以出口加工区和临近港口整合转型升级形成的保税港区。

表 5 - 5　全国保税港区设立情况

设立年份	保税港区名称	设立年份	保税港区名称
20050622	上海洋山保税港区	20080907	山东青岛前湾保税港区
20060831	天津东疆保税港区	20081018	广东深圳前海湾保税港区
20060831	辽宁大连大窑湾保税港区	20081018	广东广州南沙保税港区
20070924	海南洋浦保税港区	20081112	重庆两路寸滩保税港区
20080224	浙江宁波梅山保税港区	20081118	江苏张家港保税港区
20080529	广西钦州保税港区	20090922	山东烟台保税港区
20080605	福建厦门海沧保税港区	20100518	福建福州保税港区

保税港区的功能具体包括仓储物流,对外贸易,国际采购,分销和配送,国际中转,检测和售后服务维修,商品展示,研发、加工、制造,港口作业 9 项功能。保税港区享受保税区、出口加工区、保税物流园区相关的税收和外汇管理政策,主要为:国外货物入港区保税;货物出港区进入国内销售按货物进口的有关规定办理报关,并按货物实际状态征税;国内货物入区视同出口,实行退税;区内企业之间的货物交易不征增值税和消费税。保税港区叠加了保税区和出口加工区税收和外汇政策,在区位、功能和政策上优势更明显。

从形态上讲,保税港区是我国保税经济区域的高级形态;从功能上讲,保税港区叠加了保税区、出口加工区、保税物流园区各项功能政策;从发展趋势上讲,保税港区是未来我国建设自由贸易区的先行实验区;从运作模式上讲,保税港区实现了保税区域与港口的实质联动。

保税港区与保税区的区别:保税区的功能比较单一。从保税区十多年的运作来看,15 个保税区的规模参差不齐,功能也不尽相同,总体看都偏重于贸易和加工,物流功能等相对薄弱。一些保税区在实际运作中并没有严格执行“境内关外”政策,相关优惠政策并没落到实处,总体上仍是“境内关内”的海关特殊监管区。而保税港区则整合多种外向型功能区之功能,内涵更为丰富,功能更为齐全。从字面上就可以看出,保税港区比保税区多了码头和港口的功能。目前,我国设立的保税港区,基本依港而建,正如世界上知名的自由贸易区一样,如德国的汉堡港、荷兰的鹿特丹港都是与港口相连,并实行区港一体化管理。另外,保税港区叠加税收、监管等多项优惠政策。实际上,保税区与保税港区,其本质是一致的,即“境内关外,自由免税”,只是保税区的优惠政策不足,且一些优惠政策并未落到实处,而保税港区不仅是真正的“境内关外”,还享受税收、监管等各项更为优惠的政策。

在监管方面,保税港区内货物可以自由流转;对保税港区与境外之间进出的货物,不实行进出口许可证件管理;对诚信等级高的企业所申报的危险货物,可视为内陆直接装船,不再开箱查验;对境外进入保税港区的货物,检验检疫部门只检疫不检验;对进入保税港区的国际航行船舶,实施电讯检疫或者码头检疫,一般不再实施锚地检疫。

可以说,保税港区比保税区的功能更多,政策更优,内涵更为丰富,而且,意义更为深远。保税港区是经济自由区的一种表现形式,向国际先进的自由港、自由贸易区迈出了积极的一步。保税港区是世界自由港在中国的一种特殊表现形式,是“中国化”的自由贸易港。

3. 综合保税区的含义、功能及税收政策

综合保税区是设立在内陆地区的具有保税港区功能的海关特殊监管区域,由海关参照有关规定对综合保税区进行封闭管理,执行与保税港区同样的税收和外汇政策,集保税区、出口加工区、保税物流区、港口的功能于一身(同保税港区),可以发展国际中转、配送、采购、转口贸易和出口加工等业务。保税港区与综合保税区的主要区别:保税港区一般临港而建,可以实施区港一体化;综合保税区一般通过“区港联动”来加强与水港、空港的对接,实现其港口作业功能。

截至 2016 年 9 月,经国务院批准设立的综合保税区有 49 个,分别是满洲里综合保税区、南宁综合保税区、苏州太仓港综合保税区、合肥综合保税区、唐山曹妃甸综合保税区、赣州综合保税区、淮安综合保税区、衡阳综合保税区、南通综合保税区、湘潭综合保税区、盐城综合保税区、芜湖综合保税区、无锡高新区综合保税区、济南综合保税区、沈阳综合保税区、南京综合保税区、长春兴隆综合保税区、潍坊综合保税区、成都综合保税区、苏州工业园综合保税区、泰州综合保税区、天津滨海新区综合保税区、北京天竺综合保税区、海南海口综合保税区、广西凭祥综合保税区、黑龙江绥芬河综合保税区、上海浦东机场综合保税区、江苏昆山综合保税区、重庆西永综合保税区、广州白云机场综合保税区、西安综合保税区、西安高新综合保税区、银川综合保税区、新疆阿拉山口综合保税区、新疆喀什综合保税区、武汉东湖综合保税区、太原武宿综合保税区、舟山港综合保税区、贵阳综合保税区、贵州贵安新区综合保税区、兰州新区综合保税区、临沂综合保税区、南阳卧龙综合保税区、郑州新郑综合保税区、石家庄综合保税区、乌鲁木齐综合保税区、蚌埠综合保税区、金义综合保税区、江阴综合保税区。

综合保税区实行与保税港区完全一样的税收政策:国外货物入区保税;货物出区进入国内销售按货物进口的有关规定办理报关,并按货物实际状态征税;国内货物入区视同出口,实行退税;区内企业之间的货物交易不征增值税和消费税。

二、保税区、保税港区、综合保税区进出货物报关程序

（一）保税区进出货物报关程序

保税区货物报关分进出境报关和进出区报关。

1. 进出境报关

进出境报关采用报关制和备案制相结合的运行机制，即保税区与境外之间进出境货物，属自用的，采取报关制，填写进出口报关单；属非自用的，包括加工出口、转口、仓储和展示，采取备案制，填写进出境备案清单。即保税区内企业的加工贸易料件、转口贸易货物、仓储货物进出境，由收货人或其代理人填写“进出境货物备案清单”向海关报关；对保税区内企业进口自用合理数量的机器设备、管理设备、办公用品及工作人员所需自用合理数量的应税物品以及货样，由收货人或其代理人填写“进口货物报关单”向海关报关。

2. 进出区报关

进出区报关要根据不同的情况按不同的报关程序报关。

（1）保税加工货物进出区

进区，报出口，要有“加工贸易登记手册”或者“加工贸易电子账册”，填写出口报关单，提供有关的许可证件，海关不签发“出口货物报关单”退税证明联。

出区，报进口，按不同的流向填写不同的进口货物报关单：出区进入国内市场的，按一般进口货物报关，填写“进口货物报关单”，提供有关的许可证件。出区用于加工贸易的，按加工贸易货物报关，填写加工贸易“进口货物报关单”，提供“加工贸易登记手册”或者“加工贸易电子账册”。出区用于可以享受特定减免税企业的，按特定减免税货物报关，提供“进出口货物征免税证明”和应当提供的许可证件，免缴进口税。

（2）进出区外发加工

保税区企业货物外发到区外加工，或区外企业货物外发到保税区加工，需经主管海关核准。进区提交外发加工合同向保税区海关备案，加工出区后核销，不填写进出口货物报关单，不缴纳税费。出区外发加工的，须由区外加工企业在加工企业所在地海关办理加工贸易备案手续，需要建立“银行保证金台账”的应当设立台账，加工期限最长为 6 个月；情况特殊，经海关批准可以延长，延长的最长期限是 6 个月；备案后按加工贸易货物出区进行报关。

（3）设备进出区

不论是施工设备还是投资设备，进出区均需向保税区海关备案，设备进区不填写报关单，不缴纳出口税，海关不签发“出口货物报关单”退税证明联，设备系从国外进口已征进口税的，不退进口税；设备退出区外，也不必填写报关单申报，但要报保税区海关销案。

（二）保税港区、综合保税区进出货物报关程序

海关对保税港区、综合保税区进出货物的监管措施相同，因此，进出保税港区与综合保税区的报关程序也相同。①

1. 与境外之间

保税港区与境外之间进出的货物应当在保税港区主管海关办理海关手续；进出境口岸不在保税港区主管海关辖区内的，经保税港区主管海关批准，可以在口岸海关办理海关手续。海

---

① 中华人民共和国海关总署：中华人民共和国海关保税港区（综合保税区）管理暂行办法（署令 191 号），http://www.customs.gov.cn，2004－4－21。

关对保税港区与境外之间进出的货物实行备案制管理，对从境外进入保税港区的货物予以保税，货物的收发货人或者代理人应当如实填写进出境货物备案清单，向海关备案。保税港区与境外之间进出的货物，不实行进出口配额、许可证件管理，但法律、行政法规和规章另有规定的除外。

(1) 从境外入港区

下列货物从境外进入保税港区，海关免征进口关税和进口环节海关代征税，货物的收发货人或者代理人应当如实填写进境备案清单，向主管海关备案：区内生产性的基础设施建设项目所需的机器、设备和建设生产厂房、仓储设施所需的基建物资；区内企业生产所需的机器、设备、模具及其维修用零配件；区内企业和行政管理机构自用合理数量的办公用品。

行政机构企业自用的交通运输工具、生活消费品需要按进口货物办理报关手续，海关按照有关规定征收进口关税和进口环节海关代征税。

(2) 港区运往境外货物

发货人需要向主管海关报出口，填出境备案清单，免出口关税。

2. 与区外非特殊监管区域或场所之间

保税港区与区外之间进出的货物，区内企业或者区外收发货人按照进出口货物的有关规定向保税港区主管海关办理申报手续。需要征税的，区内企业或者区外收发货人按照货物进出区时的实际状态缴纳税款；属于配额、许可证件管理商品的，区内企业或者区外收货人还应当向海关出具配额、许可证件。对于同一配额、许可证件项下的货物，海关在进境环节已经验核配额、许可证件的，在出区环节不再要求企业出具配额、许可证件原件。

(1) 出区

视同进口。一般贸易货物出区，按一般进口货物报关；加工贸易货物（如成品、残次品、副产品，按内销时实际状态征税；边角料、废品及包装物料）出区按进口货物办理，按出区时实际状态征税；出区深加工结转按深加工结转办理，实行保税；出区展示的货物，按暂准进境货物办理，暂不交税；出区检测维修的货物，按进境修理货物办理，免税但需要提供担保或申请保税；在区外更换的国产零配件按出口货物办理；出区外发加工按外发加工货物办理，实行保税。

(2) 进区

视同出口，按出口货物规定办理缴税。从区外进区供区内企业开展业务用的国产货物、包装材料及转关出口的，从区外进区供区内行政管理机构和企业使用的国产基建物资、机器、装卸、管理设备、办公用品等，按照货物出口的有关规定办理缴税手续，签发出口货物报关单退税证明联；从区外进区供区内行政管理机构和企业使用的生活消费用品和交通运输工具，按照货物出口的有关规定办理缴税手续，但海关不予签发出口货物报关单退税证明联；从区外进区的原进口货物按照出口货物的有关规定办理申报手续，海关不予签发出口货物报关单退税证明联，原已缴纳的关税、进口环节海关代征税不予退还。

3. 与其他海关特殊监管区域或者保税监管场所之间的报关

按保税货物办理，不实行配额许可证管理，海关不予签发出口货物报关单出口退税证明联，但货物从未实行国内货物入区（仓）环节出口退税制度的海关特殊监管区域或者保税监管场所转入保税港区的，视同货物实际离境，由转出地海关签发用于办理出口退税的出口货物报关单证明联。保税港区与其他海关特殊监管区域或者保税监管场所之间的流转货物，不征收进出口环节的有关税收。

区内企业不实行加工贸易银行保证金台账和合同核销制度,海关对保税港区内加工贸易货物不实行单耗标准管理。区内企业应当自开展业务之日起,定期向海关报送货物的进区、出区和储存情况。保税港区货物不设存储期限。但存储期限超过2年的,区内企业应当每年向海关备案。

案例5-4

VMI:叶水福物流为天津摩托罗拉公司提供的服务模式

经过多年的探索和实践,我国各地保税区集国际贸易、保税仓储、出口加工等功能为一体的现代物流业得到了蓬勃发展。特别是近几年来,出口拼箱、进口分拨和手册结转业务等形式的保税物流业务发展迅速,且渐成规模。区内的物流企业在多年的实践中,充分利用了保税区的港口优势和"境内关外"的优势,形成了众多独具特色、行之有效的保税区物流运作模式。

将大型IT企业上游厂家的原材料,先报备入保税区仓储,其需要时分批报关,直接送到生产线。这种VMI(Vendor Managed Inventory)方式的优势是,将供应商的仓库直接从海外搬至生产厂家的门口,实现门对门服务,提高综合竞争力;原材料处于保税状态,只有原材料到达生产厂家时,才发生货权转移,降低生产厂家的资金占用及市场风险;生产厂家达到"最优化的库存量",产品可直接上线,实现生产企业零库存。

叶水福物流公司专为天津摩托罗拉公司提供第三方物流服务。天津摩托罗拉手机厂的仓库由几个部分组成,这其中对生产起到关键作用的、处于供应链上游的原料库即设在天津港保税区,由叶水福公司承担原材料的运输、仓储和配送任务,并且采用了较为先进的供应商HUB管理模式。由于全球供应商都与HUB联网,供应商可以根据与摩托罗拉公司的计划共享系统(Schedule Sharing)来管理库存,库存状况非常透明。叶水福公司担负着整合各供应商资源,为手机厂掌握原料库库存,并随时为生产线供货的职责。现在,摩托罗拉公司的生产量已经是过去的4倍,但其自身库存只有过去的1/3,叶水福物流公司在其中所起到的对原材料仓储进行调节的作用功不可没。

同时,叶水福公司不仅为天津摩托罗拉公司供应零部件,也担负着为杭州、深圳甚至中南美洲等世界范围内的摩托罗拉生产基地,在原材料短缺时进行补货的任务,在摩托罗拉的全球供应体系中也发挥着至关重要的作用,成为摩托罗拉在中国最大的零部件分拨中心。

作为HUB,叶水福公司在摩托罗拉整个生产供应流程中,起到了连接供应商与生产厂之间的重要物流节点的作用。摩托罗拉天津厂每周将下一周的生产计划与库存状况进行汇总,并将这些信息发送到摩托罗拉美国总部的相关计划管理部门。美国总部迅速根据上述信息,并结合各原材料供应商的产能、交货周期、运送时间与成本等因素,制订出一个最优的采购方案,并将生产、供货信息分别发送至各供应商。各供应商随后按照此计划安排生产,并将产品在规定的时间内发送至叶水福物流公司。而叶水福物流公司统一安排上述生产原材料的运输、储存、分拣、清关等一系列任务,并且根据生产线的要求随时对生产厂进行供货。

资料来源:《国际商报》。

案例5-5

转厂出口、香港一日游还是保税出口?

高先生的公司是生产电器配件的,原材料的90%在国内采购,供应商都是一般纳税人企业,进项税为17%。而客户大多是台资的进料加工企业和来料加工企业。由于客户性质的限制,他们不得不采用转厂出口的形式将货物销售给台资企业。

根据现有的税收管理规定,转厂出口虽然是免税的,但其对应的增值税进项税额则必须做"进项转出"处理,不能退也不能抵。由此,在增值税方面,给高先生的企业造成了重大的税负负担。

我们可以细算一笔账,目前在我国的生产型企业,大多利润率在10%左右。对于像高先生这样的企业,假设其一年的出口销售额为1 000万,毛利率为20%、净利率为10%(一年的净利润约为1 000万 * 10%=

100 万)。那么其原材料成本约为 800 万,国内采购的原材料则为 800 万 * 90%=720 万元,那国内采购的增值税进项税额则为 720/(1+17%) * 17%=105 万元。由于高先生的企业成品全部用于转厂出口,因此,上述的 105 万元进项税额全部做进项转出处理。

通过上面的计算,大家可以清楚地看到,高先生一年所缴纳的增值税额高达 105 万元,而纯利润才 100 万元。那么,有没有一种方法可以让高先生少交这 105 万元的增值税,或者说通过合法的渠道将所交的 105 万元退回来呢?

通过前文所述,我们知道这 105 万元是由于转厂出口不能退税造成的,那么,我们就可以通过对转厂出口下手,更改交易方式从而解决问题。根据我国贸易政策,高先生的企业与台资企业之间的交易可以采用三种方式进行:通过"香港一日游(可以办理退税)"、转厂交易(不能退税),以及通过目前在国内具有入园不离境可退税的保税监管区域进出口进行操作。

对于高先生的客户来说,之所以要求高先生采用转厂的形式交货,其根本原因在于转厂交易能即时收到货物,通过"香港一日游"需要将货物送往我国香港,不仅运输成本高,而且时效上无法保证。如果高先生将转厂出口改为保税物流中心或其他保税监管方式出口,那么相关的计算如下(高先生企业的产品出口退税率为 17%):出口免抵退税额=1 000 万 * 17%=170 万;全年采购的进项税额=720/(1+17%) * 17%=105 万;因此,当期应退税额=105 万元(由于没有内销,所以没有"应纳税额";"免税进口只占 10%,因此不算'免抵退税额抵减额'")。

在上述案例中,高先生做为东莞的民营企业主,他就可以将货物出口至东莞保税物流中心,然后由他的客户从保税中心报进口,操作时效在 120 分钟内完成手续。相关的退税手续,则如出口至海外类似。通过保税监管区域进出口,视同直接进出口,除了可以享受上述的退税政策优惠外,另外一个重要的功能就是可以相应地降低企业由于转厂(深加工结转)带来的关务高风险。

资料来源:福步外贸论坛。

关键词

保税物流货物　保税仓库　出口监管仓库　保税物流中心　保税物流园区　保税区　保税港区　综合保税区

思考与问答

1. 保税物流货物的监管模式有哪两大类?分别包括哪些类型?
2. 结合案例 5 - 1、5 - 3,谈谈设立保税物流区域的意义。
3. 结合案例 5 - 2,讨论出口监管仓库的具体业务和用途。
4. 保税物流中心 A 型与 B 型有什么不同?
5. 比较保税区、保税港区、综合保税区的概念、功能及税收政策。

第六章

其他特殊货物的报关程序

引导案例

北京大学邀请境外一学术代表团来华进行学术交流，通过货运渠道从北京国际机场口岸运进一批讲学必需的设备，其中有一个先进的智能机器人是国内所没有的。货物进口时，北京大学作为收货人委托北京某报关企业在机场海关办理该批设备的进口手续。交流结束后，北京大学同外国代表团协商决定留购该机器人以备研究，并以科教用品的名义办妥减免税手续。其余测试设备在规定期限内经北京国际机场复运出口。

请问：该批设备进口时应填报成什么货物？该机器人留购申报时，又应填报成什么货物？学完本章后你就能回答这一问题。

第一节　特定减免税货物的报关程序

一、特定减免税货物

特定减免税货物是海关根据国家的政策规定准予减免税进口，用于特定地区、特定企业、特定用途的货物。特定地区减免税货物主要是在出口加工区、保税物流园区、保税区、保税港区使用的一些货物；特定企业减免税货物主要是外商投资项目在投资额度内进口自用设备、外商投资企业投资总额外进口自用设备；特定用途减免税货物主要包括国内投资项目进口自用设备、贷款项目进口物资、科教用品、科技开发用品、残疾人专用品、救灾捐赠物资、扶贫慈善捐赠物资等（参见第四章）。

特定减免税货物具有以下特征。

1. 特定条件下减免进口关税

特定减免税是我国关税优惠政策的重要组成部分，是国家无偿向符合条件的进口货物使用企业提供的关税优惠，其目的是优先发展特定地区的经济，鼓励外商在我国的直接投资，促进国有大中型企业和科学、教育、文化、卫生事业的发展。因而，这种关税优惠具有鲜明的特定性，只能在国家行政法规规定的特定条件下使用。特定减免税进口的货物只能以自用为目的，符合享受减免税优惠政策条件的单位不得以自用为名，替他人申请办理进口货物的减免税手续。

2. 属许可证管理的，进口申报应当提交进口许可证件

特定减免税货物是实际进口货物。按照国家有关进出境管理的法律法规，凡属于进口需要交验许可证件的货物，收货人或其代理人应交验进口许可证件。

3. 进口后在特定的海关期限内接受海关监管

进口货物享受特定减免税的条件之一就是在规定的期限,使用于规定的地区、企业和用途,并接受海关的监管。特定减免税进口货物的海关监管期限按照货物的种类各有不同(表 6-1)。

表 6-1 特定减免税货物的海关监管期限

特定减免税货物的范围	设定的海关监管期限
船舶、飞机、建筑材料	8 年
机动车辆(特种车辆)、家用电器	6 年
机器设备、其他设备、材料	5 年

注:建筑材料指钢材、木材、胶合板、人造板、玻璃等。

二、减免税货物的管理

减免税申请人可以自行向海关申请办理减免税备案、审批、税款担保和后续管理业务等相关手续,也可以由已经在海关办理注册登记并取得报关注册登记证书的报关企业代理,还可以由进口货物收货人代理。

有下列情形之一的,减免税申请人可以向海关申请凭税款担保先予办理货物放行手续:主管海关按照规定已经受理减免税备案或者审批申请,尚未办理完毕的;有关进出口税收优惠政策已经国务院批准,具体实施措施尚未明确,海关总署已确认减免税申请人属于享受该政策范围的;其他经海关总署核准的情况。

减免税申请人在货物申报进口前向主管海关提出申请,主管海关准予担保的,出具"准予办理减免税货物税款担保证明",进口地海关凭主管海关出具的准予担保证明,办理货物的税款担保和验放手续。税款担保期限不超过 6 个月,经直属海关关长或者其授权人批准可以予以延期,延期不超过 6 个月。

在海关监管年限内,减免税申请人应当自进口减免税货物放行之日起,在每年第一季度向主管海关递交减免税货物使用状况报告书,期间海关将依法实施稽查。减免税货物因品质或者规格原因原状退运出境,以无代价抵偿方式进口同一类型货物的,不予恢复其减免税额度;未以该方式进口的,可以在货物退运出境之日起 3 个月内向海关申请恢复其减免额度。

三、特定减免税货物的报关程序

特定减免税货物的报关程序一般有减免税备案和审批、进口报关、后续处置和解除监管 3 个阶段。

(一) 减免税备案和审批

减免税申请人向投资项目所在地海关申请办理减免税备案、审批手续。投资项目所在地涉及多个海关的,减免税申请人可以向其所在地海关或者有关海关的共同上级海关申请办理减免税备案、审批手续。

1. 减免税备案

减免税申请人到主管海关办理减免税备案手续,海关对其进行资格确认,对项目是否符合减免税政策要求进行审核,确定项目的减免税额度等事项。

2. 减免税审批

备案后，进口前，减免税申请人应持以下单证向主管海关申领减免税证明：进出口货物征免税申请表；企业营业执照或者相关证书；进出口合同、发票；享受进出口税收优惠政策资格的证明材料；海关认为需要提供的其他材料。

海关审核认可，签发“进出口货物征免税证明”，凭此办理进出口海关手续；无减免税证明的，海关在进出口环节照章征税。《进出口货物征免税证明》有效期为 6 个月，持证人应当在自海关签发该征免税证明的 6 个月内进口经批准的特定减免税货物。《进出口货物征免税证明》实行“一证一批”的原则，即一份征免税证明上的货物只能在一个进口口岸一次性进口。如果一批特定减免税货物需要分两个口岸进口，或者分两次进口的，持证人应当事先分别申领征免税证明。

（二）进口报关

特定减免税货物进口报关程序，与一般进出口货物的报关程序有一些相似之处，但是有些具体手续与一般进出口货物不同。

（1）特定减免税货物进口报关时，进口货物收货人或其代理人除了向海关提交报关单及随附单证以外，还应当向海关提交“进出口货物征免税证明”。海关在审单时从计算机查阅征免税证明的电子数据，核对纸质的“进出口货物征免税证明”。

（2）特定减免税货物一般不豁免进口许可证件，但是对外资企业和香港、澳门、台湾同胞及华侨的投资企业进口本企业自用的机器设备，可免予交验进口许可证件；外商投资企业在投资总额内进口涉及机电产品自动进口许可管理的，也可免予交验进口许可证件。

（3）特定减免税货物进口，填制报关单时，报关员应当特别注意报关单上“备案号”栏目的填写。“备案号”栏内填写《进出口货物征免税证明》上的 12 位长编号，错写 12 位长编号将不能通过海关计算机逻辑审核，或者在提交纸质报关单证时无法顺利通过海关审单。因为海关在审单时将从计算机调阅征免税证明的电子数据，核对纸质的《进出口货物征免税证明》。

（三）后续处置和解除监管

1. 后续处置

（1）变更使用地点

减免税货物在海关监管年限内应当在海关核准的地点使用，需要变更地点的，减免税申请人应当向主管海关提出申请，说明理由，经批准方可变更。减免税货物需要移出主管海关管辖地使用的，申请人应当事先向主管海关申请办理异地监管手续，经主管海关审核同意方可运至转入地海关。异地使用结束后，应申请办结异地监管手续，将减免税货物运回主管海关管辖地。

（2）结转

减免税申请人将进口减免税货物转让给进口同一货物享受同等减免税优惠待遇的其他单位的，应当按照下列规定办理减免税货物结转手续：

- 减免税货物的转出申请人持有关单证向转出地主管海关提出申请，转出地主管海关审核同意后，通知转入地主管海关。减免税货物的转入申请人向转入地主管海关申请办理减免税审批手续。转入地主管海关审核无误后签发《征免税证明》。

- 转出、转入减免税货物的申请人应当分别向各自的主管海关申请办理减免税货物的出口、进口报关手续。转出地主管海关办理转出减免税货物的解除监管手续。结转减免税货物的监管年限应当连续计算，转入地主管海关在剩余监管年限内对结转减免税货物继续实施后续监管。

小测验6－1

东部地区A企业特定减免税进口飞机设备一套，2年后经批准按折旧价格转让给同样享受特定减免税西部地区B企业，海关对B企业飞机设备的监管期限是几年？（　　）。

A. 8年　　B. 6年　　C. 5年　　D. 3年

（3）转让

在海关监管年限内，减免税申请人将进口减免税货物转让给不享受进口税收优惠政策或者进口同一货物不享受同等减免税优惠待遇的其他单位的，应当事先向减免税申请人主管海关申请办理减免税货物补缴税款和解除监管手续。

案例6－1

减免税设备提前解除监管，需补税并提交自动进口许可证

经营单位：＊＊＊电子科技（上海）有限公司

申报商品：热交换器、冷却机

＊＊＊电子科技（上海）有限公司一批减免税设备申请提前解除海关监管，其中有两个商品涉及《自动进口许可证》，8419500090的热交换器和8419899090的冷却机。在现场申报时，被现场海关退单，要求提供相应的许可证件。由于减免税设备提前解除监管所申报的贸易方式为后续补税，而这个贸易方式在H2000系统里是没有设置证件监管的，所以在预录入和电子申报的时候都没有提醒需要相应的许可证件，而在现场申报时，经现场报员人工审核退单要求提供《自动进口许可证》。

【海关退单提示】

减免税设备提前解除监管，按照国家有关规定在进口时免予提交许可证件的进口减免税货物，应当补交有关证件。

【处理结果】

将所需要的许可证件补齐后交海关，并修改报关单的“随附单据”栏，将许可证件的代码和编号补填。

【案例分析】

1. 海关总署令第179号（《中华人民共和国海关进出口货物减免税管理办法》）在第四十二条规定：“在海关监管年限内的进口减免税货物，减免税申请人书面申请提前解除监管的，应当向主管海关申请办理补缴税款和解除监管手续。按照国家有关规定在进口时免予提交许可证件的进口减免税货物，减免税申请人还应当补交有关许可证件。”

2. 海关业务信息化管理系统（以下简称“H2000系统”）在电子审单审证过程中先是按“商品编码”确定进出口货物是否涉及进出口许可证件，再按进出口“贸易方式”来确定是否涉及进出口许可证件管理，在海关“H2000系统”中的《监管方式证件表》参数库中监管方式代码“9700后续补税”这个贸易方式并未设置任何监管证件代码，也就意味着用此贸易方式申报的后续特殊货物是需通过人工审单予以判别的。而这并不是我们作为不知情的借口。我们应该熟悉海关相应法律法规，该需提供许可证件还是要提供。我们可以从《商品综合分类表》相应商品编号项下对应的监管证件提示及《监管方式对应证件表》并结合已公布的海关相关公告共同来判断进出口货物是否需要提交进出口许可证件。

3. 值得注意的是依据上述规定，如果当时进口设备的状态是“旧品”时，由于在进口申报时就提供了相应的监管证件，如果申请减免税设备提前解除监管，申报时就不需要再提供相应的许可证件了。

2. 解除监管

（1）自动解除

特定减免税货物在海关监管期满后，自动解除海关监管。

(2) 申请解除

监管期满申请解除监管,纳税义务人需要开"解除监管"证明的,可以自监管年限届满之日起1年内向海关申请,海关自接到申请之日起20日内核发"减免税进口货物解除监管证明"。

监管期内申请解除监管,可以有以下几种处理方式:

- 销售、转让:办理纳税手续——→海关(按使用的时间)征税后签发"解除监管证明书"——→可以销售、转让;
- 退运出境:办理出境手续——→海关监管下出境——→企业持报关单及其他单证申请解除监管;
- 放弃货物:海关核准放弃后,将货物拍卖,所得款上缴国库,凭以申领解除监管证明;
- 企业破产清算中特定减免税货物的处理:先申请——→征税——→解除监管——→进入破产清算,变卖、拍卖程序。

答疑解惑 6-1

外商无偿提供设备能否解除海关监管

某先生:某工艺服装厂承接一万套服装来料加工合同,加工期两年,成品全部返销日本,合同规定,外商无偿提供一套价值2.5万美元的专用设备。合同期满加工成品全部出口后,该厂向海关办理合同核销手续,该设备可以随之解除海关监管吗?

海关答:不可以解除海关监管。该专用设备不属于保税货物,而属于特定减免税货物。海关对不同特定减免税货物规定了不同的监管年限,只有年限到期方可解除海关监管。根据海关现行规定,该专用设备的监管年限应为5年,到期退运,不退运的,办理有关手续。

第二节　暂准进出境货物的报关程序

一、相关概念及海关监管特征

(一) 含义

暂准进出境货物是暂准进境货物和暂准出境货物的合称。前者是指经海关批准暂时进境,在进境时纳税义务人向海关缴纳相当于应纳税款的保证金或者提供其他担保可以暂不缴纳税款,并按规定的期限原状复运出境的货物;后者是指经海关批准暂时出境,在出境时纳税义务人向海关缴纳相当于应纳税款的保证金或者提供其他担保可以暂不缴纳税款,并按规定的期限原状复运进境的货物。具体范围包括如下:

- 在展览会、交易会、会议及类似活动中展示或者使用的货物;
- 文化、体育交流活动中使用的表演、比赛用品;
- 进行新闻报道或者摄制电影、电视节目使用的仪器、设备及用品;
- 开展科研、教学、医疗活动使用的仪器、设备及用品;
- 上述四项所列活动中使用的交通工具及特种车辆;
- 暂时进出的货样;
- 供安装、调试、检测设备时使用的仪器、工具;
- 盛装货物的容器;

- 慈善活动中使用的仪器、设备及用品；
- 旅游用自驾交通工具及其用品；
- 工程施工中使用的设备、仪器及用品；
- 海关批准的其他暂时进出境货物。

（二）海关监管特征

- 有条件暂时免予缴纳税费

暂准进出境货物在向海关申报进出境时，不必缴纳进出口税费，但收发货人须向海关提供担保。

- 免于提交进出口许可证件

暂准进出境货物不是实际进出口货物，只要按照暂准进出境货物的有关法律、行政法规办理进出境手续，可以免交验进出口许可证件。但是，涉及公共道德、公共安全、公共卫生所实施的进出境管制制度的暂准进出境货物应当凭许可证件进出境。

- 规定期限内按原状复运进出境

暂准进出境货物应当自进境或者出境之日起6个月内复运出境或者复运进境；经收发货人申请，海关可以根据规定延长复运出境或者复运进境的期限。

- 按货物实际使用情况办结海关手续

暂准进出境货物都必须在规定期限内，由货物的收发货人根据货物不同的情况向海关办理核销结关手续。

上述12项暂准进出境货物按照我国海关的监管方式可以归纳为：使用ATA单证册报关的暂准进出境货物；不使用ATA单证册报关的展览品；集装箱箱体；暂时进出口货物等四种类型。以下分述其报关程序。

二、使用ATA单证册的暂准进出境货物

（一）ATA单证册概述

1. ATA单证册的含义

ATA是由法文“Admission Temporaire”与英文“Temporary Admission”的首字母组成，表示“暂准进口”，即货物在暂准进口国进口后，在一年内原状复出口。ATA单证册的英文名称为“ATA CARNET”，国际贸易界亲切地将其称为“货物护照”。ATA单证册是一份国际通用的报关文件，专用于暂准进口货物报关使用，它既代替了货物在国内外报关所需要的所有报关文件，又使货物免纳进口关税，确保持证人可以快捷方便地办理海关手续。

近几十年来，随着世界贸易与文化的不断发展和融合，厂商在国外展示产品，工程技术人员、影视摄制组等携专业设备去国外使用等活动越来越频繁。过去，要把在这些活动中使用的货物出口到国外，必须事先了解各国的海关要求，填写各国不同的海关申报单，还要提供进口国海关所要求的关税担保，这笔担保往往是高额外汇押金，给货主带来许多不便。为解决这些问题，世界海关组织（前海关合作理事会）创建了ATA单证册制度。

2. ATA单证册在我国的适用范围、签发机构和有效期

在我国，使用ATA单证册的范围仅限于展览会、交易会、会议及类似活动项下的货物。除此以外的货物，我国海关不接受持ATA单证册办理进出口申报手续。

我国进出境展览品及相关货物的报关自1998年1月1日起开始启用ATA单证册制度。

ATA 单证册的担保协会和出证协会一般是由国际商会国际局和各国海关批准的各国国际商会。中国国际商会是我国 ATA 单证册的担保协会和出证协会。

根据国际公约的规定，ATA 单证册的有效期最长是 1 年。但我国海关只接受展览品及相关货物使用 ATA 单证册申报进出口，因此，使用 ATA 单证册报关的货物暂时进出境期限为自货物进出境之日起 6 个月。超过 6 个月的，需经直属海关批准延期，延期最多不超过 3 次如在 18 个月延长期届满后仍需要延期的，需经海关总署批准。暂时进出境货物申请延长期限超过 ATA 单证册有效期的，持证人应续签 ATA 单证册。

3. ATA 单证册的格式

一份 ATA 单证册一般由 8 页 ATA 单证组成：一页绿色封面单证、一页黄色出口单证、一页白色进口单证、一页白色复出口单证、两页蓝色过境单证、一页黄色复进口单证、一页绿色封底。

4. ATA 单证册的使用程序

使用 ATA 单证册，首先要向出证协会提出申请，缴纳一定的手续费，并按出证协会的规定提供担保。出证协会审核后签发 ATA 单证册。持证人凭 ATA 单证册将货物在出境国（地区）暂时出境，又暂时进境到进境国（地区），进境国（地区）海关经查验签章放行。货物完成暂时进境的特定使用目的后，从进境国（地区）复运出境，又复运进境到原出境国（地区）。持证人将使用过的、经各海关签注的 ATA 单证册交还给原出证协会。ATA 单证册的整个使用过程到此结束。

（二）适用 ATA 单证册的暂准进出境货物的报关

1. 进境申报

进境货物收货人或其代理人持 ATA 单证册向海关申报进境展览品时，先在海关核准的出证协会即中国国际商会以及其他商会，将 ATA 单证册上的内容预录入海关与商会联网的 ATA 单证册电子核销系统，然后向展览会主管海关提交纸质 ATA 单证册、提货单等单证。

海关在白色进口单证上签注，并留存白色进口单证（正联），退还其存根联和 ATA 单证册其他各联给货物收货人或其代理人。

2. 出境申报

出境货物发货人或其代理人持 ATA 单证册向海关申报出境展览品时，向出境地海关提交国家主管部门的批准文件、纸质 ATA 单证册、装货单等单证。

海关在绿色封面单证和黄色出口单证上签注，并留存黄色出口单证（正联），退还其存根联和 ATA 单证册其他各联给出境货物发货人或其代理人。

3. 过境申报

过境货物承运人或其代理人持 ATA 单证册向海关申报将货物通过我国转运至第三国参加展览会的，不必填制过境货物报关单。海关在两份蓝色过境单证上分别签注后，留存蓝色过境单证（正联），退还其存根联和 ATA 单证册其他各联给运输工具承运人或其代理人。

4. 担保和许可证件

持 ATA 单证册向海关申报进出境展览品，不需向海关提交进出口许可证件，也不需另外再提供担保。但如果进出境展览品及相关货物受公共道德、公共安全、公共卫生、动植物检疫、濒危野生动植物保护、知识产权保护等限制的，展览品收发货人或其代理人应当向海关提交进出口许可证件。

ATA 单证册必须使用英语或法语，如果需要，也可以同时使用第三种语言印刷。我国海关接受中文或英文填写的 ATA 单证册的申报。用英文填写的 ATA 单证册，海关可要求提供中文译本。

5. 结关

持证人在规定期限内将进境展览品或出境展览品复运出境或复运进境，海关在白色复出口单证和黄色复进口单证上分别签注，留存单证（正联），退还其存根联和 ATA 单证册其他各联给持证人，正式核销"结关"。

持证人不能按规定期限将展览品复运进出境的，我国海关向担保协会即中国国际商会提出追索。

案例6－2

一起 ATA 单证册印章真伪查询案例

随着 ATA 单证册出口签发量的增加，国外海关对单证册上签章、印章的真实有效性进行查询的几率也呈上升趋势。事实上，很多签证大户，如美国、瑞士等都经常遇到这样的查询。因此，作为中国 ATA 单证册担保商会，中国贸促会应加强与海关总署监管司、国际司的紧密合作，力求避免不必要的索赔费用发生。以下是一个真实的案例。

2007 年 5 月，中国贸促会为北京市人民政府新闻办公室签发了一份前往俄罗斯的 ATA 单证册，途中需过境拉托维亚。3 个月后单证册使用完毕退还，核销时发现过境拉托维亚只签注了进口，未签注复出口，中国的复进口及其他签注均正常，拉托维亚不收取调整费，因此贸促会将此单证册正常核销。

2008 年 11 月中国贸促会收到拉托维亚海关索赔，要求提供复出境拉托维亚的证据。我方提交了单证册项下货物复进口中国的存根复印件作为证据。2009 年 3 月，我方收到拉托维亚的缴款通知书，要求赔付 5 094.71 拉特，折合人民币 69 190 元。经与拉托维亚商会沟通了解，拉托维亚海关由于对我方提交的证据中关于中国海关的复进口签章是否真实有怀疑，曾传真到中国海关总署要求鉴定真伪，但未收到回复。

了解事情原委后，中国贸促会马上跟国际商会（ICC）世界商会联合会（WCF）ATA 负责人联系；同时，联系拉托维亚商会，得到其授权向中国海关发函查询；随后，跟 ATA 对口的中国海关业务部门——海关总署监管司联络，了解拉托维亚发给中国海关的查询函未得到回复的原因。

海关总署监管司表示，他们从未收到拉托维亚海关的查询函。原来，海关总署国际司是跟 ATA 业务紧密合作的另外一个重要部门，它负责中国海关所有对外发函。拉托维亚海关的传真没发对号，查询函根本没到国际司。

海关总署监管司了解情况后，即开展核查复进口签章。由于单证册项下货物是从天津海关复进口的，天津海关对此单证册进行核查后，正式发函作了证明，单证册存根联天津海关的签章真实有效。海关总署监管司随后正式发文回复贸促会确认中国海关复进口签章的真实有效。

收到海关总署监管司回函后，贸促会马上将中文回复扫描并作为附件发邮件通知拉托维亚海关、拉托维亚商会，同时抄送 ICC/WCF/ATA 负责人，同时将正式的英文函回复拉托维亚海关。

该案最终顺利解决，维护了我国出口企业和中国贸促会作为担保商会的正当权益，避免了不必要的索赔费用。

资料来源：《国际商报》。

三、不使用 ATA 单证册报关的展览品

进出境展览品的海关监管有使用 ATA 单证册的，也有不使用 ATA 单证册直接按展览

品监管的。以下介绍不使用ATA单证册报关的展览品。

(一)进出境展览品的范围

进境展览品包含在展览会中展示或示范用的货物、物品,为示范展出的机器或器具所需用的物品,展览者设置临时展台的建筑材料及装饰材料,供展览品做示范宣传用的电影片、幻灯片、录像带、录音带、说明书、广告等。

以下与展出活动有关的物品也可以按展览品申报进境:

- 为展出的机器或器具进行操作示范,并在示范过程中被消耗或损坏的物料;
- 展出者为修建、布置或装饰展台而进口的一次性廉价物品,如油漆、涂料、壁纸;
- 参展商免费提供并在展出中免费散发的与展出活动有关的宣传印刷品、商业目录、说明书、价目表、广告招贴、广告日历、未装框照片等;
- 供各种国际会议使用或与其有关的档案、记录、表格及其他文件。

以下货物虽然在展览活动中使用,但不是展览品:

- 展览会期间出售的小卖品,属于一般进口货物范围;
- 展览会期间使用的含酒精饮料、烟叶制品、燃料,虽然不是按一般进口货物管理,但海关对这些商品一律征收关税,其中属于参展商随身携带进境的含酒精饮料、烟叶制品,则按进境旅客携带物品的有关规定管理。

出境展览品包含国内单位赴国外举办展览会或参加外国博览会、展览会而运出的展览品,以及与展览活动有关的宣传品、布置品、招待品及其他公用物品。

与展览活动有关的小卖品、展卖品,可以按展览品报关出境,不按规定期限复运进境的办理一般出口手续,交验出口许可证件,缴纳出口关税。

(二)展览品的暂准进出境期限

进口展览品的暂准进境期限是6个月,即自展览品进境之日起6个月内复运出境。如果需要延长复运出境的期限,应当向主管海关提出申请。经批准可以延长,延长期限最长不超过6个月。出口展览品的暂准出境期限与进口相同。

(三)展览品的进出境申报

1. 进境申报

展览品进境之前,展览会主办单位应当将举办展览会的批准文件连同展览品清单一起送展出地海关,办理登记备案手续。

展览品进境申报手续可以在展出地海关办理。从非展出地海关进口的,可以申请在进境地海关办理转关运输手续,将展览品在海关监管下从进境口岸转运至展览会举办地主管海关办理申报手续。

展览会主办单位或其代理人应当向海关提交报关单、展览品清单、提货单、发票、装箱单等。展览品中涉及检验检疫等管制的,还应当向海关提交有关许可证件。同时,展览会主办单位或其代理人应当向海关提供担保。

海关一般在展览会举办地对展览品开箱查验。展览品开箱前,展览会主办单位或其代理人应当通知海关。海关查验时,展览品所有人或其代理人应当到场,并负责搬移、开拆、封装货物。

2. 出境申报

展览品出境申报手续应当在出境地海关办理。在境外举办展览会或参加国外展览会的企业应当向海关提交国家主管部门的批准文件、报关单、展览品清单一式两份等单证。

展览品属于应当缴纳出口关税的，向海关缴纳相当于税款的保证金；属于核用品、“核两用品”及相关技术的出口管制商品的，应当提交出口许可证。

海关对展览品开箱查验，核对展览品清单。查验完毕，海关留存一份清单，另一份封入“关封”交还给出口货物发货人或其代理人，凭以办理展览品复运进境申报手续。

（四）进出境展览品的核销结关

1. 复运进出境

进境展览品按规定期限复运出境，出境展览品按规定期限复运进境后，海关分别签发报关单证明联，展览品所有人或其代理人凭以向主管海关办理核销“结关”手续。

展览品未能按规定期限复运进出境的，展览会主办单位或出国举办展览会的单位应当向主管海关申请延期，在延长期内办理复运进出境手续。

2. 转为正式进出口

进境展览品在展览期间被人购买的，由展览会主办单位或其代理人向海关办理进口申报、纳税手续，其中属于许可证件管理的，还应当提交进口许可证件。

出口展览品在境外参加展览会后被销售的，由海关核对展览品清单后要求企业补办有关正式出口手续。

3. 展览品放弃或赠送

展览会结束后，进口展览品的所有人决定将展览品放弃交由海关处理的，由海关变卖后将款项上缴国库。有单位接受放弃展览品的，应当向海关办理进口申报、纳税手续。

展览品的所有人决定将展览品赠送的，受赠人应当向海关办理进口手续，海关根据进口礼品或经贸往来赠送品的规定办理。

4. 展览品毁坏、丢失、被窃

展览品因毁坏、丢失、被窃等原因，而不能复运出境的，展览会主办单位或其代理人应当向海关报告。对于毁坏的展览品，海关根据毁坏程度估价征税；对于丢失或被窃的展览品，海关按照进口同类货物征收进口税。

展览品因不可抗力遭受损毁或灭失的，海关根据受损情况，减征或免征进口税。

案例6-3

展览品进境展出报关典型案例

上海公安局邀请境外一无线电设备生产厂商到上海展览馆展出其价值100万美元的无线电设备，并委托上海某展览报关公司A办理一切手续，上海展出后又决定把其中价值40万美元的设备运到杭州展出。设备从杭州返回后，上海公安局决定购买其中的20万美元设备。境外厂商为了感谢上海公安局，赠送了5万美元的设备给上海公安部门。其余设备退出境外。作为A公司的报关员应当办理哪些手续？

1. 上海展出手续

- 进境展览要由境内展出单位的上级主管部门审批。上海公安局展出，由公安部或上海市人民政府审批。无线电设备要由“无管会”审批。暂时进口的“无管会”批件没有文号，展品属于暂时进口。
- 凭公安部或上海市政府批件、上海市“无管会”没有文号的批件、展品清单及其他展出资料到上海海关展览物品主管部门虹桥办事处备案。
- 物品到港后，填写进口货物报关单，预录入，电子通关。
- 向虹桥办事处交单：报关单；“无管会”批件；发票、装箱单、提货单。

● 提供担保(相当于税款的保证金或保证函)。

● 取得海关盖了章的提货单。

● 提货。

● 在布置展出时,陪同海关查验,负责搬移货物、开拆包装、重封包装。

2. 杭州展出手续

● 凭杭州展出单位上级主管部门的批件、展出清单及其他资料到杭州海关备案。

● 向杭州海关提前报关转关,或向上海海关直接转关,办理40万美元展品的转关运输手续。

● 在杭州海关办理展出手续,闭馆后再以转关运输的方式转运至上海,到虹桥办事处办理有关手续。

3. 展出闭馆出境前的仓储手续

● 60万美元的留在上海的展品应向虹桥办事处办理进入公共型保税仓库的海关手续。

● 从杭州运回的40万美元的展品也应向杭州办事处办理进入公共型保税仓库的海关手续。

4. 留购与赠送手续

● 20万美元的留购展品

如C公司有进出口经营权,则可由C公司参展商签订进出口合同,如C公司无进出口经营权,则应委托有关外贸公司签订进口合同;C公司填写进口报关单,预录入,电子通关,提供无管会有文号的批件和上海机电审查办的机电产品登记证明,以留购价作为完税价格缴纳进口税;凭已完税税款缴纳证和报关单以及海关签章的出库单从公共型保税仓库提取20万美元的无线电设备。

● 5万美元的赠送展品

属于经贸往来无偿赠送的物品,要有公安局上级主管部门审批,要办理有文号的无线电审批批件和机电审批批件,要照章纳税;凭上述3个批件办理报关手续,填写报关单,预录入,电子通关,按进口CIF价格作为完税价格缴纳进口税。

5. 75万美元的展品的出库离境报关。

6. 凭已办结海关手续的有关单证及担保收据向主管海关办理撤销担保手续。

资料来源:法律快车报关商检。

四、集装箱箱体

(一) 含义

集装箱箱体既是一种运输设备,又是一种货物。当货物用集装箱装载进出口时,集装箱箱体就作为一种运输设备;当一个企业购买进口或销售出口集装箱时,集装箱箱体又与普通的进出口货物一样了。这里,主要介绍在通常情况下,集装箱作为运输设备暂时进出境的报关。

(二) 暂准进出境集装箱箱体的报关

暂准进出境的集装箱箱体报关有两种情况。

(1) 境内生产的集装箱及我国营运人购买进口的集装箱在投入国际运输前,营运人应当向其所在地海关办理登记手续。

海关准予登记并符合规定的集装箱箱体,无论是否装载货物,海关准予暂时进境和异地出境,营运人或其代理人无需对箱体单独向海关办理报关手续,进出境时也不受规定的期限限制。

(2) 境外集装箱箱体暂准进境,无论是否装载货物,承运人或其代理人应当对箱体单独向海关申报,并应当于入境之日起6个月内复运出境。如因特殊情况不能按期复运出境的,营运人应当向"暂准进境地"海关提出延期申请,经海关核准后可以延期,但延长期最长不得超过3

个月，逾期应按规定向海关办理进口报关纳税手续。

五、暂时进出口货物

（一）暂时进出口货物的范围

《关税条例》规定可以暂不缴纳税款的12项暂准进出境货物除使用ATA单证册报关的货物、不使用ATA单证册报关的展览品、集装箱箱体按各自的监管方式由海关进行监管外，其余的均按《中华人民共和国海关对暂时进出口货物监管办法》进行监管，因此均属于暂时进出口货物的范围。

（二）暂时进出口货物的期限

暂时进口货物应当自进境之日起6个月内复运出境，暂时出口货物应当自出境之日起6个月内复运进境。如果因特殊情况不能按规定期限复运出境或者复运进境的，应当向海关申请延期，经批准可以适当延期，延期最长不超过6个月。

（三）进出境申报

暂时进出口货物进出境要经过海关的核准。暂时进出口货物进出境核准属于海关行政许可范围，应当按照海关行政许可的程序办理。

1. 暂时进口货物进境申报

暂时进口货物进境时，收货人或其代理人应当向海关提交主管部门允许货物为特定目的而暂时进境的批准文件、进口货物报关单、商业及货运单据等，向海关办理暂时进境申报手续。

暂时进口货物不必提交进口货物许可证件，但对国家规定需要实施检验检疫的，或者为公共安全、公共卫生等实施管制措施的，仍应当提交有关的许可证件。

暂时进口货物在进境时，进口货物的收货人或其代理人免予缴纳进口税，但必须向海关提供担保。

2. 暂时出口货物出境申报

暂时出口货物出境，发货人或其代理人应当向海关提交主管部门允许货物为特定目的而暂时出境的批准文件、出口货物报关单、货运和商业单据等，向海关办理暂时出境申报手续。

暂时出口货物除易制毒化学品、监控化学品、消耗臭氧层物质、有关核用品、“核两用品”及相关技术的出口管制条例管制的商品以及其他国际公约管制的商品按正常出口提交有关许可证件外，不需交验许可证件。

（四）核销结关

1. 复运进出境

暂时进口货物复运出境，暂时出口货物复运进境，进出口货物收、发货人或其代理人必须留存由海关签章的复运进出境的报关单，准备报核。

2. 转为正式进口

暂时进口货物因特殊情况，改变特定的暂时进口目的转为正式进口，进口货物收货人或其代理人应当向海关提出申请，提交有关许可证件，办理货物正式进口的报关纳税手续。

3. 放弃

暂时进口货物在境内完成暂时进口的特定目的后，如货物所有人不准备将货物复运出境的，可以向海关声明将货物放弃，海关按放弃货物的有关规定处理。

4. 核销结关

暂时进口货物复运出境,或者转为正式进口,或者放弃后;暂时出口货物复运进境,或者转为正式出口后,收发货人向海关提交经海关签注的进出口货物报关单,或者处理放弃货物的有关单据以及其他有关单证,申请报核。海关经审核,情况正常的,退还保证金或办理其他担保销案手续,予以结关。

第三节 其他进出境货物的报关程序

一、转关运输货物

(一) 相关概念及其他

1. 含义

转关运输是指进出口货物在海关监管下,从一个海关运至另一个海关办理某项海关手续的行为,包括货物由进境地入境,向海关申请转关、运往另一个设关地点进口报关;货物在启运地出口报关运往出境地,由出境地海关监管出境;海关监管货物从境内一个设关地点运往境内另一个设关地点报关。

2. 申请转关运输应符合的条件

- 转关的指运地和启运地必须设有海关;
- 转关的指运地和启运地应当设有经海关批准的监管场所;
- 转关承运人应当在海关注册登记,承运车辆符合海关监管要求,并承诺按海关对转关路线范围和途中运输时间所作的限定将货物运往指定的场所。

以下货物不得申请转关运输:动物废料、冶炼渣、木制品废料、纺织品废物、贱金属及其制成品的废料、各种废旧五金、电机电器产品等、废运输设备、特殊需进口的废物、废塑料和碎料及下脚料;易制毒化学品、监控化学品、消耗臭氧层物质、氯化钠;汽车类,包括成套散件和二类底盘。

3. 转关运输的方式

转关运输有提前报关转关、直转转关和中转转关三种方式。

(1) 提前报关转关

提前报关方式是指进口货物在指运地先申报,再到进境地办理进口转关手续;出口货物在货物未运抵启运地监管场所前先申报,货物运抵监管场所后再办理出口转关手续的方式。

(2) 直转转关

进口直转转关是指在进境地海关办理转关手续,货物运抵指运地再在指运地海关办理报关手续的进境货物的进口转关。出口直转转关是指在货物运抵启运地海关监管场所报关后,在启运地海关办理出口转关手续的出境货物的出口转关。

(3) 中转转关

中转转关方式是指在收、发货人或其代理人向指运地或启运地海关办理进出口报关手续后,由境内承运人或其代理人统一向进境地或启运地海关办理进口或出口转关手续。

具有全程提运单,必须换装境内运输工具的进出口中转货物适用中转转关方式。

小测验 6-2

武汉泰华公司(420123××××)在投资总额内委托武汉机械进出口公司(420191××××)于2009年6月与香港某公司签约进口一套自用设备,该设备属于鼓励类进口项目。设备于2010年6月1日从上海吴淞海关进境,该合资企业委托上海华宇货代公司于2010年6月2日向上海海关办理转关申请手续,后由“长江号”轮船于2010年6月5日(周一)运抵武汉,并于2010年6月20日向武汉江岸办理进口报关手续,货物经海关查验后放行。案例中的转关手续属于(　　)。

A. 提前报关转关　　B. 直转转关　　C. 中转转关　　D. 直通转关

(二) 报关程序

1. 进口货物的转关

(1) 提前报关的转关

进口货物的收货人或其代理人在进境地海关办理进口货物转关手续前,向指运地海关录入“进口货物报关单”电子数据。指运地海关提前受理电子申报,接受申报后,计算机自动生成“进口转关货物申报单”,向进境地海关传输有关数据。

提前报关的转关货物收货人或其代理人应向进境地海关提供“进口转关货物申报单”编号,并提交下列单证办理转关运输手续:“进口转关货物核放单”(广东省内公路运输的,提交“进境汽车载货清单”);“汽车载货登记簿”或“船舶监管簿”;提货单。

提前报关的进口转关货物应在电子数据申报之日起5日内,向进境地海关办理转关手续。超过期限仍未到进境地海关办理转关手续的,将被指运地海关撤销提前报关的电子数据。提前报关的进口转关货物,进境地海关因故无法调阅进口转关数据时,可以按直转方式办理转关手续。

(2) 直转方式的转关

货物的收货人或其代理人在进境地录入转关申报数据,持下列单证直接办理转关手续:“进口转关货物申报单”(广东省内公路运输的,提交“进境汽车载货清单”);“汽车载货登记簿”或“船舶监管簿”。

直转的转关货物收货人或其代理人,应当在运输工具申报进境之日起14天内向进境地海关申报,办理转关运输手续。逾期办理需缴纳滞报金。

直转的转关货物应当在海关限定的时间内运抵指运地。货物运抵指运地之日起14天内,进口货物的收货人或其代理人向指运地海关申报。逾期申报需缴纳滞报金。

(3) 中转方式的转关

中转方式的进口转关一般采用提前报关转关。

具有全程提运单、需要换装境内运输工具的中转转关货物的收货人或其代理人向指运地海关办理进口报关手续后,由境内承运人或其代理人向进境地海关提交“进口转关货物申报单”、“进口货物中转通知书”、按“指运地目的港”分列的“纸质舱单”(空运方式提交“联程运单”)等单证办理货物转关手续。

2. 出口货物的转关

(1) 提前报关的转关

由货物的发货人或其代理人在货物未运抵启运地海关监管场所前,先向启运地海关录入“出口货物报关单”电子数据,由启运地海关提前受理电子申报,生成“出口转关货物申报单”数据,传输至出境地海关。

货物应于电子数据申报之日起5日内,运抵启运地海关监管场所,并持下列单证向启运地海关办理出口转关手续:“出口货物报关单”;“汽车载货登记簿”或“船舶监管簿”;广东省内公路运输的“出境汽车载货清单”。超过期限的,将被启运地海关撤销提前报关的电子数据。

货物到达出境地后,发货人或其代理人应持下列单证向出境地海关办理转关货物出境手续:启运地海关签发的“出口货物报关单”;“出口转关货物申报单”或“出境汽车载货清单”;“汽车载货登记簿”或“船舶监管簿”。

(2) 直转方式的转关

由发货人或其代理人在货物运抵启运地海关监管场所后,向启运地海关录入“出口货物报关单”电子数据,启运地海关受理电子申报,生成“出口转关货物申报单”数据,传输至出境地海关。

发货人或其代理人应持下列单证在启运地海关办理出口转关手续:“出口货物报关单”;“汽车载货登记簿”或“船舶监管簿”;广东省内运输的“出境汽车载货清单”。

直转的出口转关货物到达出境地后,发货人或其代理人应持下列单证向出境地海关办理转关货物的出境手续;启运地海关签发的“出口货物报关单”;“出口转关货物申报单”或“出境汽车载货清单”;“汽车载货登记簿”或“船舶监管簿”。

(3) 中转方式的转关

具有全程提运单、需要换装境内运输工具的出口中转转关货物,货物的发货人或其代理人向启运地海关办理出口报关手续后,由承运人或其代理人向启运地海关录入并提交“出口转关货物申报单”、凭出境运输工具分列的电子或“纸质舱单”、“汽车载货登记簿”或“船舶监管簿”等单证向启运地海关办理货物出口转关手续。

经启运地海关核准后,签发“出口货物中转通知书”,承运人或其代理人凭以办理中转货物的出境手续。

3. 海关监管货物的转关

海关监管货物的转关运输,除加工贸易深加工结转按有关规定办理外,均应按进口转关方式办理。

(1) 提前报关的,由转入地(相当于指运地)货物收货人及其代理人,在转出地(相当于进境地)海关办理监管货物转关手续前,向转入地海关录入进口货物报关单电子数据报关。由转入地海关提前受理电子申报,并生成“进口转关货物申报单”,向转出地海关传输。转入地货物收货人或其代理人应持“进口转关货物核放单”和“汽车载货登记簿”或“船舶监管簿”,并提供“进口转关货物申报单”编号,向转出地海关办理转关手续。

(2) 直转的,由转入地货物收货人或其代理人在转出地录入转关申报数据,持“进口转关货物申报单”和“汽车载货登记簿”或“船舶监管簿”,直接向转出地海关办理转关手续。货物运抵转入地后,海关监管货物的转入地收货人或其代理人向转入地海关办理货物的报关手续。

(三) 监管和报关要点

1. 转关运输的期限

(1) 直转方式转关的期限

直转方式转关的进口货物应当自运输工具申报进境之日起 14 天内向进境地海关办理转关手续,在海关限定期限内运抵指运地之日起 14 天内,向指运地海关办理报关手续。逾期按规定征收滞报金。在进境地办理转关手续逾期的,以自载运进口货物的运输工具申报进境之日起第 15 日为征收滞报金的起始日;在指运地申报逾期的,以自货物运抵指运地之日起第 15

日为征收滞报金的起始日。

(2) 提前报关方式转关的期限

进口转关货物应在电子数据申报之日起的 5 日内,向进境地海关办理转关手续,超过期限仍未到进境地海关办理转关手续的,指运地海关撤销提前报关的电子数据。

出口转关货物应于电子数据申报之日起 5 日内,运抵启运地海关监管场所,办理转关和验放等手续,超过期限的,启运地海关撤销提前报关的电子数据。

2. 转关运输申报单证的法律效力

转关货物申报的电子数据与书面单证具有同等的法律效力,对确实因为填报或传输错误的数据,有正当的理由并经海关同意,可作适当的修改或者撤销。对海关已决定查验的转关货物,则不再允许修改或撤销申报内容。

二、过境、转运、通运货物

(一) 过境货物

1. 过境货物的含义及范围

过境货物是指从境外启运,在我国境内不论是否换装运输工具,通过陆路运输继续运往境外的货物。

下列货物准予过境:与我国签有过境货物协定国家的过境货物,或在同我国签有铁路联运协定的国家收、发货的过境货物;未与我国签有过境货物协定但经国家经贸、运输主管部门批准,并向入境地海关备案后准予过境的货物。

下列货物禁止过境:来自或运往我国停止或禁止贸易的国家和地区的货物;各种武器、弹药、爆炸品及军需品(通过军事途径运输的除外);各种烈性毒药、麻醉品和鸦片、吗啡、海洛因、可卡因等毒品;我国法律、法规禁止过境的其他货物物品。

2. 海关对过境货物的监管要求

海关对过境货物监管的目的是为了防止过境货物在我国境内运输过程中滞留在国内,或将我国货物混入过境货物随运出境;防止禁止过境货物从我国过境。

过境货物经营人应当持主管部门的批准文件和工商行政管理部门颁发的营业执照,向海关主管部门申请办理注册登记手续;装载过境货物的运输工具,应当具有海关认可的加封条件或装置。海关认为必要时,可以对过境货物及其装载装置进行加封;运输部门和过境货物经营人应当负责保护海关封志的完整,任何人不得擅自开启或损毁。

3. 过境货物报关程序

过境货物进境时,过境货物经营人或报关企业应当向海关递交"过境货物报关单"以及海关规定的其他相关单证,办理过境手续。

过境货物经进境地海关审核无误后,进境地海关在提运单上加盖"海关监管货物"戳记,并将"过境货物报关单"和过境货物清单制作"关封"后加盖"海关监管货物"专用章,连同上述提运单一并交经营人或报关企业。过境货物经营人或承运人应当负责将上述单证及时地交出境地海关验核。

过境货物出境时,过境货物经营人或报关企业应当及时向出境地海关申报,并递交进境地海关签发的"关封"和其他单证。经出境地海关审核有关单证、"关封"和货物后,由海关加盖放行章,在海关的监管下出境。

过境货物的过境期限为 6 个月,因特殊原因,可以向海关申请延期,经海关同意后,可延期

3个月。过境货物超过规定的期限3个月仍未过境的,海关按规定依法提取变卖,变卖后的货款按有关规定处理。

过境货物进境后因换装运输工具等原因需卸地储存时,应当经海关批准并在海关监管下存入海关指定或同意的仓库或场所。过境货物在进境以后、出境以前,应当按照运输主管部门规定的路线运输,运输部门没有规定的,由海关指定。海关可根据情况需要派员押运过境货物运输。

(二)转运货物

1. 转运货物的含义

转运货物是指由境外启运,通过我国境内设立海关的地点换装运输工具,不通过境内陆路运输,继续运往境外的货物。

2. 货物转运的条件

进境运输工具载运的货物必须具备下列条件之一,方可办理转运手续:

- 持有转运或联运提货单的;
- 进口载货清单上注明是转运货物的;
- 持有普通提货单,但在卸货前向海关声明转运的;
- 误卸下的进口货物,经运输工具经理人提供确实证件的;
- 因特殊原因申请转运,获海关批准的。

3. 转运货物的报关程序

- 载有转运货物的运输工具进境后,承运人应当在“进口载货清单”上列明转运货物的名称、数量、启运地和到达地,并向主管海关申报进境;
- 申报经海关同意后,在海关指定的地点换装运输工具;
- 在规定时间内运送出境。

4. 海关对转运货物的监管要点

- 海关对转运货物实施监管的主要目的在于防止货物在口岸换装过程中误进口或误出口;
- 外国转运货物在中国口岸存放期间,不得开拆、改换包装或进行加工;
- 转运货物必须在3个月之内办理海关有关手续并转运出境,超出规定期限3个月仍未转运出境或办理其他海关手续的,海关将提取依法变卖处理;
- 海关对转运的外国货物有权进行查验。

(三)通运货物

通运货物是指由境外启运,由船舶或飞机载运进境后,仍由原装运输工具继续运往境外的货物。

通运货物进口报关时,运输工具负责人应在船舶的《进口报告书》或民航机的《进口和过境的货物、邮件和其他物品清单》上注明通运货物数量,海关凭以监管货物至出境止。

过境、转运、通运货物的区别见表6-2。

表6-2 过境、转运、通运货物的区别

<table>
<tr><th>类别
货物</th><th>运输形式</th><th>是否在我国境内
换装运输工具</th><th>启运地</th><th>目的地</th></tr>
<tr><td>过境货物</td><td>通过我国境内陆路运输</td><td>不论是否换装运输工具</td><td rowspan="3">我国境外</td><td rowspan="3">我国境外</td></tr>
<tr><td>转运货物</td><td>不通过我国境内陆路运输</td><td>换装运输工具</td></tr>
<tr><td>通运货物</td><td>原装航空器、船舶载运进出境</td><td>不换装运输工具</td></tr>
</table>

三、货样、广告品

进出口货样系指进出口专供订货参考的货物样品；进出口广告品系指进出口用以宣传有关商品内容的广告宣传品。有进出口经营权的企业价购或售出货样、广告品为货样广告品 A；没有进出口经营权的企业进出口及免费提供进出口的货样、广告品为货样广告品 B。货样广告品 A(代码：3010)需要提供核销单；货样广告品 B(代码：3039)不需要提供核销单。

进出口货样和广告品，不论是否免费提供，均应由在海关注册登记的进出口收发货人或其代理人向海关申报，由海关按规定审核验放。

进出口货样和广告品属于国家禁止进出口或者进出口实行许可证件管理的商品，应按照国家有关管理规定办理。为规范进出口贸易秩序，加强对进出口货样和广告品的管理，海关总署公告 2010 年第 33 号出台了新政，进出口无商业价值的货样和广告品准予免征关税和进口环节海关代征税，其他进出口货样和广告品一律照章征税。

海关新政策实施后将对进出口快件带来以下影响：除文件和个人物品外，所有进出口快件向海关申报时均需要提供中国境内收、发货人在海关注册登记的进出口收、发货人注册编码(即海关 10 位注册编码)。未在海关注册的收、发货人，需委托在海关具有“海关注册登记编码”的代理人进行申报。收、发货人需要在收、发货时提供快件商品编码(H. S. code)，以及准确详细的货物描述，海关对该商品要求的相关证件。

新政取消了 400 元人民币以下货样、广告品免税的规定，海关将依据商品编码(H. S. code)计算关税。因此，完税价格在 400 元人民币以下的快件将有可能产生相应的关税、增值税和消费税。

进口货样、广告品属自动进口许可管理的机电产品和一般商品，每批价值在人民币 5 000 元以下的，免领自动进口许可证。如果进口的货样、广告品是旧机电产品，进口企业需按程序审批并按有关旧机电产品进口的规定申报。

四、出料加工货物

(一) 含义

出料加工货物是指我国境内企业运到境外进行技术加工后复运进境的货物。

出料加工的目的是为了借助国外先进的加工技术提高产品的质量和档次，因此只有在国内现有的技术手段无法或难以达到产品质量要求而必须运到境外进行某项工序加工的情况下，才可开展出料加工业务。

出料加工出口货物属暂时出境性质，加工后需要复运进境。开展出料加工应本着“简单加工”“有限加工”的原则，其加工程度原则上不能改变原出口货物的物理形态，如纸张的印刷、布匹的印染等。对于完全改变原出口货物的物理形态的加工，如出口棉纱织成棉布，出口木材制成胶合板等，则已超出“简单加工”范围，不属于出料加工业务，而按一般贸易办理出口、进口有关手续。

(二) 报关程序

1. 备案

开展出料加工的经营企业应当到主管海关办理出料加工合同的备案申请手续。海关根据出料加工的有关规定审核决定是否受理备案,受理备案的应当核发“出料加工登记手册”。

2. 境外加工的期限

出料加工货物自运出境之日起6个月内应当复运进境;因正当理由不能在海关规定期限内将出料加工货物复运进境的,应当在到期之前书面向海关说明情况,申请延期。经海关批准可以延期,延长的期限最长不得超过3个月。

3. 进出境申报

(1) 出境申报

出料加工货物出境,发货人或其代理人应当向海关提交登记手册、出口货物报关单、货运单据及其他海关需要的单证申报出口,属许可证件管理的商品,免交许可证件;属应征出口税的,应提供担保。

为有效监管,海关可以对出料加工出口货物附加标志、标记或留取货样。

(2) 进境申报

出料加工货物复运进口,收货人或其代理人应当向海关提交登记手册、进口报关单、货运单据及其他海关需要的单证申报进口,海关对出料加工复进口货物以境外加工费、材料费、复运进境的运输及其相关费用和保险费审查确定完税价格征收进口税。

4. 核销

出料加工货物全部复运进境后,经营人应当向海关报核,海关进行核销,提供担保的,应当退还保证金或者撤销担保。

出料加工货物未按海关允许期限复运进境的,海关按照一般进出口货物办理,将货物出境时收取的税款担保金转为税款,货物进境时按一般进口货物征收进口关税和进口代征税。

五、无代价抵偿货物

(一) 相关概念及海关监管特点

无代价抵偿货物是指进出口货物在海关放行后,因残损、短少、品质不良或者规格不符,由进出口货物的发货人、承运人或者保险公司免费补偿或者更换的与原货物相同或者与合同规定相符的货物。

收发货人申报进出口的无代价抵偿货物,与退运出境或者退运进境的原货物不完全相同或者与合同规定不完全相符的,经收发货人说明理由,海关审核认为理由正当且“税则号列”未发生改变的,仍属于无代价抵偿货物范围。

收发货人申报进出口的免费补偿或者更换的货物,其“税则号列”与原进出口货物的“税则号列”不一致的,不属于无代价抵偿货物范围,属于一般进出口货物范围。

无代价抵偿货物海关监管的基本特征如下。

(1) 进出口无代价抵偿货物免交验进出口许可证件。

(2) 进口无代价抵偿货物,不征收进口关税和进口代征税;出口无代价抵偿货物,不征收出口关税。但是进出口与原货物或合同规定不完全相符的无代价抵偿货物,应当按规定计算与原进出口货物的税款差额,高出原征收税款数额的应当征收超出部分的税款,低于原征收税款,原进出口货物的发货人、承运人或者保险公司同时补偿货款的,应当退还补偿货款部分的税款,未补偿货款的,不予退还。

(3) 现场放行后,海关不再进行监管。

(二) 报关程序

无代价抵偿大体上可以分为两种,一种是短少抵偿,一种是残损、品质不良或规格不符抵偿。对两种抵偿引起的两类进出口无代价抵偿货物在报关程序上有所区别。

1. 残损、品质不良或规格不符引起的无代价抵偿货物

对于残损、品质不良或规格不符引起的无代价抵偿货物,进出口前应当先办理被更换的原进出口货物中残损、品质不良或规格不符货物的有关海关手续。

(1) 退运进出境

原进口货物的收货人或其代理人应当办理被更换的原进口货物中残损、品质不良或规格不符货物的退运出境的报关手续。被更换的原进口货物退运出境时不征收出口关税。

原出口货物的发货人或其代理人应当办理被更换的原出口货物中残损、品质不良或规格不符货物的退运进境的报关手续。被更换的原出口货物退运进境时不征收进口关税和进口代征税。

(2) 放弃交由海关处理

被更换的原进口货物中残损、品质不良或规格不符货物不退运出境,但原进口货物的收货人愿意放弃交由海关处理的,海关应当依法处理并向收货人提供依据,凭以申报进口无代价抵偿货物。

(3) 不退运出境也不放弃或不退运进境

被更换的原进口货物中残损、品质不良或规格不符货物不退运出境且不放弃交由海关处理的,或者被更换的原出口货物中残损、品质不良或规格不符的货物不退运进境,原进出口货物的收发货人应当按照海关接受无代价抵偿货物申报进出口之日适用的有关规定申报出口或进口,并缴纳出口关税或进口关税和进口代征税,属于许可证件管理的商品还应当交验相应的许可证件。

2. 向海关申报办理无代价抵偿货物进出口手续的期限

向海关申报进出口无代价抵偿货物应当在原进出口合同规定的索赔期内,不超过原货物进出口之日起 3 年。

3. 无代价抵偿货物报关应当提供的单证

收、发货人向海关申报无代价抵偿货物进出口时除应当填制报关单和提供基本单证外,还应当提供以下特殊单证。

(1) 进口提供

原进口货物报关单;原进口货物退运出境的出口货物报关单或者原进口货物交由海关处理的货物放弃处理证明或者已经办理纳税手续的单证(短少抵偿的除外);原进口货物税款缴纳书或者进出口货物征免税证明;买卖双方签订的索赔协议。

海关认为需要时,纳税义务人还应当提交具有资质的商品检验机构出具的原进口货物残损、短少、品质不良或者规格不符的检验证明书或者其他有关证明文件。

(2) 出口提供

原出口货物报关单;原出口货物退运进境的进口货物报关单或者已经办理纳税手续的单证(短少抵偿的除外);原出口货物税款缴纳书;买卖双方签订的索赔协议。

海关认为需要时,纳税义务人还应当提交具有资质的商品检验机构出具的原出口货物残

损、短少、品质不良或者规格不符的检验证明书或者其他有关证明文件。

案例6－4

如何确认“无代价抵偿”货物

大连某科技有限公司2004年由美国某公司进口一套大豆出仓系统。2005年11月,出仓机的滑动式轴承磨损严重,通过“无代价抵偿”方式更换了一套滑动式轴承,已损部件未退运出境(以下简称“第一次更换行为”)。2006年6月,该轴承环又产生严重磨损,经商检部门检验是设计缺陷。企业与外方签订索赔协议,将滑动轴承更换为滚动轴承(以下简称“第二次更换行为”),又拟以“无代价抵偿”方式向海关申报。

第一次更换行为如何申报?如何征税?

第一次更换行为符合“无代价抵偿”货物的定义,但海关对这批更换料件仍应照章征税。原因在于其原进口货物未退运出境且未放弃交由海关处理。根据《中华人民共和国海关进出口货物征税管理办法》(以下简称《征税管理办法》)第34条的规定,“纳税义务人申报进出口无代价抵偿货物,被更换的原进口货物不退运出境且不放弃交由海关处理的,……海关应当按照接受无代价抵偿货物申报进出口之日适用的税率、计征汇率和有关规定对原进出口货物重新估价征税。”一方面,为保证依法征税,第一次更换行为应照章征税(因原货物仍留在境内);另一方面,为保障税赋公平,海关对其留在境内的磨损件应估价征税,并把原多征的税款退还给纳税义务人。

第二次更换行为如何申报?如何征税?

第二次更换行为不符合“无代价抵偿”货物的定义,海关对这批货物应以“一般贸易”的方式通关并照章征税。原因在于2006年申报的替换件(滚动轴承)与原进口货物不完全相同或与原货物不完全相符(原进口货物是滑动轴承)。根据《中华人民共和国海关进出口货物征税管理办法》的规定,此种情况下,首先纳税义务人应该向海关说明原因;其次,如海关认为理由正当,且其税则号列未发生改变的,应当按照审定进出口货物完税价格的有关规定和原进出口货物适用的计征汇率、税率,审核确定其完税价格,计征应征税款;第三,如果纳税义务人申报进出口的免费补偿或者更换的货物,其税则号列与原货物的税则号列不一致的,不适用无代价抵偿货物的有关规定,海关应当按照一般进出口货物的有关规定征收税款。在这个案例中,两者税则号不一致,滑动轴承归入8483300090,滚动轴承归入8482项下,按照上述规定的第三款,海关应该按一般贸易进口方式征收税款。

进出口企业还应注意,向海关申报“无代价抵偿”货物有一个时限,即“在原进出口合同规定的索赔期内且不超过原货物进出口之日起3年”。

资料来源:《中国海关》。

六、进出境快件

(一)相关概念

进出境快件是指进出境快件运营人,以向客户承诺的快速商业运作方式承揽、承运的进出境的货物、物品。

进出境快件运营人(以下简称运营人)是指在中华人民共和国境内依法注册,在海关登记备案的从事进出境快件运营业务的国际货物运输代理企业。

进出境快件分为文件类、个人物品类和低值货物类三类。为规范海关对进出境快件的监管,加大信息化技术运用,提高通关效率,方便进出境快件通关,海关总署决定,自2016年6月1日起,正式启用新版快件通关管理系统(以下简称新快件系统),原快件通关管理系统中的报关功能同时停止使用。

新快件系统适用于文件类进出境快件(以下简称A类快件)、个人物品类进出境快件(以下简称B类快件)和低值货物类进出境快件(以下简称C类快件)报关。其中:

A 类快件是指无商业价值的文件、单证、票据和资料(依照法律、行政法规以及国家有关规定应当予以征税的除外);

B 类快件是指境内收寄件人(自然人)收取或者交寄的个人自用物品(旅客分离运输行李物品除外);

C 类快件是指价值在 5 000 元人民币(不包括运、保、杂费等)及以下的货物(涉及许可证件管制的,需要办理出口退税、出口收汇或者进口付汇的除外)。

(二)进出境快件的报关

A 类快件报关时,快件运营人应当向海关提交 A 类快件报关单、总运单(复印件)和海关需要的其他单证。

B 类快件报关时,快件运营人应当向海关提交 B 类快件报关单、每一份进出境快件的分运单、进境快件收件人或出境快件发件人身份证影印件和海关需要的其他单证。B 类快件的限量、限值、税收征管等事项应当符合海关总署关于邮递进出境个人物品相关规定。

C 类快件报关时,快件运营人应当向海关提交 C 类快件报关单、代理报关委托书或者委托报关协议、每一份进出境快件的分运单、发票和海关需要的其他单证,并按照进出境货物规定缴纳税款。进出境 C 类快件的监管方式为"一般贸易"或者"货样广告品 A",征免性质为"一般征税",征减免税方式为"照章征税"。

快件运营人按照上述规定提交复印件(影印件)的,海关可要求快件运营人提供原件验核。通过快件渠道进出境的其他货物、物品,应当按照海关对进出境货物、物品的现行规定办理海关手续。

七、退运货物

退运进出口货物指货物因质量不良或交货时间延误等原因,被国内外买方拒收造成的退运货物,或因错发、错运、溢装、漏卸造成退运的货物。退运货物包括一般退运货物和直接退运货物。

(一) 一般退运货物

一般退运货物是指已经办理进出口申报手续且海关已放行的退运货物,不包括加工贸易退运货物。

1. 一般退运进口货物的报关

一般退运进口货物的报关分两种情况。

● 原出口货物已收汇、核销,则原发货人或其代理人应填写进口货物报关单,提供原出口报关单等必需单证,办理手续。现场海关应凭加盖有已核销专用章的"外汇核销单出口退税专用联"(正本),或税务部门出具的"出口商品退运已补税证明",保险公司证明或承运人溢装、漏卸的证明等有关资料办理退运进口手续,同时签发一份进口货物报关单。

● 原出口货物未收汇,则原发货人或其代理人应提供原货物出口报关单、出口收汇核销单、报关单退税联向进口地海关申报退运进口,同时填一份进口货物报关单,办理退运手续。若出口货物部分退运进口,海关应在原出口货物报关单上批注退运的实际数量、金额后退回企业并留存复印件,海关核实无误后,验放有关货物进境。

● 因品质、规格原因,出口货物自出口之日起 1 年内原状退货复运进境的,不予征税。已经征收出口税的,只要重新缴纳因出口而退还的国内环节税,自缴纳出口税款之日起 1 年内准予退还。

2. 一般退运出口货物的报关

● 因故退运出口的进口货物,原收货人或其代理人应填写出口货物报关单,并提供原货物进口时的有关单据,海关核实无误后,验放有关货物出境。

● 因品质或规格原因,进口货物自进口之日起 1 年内原状退货复运出境,可以免税,已征收的进口税,自缴纳进口税款之日起 1 年内准予退还。

(二) 直接退运货物

直接退运货物是指进口货物进境后向海关申报,但由于特殊原因无法继续办理进口手续,经主管海关批准将货物全部退运境外的货物。进口转关货物在进境地海关放行后,当事人申请办理退运手续的,不属于直接退运货物,应当按照一般退运货物办理退运手续。

1. 当事人申请直接退运的货物

● 因国家贸易管制政策调整,收货人无法提供有关证明的;

● 属错发、误卸货物,并能提供发货人或运输部门书面证明的;收货人因故不能支付进口税、费,或收货人未按时支付货款致使货物所有权已发生转移,并能提供发货人同意退运的书面证明的;

● 收发货人双方协商一致同意退运,能够提供双方同意退运的书面证明文书的;

● 有关贸易发生纠纷,能够提供法院判决书、仲裁机构决定书或者无争议的有效货物所有权凭证的;

● 货物残损或者国家检验检疫不合格,能够提供国家检验检疫部门根据收货人申请而出具的相关检验证明文书的。

当事人申请直接退运前,海关已经确定检验或者认为有走私违规嫌疑的货物,不予办理直接退运。

2. 海关责令直接退运货物范围

● 进口国家禁止进口的货物,经海关依法处理后;

● 违反国家检验检疫政策法规,经国家检验检疫部门处理并且出具"检验检疫处理通知书"或者其他证明文书后的;

● 未经许可擅自进口属于限制进口的固体废物用作原料,经海关依法处理后的;

● 违反国家有关法律行政法规,应当责令直接退运的其他情形。

3. 直接退运货物的报关规定

海关责令直接退运货物的报关程序除不需要申请外均与当事人申请直接退运货物相同。

● 申请直接退运由货物所有人或其代理人向进境地海关提出正式书面申请,并填写"直接退运货物审批表";海关批准后方可办理退运,并在原进境地口岸办理退运。

● 报关单填制符合以下要求:"标记唛码与备注"栏填写"准予直接退运决定书"编号;"贸易方式"栏填写"直接退运"代码 4500。

● 直接退运一般先申报出口,再申报进口;并在进口报关单的"标记唛码及备注"栏填写关联报关单(出口报关单)号;对货物进境申报后经海关批准直接退运的,在办理进口货物直接退运出境申报手续前,海关应当将原进口货物报关单或者转关单数据予以撤销。

● 属承运人的责任造成的错发、误卸,获批准退运的,可以不填写报关单。

● 经海关批准直接退运的货物免交许可证、免征税费及滞报金,不列入海关统计。

案例6-5

出口货物退运返修案例

某东莞电子公司出口一批DVD机到美国，因机内有一些部件损坏，需退回东莞工厂维修，此批货物已办理退税、已核销。遇到这种情况工厂一般选择办理退运送回工厂维修再复出口，但办理退运非常麻烦，需要提供以下资料：

- 退运申请、盖公章。
- 退运协议(中英文对照)。
- 与客人之间关于退运事情的来往邮件，重点部分翻译为中文，盖公章。
- 原出口整套单据：出口报关单出口退税联与核销收汇联(就是报关单的绿联和黄联)，一定要正本。原出口收汇核销单正本，原出口发票，装箱单，合同，复印件即可(如已核销外管局开已核销证明，如已退税到税务局开补税证明)。
- 收货人的国家商检机构出具的质量问题报告，国外商检机构出质量报告，也就是3方权威机构出具。
- 报关、报检委托书。
- 需要交纳保证金。

资料准备完后向海关申报，海关审核最快也需要两星期，若海关审核不通过，则需要重新申请或退回国外，而且退运货物会使企业产生不良的海关信誉和记录。退运货物海关一定会查验，退运货物6个月后没有复出的，海关不予退还保证金。

遇到这种情况工厂可以选择另一种方法进行返修再复出，利用保税物流园区境内关外的功能进行退运返修。

维修建议操作模式：工厂只需将货由国外运到深圳盐田、蛇口码头或其他码头办理转关到保税物流园区，也可由香港转关到深圳保税物流园。货到物流园后打EDI单进入保税物流园仓库，货到仓库后厂方安排技术人员和配件以及检测仪器到前海保税物流园区仓库维修，改换包装。返修完后装柜交码头出境。

利用深圳保税物流园区进行返修的好处：(1)无须办理复杂的退运手续，无需向海关申请退运货物，无需交纳保证金，无须申报进出口关。(2)复杂问题简单化，节约时间、成本。

保税区退运的货物需满足以下条件：(1)货物必须是九成新以上，每个产品有独立完整的包装；(2)退运是因产品质量本身问题，不能是以翻新为目的；(3)外包装上面必须标明原产国，即非中性包装。

维修完的零部件不能再带进国内，需作垃圾处理或出香港。

案例6-6

出口货物退运该不该征税?

2009年2月，利维电子设备有限责任公司(以下简称利维公司)与外方签订货物买卖合同。双方约定：利维公司向外方出售一批电子感光仪器设备，有关合同须在2009年6月底之前履行完毕。此后，利维公司组织生产上述设备，但由于原材料供应问题，拟出口的电子感光仪器设备直到2009年8月初才全部生产完毕。

2009年8月15日，利维公司以一般贸易方式向某海关办理出口手续，将上述设备发运给境外收货人。因利维公司延迟履行合同，外方以利维公司违约为由拒绝接受货物，并要求解除合同。利维公司虽经交涉但仍无法改变外商意见，为避免货物滞留境外港口造成更大经济损失，利维公司无奈于2009年10月开始着手办理货物退运事宜，同时联系国内企业拟将退运货物在国内销售。

2009年10月17日，上述货物从原出境口岸复运进境，利维公司在办理报关手续时向某海关说明了出口货物退运进境的原因和事由，并提供了有关证明材料。某海关经审核认为，上述货物虽为出口退运货物，但造成退运的原因是利维公司延迟履行合同致使外方拒绝接受货物，该事由不属于《进出口关税条例》所规定的可不予征收进口关税的退运情形，根据《海关法》和《进出口关税条例》的有关规定，对利维公司出口退运货物应照章征收进口税款。

2009年10月20日，某海关向利维公司作出征税决定，征收退运设备进口关税和进口环节增值税合计人民币38.24万元。

海关此举是否正确？欢迎发表高见！

八、退关货物

（一）含义

退关货物又称出口退关货物，它是指出口货物在向海关申报出口后被海关放行，因故未能装上运输工具，发货单位请求将货物退运出海关监管区域不再出口的货物。

（二）报关程序

- 出口货物的发货人及其代理人应当在得知出口货物未装上运输工具，并决定不再出口之日起3天内，向海关申请退关；
- 经海关核准且撤销出口申报后方能将货物运出海关监管场所；
- 已缴纳出口税的退关货物，可以在缴纳税款之日起1年内，提出书面申请，向海关申请退税；
- 出口货物的发货人及其代理人办理出口货物退关手续后，海关应对所有单证予以注销，并删除有关报关电子数据。

综合案例

江苏某港口机械制造股份有限公司（320193xxxx）向香港飞翼船务有限公司出口集装箱半挂车5辆，总价HKD608,000。经海关批准，该批货物运抵启运地海关监管现场前，先向该海关录入出口货物报关单电子数据，货物运至海关监管现场后，转关至上海吴淞口岸装运出境。上述货物出口后，其中1辆因质量不良被香港飞翼船务有限公司拒收而退运进口，整批货物因此未能收汇。

根据上述案例，选择回答下列问题。

1. 该批货物出口申报应符合下列海关规定（　　）。

A. 应同时以电子数据报关单和纸质报关单向海关申报，然后由海关进行电子审单

B. 应先向海关提交纸质报关单，由海关预审，再以电子数据报关单向海关正式申报

C. 应以电子数据报关单向海关申报，审结后，再向海关提交纸质报关单并附其他单证

D. 由发货人或其代理人选择使用电子数据报关单或纸质报关单向海关申报

2. 该批货物从启运地运至上海吴淞口岸，在上海吴淞海关监管下装运出境，其转关运输采用的是（　　）。

A. 提前报关方式　　B. 直转方式　　C. 中转方式　　D. 直通方式

3. 该批货物申报时，除出口货物报关单以外还应向海关提交下列随附单证（　　）。

A. 商业发票　　B. 出口货物许可证

C. 出口装货单据　　D. 出口收汇核销单

4. 该批出口货物报关单“贸易方式”与“征免性质”两栏目分别填报为（　　）。

A. 一般贸易，一般征税　　B. 一般贸易，中外合资

C. 合资合作设备，一般征税　　D. 合资合作设备，中外合资

5. 关于退运进口的集装箱半挂车，下列表述符合海关规定的是（　　）。

A. 向进境地海关申报　　B. 提供原货物出口报关单、外汇核销单证、报关单退税联等单证

C. 须向海关提供担保　　D. 1年内原状退运进口，经海关核实不予征税

参考答案：C/A/ACD/B/ABD

关键词

特定减免税货物　暂准进出境货物　ATA 单证册　进出境展览品　转关运输货物　提前报关转关　直转转关　中转转关　过境货物　转运货物　通运货物　货样、广告品　出料加工货物　无代价抵偿货物　进出境快件　退运货物　退关货物

思考与问答

1. 什么是特定减免税货物？其海关监管期限有何规定？
2. 什么是暂准进出境货物？包括哪些范围？
3. 我国使用 ATA 单证册的货物范围有哪些？
4. 什么是转关运输货物？它有哪几种方式？
5. 过境货物、转运货物、通运货物有什么区别？
6. 退运货物与退关货物有什么区别？

第七章

进出口商品税则归类

引导案例

据媒体报道，上海市第一中级人民法院曾审理了LHLH(中国)有限公司采购部和该部门化学品采购经理范某以及供应商保信捷的一起走私案。该案暴露了LHLH公司在对一项日化原料进口报关时，使用错误代码报关，从而达到逃税目的。

2007年，供应商新加坡恩凯被南京海关查出走私行为。当时，LHLH公司的采购经理范某曾将产品主动送检海关，海关查验通过。6年来，LHLH公司通过多家贸易公司，共进口了近百票。涉及LHLH公司的这起走私案案发于2008年初，保信捷在对一项日化原料进口报关时，被上海海关发现使用了错误的HS代码。保信捷为一家澳大利亚贸易公司，是LHLH公司的代理进口商。据上海海关称，保信捷HS代码使用错误，是指其在进口一项名为"羊毛醇"的日化原料时，申报品名却是"固醇"。两者的化学成分相似，但前者的关税税率是27%，后者仅为5.5%。因此，错误的HS编码使用，导致其在这项原料进口时少缴了部分关税，在6年里总计少缴了300多万元的税款。

从LHLH公司的情况看，HS归类问题是这个事件的关键。到底企业层面故意为之，还是海关程序上存在漏洞呢？我们不得而知。但是，通过此案例，我们知道了HS归类的重要性。那么，什么是HS？如何对进出口商品进行税则归类呢？学完本章，你就心中有数了。

第一节　商品名称及编码协调制度

海关进出口商品归类是指在《商品名称及编码协调制度公约》(简称《HS制度公约》)商品分类目录体系下，以《中华人民共和国进出口税则》为基础，按照《进出口税则商品及品目注释》《中华人民共和国进出口税则本国子目注释》以及海关总署发布的关于商品归类的行政裁定、商品归类决定的要求，确定进出口货物商品编码的活动。进出口商品归类是海关监管、海关征税及海关统计的基础，归类的正确与否与报关人的切身利益也密切相关，因此，报关员必须掌握该技能。

一、《协调制度》的产生

在国际贸易领域中曾采用过两套国际通用的商品分类编码标准，一套是联合国统计委员会制定的《国际贸易标准分类目录》(简称SITC)，一套是欧洲海关同盟研究小组制定的《海关合作理事会商品分类目录》(简称CCCN)，它们对简化国际贸易程序，提高工作效率起到了积极的推动作用。但两套编码同时存在，仍不能避免商品在国际贸易往来中因分类方法不同而需重新对应分类、命名和编码。这些都阻碍了信息的传递，妨碍了贸易效率，增加了贸易成本，不同体系的贸易统计资料难以进行比较分析，同时也给利用计算机等现代化手段来处理外贸单证及信息带来很大困难。因此，从1973年5月开始，海关合作理事会成立了协调制度临时委员会，以CCCN和SITC为基础，以满足海关进出口管理、关税征收和对外贸易统计，以及生产、运输、贸易等方面的需要为目的，着手编制一套国际通用的协调统一商品分类目录。经过多年努力，终于在1983年6月通过了《商品名称及编码协调制度国际公约》及其附件《协调制度》，以HS编码"协调"涵盖了CCCN和SITC两大部分编码体系，这便是今天广泛采用的《商品名称及编码协调制度》(Harmonized Commodity Description And Coding System)(以下简称《协调制度》或HS)的产生。这一制度于1988年1月1日正式实施，使得世界各国在国际贸易领域中所采用的商品分类和编码体系有史以来第一次得到了统一。HS自1988年生效以来，共进行了4次修订，形成了1988年、1992年、1996年、2002年和2007年共5个版本。

二、HS的基本结构与特点

(一) HS的基本结构

HS是一部科学、系统的国际贸易商品分类体系。HS的总体结构包括三大部分：归类规则；类、章及子目注释；按顺序编排的目与子目编码及条文。这三部分是HS的法律性条文，具有严格的法律效力和严密的逻辑性。

- 为了保证国际上对HS使用和解释的一致性，使得某一特定商品能够始终如一地归入一个唯一编码，HS首先列明6条归类总规则，规定了使用HS对商品进行分类时必须遵守的分类原则和方法。

- HS的许多类和章在开头均列有注释(类注、章注或子目注释)，严格界定了归入该类或该章中的商品范围，阐述HS中专用术语的定义或区分某些商品的技术标准及界限。

- HS采用6位数编码，把全部国际贸易商品分为21类、97章(其中第77章为保留章)。章下再分为目和子目。商品编码的前两位数代表"章"，三、四位数代表"目"，五、六位数代表"子目"。

HS共分为21类97章，"类"基本上是按经济部门划分的，如食品、饮料和烟酒在第4类，化学工业及其相关工业产品在第6类，纺织原料及制品在第11类，机电设备在第16类，运输设备在第17类，武器、弹药在第19类等。"章"基本按两种方法分类：一是按商品原材料的属性分类，相同原料的产品一般归入同一章。章内按产品的加工程度从原料到成品顺序排列。如第52章棉花，按原棉——已梳棉——棉纱——棉布顺序排列。二是按商品的用途或性能分类。制造业的许多产品很难按其原料分类，尤其是可用多种材料制作的产品或由混合材料制成的产品(如第64章鞋、第65章帽、第95章玩具等)及机电仪器产品等，HS按其功能或用途分为不同的章，而不考虑其使用何种原料，章内再按原料或加工程度排列出目或子目。

(二) HS的特点

《协调制度》商品分类目录的特点是通过协调，适合于与国际贸易有关的各个方面需要，成为国际贸易商品分类的一种"标准语言"。其优点是完整、系统、通用、准确。

- "完整"，是由于它将目前世界上国际贸易主要品种全都分类列出，同时，为了适应各国关税、统计等商品目录全方位的要求和将来技术发展的需要，还在各类、章列有起"兜底"作用的"其他"子目，使任何进出口商品，即使是目前无法预计的新产品，都能在这个分类体系中找到自己适当的位置。

- "系统"，是因为它的分类原则既遵循了一定的科学原理和规则，将商品按人们所了解的生产部类、自然属性和不同用途来分类排列;又照顾了商业习惯和实际操作的可行性,把一些进出口量较大而又难以分类的商品(如灯具、活动房屋等)专门列目,因而容易理解,易于归类和便于查找。

- "通用",一方面指它在国际上有相当大的影响,已为100多个国家使用,这些国家的海关税则及外贸统计商品目录的项目可以相互对应转换,具有可比性;另一方面,它既适于作海关税则目录,又适于作对外贸易统计目录,还可供国际运输、生产部门作为商品目录使用,其通用性超过以往任何一个商品分类目录。
- "准确",则是指它的各个项目范围清楚明了,绝不交叉重复。由于它的项目除了靠目录条文本身说明外,还有归类总规则、类注、章注和一系列的辅助刊物加以说明限定,使得其项目范围准确无误。

除了《协调制度》本身的优点以外,它作为一个国际上政府间公约的附件,国际上有专门的机构、人员进行维护和管理,技术上的问题还可利用世界上各国专家的力量帮助解决,各国也可通过制定或修订《协调制度》(HS委员会决定,每隔若干年对HS作一次全面审议和修订,2007年修订版已投入使用),争取本国的经济利益,施加本国的影响。这些不是一个国家的力量所能办到的,也不是其他国际上采用的商品分类目录所能比拟的。

正是以上的这些优点使HS成为目前世界上最广泛采用的商品分类目录,目前已有180多个国家使用HS,全球贸易总量98%以上的货物都是以HS分类的。

第二节　我国《海关进出口税则》简介

一、我国海关进出口税则概况

我国海关进出口税则表是应税商品和免税商品的系统分类表。该税则表自左到右排列,共分为5栏,第1栏是税则号列,第2栏是商品名称,第3栏是进口税优惠税率,第4栏是进口税普通税率,第5栏是出口税率,它是海关凭以对进出口货物征收关税的依据,是根据我国的关税政策,通过一定的立法程序制定和公布实施的,因此具有法律效力。

我国海关税则目录于1985年3月采用了欧洲海关同盟研究小组制定的《海关合作理事会商品分类目录》。1987年将HS译成了中文,并着手开展对原海关税则目录和海关统计商品目录向HS的转换工作。1992年1月1日我国海关正式采用HS并制定了以HS为基础的《中华人民共和国进出口税则》。自2007年1月1日起,我国采用2007年版《协调制度》。根据《协调制度公约》的规定,中华人民共和国海关全部采用HS的项目(即6位数子目),不作任何增添和删改,全部采用HS的归类总规则和类、章、子目的注释,不更改其分类范围并遵守HS的编号顺序。《协调制度公约》还规定,在6位数子目不变的情况下,各国可在HS的子目项下加列适合本国国情的更加具体细目,即7位数、8位数等细目。现以0301.9210鳗鱼苗为例说明如下。

鳗鱼苗						
编码:	0 3	0 1	9	2	1	0
位数:	1 2	3 4	5	6	7	8
含义:	章号	顺序号	1级子目	2级子目	3级	4级

《协调制度》中的编码只有6位,而第7、8位是我国根据实际情况加入的"本国子目"。从

以上可以看出：第5位数码代表1级子目，表示它所在税(品)目下所含商品1级子目的顺序号，第6位数码代表2级子目，表示它在1级子目下所含商品2级子目的顺序号，第7、8位依次类推。需要指出的是，若第5～8位上出现数字“9”，则它并不一定代表在该级子目的实际顺序号，而是通常情况下代表未具体列名的商品，即在“9”的前面一般留有空序号以便用于将来修订时增添新商品。如编码04070029中第8位的“9”并不代表实际顺序号(不用“4”)，而是代表除鸡蛋、鸭蛋、鹅蛋以外未具体列名的其他禽蛋。其中3～9之间的空序号可以用于将来增添新的商品。在商品编码表中的商品名称前分别用“—”“— —”“— — —”“— — — —”代表1级子目、2级子目、3级子目、4级子目。

《中华人民共和国海关进出口税则》商品目录在HS商品分类目录基础上增加了第22类，第98章，并加列7位数子目1 794个，8位数子目320个。为满足中央及国务院各主管部门对海关监管工作的要求，提高海关监管的计算机管理水平，在8位数分类编码的基础上，根据实际工作需要对部分税号又进一步分出了第9、10位数编码。具体说来，我国加列的子目主要有以下几种情况：

- 为贯彻国家产业政策和关税政策，保护和促进民族工业顺利发展，需制订不同税率的商品加列子目，如临时税率商品；
- 对国家控制或限制进出口的商品加列子目，包括许可证、配额管理商品和特定商品；
- 为适应国家宏观调控、维护外贸出口秩序、加强进出口管理的需要，对有关主管部门重点监测的商品加列子目，包括进出口商会为维护出口秩序或组织反倾销应诉要求单独列目的商品(电视机分规格，电风扇、自行车分品种等)；
- 出口应税商品；
- 在我国进口或出口中所占比重较大、需分项进行统计的商品，包括我国传统大宗出口商品(罐头、中药材及中成药和编结材料制品等)；
- 国际贸易中发展较快，且我国有出口潜力的一些新技术产品。

近年来，商务部与海关总署合作，将许可证商品纳入HS目录管理，实现了联网传输海关统计数据，正在试行配额许可证联网核销管理；海关总署与国际机电管理部门和机电产品进出口商会合作制定了机电产品商品目录，并根据商会对有关机电产品加强管理的要求加列了本国子目；与国家税务总局合作以HS编码为基础加强对出口退税商品的核销管理；与外汇管理部门合作加强了对出口结汇、进口付汇管理等。HS编码正在我国外经贸工作中发挥特别积极的作用。

二、我国《海关进出口税则》中税率的规定

我国《海关进出口税则》是根据以下原则制定税率的：

- 对进口国内不能生产或供应不足的动植物良种、粮食、肥料、饲料、药剂、精密仪器仪表、关键机械设备等，制订低税或免税；
- 原料的进口税率，比半成品、成品低；
- 国内不能生产或质量未过关的零件、部件，进口税率比整机低；
- 国内能生产的物品、奢侈品，制订高税率；
- 国内需保护的产品或内外差价大的产品，制订更高税率；
- 对绝大多数出口商品不征出口税，仅对需要限制出口的极少数原料、材料和半成品征收适当的出口税。

无论是进口税还是出口税都用一个税则商品目录，并在进口税率栏同时列出各栏高低不

同的税率，由于原产地的不同，其适用的进口关税税率也不同。我国从 2002 年 1 月 1 日起进口税则的适用税率执行四档税率，即最惠国税率、协定税率、特惠税率和普通税率，进口货物均按原产地规定确定适用的税率。在《海关进出口税则》中，税率是核心。

新中国第一部税则的算术平均税率为 52.9%。1985 年，我国海关采用 CCCN 税则目录，并且对税率进行了重大调整，形成新中国第二部税则。20 世纪 90 年代以来，为了适应各国经济、贸易发展的新格局和实现“入世”的目标，我国多次对关税政策进行了较大调整。1992 年 12 月，我国降低了 3 371 个税号的关税，平均税率降至 39.9%，同时，取消了进口调节税。1993 年 12 月，再次调整 2 898 个税目的进口关税，使关税平均水平降至 36.9%。1994 年，我国进一步对 234 种商品降低税率，实行进口暂定税率，使税率降至 35.9%。1995 年又对烟、酒和录像带等进口关税作了进一步下调。1996 年 4 月 1 日起对 4 900 多个税号大幅度降低进口关税，关税总水平降至 23%。1997 年 10 月 1 日再次下调至 17%。入世后，为履行承诺，我国关税税率不断调低，2005 年我国平均关税水平调整为 10%左右，2010 年关税总水平与 2009 年相同，为 9.8%；其中，农产品平均税率 15.2%，工业品平均税率 8.9%。调整后的关税基本上形成了资源类产品—原材料—零部件—半成品—制成品由低到高的梯形税制结构。

目前，大部分商品都免税出口，仅对小部分商品征出口税，目的是为了限制这些商品出口，保证国内市场供应或者控制其盲目出口。

西方发达国家以及大部分发展中国家的关税制度均十分复杂，设置有法定税率、优惠税率、特惠税率、普惠税率、最惠国税率等多栏税率。目前，我国进口税则使用 5 栏税率，分别为：最惠国税率、协定税率、特惠税率、普通税率和关税配额税率。最惠国税率适用原产于与中华人民共和国共同适用最惠国待遇条款的世界贸易组织成员国或地区的进口货物；或原产于与中华人民共和国签订有相互给予最惠国待遇条款的双边贸易协定的国家或地区的进口货物；协定税率适用原产于中华人民共和国加入的含有关税优惠条款的区域性贸易协定各有关缔约方的进口货物；特惠税率适用原产于与中华人民共和国签订有特殊优惠关税协定的国家或地区的进口货物；普通税率适用原产于上述国家或地区以外的国家或地区的进口货物；按照国家规定实行关税配额管理的进口货物，关税配额内的，适用关税配额税率；关税配额外的，适用普通税率。如小麦关税配额税率为 1%，最惠国税率为 65%，普通税率为 180%。除进出口税则中规定的税率外，我国对部分货物还实行进出口关税暂定税率。例如进口关税中有暂定最惠国税率，出口关税中有暂定出口税率，在具体实施过程中，暂定税率优先于税则税率执行。但进口暂定最惠国税率只适用最惠国待遇的国家和地区，按普通税率征税的进口货物，不适用进口暂定最惠国税率。适用协定税率、特惠税率的进口货物有暂定税率的，应当从低适用税率。

第三节 进出口货物商品归类的海关管理

为了规范进出口货物的商品归类，保证商品归类结果的准确性和统一性，根据《海关法》、《关税条例》，海关总署以第 158 号总署令发布了《中华人民共和国海关进出口货物商品归类管理规定》。[①]

① 中华人民共和国海关总署：海关规章—关税征收管理类，http://www.customs.gov.cn，2007-3-2。

一、归类的依据

进出口货物的商品归类应当遵循客观、准确、统一的原则。具体来说，对进出口货物进行商品归类的依据是：《进出口税则》；《商品及品目注释》；《本国子目注释》；海关总署发布的关于商品归类的行政裁定；海关总署发布的商品归类决定。

二、归类的申报要求

为了规范进出口企业申报行为，提高申报数据质量，促进贸易便利化，海关总署制定了《中华人民共和国海关进出口商品规范申报目录》（以下简称《规范申报目录》）。《规范申报目录》按我国海关进出口商品分类目录的品目顺序编写，并根据需要在品目级或子目级列出了申报要素。

例如，品目 2204“鲜葡萄酿造的酒”下各子目的申报要素分别如下。

子目 2204.1000“汽酒”：1. 品名；2. 种类；3. 加工方法。

子目 2204.2100“装入 2 升及以下容器的其他酒及加酒精抑制发酵的酿酒葡萄汁”：1. 品名；2. 品牌；3. 加工方法；4. 容器容积；5. 年份；6. 产区。

子目 2204.2900“装入 2 升以上容器的其他酒及加酒精抑制发酵的酿酒葡萄汁”：1. 品名；2. 种类；3. 加工方法；4. 容器容积。

子目 2204.3000“其他酿酒葡萄汁”：1. 品名；2. 加工方法。

再如，对于品目 8528“电视接收装置，不论是否装有无线电收音装置或声音、图像的录制或重放装置”的申报要素为：1. 品名；2. 用途；3. 品牌；4. 显像类型；5. 显示屏幕尺寸；6. 型号。

收发货人或者其代理人应当按照法律、行政法规规定以及海关要求如实、准确申报进出口货物的商品名称、规格型号等，并且对其申报的进出口货物进行商品归类，确定相应的商品编码。

收发货人或者其代理人向海关提供的资料涉及商业秘密，要求海关予以保密的，应当事前向海关提出书面申请，并且具体列明需要保密的内容，海关应当依法为其保密。收发货人或者其代理人不得以商业秘密为理由拒绝向海关提供有关资料。

海关在审核收发货人或者其代理人申报的商品归类事项时，可以依照《海关法》和《关税条例》的规定行使下列权力，收发货人或者其代理人应当予以配合。

- 查阅、复制有关单证、资料；
- 要求收发货人或者其代理人提供必要的样品及相关商品资料；
- 组织对进出口货物实施化验、检验，并且根据海关认定的化验、检验结果进行商品归类。

海关可以要求收发货人或者其代理人提供确定商品归类所需的资料，必要时可以要求收发货人或者其代理人补充申报。收发货人或者其代理人隐瞒有关情况，或者拖延、拒绝提供有关单证、资料的，海关可以根据其申报的内容依法审核确定进出口货物的商品编码。

三、归类的修改

收发货人或者其代理人申报的商品编码需要修改的，应当按照《中华人民共和国海关进出口货物报关单修改和撤销管理办法》等规定向海关提出申请。

海关经审核认为收发货人或者其代理人申报的商品编码不正确的，可以根据《中华人民共和国海关进出口货物征税管理办法》（以下简称《征管办法》）有关规定，按照商品归类的有关规则和规定予以重新确定，并且根据《中华人民共和国海关进出口货物报关单修改和撤销管理办法》等有关规定通知收发货人或者其代理人对报关单进行修改、删除。

四、预归类

预归类是指一般贸易进出口的货物在实际进出口前，申请人以海关规定的书面形式向海关提出申请并提供商品归类所需的资料，必要时提供样品，海关依法作出具有法律效力的商品归类决定的行为。预归类决定仅对该决定的申请人和作出决定的海关具有约束力，对该决定书所述货物的海关商品归类在其有效期内具有约束力。在海关注册登记的进出口货物经营单位（以下称申请人），可以在货物实际进出口的 45 日前，向直属海关申请就其拟进出口的货物预先进行商品归类（以下简称预归类）。有关预归类的规定如下。

（一）预归类申请

1. 填写并提交《申请书》

申请人申请预归类的，应当填写并且提交“中华人民共和国海关商品预归类申请表”（参见表 7－1）。

表 7－1 中华人民共和国海关商品预归类申请表

（　）关预归类申请______号

申请人：	
企业代码：	
通讯地址：	
联系电话：	
商品名称（中、英文）：	
其他名称：	
商品描述（规格、型号、结构原理、性能指标、功能、用途、成分、加工方法、分析方法等）：	
进出口计划（进出口日期、口岸、数量等）：	
随附资料清单（有关资料请附后）：	
此前如就相同商品持有海关商品预归类决定书的，请注明决定书编号：	
申请人（章） 年　月　日	海关（章）： 签收人： 接受日期：　年　月　日

注：1. 填写此申请表前应阅读《中华人民共和国进出口货物商品归类管理规定》；
2. 本申请表一式两份，申请人和海关各一份；
3. 本申请表加盖申请人和海关印章方为有效。

预归类申请应当向拟实际进出口货物所在地的直属海关提出。其中,关区内注册的企业向进出口地海关提出申请;关区外注册的企业,凭注册地海关开出的未在该海关申请同一种商品预归类的证明,向本关关税处提出申请。一份《申请书》只应包含一项商品;申请人对多项商品申请归类咨询的,应逐项提出。

2. 申请须提交的其他资料

海关可根据实际情况,要求申请人提供足以说明申报情况的资料,如:进出口合同复印件、照片、说明书、分析报告、平面图等,必要时应提供商品样品。申请所附文件如为外文,申请人应同时提供外文原件及中文译文。

3.《申请书》填写要求

"商品详细描述"一栏须按以下要求填写。

- 食品类(包括生、熟、即食、配制、调味、油脂等供人食用和动物食品、添加剂):成分及百分比(%)、加工方法、状态、食用方法、用途等。
- 化工产品(包括无机、有机化学品、药品、染料、油墨、洗涤剂等):成分及百分比(%)、分子式、结构式、物理及化学性质、分析方法、用途等。
- 纺织品:材料及百分比(%)、加工程度或状态、性能指标(每平方米克数,纱线细度)等。
- 机电产品(机器、仪器、电器、测量仪器、医疗设备等):基本结构(组成部件)、功能、性能指标、工作原理、用途等。
- 其他商品(杂项):组成材料、成分、含量、功能、规格型号、用途等。

如因该栏字数限制无法填写详尽,可添加附页并加盖单位印章。

(二)预归类受理和预归类决定

申请预归类的商品归类事项,经直属海关审核认为属于《进出口税则》、《商品及品目注释》、《本国子目注释》以及海关总署发布的关于商品归类的行政裁定、商品归类决定有明确规定的,应当在接受申请之日起 15 个工作日内制发"中华人民共和国海关商品预归类决定书"(以下简称预归类决定书),并且告知申请人。属于没有明确规定的,应当在接受申请之日起 7 个工作日内告知申请人按照规定申请行政裁定。

(三)预归类决定书的使用

申请人在制发预归类决定书的直属海关所辖关区进出口预归类决定书所述商品时,应当主动向海关提交预归类决定书。申请人实际进出口预归类决定书所述商品,并且按照预归类决定书申报的,海关按照预归类决定书所确定的归类意见审核放行。有关规定发生变化导致相关预归类决定书不再适用的,作出预归类决定的直属海关应当制发通知单,或者发布公告,通知申请人停止使用有关的预归类决定书。

因商品归类引起退税或者补征、追征税款以及征收滞纳金的,按照有关法律、行政法规以及海关总署规章的规定办理。违反《中华人民共和国海关进出口货物商品归类管理规定》,构成走私行为、违反海关监管规定行为或者其他违反《海关法》行为的,由海关依照《海关法》和《海关行政处罚实施条例》的有关规定予以处理;构成犯罪的,依法追究刑事责任。

第四节 《协调制度》归类总规则

税则归类是指对应税的进出口商品,在税则中找出其相应的税目,它是征税工作的重要环节。进出口商品种类繁多、性质复杂,且商品变化日新月异,要将世界上所有商品浓缩在几百页的税则上,将数以万计的商品在几千条子目中找到最适当的税目,具有一定的难度。因此,税则归类是一项政策性和技术性很强的工作,每一票货物的归类正确与否,不但关系到国家关税政策贯彻执行的好坏,而且直接影响到企业的经济效益。

要进行正确的税则归类,就必须牢牢掌握"归类总规则",并且在使用时,必须注意以下两点:

(1) 要按顺序使用每一条规则。当规则一不合适时才用规则二,规则二不合适才用规则三,并依次类推;

(2) 在实际使用规则二、三、四时要注意条件,即是否类注、章注和税目有特别的规定或说明。如有特别规定,应按税目或注释的规定归类而不能使用规则二、三、四。

下面详细介绍归类总规则。

一、规则一

类、章及分章的标题,仅为查找方便而设;具有法律效力的归类,应按税目条文和有关类注或章注确定,如税目、类注或章注无其他规定,按以下规则确定。

解释:此规则说明了类、章及分章的标题不是归类的依据,并不具有法定的约束力。如第15类的标题为"贱金属及其制品",但许多贱金属制品,如铜纽扣归入96.06(18类),类似的例子还很多。因此,归类的真正依据为:第一层次是税目条文、类注和章注,第二层次是规则二、三、四,并应按顺序依次使用。规则一应用举例如下。

(1) 冻牛胃,根据规则一,具有法律效力的归类,应按税(品)目条文和有关类注或章注确定。牛胃属于牛杂碎,按0206的税(品)目条文"鲜、冷、冻牛的食用杂碎"似乎可归入0206,但千万注意归类时还要看类注或章注,根据第二章章注二可知,本章不包括动物的肠、膀胱、胃,所以该商品应归入05040029。

(2) 如冷藏的葡萄,税目08.06只列了鲜的或干的,而没有冷藏的,查看类注、章注,看到第八章注释二规定了"鲜的"包括"冷藏的"在内,这样就可将冷藏的葡萄归入08.06。

(3) 如牛尾毛,查第五章其他动物产品,0511税目中未提到牛尾毛,再查阅第五章注四,马毛包括牛尾毛,因此归入马毛税号0503。

规则一使用提示:

★ 正确的归类应该是依据税(品)目条文和类注、章注及规则一以下的各条规则。

★ 不可因为某货品符合某一类、章及分章的标题,就确定归入该类、章及分章。

例如"针织女式胸衣",如果直接看标题,似乎符合第六十一章的标题"针织或钩编的服装及衣着附件"而可以归六十一章,但由于标题不是归类依据,所以应根据税(品)目条文和类注、章注来确定。按六十一章章注二(一)、六十二章章注一和6212税(品)目条文,应归入6212。

二、规则二

(一) 条文内容

(1) 税目所列货品,应包括该项货品的不完整品或未制成品,只要在进口或出口时该项不完整品或未制成品具有完整品或制成品的主要特征;还应包括该项货品的完整品或制成品在进口或出口时的未组装件或拆散件。

(2) 税目中所列材料或物质,应视为包括该种材料或物质与其他材料或物质混合或组合的货品。税目所列某种材料或物质构成的货品,应视为包括全部或部分由该种材料或物质构成的货品。由一种以上材料或物质构成的货品,应按规则三归类。

(二)条文解释

规则二(1)有两层意思,一是扩大税号的商品范围,不仅包括它的整机、完整品或制成品,而且包括了它的非完整品、非制成品,还包括它的拆散件;二是在使用这条规则时,应具备条件,即非完整品、未制成品一定要具有整机特征;拆散件主要是为了运输、包装上的需要。

如:一辆车缺个门或轮子,虽不完整,但已具备了车辆的主要特征,因此可归入整车税号。

又如,已加工成型但未装配的卧室木家具板,另外还缺少五金件,这是一种不完整品(缺少五金件)的未组装件(未装配),由于缺少的仅是次要的零部件,因此该不完整品具有完整品的基本特征,根据规则二(1),应按完整的卧室木家具归类,可归入 94034000。

规则二(2)解释:此规则也有两层意思,第一,税号中所列某种材料包括了该种材料的混合物或组合物,也是对税目所列的范围的扩大;第二,其适用条件是加进去的东西或组合起来的东西不能失去原来商品的特征。也就是说不存在看起来可归入两个以上税号的问题。

如加糖牛奶,还是按牛奶归类,因其虽是一种混合物,但它并不改变鲜牛奶的基本特征和性质,所以仍按鲜牛奶归类。又如,涂有石蜡的软木塞,是一种主要由软木构成的组合货品,它应按其主要材料归入天然软木制品的税号中。

规则二使用提示:

★ 税(品)目所列货品范围的扩大是有条件的,即不管是"缺少"(规则二(1))还是"增多"(规则二(2)),都必须保持"基本特征"。

★ "基本特征"的判断有时是很困难的,例如缺少了多少零部件的电视机仍具有电视机的基本特征,仍可以按电视机归类。

对于不完整品而言,核心是看其关键部件是否存在。如压缩机、蒸发器、冷凝器、箱体这些关键部件如果存在,则可以判断为具有冰箱的基本特征;

对于未制成品而言,主要看其是否具有制成品的特征,如齿轮的毛坯,如果其外形基本上与齿轮制成品一致,则可以判断为具有齿轮的基本特征;

对未组装件或拆散件而言,主要看其是否通过简单组装即可装配起来。

★ 规则二(1)一般不适用于第一至第六类的商品。

★ 只有在规则一无法解决时,方能运用规则二。

三、规则三

(一) 条文内容

不论何种原因,货品看起来可归入两个或两个以上税目时,应按以下规则归类:

- 列名比较具体的税目,优先于列名一般的税目;
- 混合物、不同材料构成或不同部件组成的组合物以及零售的成套货品,如果不能按照规则三(1)归类时,在可适用本款条件下,应按构成货品基本特征的材料或部件归类;
- 货品不能按照规则三(1)或(2)归类时,应按号列顺序归入其可归入的最末一个税目中。

(二) 条文解释

规则三(1)包含三层意思,第一,商品的具体名称与商品的类别名称相比,当然前者更具体,因此,按商品具体名称列目的税号优先于按商品类别列目的税号。比如:进口电子表用的集成电路,税则上有两个税号与其有关,一个是税号 8521,是按微电子电路这个具体的商品名称列目;另一个是 9111,是按钟表零件这样一类商品名称列目。显然,微电子电路的税号更具体,应归入 8521。又如:紧身胸衣是一种女内衣,有两个税号与其有关,一个是 6208 女内衣,一个是 6212 妇女紧身胸衣。前一个是类名称,后一个是具体商品名称,故应归入 6212。如果两个税号属同一商品,可比较它的内涵和外延,一般说来内涵越大、外延越小,就越具体。第二,如果一个税目所列名称更为明确地包括某一货品,则该税目要比所列名称不完全包括该货品的其他税目更为具体。比如:汽车用电动刮雨器,看起来可归入两个税号,一个是汽车零件(第八十七章),一个是电动工具(第八十五章),查阅这两章注释没有说明,便按这一规则选择说明最明确的税目,8512 用于汽车、摩托车、电动刮雨器,8708 用于汽车零件及附件,因此,应归入前者。第三,与有关商品最为密切的税号应优先于与其关系间接的税号。如进口汽车柴油机的活塞,有关的税号一个是柴油机专用零件 8406,另一个是汽车专用零件 8706,活塞是柴油机的零件,柴油机是汽车的零件,那么活塞就是汽车零件的零件,但上述两个零件是不同层次的,活塞与汽车是间接关系。因此,应归入 8406。

但是,如果两个或两个以上税目都仅述及混合或组合货品所含的某部分材料或物质,或零售成套货品中的某些货品,即使其中某个税目比其他税目对该货品描述得更为全面、详细,这些货品在有关税目的列名应视为同样具体。在这种情况下,货品应按规则三(2)或(3)的规定进行归类。

规则三(2)解释:这里与规则二的混合物、组合物是有区别的,此时混合物、组合物已改变了原来的特征,难以肯定是原来的商品。其中,对于由几个不同部件构成的组合货品,这些部件可以是各自独立的,但它们必须是功能上互相补充,共同形成一个新的功能,从而构成一个整体。如:放在皮盒内出售含有电动理发推子、剪子、梳子、刷子、毛巾的成套理发用具应如何归类?查阅类及章注,并未提到这类成套货品归何税号,而按此规则,其成套货品中具有主要特征的货品是电动理发推子,因此归入其税号 85102。

使用本规则的关键是确定货品的主要特征。一般来说可根据商品的外观形态、使用方式、主要用途、购买目的、价值比例、贸易习惯、商业习惯、生活习惯等诸因素进行综合考虑分析来确定。

规则三(3)解释:此规则明确,按规则三的上述两规则都不能解决的归类问题,则在几个认为同等可归的税号中,归在排列最后的税号,这是一条“从后归类”的原则。如一种多用途的阅读复印机,具有两种功能,既能缩微阅读,又能复印,有两个税号 9009 和 9010,根据本条规则应从后归入 9010 复印机。

规则三的三条规定应按照其在本规则的先后次序加以运用,且在税目条文、类注、章注未作其他规定时才能施行。总结规则三,其优先权的次序为:具体列名;基本特征;从后归类。

规则三使用提示:

★ 只有规则一与规则二解决不了时,才能运用规则三。

例如“豆油 70%、花生油 20%、橄榄油 10%的混合食用油”,不能因为是混合物,且豆油含量最大,构成基本特征,从而运用规则三(2),按豆油归入 1507,而是应该首先运用规则一,由 1517 的税(品)目条文确定归入 1517。

★ 在运用规则三时,必须按其中(1)(2)(3)款的顺序逐条运用。

★ 规则三(2)中的零售成套货品,必须同时符合下列三个条件:①由至少两种可归入不同税(品)目的不同物品构成;②为了某项需求或某项专门活动而将几件产品或物品包装在一起;③其包装形式适于直接销售而货物无须重新包装。

不符合以上三个条件时,不能看成是规则三(2)中的零售成套货品。例如“包装在一起的手表与打火机”,由于不符合以上第二个条件,所以只能分开归类。

小经验 7－1

成套散件及零件类归类

(1) 成套散件归类。对于成套散件,一个前提是必须成套,比如一台微机应该由一个机箱、一个显示器、一个键盘、一个电源等组成。另一个前提是进口状态必须是散件形式,并未组装。在上述前提下,当出口的成套散件价值占整机比例达到 60%以上,则视同整机出口,按整机税号归类,相反则按零件单独列名来申报。如部分成套,则成套部分按整机归,其余按实际情况单独归类。

(2) 零件类归类。在报关归类过程中,对于机器零件,尤其当零件品名数量较多时,归类往往比较复杂。一般情况下,如果零件出口数量较大且成套,则按成套散件方式归类,如不成套则必须单独申报,一般还是按照有具体列名按具体列名归,无具体列名的则还是按整机零件归类。

资料来源:外贸博客。

四、规则四

根据上述规则无法归类的货品,应归入与其最相类似的货品所适用的税目中。

解释:本规则明确对不能归入税则分类目录中任何一个税号的物品,应归入最相类似物品的税号。归类时,第一步要用进口的货品与其相近似的物品逐一比较,从而确定其最相近似的物品。第二步确定哪一个税号对该项类似物品最为适用。然后,将进口物品即归入该税号之内。

由于物品的类似性由许多因素决定,如物品的名称、性质、用途等,实际问题中往往难以统一认识。一般说,这条规则不常使用。

规则四使用提示:

★ 本条规则是为了使整个规则制定得更严密,一般很少实际运用。

五、规则五

(一) 条文内容

除上述规则外,本规则适用于下列货品的归类。

(1) 制成特殊形状仅适用于盛装某个或某套物品并适合长期使用的照相机套、乐器盒、枪套、绘图仪器盒、项链盒及类似容器,如果与所装物品同时进口或出口,并通常与所装物品一同出售的,应与所装物品一并归类。但本款不适用于本身构成整个货品基本特征的容器。

(2) 除本规则(1)中规定的以外,与所装货品同时进口或出口的包装材料或包装容器,如果通常是用来包装这类货品的,应与所装货品一并归类。但明显可重复使用的包装材料和包装容器可不受本款限制。

(二) 条文解释

规则五(1)是一条关于包装物归类的专门条款,仅适用于同时符合以下各条规定的容器:制成特定形状或形式,专门盛装某一物品或某套物品的;适合长期使用的;与所装物品一同进口或出口,不论其是否为了运输方便而与所装物品分开包装(单独进口或出口的容器应归入其他应归入的税目);通常与所装物品一同出售的;包装物本身并不构成整个货品基本特征的,即包装物本身无独立使用价值。

如装有茶叶的银质茶叶罐,银罐本身价值昂贵,已构成整个货品的基本特征,应按银制品归入税号 7114;又如,装有糖果的成套装饰性瓷碗,应按瓷器品归类。而与所装电动剃须刀一同报验的电动剃须刀的皮套,由于符合以上条例,因此应与电动剃须刀一并归入品目 8510。

规则五(2)仅适用于同时符合以下各条规定的包装材料及包装容器:规则五(1)以外的;通常用于包装有关货品的;与所装物品一同报验的(单独报验的包装材料及包装容器应归入其所应归入的品目)。

规则五使用提示:

★ 本规则要解决的是包装材料或包装容器何种情况下单独归类,何种情况下可与所装物品一并归类的问题。重点注意包装材料或包装容器与所装物品一并归类的条件——与所装货品同时进口或出口。

例如"单独进口某香水专用的玻璃瓶",尽管该玻璃瓶是香水专用的,也不能按香水归类,只能按玻璃瓶归入 7013。

又如"与数字照相机一同进口的照相机套",由于符合规则五(1)的条件,所以应与照相机一并归入数字照相机的税(品)目 8525,而不能按 4202 的"照相机套"的列名归类。

由于 HS 税则出现了 5 位数级、6 位数级子目,这与 CCCN 税则只有 4 位数级税目不同,因此,有必要对 5、6 位数级子目的归类规则作出规定,规则六就是这样产生的。

六、规则六

货品在某一税目项下各子目的法定归类,应按子目条文或有关的子目注释以及以上各条规则来确定,但子目的比较只能在同一数级上进行。除本税则目录另有规定的以外,有关的类注、章注也适用于本规则。

解释:本规则表明只有在货品归入适当的 4 位数级税目后,方可考虑将它归入合适的 5 位数级或 6 位数级子目,并且在任何情况下,应优先考虑 5 位数级子目后再考虑 6 位数级的范围或子目注释。此外,规则六注明只属同一级别的子目才可比较,以决定哪个子目较为合适,比较方法为同级比较,层层比较。

例如,税号 52.08 棉机织物,其 5 位数级子目按未漂白、漂白、染色、色织、印花来分,而 6 位数级子目又是按坯布每平方米重量来分,如在税号 5208.4 的色织布中,色织布又按每平方米重量是否超过 100 克,来分出两个 6 位数子目,即超过 100 克的税号 5208.42,不超过 100 克的归入税号 5208.41。也就是说,税号 5208 机织物中的色织布,还要按其每平方米重量进行比较后归入各自对应的 6 位数级子目中。

又如紫檀木制办公桌,该商品的归类主要是子目问题(规则六),不能因为紫檀木属于红木而直接找三级子目 94036010"红木制",应该先确定一级子目"办公室用木家具",所以应归 94033000。

规则六使用提示:

★ 确定子目时,一定要按先确定一级子目,再二级子目,然后三级子目,最后四级子目的顺序进行。

★ 确定子目时，应遵循“同级比较”的原则，即一级子目与一级子目比较，二级子目与二级子目比较，依次类推。

例如“中华绒毛蟹种苗”，在归税(品)目 0306 项下子目时，应按以下步骤进行。

- 先确定一级子目，即将两个一级子目“冻的”与“未冻的”进行比较而归入“未冻的”；
- 再确定二级子目，即将二级子目“龙虾”“大螯虾”“小虾及对虾”“蟹”“其他”进行比较而归入“蟹”；
- 然后确定三级子目，即将两个三级子目“种苗”与“其他”进行比较而归入“种苗”。

所以正确的归类(重点是子目)是 03062410。

注意，不能将三级子目“种苗”与四级子目“中华绒毛蟹”比较而归入 03062410“中华绒毛蟹”。因为二者不是同级子目，不能比较。

按照归类总规则及其归类方法归类，每一种商品都能找到一个最合适的税目。如果有些新产品或特殊商品按照这个归类规则和方法，确定其应归税目确有困难时(首先要对该商品做全面了解)，可向海关总署请示、咨询。

小测验 7－1

请指出下列叙述中错误的是(　)。

A.《海关进出口税则》的类、章及分章的标题，仅为查找方便设立

B. 归类总规则一规定，具有法律效力的商品归类，应按品目条文和有关类注或章注确定

C. 子目的比较只能在同一数级上进行

D. 当税目条文、类注和章注没有专门规定，而商品归类不能确定时，按与该商品最相类似的商品归类

小经验 7－2

商品编码归类经验谈

1. 完整归类：一个成品货物在归类时，首先按照其完整名称归类，[我们专业报关和海关称这种归类叫具体列名归类，就是说，你的成品名称正好和商品编码书的某个商品编码(HS CODE)完全一致或者基本一样，例如：冻牛舌就有专门的编码 02062100，冻牛肝是 02062200] 这种情况比较少见，因为作为一个工具类编码书，不可能囊括世界上所有的商品名称，而且，同样的货物各自的叫法还不尽相同，所以很多人只给个货物名称叫别人去查编码，无异于叫别人去大海里捞针！各位千万记得啊，提供名称的时候，把它的用途、使用方法、成分、材料等资料提供得越多越好！

2. 用途归类：如果某个货物的名称并没有明确对应的编码时，立刻考虑它的用途和功能，按照这个用途去找对应的归类，例如：格力分体 2 匹空调，属于机器类的，就到 84 章去找，然后到 8415 空气调节器里面找，然后找到 84151021.00(制冷量≤4 千大卡/时分体式空调)，这样的情况占了进出口货物的很大一个比例，一般很少能找到第一种情况所说的具体对应的编码。

3. 混合归类：(又叫成分归类)如果某个成品里面有几种成分组成，而且没有一个对应的编码正好和这个成品名称对应，要按照构成这个成品基本特征的材料或部件归类。例如：铁制晒衣架，没有具体对应的编码，从用途上也找不到这种具体的用途，只有从材料上入手，钢铁制品 73 章，其他钢铁制品 7326，用 73262090.00(非工业用钢铁丝制品)或者 73269090.00(其他非工业用钢铁制品)都可以。(这样的情况也占了进出口货物的很大一部分比例，因此各位在提供信息的时候，尽量连材料、成分也提供清楚，电器类产品说明电压、功率，汽车类产品说明是什么汽车用的，汽车排量等情况)。

4. 靠后归类：当第 3 种情况出现根据材料分，有 2 个或者几个编码都合适的时候，优先选择编码靠后的。就好像上面举的铁衣架的例子一样，应该选择 73269090.00。

5. 模糊归类：(又叫最接近归类法)随着科技的日新月异，大量的新型产品不断出现，经常有无从下手的

感觉,只好先根据用途找最接近的,再按照材料找最接近的。遇到这种问题无论是进出口商或者报关公司甚至海关都无法敢说自己是完全正确的,最好有丰富报关经验的专业报关公司利用其丰富的报关知识和良好的社会关系,报关起来才能省事。

关于归类还经常出现很多纠纷和麻烦,造成这种情况实际上是由于进出口公司业务员或者报关公司报关员甚至海关关员各自对于商品归类的理解不一样,造成很多不必要的纠纷。举个很简单的例子大家就明白了:某种产品(客人自己称"咖啡壶"),是个玻璃制的带有刻度的1000CC玻璃杯,外面包裹着6条不锈钢制的钢条,起固定作用,钢条上连着一个塑料的把手,把水装进玻璃杯里烧开冲咖啡用或者连咖啡带水一起烧(没错,就是几乎每个商场都能看见的非常普通的咖啡壶,而我描述得这么清楚就是在告诉大家,要想别人帮忙查询编码的时候应该如何提供信息)。首先按照具体列明原则归类,找不到完全一致的编码;然后按照用途也无法找到具体列明的归类;最后按照成分,在玻璃制品里发现有个70139900.00[其他玻璃制餐桌、厨房用玻璃器皿(不包括杯子、玻璃陶瓷制的除外)],这个归类既符合成分归类法,又符合用途归类法,于是报关,没想到被做单的海关关员退单。理由是:玻璃外面还有不锈钢条,而不锈钢条的价值高于玻璃,应该归入餐桌、厨房等家用不锈钢器具73239300.00,还要做商检。麻烦吧!

资料来源:福步外贸论坛。

第五节 商品归类的简易方法

根据《协调制度》中所包含的《归类总规则》的规定,各类的注释及各章的章注释内容和部分章中的子目注释内容,以及其特定意义,本节将提供一种简易的归类方法,并对每一种归类方式的特定含义、采用顺序、使用技巧及应用实例进行介绍,从而使读者能够尽快地将所需归类的商品转化为与《税则》相吻合的商品归类语言。

一、列名优先原则——有列名归列名

本文所述"有列名"是指《税则》中税(品)目条文或者子目条文中列名具体或比较具体的商品名称,即商品表现出的特征与商品归类的语言基本吻合。例如:

- 已冲洗并已配音的供教学用的35毫米电影胶片(税号3706.1010);
- 规格及形状适于安装在船舶舷窗上的安全玻璃(税号7007.1110);
- 功率为80瓦的吊扇(税号8414.5110)。

这其中包括《归类总规则》规则二(1)所示的:在进出口时具有完整品或制成品的基本特征的,该项商品的不完整品或未制成品,例如:

- 缺少四个轮子的高尔夫球车(税号8703.1000);
- 缺少鞍座的山地自行车(税号8712.0030);
- 未喷漆的自行车架(税号8714.9100);
- 缺少螺钉的塑料制眼镜架(税号9003.1100);
- 已剪裁成型未缝制的机织面料分指手套(税号6216.0000)。

以及这些商品的拆散件及成套散件(SKD-成套部件,CKD-成套散件),例如:

- 高速摄影机成套散件(税号9007.1910);
- 机动游览船成套部件(税号8901.1010);
- 尚未焊接装配的成套心电图记录仪(税号9018.1100)。

还包括《归类总规则》规则二(2)所示的:某种材料或物质与其他材料或物质混合或组合的

物品，但不得改变原来材料或物质构成货品的基本特征的。例如：

- 加碘的食用盐（税号 2501.0011）；
- 加糖的牛奶（税号 0402.9900）；
- 加有着色剂的砂糖（税号 1701.9910）；
- 皮革制分指手套、口上镶有兔毛皮装缏条（税号 4203.2990）。

通过上述例子，我们不难理解“有列名”即是由品目条文及子目条文所组合而成的商品名称，已完整或者基本描绘出我们进行归类的进出口商品的特征。显示出的商品列名与实际商品已经具体。由此，根据《归类总规则》规则三（1）所示，列名比较具体的税（品）目，优先于列名一般的税（品）目，即本文所称的列名优先的原则。列名优先的原则是进出口商品归类的第一原则，也是首选的归类方法。

因此，在我们进行商品归类练习时，首先要根据所归类商品的特征，如：商品的主要成分（材料）、加工方式、规格、用途、等级、包装方式、功能作用等进行综合分析，再根据分析结果找出其相适合的品目，最后以“列名优先”的原则进行归类。

例 1　纯棉妇女用针织紧身胸衣，归类步骤如下。

1. 商品分析

成分：纯棉

用途：妇女用

加工方式：针织

品名：紧身胸衣

2. 品目归类

根据对成分及加工方式的分析，大家会轻易地将该项商品归入第六十一章：针织或钩编的服装及衣着附件。但我们仔细阅读第六十一章章注释二（一），可以发现本章不包括 62.12 品目的商品。62.12 品目条文：胸罩、束腰带、紧身胸衣、吊裤带、吊袜带、……。因此，我们可以初步将“紧身胸衣”归入 62.12 品目。

3. 简易方法适用

根据“列名优先”的原则，我们查看 62.12 品目中所包含的子目 6212.3090，可以看出，该税号符合所需归类商品的特定意义——棉制（不是其他材料制）束腰胸衣（即紧身胸衣）。因此，“纯棉妇女用针织紧身胸衣”应归入税号 6212.3090。

例 2　人工肾，归类步骤如下。

1. 商品分析

功能作用：人工肾，显然是指能够起到替代人体肾脏功能的液体过滤、分离的机器，即肾脏的透析设备，因此，应属于医疗器械、设备类。

2. 品目归类

根据该设备的特点，查阅《税则》，第九十章标题为：……医疗或外科用仪器及设备。所以，应该是在本章内查找适当品目。显然，90.18 品目条文为：医疗、外科、牙科或兽医用仪器及器具，……。因此，我们可以将该商品归入此品目。

3. 简易方法适用

根据“列名优先”的原则进行查找，子目 9018、9040 条文所述内容为：肾脏透析设备（人工肾）。“人工肾”即归入此税号。

例 3　葵花子油渣饼,归类步骤如下。

1. 商品分析

成分:葵花子

商品特征:葵花子油渣饼,即葵花子榨油后所剩残渣压成的饼状货品

品名:油渣饼

2. 品目归类

根据该商品的特点,葵花子油渣饼,显然仅是由葵花子经榨取油后,所剩的残渣构成。因此,葵花子中其他有用成分并未提取。所以,其油渣仍具有利用价值。通观税则,第二十三章标题为:食品工业的残渣及废料……。而葵花子榨取葵花油的加工过程,亦符合食品工业的范畴。因此,可初步将"油渣饼"归入本章。查阅本章各品目,品目 23.06 所示:品目 25.04 或 25.05 以外的提炼植物油所得的油渣饼及其他固体残渣……。因此,"葵花子油渣饼"应归入本品目。

3. 简易方法适用

根据"列名优先"的原则,子目 2306.3000 条文为葵花子的油渣饼,即应将其归入本税号。

二、没有列名归用途

所谓没有列名,是指所需归类商品的语言不能与《税则》中品目、子目条文所列名的内容相吻合。在这种情况下,我们应将归类方法顺序转为第二种方法——按用途归类的方法,即按照该商品的主要用途进行归类。该归类方法应从对商品的用途分析入手,使之产生《税则》所认可的语言。这种方法特别适用所归类商品已构成商品的基本特征的各类商品,如动植物类、机器、电气、仪器仪表类。例如,第一章:活动物,如我们所归类的商品是马戏团表演用的马,分析商品得知,虽然马戏团的马肯定是活动物,理该归入第一章,但由于第一章所述马的用途仅限定在种用或食用、服役马,而马戏团的马其用途在于表演,因此不能将该种活动物——马戏团的马归入第一章,而应根据其章注归入第九十五章,税号 9508.1000。

例 1　盥洗用醋(美容盥洗用,带香味),归类步骤如下。

1. 商品分析

成分:醋、香味剂

用途:盥洗用

2. 品目归类

根据成分和用途,该种醋可能会被归入税号 2209.0000。其为:醋及用醋制得的醋代用品。根据海关总署关税征管司、全国海关进出口商品归类中心广州分中心编写的《海关进出口税则——统计目录、商品及品目注释》(2002 年版)注释:醋及其代用品可用于食物的调味和腌制。……也可用调味香料增加香味。同时注明:本品目不包括品目 33.04 的"盥洗用醋"。显然,其应当归入品目 33.04。

3. 简易方法适用

查阅品目 33.04 条文,并没有具体的"盥洗用醋"列名。此时,我们应当按照没有列名归用途的方法进行归类。根据该商品最大的用途特征为:盥洗用,也就是保护皮肤用,将其归入"护肤品",即税号 3304.9900。

例 2　弦乐乐器弦(羊肠线制),归类步骤如下。

1. 商品分析

成分:羊肠线

用途:由羊肠线制成的,弦乐乐器用的琴弦

2. 品目归类

根据对成分及用途的分析,可知羊肠线的用途非常广泛。其可以编织羽毛球、网球球拍,也可以制成机器零件,以及弦乐乐器弦、外科缝合线等。查阅品目 42.06,“羊肠线”已有具体列名。若我们所需归类的商品仅为“羊肠线”,因其归类语言与子目条文非常吻合,即可按列名优先的原则,归入税号 4206.1000。但是,现在我们需要归类的商品是“由羊肠线制成的弦乐乐器用的琴弦”,而不是“羊肠线”,也就是子目 4206.1000 条文与商品归类语言不相吻合,所以,不能将“由羊肠线制成的弦乐乐器用的琴弦”,归入税号 4206.1000。根据第四十二章章注释一(一)、(九)所示,该商品按用途归入品目 92.09。第九十二章:乐器及其零件、附件。

3. 简易方法适用

根据没有列名归用途的归类方法,将其归入子目 9209.3000。子目 9209.3000 条文虽然仅表现为“乐器用弦”,但是其中包括各类材料制成的乐器用弦,如羊肠线、丝、钢丝、合金丝、化学纤维单丝等。因此,应当将羊肠线制成的弦乐乐器的琴弦归入税号 9209.3000。

该例题说明,第四十二章及第九十二章均有“羊肠线”、“乐器用弦”等具体列名,但是前者与我们需要归类的商品,即商品归类语言不相吻合。因此,不能将羊肠线制成的弦乐乐器用的琴弦归入第四十二章。第九十二章包括的“乐器用弦”,在表面上看似与我们需要归类的商品归类语言不完全吻合,但是根据列名具体优先于列名一般的原则,“乐器用弦”已经比“羊肠线”显得更加具体,也就是商品归类语言与子目条文基本吻合。

例 3　含有中草药的牙膏,归类步骤如下。

1. 商品分析

成分:含有中草药的原药或者提取的有效成分

特征:比普通牙膏增加了护齿、洁齿功能

2. 品目归类

通过对该商品的分析,我们可以得知,虽然该种牙膏比普通牙膏增加了中草药的成分;但是其主要的成分及其功能并没有发生改变,仍然为护齿、洁齿品。因此,尽管该种牙膏增加了中草药的成分,也不可能具备医疗功能,则不能将其归入药品类。因而,只能根据其基本的用途归入相应品目。第三十三章:……芳香料制品及化妆盥洗品。牙膏应属于“盥洗品”类,所以应在该章查找出相应的品目。品目 33.06:口腔及牙齿清洁剂……,牙膏应属于“牙齿清洁剂”类,所以应归入该品目。

3. 简易方法适用

虽然品目 33.06 显示为:口腔及牙齿清洁剂,……。但是,在其所包含的子目中并没有明确列名“含有中草药的牙膏”,根据没有列名归用途的归类方法,在品目 33.06 中查找相适应的子目,“含有中草药的牙膏”归入税号 3306.1010。我们不能根据该商品的“成分”,将其错误地归入第三十章。

例 4　卫生纸巾(用肥皂、医用酒精浸渍;零售包装,每包 20 片),归类步骤如下。

1. 商品分析

成分:纸、肥皂、酒精

加工方式：用肥皂、医用酒精浸渍

包装方式：零售包装，每包 20 片

用途：可以清洁人体及其他物品

2. 品目归类

通过以上分析我们得知，该商品虽然是以纸为主要成分的纸巾，但它不同于一般的餐巾纸、卫生纸、口纸等纸制品。其主要原因是该商品的加工方式是在已形成一定规格的纸制品的基础上，增加了清洁、消毒功能。在消毒剂的选用上，采用了适用于人体的医用酒精，在包装上采用零售形式包装。对此，我们不应当将该商品简单地归入第四十八章：纸及纸板；纸浆、纸或纸板制品。而应从其特定的用途入手，将其归入带有清洁、消毒，并且可以不通过水冲洗即可达到清洁、消毒目的的商品。根据《税则》，我们可以发现，第三十四章：肥皂、有机表面活性剂、洗涤……。该商品中含有肥皂成分，我们可以在该章内查找与之相适应的品目，品目 34.01：肥皂……用肥皂或洗涤剂浸渍、涂面或包覆的纸……。品目 34.01 条文所包含的内容已与该商品的归类语言基本吻合，所以应将其归入该品目。

3. 简易方法适用

“卫生纸巾”在《税则》34.01 品目或其他品目中均没有具体列名，根据没有列名归用途的归类方法，以该商品的主要用途特征，在品目 34.01 中查找相适应的子目，“卫生纸巾”归入税号 3401.3000。根据商品成分和用途，不得将其归入第四十八章。

例 5　汽车水温表，归类步骤如下。

1. 商品分析

用途：测量汽车冷却循环水温度专用的仪表

商品特征：在汽车显著位置采用指针方式显示变化的温度

2. 品目归类

根据对仪表的分析，我们得知，该仪表的安装目的是显示汽车冷却循环水的变化温度，使用范围为各种汽车。很显然，该仪表是安装在车身上的仪表，因此，初学者很容易将其归入汽车的零配件中。但是，通过对该商品的分析得知，该商品自身的特征已完整地表现出温度仪表的基本特征，其主要功能是测量温度并显示出对应的温度值，已经属于通用性仪表。因此，不可将其归入汽车的零配件中。通观《税则》，第九十章光学……计量、检验、医疗或外科用仪器及设备……“汽车水温表”属于仪表范畴，所以，应当归入本章。查找本章各品目，品目 90.25：……温度计、高温计……因此，应将其归入本品目。

3. 简易方法适用

“汽车水温表”在《税则》90.25 品目或其他品目中均没有具体列名，根据没有列名归用途的归类方法，以该商品的主要用途、功能特征，在品目 90:25 中查找相适应的子目，“汽车水温表”归入税号 9025.1100。根据商品特征和用途，不得将其归入第八十七章。

三、没有用途归成分

成分一般是指化合物或组合物中所含有物质（元素或化合物）的种类。“没有用途归成分”的归类方法，是指当某种商品的归类语言无法与《税则》相吻合，既没有具体列名，并且用途特征也不明显时，应依顺序按其主要“成分”归类。也就是要按照《归类总规则》二(2)、三(2)所示规则进行归类，并且应当按照“列名”“用途”“成分”归类方法的先后次序归类。

按照“成分”归类时，应充分理解《归类总规则》中关于材料或物质的定义。“税(品)目中所列材料或物质，应视为包括该种材料或物质与其他材料或物质混合或组合的物品。税(品)目中所列某种材料或物质构成的货品，应视为包括全部或部分由该种材料或物质构成的货品”；“混合物，不同材料构成或不同部件组成的组合物以及零售的成套货品，如果不能按照规则三(1)归类时，在本款可适用的条件下，应按构成货品基本特征的材料或部件归类”。

在实际操作中，可以按照成分归类的商品基本分为两大类：

其一，由某种材料制的商品。如：针叶木制、阔叶木制、钢铁制、铝制、铜制、塑料制、纸制、化学纤维制、天然动物纤维制、天然植物纤维制等。对于这一类的商品，应当理解为完全由该类物质加工而成，或以该类物质占有绝对比例的物质构成。如木制门窗、钢铁制螺母、塑料制螺母、铝制牛奶桶、化纤制香烟过滤嘴等。

其二，按重量计含有某种材料与其他材料混合的制成品。如：

- 女式针织毛衣(按重量计，含羊毛 70%、兔毛 20%、腈纶 10%)；
- 含铅 99.9%、含银 0.01%、含其他金属 0.09%的精炼铝；
- 按重量计含棉 90%、含化学短纤维 10%的棉纱线。

但是，在运用该方法归类时，不可打乱“列名”“用途”“成分”三者的先后次序，而应按序使用。也就是在“列名”“用途”的归类方法无法找到正确答案时，才能使用按“成分”的方法归类，而不可将按“成分”的归类方法，优先于其他两种方法使用。如：塑料制中国象棋，若未按先后次序选择使用归类方法，而优先选择按材料归类，即会产生错误的商品归类语言，误将其归入第三十九章——塑料制品。正确方法应按“列名优先”的原则，将其归入税号 9504.9030。又如：不锈钢制外科手术用锯，经对其分析得知，该商品的最大特征是外科手术时所使用的锯。虽然从其结构上与普通钳工所使用的锯相同，但从其加工工艺材料的选择上又不同于普通钳工锯。若按序列一，“列名优先”的原则进行选择时，很可能会归入税号 8202.1000。但是，税号 8202.1000 条文显示的是“ * 金属制的手工锯”，与需要归类的商品不相吻合，也就是子目条文与商品归类语言不相吻合。若按序列三，“归成分”的方法进行选择时，仍会将其错误归入税号 8202.1000。若按序列二，“归用途”的方法进行选择时，会将其正确归入税号 9018.9090。从而可知，简易商品归类方法的适用，必须按照“列名”“用途”“成分”的先后顺序进行，千万不可颠倒。否则，将无法产生正确的归类，也就是无法产生子目条文与商品归类相吻合的语言。

例 1　一次性纸制厨师帽，归类步骤如下。

1. 商品分析

成分：纸

特征：一次性使用

品目：厨师帽

2. 品目归类

通过对商品的分析，我们得知，该项商品是由纸制成的，并且是供厨师一次性使用的专用帽子。通观《税则》得知，《税则》中包含各种帽类的章分别是：第四十八章的“纸制衣着附件”、第六十三章的“旧帽类”、第六十八章的“石棉制的帽类”及第九十五章的“玩偶帽类或狂欢节用的帽类”。“一次性纸制厨师帽”在以上各章均无具体列名，所以，不能依第一顺序“列名优先”的方法归类。依次按第二顺序“按用途”归类。由于该商品的用途特征仅为“厨师用的帽子”，虽然已经显示出该商品的专用性特征，但其中缺少“成分”内容，所以，并未完全表达出需要归类的商品全部定义,也就是归类语言不完整。再依次按第三顺序“按成分”归类。该商品的成分为纸,这时商品归类语言可以表述为:用纸制成的厨师用的帽子。我们需要归类的商品是“一次性纸制厨师帽”,“一次性纸制厨师帽”与“用纸制成的厨师用的帽子”之间的区别,仅仅在于是否是一次性使用。一次性使用或者多次性使用,只是使用方法问题,并且《归类总规则》中并没有关于商品进出口后使用方式的限定,因此,应当忽略不计。根据“一次性纸制厨师帽”的特定含义可知,该帽子应该是与厨师的职业服装同时使用的,因此,应将其归入纸制的衣着附件类。根据第四十八章章注释二(十一):本章不包括第六十四章或第六十五章的物品。这时,可以在第四十八章中查找与之相适应的品目,品目 48.18:衣服及衣着附件。因此,“一次性纸制厨师帽”应该归入该品目。

3. 简易方法适用

根据“列名”“用途”“成分”的先后顺序,“一次性纸制厨师帽”应该以其成分归类,归入纸制品类。查找品目 48.18,“一次性纸制厨师帽”应归入税号 4818.5000。

例 2　混纺毛华达呢(按重量计含精梳羊毛 95%、涤纶短纤纤维 5%、每平方米重 185 克),归类步骤如下。

1. 商品分析

成分:精梳羊毛 95%、涤纶短纤纤维 5%

规格:每平方米重 185 克

品名:混纺毛华达呢

2. 品目归类

通过对商品的分析得知,该商品的主要成分是天然动物纤维——精梳羊毛,化学纤维仅占次要成分——涤纶短纤纤维。本文前面已述,对于纺织品的归类非常适宜按“成分”进行归类的方法,也就是纺织品或者纺织制成品的归类,应以其成分或原材料为主要归类依据,然后再选择与之相适应的章、品、子目进行归类。根据“混纺毛华达呢”的主要成分是精梳羊毛的这一特征,我们应将其归入第五十一章:羊毛、动物细毛或粗毛;马毛纱线及其机织物。然后,选择品目 51.12:精梳羊毛或精梳动物毛的机织物。

3. 简易方法适用

采用按“成分”归类的方法,依据对商品的上述分析及初步品目归类的结果,然后,根据该商品的规格特征——每平方米重 185 克;成分特征——精梳羊毛 95%、涤纶短纤纤维 5%,查阅品目 51.12,我们可以发现与该商品有关的子目如下。其一,一杠子目:按重量计羊毛或动物细毛含量在 85%及以上;其二,该一杠子目下的二杠子目:每平方米重量不超过 200 克。从表面上看,“混纺毛华达呢(按重量计含精梳羊毛 95%、涤纶短纤纤维 5%、每平方米重 185 克)”应归入税号 5112.1100。但是,我们可以通过如下分析得知该答案是错误的。上述“一杠子目”所包含的内容有两个:(1)按重量计羊毛或动物细毛含量在 85%及以上,并且与其他纺织材料(但化学纤维长丝、短纤除外,因为其均有本身的“一杠子目”权码进行限定)混纺的机织物;(2)每平方米重量不超过 200 克或其他克重。因为,根据《归类总规则》的规定,该“一杠子目”权码所限定的内容不能取缔其他两个“一杠子目”权码所限定的内容。同时,根据列名具体优先于列名一般的归类原则,子目 5112.3000:其他,主要或仅与化学纤维短纤混纺,明显具体于子目 5112.1000。因此,上述答案是错误的,而应将其正确归入税号 5112.3000。

总之,进出口商品归类可以遵循以下的简单原则,有列名归列名;没有列名归用途;没有用途归成分；没有成分归类别；不同成分比多少，相同成分要从后。

案例 7－1

自动控制设备的出口归类

一般来说，一套自动控制设备由三个部分组成，即感应部分、主机部分、执行部分。感应部分用于获取外部的实际数据，并传回主机，一般由一些传感器组成。主机部分用于对数据进行分析并和设定值比较，发出指令。执行部分对主机发出的指令进行具体操作，往往是一些马达、阀门，等等。当一套自动控制设备整体出口时，应归在 9032 当中，如上述部分单独出口，感应部分应归在自动控制设备的零件，主机部分还是归在整机当中，而执行部分按其实际情况，马达按马达归，阀门按阀门归，等等。

在归类当中还有一些常用的经验。一般来说，像化工品出口，如果出口货物为纯净物的，则按具体成分来归，但如果已制成化学制剂或制品，即使当中某种成分占绝对多数，一般也是按照用途将其归入第三十八章相对应的化学制品税号。对于一些零售包装物品，税则书上一般对零售包装物品都有特别列名，像胶黏剂，零售包装的不论其成分全部归在 35061000 当中，而非零售包装才按其成分归在 3506 中的其他税号。

正确对产品进行海关编码归类是个不断积累和学习的过程。相信只要我们认真学习、不断积累、扩大知识面，基本做到海关 HS 编码的准确归类还是可以的。

关键词

商品名称及编码协调制度（HS 制度）　税则归类　预归类　归类总规则　规则一　规则二　规则三　类注　章注　具体列名　基本特征　从后归类

思考与问答

1. HS 制度协调了哪两套国际通用的商品分类编码标准？它有什么优点？
2. 我国《海关进出口税则》中，税率的确定遵循哪些原则？
3. 在使用归类总规则的时候应特别注意哪两点？
4. 归类总规则具体包括哪几条规则？

第八章

关税及其他税费的计算

引导案例

以货物形式进口奶粉及乳制品的，根据《中华人民共和国海关进出口税则》，奶粉的具体税号随脂肪含量、是否加糖或其他甜物质等不同而不同，编码为0402210000奶粉的进口最惠国关税税率为10%，编码为1901100000的婴幼儿奶粉最惠国关税税率为15%，东盟协定税率为0、中巴协定税率为7%到8.3%不等、中智协定税率为7%、其他奶粉及乳制品的关税税率因海关编码的不同而有差异。此外，奶粉、乳制品进口时，海关将按17%的比例代征增值税。

什么是最惠国关税税率、协定税率？关税如何计算？海关代征税如何计算？本章将回答这些问题。

第一节　关税的计征标准

进出口货物的品种非常繁杂，有的商品体积小但价值大；有的属同一种商品，但规格复杂，价格悬殊；有的按重量出售，有的按价格出售。国家根据实施关税政策的需要，对不同的商品制定的征收关税的依据叫征税标准（也叫征税基准）。因征税标准不同，计征税款的方法就不同，又称关税的计征方法。征税标准是关税制度中的一项重要内容。

一、常见的关税计征方法

1. 从价税（Ad valorem duty）

从价税是一种最常用的计征关税的方法。这种方法，以进口货物的完税价格作为计税依据，以应征税额占货物完税价格的百分比作为税率，货物进口时，以此税率和实际进口货物完税价格相乘计算应征税额。进口货物的完税价格按海关的有关规定进行审定或估定后才能作为计税依据，经审定后的计税价格称为海关完税价格（Duty Paying Value）或称海关价格（Customs Value）。这种计征关税方法的特点是，相对进口商品价格的高低，其税额也相应有高低，即优质价高的商品税高，质劣价低的商品税低，从而可以体现税赋的合理性。但是，从价税也存在着一些不足，如，不同品种、规格、质量的同一货物价格有很大差异，海关估价有一定的难度，因此计征关税的手续也较繁杂。又如，当某一种进口商品的国际价格大幅度下跌时，或人为故意低报进口商品价格和低价倾销时，从价税不能有效地起到保护国内相关工业或防止逃漏税款的作用。

2. 从量税(Specific duty)

从量税是以进口商品的数量、体积、重量等计量单位为计税基准的一种计征关税的方法。其特点是,每一种进口商品的单位应税额固定,不受该商品进口价格的影响。计税时以货物的计量单位乘以每单位应纳税金额即可得出该货物的关税税额。这种计税方法,税额计算简便,通关手续快捷,并能起到抑制低廉商品或故意低报价格的商品的进口。从量税适用于规格品种简单、计量容易、同一种商品规格价差比较小且经常性大宗进口的商品。但是,由于应税额固定,物价涨落时税额不能相应变化,因此,在物价上涨时,关税的调控作用相对减弱。但是,关贸总协定第二条第六款甲项对从量税有这样的规定:当本国的货币在按国际货币基金协定的有关规定认可下贬值达20%时,可以调整其从量税税率。这样的规定,既可以保护缔约国的利益,又可以防止缔约国频繁地改变从量税的税率。

举例　日本1996年版税则,原油,暂定税率:315日元/千升。

3. 复合税(Compound duty)

复合税是对某种进口商品混合使用从价税和从量税的一种计征关税的方法。混合使用从价税和从量税的方法有多种,如,对某种商品同时征收一定数额的从价税和从量税;或对低于某一价格进口的商品只按从价税计征关税,高于这一价格,则混合使用从价税和从量税计征关税等。复合税既可发挥从量税抑制低价进口商品的特点,又可发挥从价税税负合理、稳定的特点。

举例　美国1982年版税则,非针织毛制服装,复合税:每磅价格不超过4美元的,每磅从量税25美分,另加从价税21%;每磅价格超过4美元的,每磅从量税37.5美分,另加从价税21%。

4. 选择税(Selective duty)

选择税与复合税类似,对某一种商品既使用从价税又使用从量税。与复合税不同的是,选择税对某种商品不同时征收从量税与从价税,而是分别按从价税和从量税计算税额,选择两税额中较高者(或较低者,依政策而定)作为应税额。

举例　印度1979年版税则,含酒精的饮料,选择税:从量税60卢比/立升,或从价税170%。选择高者。

5. 滑准税(Sliding duty)

滑准税是一种关税税率随进口商品价格由高至低而由低至高设置计征关税的方法。通俗地讲,就是进口商品的价格越高,其进口关税税率越低;进口商品的价格越低,其进口关税税率越高。滑准税的特点是,可保持实行滑准税商品的国内市场价格的相对稳定,不受国际市场价格波动的影响。

举例　日本1996年版税则,未精炼铜,电解精炼用的阳极铜,滑准税:

每千克海关价格不超过465日元的,从量税15元/千克;每千克海关价格465至490日元之间的,差额税=490日元－海关价格;每千克海关价格超过490日元的,免税。

6. 差额税(Price differential duty)

差额税是一种按进口商品价格与一基准价格的差额计征关税的方法。基准价格是根据本国对这种商品的贸易政策和该商品国内市场的价格水平而确定的。差额税的特点是,可以防止某种商品以低于基准价格的价格进入国内市场。目前,一些国家基本上是将差额税与从价税混合使用来对某种商品计征关税。

举例　日本1996年版税则,生猪,差额税:税额为实际进口价格超过基准进口价格的部分。

7. 季节税(Seasonal duty)

季节税是一种对某种商品在不同季节进口适用不同关税税率的计征关税的方法。季节税一般是针对生产季节性较强的农产品而设置的。为保护国内某种农产品,对国内上市季节进口的这种农产品,设置较高的关税税率;反之,对国内淡季进口的这种农产品,设置较低的关税税率。

举例　日本1996年版税则,香蕉,季节税:每年4月1日至同年9月30日进口的香蕉,基本税率为40%;每年10月1日至第二年3月31日进口的香蕉,基本税率为50%。

二、目前我国及亚太地区计税方法的采用情况

自1980年恢复单独计征关税以来,我国的关税计征方法主要采用从价税的计征方法。改革开放以来,尤其是社会主义市场经济确立以来,我国对进出口税制进行了改革,在征税方法上也进行着有益的尝试。1997年7月1日起,啤酒、原油和部分感光胶片试行从量关税,对录(放)像机和摄像机试行复合关税;从1997年10月1日起对新闻纸试行滑准关税(2003年1月1日起,该税已取消,新闻纸实行单一从价税)。另外,我国2005年5月份开始对关税配额外棉花进口配额征收滑准税,税率滑动的范围为5%~40%,征收的目的是在大量棉花进口的情况下,减少进口棉花对国内棉花市场的冲击,确保棉农收益。2010年我国对关税配额外进口一定数量的棉花继续实施滑准税。通过滑准税可以调整国内产业结构,使国内进口高等级原料(高价格,低税率)的积极性增加,生产高等级产品的比重增加,从而避免了出口低成本货物容易带来的反倾销问题,减少贸易摩擦。

目前,亚太地区国家进口关税的计征方法采用情况如下:

墨西哥目前实行的征税方法有从价税、从量税、复合税和季节税。该国对摄影胶卷实行从量税,对鱼实行季节税,对石油及其2709、2710、2711税目的石油制品实行复合税。

新加坡目前实行的关税计征方法有从价税、从量税和选择税。该国对酒、烟、柴油实行从量税,对汽油征收选择税。

泰国目前实行的关税计征方法有从价税、从量税、选择税。该国对农产品征收从量税;对大部分商品规定有从量税和从价税,海关择高者计征税款。

马来西亚目前实行的关税计征方法有从价税、从量税和选择税。实行从量税和选择税的目的是为了实施的简便,和对某些工业产品的保护。

韩国目前实行的关税计征方法有从价税、从量税、复合税和选择税。该国对摄影胶片实行从量税。

澳大利亚目前实行的关税计征方法有从价税、从量税、复合税和选择税。该国对烟、酒、啤酒及石油产品征收复合税。

新西兰目前实行的关税计征方法有从价税、从量税、选择税。

美国目前实行的计税方法有从价税、从量税和复合税。

日本目前实行的关税计征方法有从价税、从量税、选择税、滑准税。该国对原油实行从量税,对毛线、未锻轧的镍实行选择税,对铜、洋葱实行滑准税。

印度尼西亚目前只实行从价税一种方法。

第二节　完税价格的审定及计算

我国现行进出口关税基本上都是按从价征税。从价征税首先必须确定应税货物的完税价格，才能正确依率计征。因此，准确合理地审定应税货物的完税价格也是贯彻国家关税政策的主要环节。

一、完税价格的定义及海关审价的法律依据

进出口货物完税价格是海关对进出口货物征收从价税时审查估定的应税价格，是凭以计征进出口货物关税及进口环节税税额的基础。完税价格与关税的关系是：

进口关税＝进口货物完税价格×进口关税税率；

出口关税＝出口货物完税价格×出口关税税率。

审定进出口货物完税价格是贯彻关税政策的重要环节，也是海关依法行政的重要体现。我国已加入世界贸易组织，并已全面实施世界贸易组织海关估价协定，这标志着我国对进出口货物海关审价的法律法规与国际通行规则相衔接。

目前，我国海关审价的法律依据可分为三个层次。一是法律层次，即《海关法》，《海关法》规定："进出口货物的完税价格，由海关以该货物的成交价格为基础审查确定，成交价格不能确定时，完税价格由海关估定。"二是行政法规层次，即《关税条例》。三是部门规章，如海关总署颁布施行的《中华人民共和国海关审定进出口货物完税价格办法》[①]（以下简称《审价办法》）、《中华人民共和国海关进出口货物征税管理办法》[②]（以下简称《征管办法》）等。

二、《海关估价协议》简介

所谓海关估价是一国海关为征收从价关税，根据统一的估价定义（估价标准），确立某一进出口货物完税价格的过程。海关估价是海关征税业务的基础工作，是一国关税政策的重要组成部分。

《海关估价协议》（以下简称《协议》）是乌拉圭回合多边贸易谈判达成的与 1994 年关贸总协定配套的有关多边货物贸易 12 项协议中的一个，是多边货物贸易协议的重要组成部分。《协议》产生的原因有两个方面：一是一些不法商人出于逃税目的而想方设法假报、低报进出口商品价值；另一方面，一些国家的海关武断地高估进出口商品的价值，从而变相地提高关税，对贸易起到非关税壁垒的阻碍作用。因此，为了促进国际贸易的发展，国际上要求有一个统一的海关估价规定，关贸总协定为此作出了很大的努力，并终于达成并通过了《协议》。该《协议》的估价制度建立在简单和公平的标准之上，并充分考虑到了商业惯例。通过要求各成员将各自国内有关立法与该协议协调一致，进而确保这些规则在实际操作中的统一性，使进口商在进口之前就可以有把握地判断应缴纳多少关税。

---

① 中华人民共和国海关总署：海关总署令第 148 号，http://www.customs.gov.cn，2006－3－28。

② 中华人民共和国海关总署：海关总署令第 124 号（中华人民共和国海关进出口货物征税管理办法），http://www.customs.gov.cn，2005－1－4。

《协议》的基本宗旨在于,通过要求海关在确定完税价格时接受进口商提供的在具体交易中的实付价格,以保护诚实商人的利益。《协议》规定,海关当局在对申报价格的项目和单据的准确性有怀疑理由时,可以要求进口商作进一步解释。如果海关认为进口商对单据的真实性和准确性仍未提出足够的证明,海关当局应当书面与进口商联系,进口商应享有应答的合理机会。如果进口商的解释仍未被接受,海关应以书面形式通知进口商海关拒绝接受成交价格,以及转而采取其他估价方法来确定海关估价的理由。

三、进口货物完税价格的审定

进口货物完税价格的审定包括一般进口货物完税价格的审定和特殊进口货物完税价格的审定两方面的内容。

(一) 一般进口货物完税价格的审定

根据《协议》,海关确定进口货物完税价格共有进口货物成交价格法、相同货物成交价格法、类似货物成交价格法、倒扣价格法、计算价格法、合理方法等六种估价方法。上述估价方法应当依次采用,但如果进口货物纳税义务人提出要求,并提供相关资料,经海关同意,可以选择倒扣价格法和计算价格法的适用次序。

1. 进口货物成交价格法

进口货物成交价格法是《关税条例》及《审价办法》规定的第一种估价方法,进口货物的完税价格应尽可能采用该货物的成交价格。这里应注意进口货物成交价格方法中成交价格与完税价格两个概念的差异。

《审价办法》规定,进口货物的完税价格,由海关以该货物的成交价格为基础审查确定,并应包括货物运抵中华人民共和国境内输入地点起卸前的运输及相关费用、保险费(通常相当于进口货物的 CIF 价)。“相关费用”主要是指与运输有关的费用,如装卸费、搬运费等属于广义的运费范围内的费用。

进口货物的成交价格,是指卖方向中华人民共和国境内销售该货物时买方为进口该货物向卖方实付、应付的,并按有关规定调整后的价款总额,包括直接支付的价款和间接支付的价款。

此处的“实付或应付”是指必须由买方支付,支付的目的是为了获得进口货物,支付的对象既包括卖方也包括与卖方有联系的第三方,且包括已经支付和将要支付两者的总额。此外,成交价格不完全等同于贸易中实际发生的发票价格,需要按有关规定进行调整。调整因素包括计入项目和扣除项目。

计入项目是指由买方支付,必须计入完税价格的项目,包括以下几部分。

(1) 除购货佣金以外的佣金和经纪费

佣金通常可分为购货佣金和销售佣金。购货佣金指买方向其采购代理人支付的佣金,按照规定购货佣金不应该计入进口货物的完税价格中;销售佣金指卖方向其销售代理人支付的佣金,但上述佣金如果由买方直接付给卖方的代理人,按照规定应该计入完税价格中。

经纪费指委托人向自己的经纪人支付的劳务费用,根据规定应计入完税价格中。

(2) 与进口货物作为一个整体的容器费

与有关货物归入同一个税号的容器可以理解为与有关货物作为一个整体,比如说酒瓶与酒构成一个不可分割的整体,两者归入同一税号,如果没有包括在酒的完税价格中间,则应该计入。

(3) 包装费

这里应注意包装费既包括材料费,也包括劳务费。

(4) 协助的价值

在国际贸易中,买方以免费或以低于成本价的方式向卖方提供了一些货物或者服务,这些货物或服务的价值被称为协助的价值,若未包括在进口货物的实付或应付价格之中,可按适当比例分摊。协助费用包括:进口货物所包含的材料、零部件等的价值;生产进口货物中使用的工具、模具、消耗的材料等的价值;在境外完成的为生产该货物所需的工程设计、技术研发、工艺及制图等工作的价值。

(5) 特许权使用费

特许权使用费是指进口货物的买方为取得知识产权权利人及权利人有效授权人关于专利权、商标权、专有技术、著作权、分销权或者销售权的许可或者转让而支付的费用。

以成交价格为基础审查确定进口货物的完税价格时,未包括在该货物实付、应付价格中的特许权使用费需计入完税价格,但是符合下列情形之一的除外:特许权使用费与该货物无关;特许权使用费的支付不构成该货物向中华人民共和国境内销售的条件。

(6) 返回给卖方的转售收益

如果买方在货物进口之后,把进口货物的转售、处置或使用的收益一部分返还给卖方,这部分收益的价格应该计入完税价格中。

上述所有项目的费用或价值计入完税价格中,必须同时满足三个条件:由买方负担;未包括在进口货物的实付或应付价格中;有客观量化的数据资料。如果纳税义务人不能提供客观量化的数据资料,海关与纳税义务人进行价格磋商后,完税价格由海关依次采用其他估价方法估定。

扣减项目是指进口货物价款中单独列明的税收、费用,不计入完税价格的项目,包括:厂房、机械或者设备等货物进口后发生的建设、安装、装配、维修或者技术援助费用,但是保修费用除外;货物运抵境内输入地点起卸后发生的运输及其相关费用、保险费;进口关税、进口环节税及其他国内税;为在境内复制进口货物而支付的费用;境内外技术培训及境外考察费用。

此外,同时符合下列条件的利息费用不计入完税价格:利息费用是买方为购买进口货物而融资所产生的;有书面的融资协议的;利息费用单独列明的;纳税义务人可以证明有关利率不高于在融资当时当地此类交易通常具有的利率水平,且没有融资安排的相同或者类似进口货物的价格与进口货物的实付、应付价格非常接近的。

成交价格必须满足一定的条件才能被海关所接受,否则不能适用成交价格方法,根据规定,成交价格必须具备以下四个条件。

(1) 买方对进口货物的处置和使用不受限制。

有下列情形之一的,视为对买方处置或者使用进口货物进行了限制:进口货物只能用于展示或者免费赠送的;进口货物只能销售给指定第三方的;进口货物加工为成品后只能销售给卖方或者指定第三方的;其他经海关审查,认定买方对进口货物的处置或者使用受到限制的。

但是以下三种限制并不影响成交价格的成立:国内法律、行政法规或规章规定的限制;对货物转售地域的限制;对货物价格无实质影响的限制。

(2) 货物的出口销售或价格不应受到某些条件或因素的影响。

有下列情形之一的,视为进口货物的价格受到了使该货物成交价格无法确定的条件或者因素的影响:进口货物的价格是以买方向卖方购买一定数量的其他货物为条件而确定的;进口货物的价格是以买方向卖方销售其他货物为条件而确定的;其他经海关审查,认定货物的价格受到使该货物成交价格无法确定的条件或者因素影响的。

(3) 卖方不得直接或间接从买方获得因转售、处置或使用进口货物而产生的任何收益,除非上述收益能够被合理确定。

(4) 买卖双方之间的特殊关系不影响价格。

根据规定,有下列情形之一的,应当认定买卖双方有特殊关系:买卖双方为同一家族成员;双方互为商业上的高级职员或董事;一方直接或间接地受另一方控制;买卖双方都直接或间接地受第三方控制;买卖双方共同直接或间接地控制第三方;一方直接或间接地拥有、控制或持有对方5%以上(含5%)公开发行的有表决权的股票或股份;一方是另一方的雇员、高级职员或董事;买卖双方是同一合伙的成员。

此外,买卖双方在经营上相互有联系,一方是另一方的独家代理、经销或受让人,若与以上规定相符,也应当视为有特殊关系。

买卖双方有特殊关系这个事实本身并不能构成海关拒绝成交价格的理由,买卖双方之间存在特殊关系,但是纳税义务人能证明其成交价格与同时或者大约同时发生的下列任何一款价格相近的,视为特殊关系未对进口货物的成交价格产生影响:向境内无特殊关系的买方出售的相同或者类似进口货物的成交价格;按照倒扣价格估价法所确定的相同或者类似进口货物的完税价格;按照计算价格估价法所确定的相同或者类似进口货物的完税价格。

海关在使用上述价格进行比较时,需考虑商业水平和进口数量的不同,以及买卖双方有无特殊关系造成的费用差异。

2. 相同及类似货物成交价格法

进口货物成交价格法是海关估价中使用最多的一种估价方法,但是如果货物的进口非因销售引起或销售不能符合成交价格须满足的条件,就不能采用成交价格法,而应该依次采用相同及类似进口货物成交价格法,即依次采用与被估货物同时或大约同时向中华人民共和国境内销售的相同货物及类似货物的成交价格作为被估货物完税价格的依据。

这里的"相同货物",是指与进口货物在同一国家或者地区生产的,在物理性质、质量和信誉等所有方面都相同的货物,但是表面的微小差异允许存在。"类似货物",是指与进口货物在同一国家或者地区生产的,虽然不是在所有方面都相同,但是却具有相似的特征,相似的组成材料,相同的功能,并且在商业中可以互换的货物。其中的"同时或大约同时"是指在进口货物接受申报之日的前后各45天以内。

上述两种估价方法在运用时,首先应使用和进口货物处于相同商业水平、大致相同数量的相同或类似货物的成交价格,只有在上述条件不满足时,才可采用以不同商业水平和不同数量销售的相同或类似进口货物的价格,但不能将上述价格直接作为进口货物的价格,还须对由此而产生的价格方面的差异作出调整。

此外,对进口货物与相同或类似货物之间由于运输距离和运输方式不同而在成本和其他费用方面产生的差异应进行调整;而且,上述调整都必须建立在客观量化的数据资料的基础上。

同时还应注意，在采用相同或类似货物成交价格法确定进口货物完税价格时，首先应使用同一生产商生产的相同或类似货物的成交价格，只有在没有同一生产商生产的相同或类似货物的成交价格的情况下，才可以使用同一生产国或地区不同生产商生产的相同或类似货物的成交价格。如果有多个相同或类似货物的成交价格，应当以最低的成交价格为基础估定进口货物的完税价格。

3. 倒扣价格法

倒扣价格法即以进口货物、相同或类似进口货物在境内第一环节的销售价格为基础，扣除境内发生的有关费用来估定完税价格。上述"第一环节"是指有关货物进口后进行的第一次转售，且转售者与境内买方之间不能有特殊关系。

倒扣时，必须首先以进口货物、相同或类似进口货物按进口时的状态销售的价格作为倒扣的基础；其次，必须是在被估货物进口时或大约同时(进口货物接受申报之日的前后各 45 天以内，也可以将这一时间延长至 90 天内)转售给国内无特殊关系方的价格。

使用倒扣价格法时，需要扣除的费用有：该货物或同类货物在境内第一环节销售时通常支付的佣金或利润；货物运抵境内输入地点之后的运输及其相关费用、保险费；进口关税、进口环节税及其他国内税；加工增值额(若以货物经过加工后在境内转售的价格作为倒扣基础，则必须扣除加工增值部分)。

4. 计算价格法

计算价格法既不是以成交价格，也不是以在境内的转售价格为基础，它是以发生在生产国或地区的生产成本作为基础的价格。采用该方法时，进口货物的完税价格包括以下项目：

- 生产该货物所使用的原材料价值和进行装配或其他加工的费用；
- 向境内销售同等级或者同种类货物通常的利润和一般费用(包括直接费用和间接费用)；
- 货物运抵中华人民共和国境内输入地点起卸前的运输及其相关费用、保险费。

计算价格方法按顺序为第五种估价方法，但如果进口货物纳税义务人提出要求，并经海关同意，可以与倒扣法颠倒顺序使用。此外，海关在征得境外生产商同意并提前通知有关国家或者地区政府后，可以在境外核实该企业提供的有关资料。

5. 合理方法

合理方法，是指当海关不能根据成交价格估价方法、相同货物成交价格估价方法、类似货物成交价格估价方法、倒扣价格估价方法和计算价格估价方法确定完税价格时，根据公平、统一、客观的估价原则，以客观量化的数据资料为基础审查确定进口货物完税价格的估价方法。

在运用合理方法估价时，禁止使用以下六种价格：

- 境内生产的货物在境内销售价格；
- 在两种价格中选择高的价格；
- 依据货物在出口地市场的销售价格，也就是出口国国内市场价格，其目的是为了反倾销，但根据国际惯例，估价手段不能用于反倾销；
- 以计算价格法规定之外的价值或者费用计算的相同或者类似货物的价格；
- 依据出口到第三国或地区货物的销售价格；
- 依据最低限价或武断、虚构的价格。

案例 8－1

满洲里海关查获利用企业特殊关系逃税大案

近日，满洲里海关通过缜密侦查，查获某企业企图利用与另一企业特殊关系影响进口货物成交价格逃税案件，成功补税800余万元。

这是一起特殊关系影响成交价格的典型案例。2010年5月24日，某企业向满洲里海关提交进口锌精矿合同备案申请。经办关员在审核其合同时，发现该公司与外方公司在合同中约定的锌精矿的加工费用为255美元/吨，远远高于同期其他企业进口锌精矿加工费水平。因商品的最终成交价格是商品基础价格减掉加工费用所得，所以加工费用越高，商品成交价格越低，企业缴纳的税款越低。经过深入调查了解，满洲里海关得知锌精矿的国外供应商是该企业与国外企业合资成立的子公司，该公司占有51%的股份。此情形，符合《中华人民共和国审定进出口货物完税价格办法》中第十六条规定的买卖双方存在特殊关系的条件。据此，满洲里海关根据相关规定启动了价格质疑程序，要求企业提供其申报的价格未受买卖双方特殊关系影响的证据。在规定时限内，企业未能提供有力证据证明其加工费用的合理性。同时，企业解释为，由于国外供应商是其控股公司，因此在加工费用方面给予了一定的价格优惠。满洲里海关最终认定其进口锌精矿的成交价格受到了特殊关系的影响，不接受企业申报的价格，根据《审价办法》的相关规定，另行估价，以海关掌握的同期其他企业进口锌精矿加工费水平为基础对该企业的加工费进行调整，审查确定该企业进口锌精矿的完税价格，最终涉及补征税款859万元。

近年，随着国内资源需求量的增加，国内资源已不能完全满足生产的需求，为获得稳定的矿砂来源，提高自身在国际价格谈判中的地位，中国企业纷纷着手在境外投资铁矿，实施“走出去”战略，进行矿山参股开发，并从参股矿山公司直接进口矿砂，形成稳定的海外资源供应渠道，其特殊经济关系对于矿砂价格的影响也越来越明显。因此海关审价也面临着一些新的挑战。

资料来源：中国税务网。

(二) 特殊进口货物完税价格的审定

1. 加工贸易进口料件或者其制成品一般估价方法

由于种种原因，部分加工贸易进口料件或者其制成品不能按有关合同、协议约定复出口，经海关批准转为内销，需依法对其实施估价后征收进口税款。对加工贸易进口货物估价的核心问题有两个：一是按制成品征税还是按料件征税；二是征税的环节是在进口环节还是在内销环节。具体有以下四种情况：

(1) 进口时需征税的进料加工进口料件，以该料件申报进口时的成交价格为基础审查确定完税价格。进口时需征税的进料加工进口料件，主要是指不予保税部分的进料加工进口料件。一般来讲，进料加工进口料件在进口环节都有成交价格，因此以该料件申报进口时的价格确定。

(2) 进料加工进口料件或者其制成品(包括残次品)内销时，以料件原进口成交价格为基础审查确定完税价格。制成品因故转为内销时，以制成品所含料件原进口成交价格为基础审查确定完税价格。料件原进口成交价格不能确定的，海关以接受内销申报的同时或者大约同时进口的与料件相同或者类似的货物的进口成交价格为基础审查确定完税价格。

(3) 来料加工进口料件或者其制成品(包括残次品)内销时，以接受内销申报的同时或者大约同时进口的与料件相同或者类似的货物的进口成交价格为基础审查确定完税价格。来料加工在料件原进口时没有成交价格，所以以其进口料件申报内销时的进口成交价格为基础审查确定完税价格。

(4) 加工企业内销加工过程中产生的边角料或者副产品，以海关审查确定的内销价格作为完税价格。

加工贸易内销货物的完税价格按照上述规定仍然不能确定的，由海关按照合理的方法审查确定。

2. 出口加工区内加工企业内销制成品估价办法

出口加工区内的加工企业内销的制成品（包括残次品），海关以接受内销申报的同时或者大约同时进口的相同或者类似货物的进口成交价格为基础审查确定完税价格；出口加工区内的加工企业内销加工过程中产生的边角料或者副产品，以海关审查确定的内销价格作为完税价格；出口加工区内的加工企业内销制成品（包括残次品）、边角料或者副产品的完税价格按照上述规定不能确定的，由海关按照合理的方法审查确定。

3. 保税区内加工企业内销进口料件或者其制成品估价办法

保税区内的加工企业内销的进口料件或者其制成品（包括残次品），海关以接受内销申报的同时或者大约同时进口的相同或者类似货物的进口成交价格为基础审查确定完税价格。

保税区内的加工企业内销的进料加工制成品中，如果含有从境内采购的料件，海关以制成品所含从境外购入的料件原进口成交价格为基础审查确定完税价格。料件原进口成交价格不能确定的，海关以接受内销申报的同时或者大约同时进口的与料件相同或者类似货物的进口成交价格为基础审查确定完税价格。

保税区内的加工企业内销的来料加工制成品中，如果含有从境内采购的料件，海关以接受内销申报的同时或者大约同时进口的与制成品所含从境外购入的料件相同或者类似货物的进口成交价格为基础审查确定完税价格。

保税区内的加工企业内销加工过程中产生的边角料或者副产品，以海关审查确定的内销价格作为完税价格。

保税区内的加工企业内销制成品（包括残次品）、边角料或者副产品的完税价格按照上述规定仍然不能确定的，由海关按照合理的方法审查确定。

4. 从保税区、出口加工区、保税物流园区、保税物流中心等区域、场所进入境内需要征税的货物的估价方法

从保税区、出口加工区、保税物流园区、保税物流中心等区域、场所进入境内，需要征税的货物，以从上述区域、场所进入境内的销售价格为基础审查确定完税价格，加工贸易进口料件及其制成品除外。

5. 出境修理复运进境货物的估价方法

运往境外修理的机械器具、运输工具或者其他货物，出境时已向海关报明，并在海关规定的期限内复运进境的，海关以境外修理费和料件费审查确定完税价格。

出境修理货物复运进境超过海关规定期限的，由海关按照本节一般进口货物完税价格审定的规定审查确定完税价格。

四、出口货物完税价格的审定

就估价准则和价格基础而言，出口货物完税价格的审定与进口完税价格的审定是基本一致的。出口货物的完税价格由海关以该货物的成交价格为基础审查确定，包括货物运至我国境内输出地点装载前的运输及其相关费用、保险费。海关审定的出口货物成交价格，是该项货物的买方为购买该货物向卖方实际支付或应当支付的价格。若纳税人向海关申报的出口货物

成交价格明显偏低或经查明成交双方具有特殊经济关系，海关也同样对申报价格不予承认并另行估价征税。但由于世界上绝大多数国家和地区均实行鼓励出口的政策，一般不对出口商品征收出口税。即使出于某些情况需要征收出口税，也仅限于少数商品且税率不高。因此，就估价技术和方法而言，出口估价比进口估价相对简化、方便。

- 出口货物应以海关审定的货物售予境外的离岸价格（FOB），扣除出口税后，作为完税价格。如离岸价格内单独列明了向国外支付的佣金，对这部分佣金应先予以扣除，再按规定扣除出口税后计算完税价格。出口货物在离岸价格以外，买方还另行支付货物包装费，应将其计入完税价格。
- 上述离岸价格应以该项货物运离关境前的最后一个口岸的离岸价格为实际离岸价格。若该项货物从内地启运，则从内地口岸至最后出境口岸所支付的国内段运输费用应予扣除。
- 离岸价格需扣除出口税是因为出口税的纳税人是出口商或生产商，出口税作为出口的成本费用必然要作为出口价格的一部分，所以在完税价格中不应包括关税。
- 离岸价格不包括装船以后发生的费用，因此，出口货物成交价格如为境外口岸到岸价格（CIF）或货价加运费价格（CFR）时，应先扣除运费、保险费等越过船舷后的一切费用，包括佣金。对实际支付金额无法确定的运、保、杂费，可比照进口货物计算运、保费的规定方法计算。

五、进出口货物完税价格的计算

（一）常见成交价格的进口货物完税价格的计算

- 以我国口岸到岸价格（CIF）成交的，可直接以此价格作为完税价格，即

$$\text{完税价格}=\text{CIF}$$

- 以境外口岸 FOB 价成交的，应加上该项货物从境外发货或交货口岸运到我境内口岸以前所实际支付的运费和保险费作为完税价格，即

$$\text{完税价格}=\frac{\text{FOB}+\text{运费}}{1-\text{保险费率}}$$

- 以我国口岸 CFR 价成交的，应当另加保险费作为完税价格，即

$$\text{完税价格}=\frac{\text{CFR}}{1-\text{保险费率}}$$

（二）出口货物完税价格的计算

- 以我国口岸 FOB 价成交的，其出口货物完税价格的计算公式为

$$\text{完税价格}=\frac{\text{离岸价}}{1+\text{出口税率}}$$

- 以境外口岸 CFR 价成交的，应先扣除离开我国口岸后的运费，再按规定扣除出口税后计算完税价格，即

$$\text{完税价格}=\frac{\text{CFR 价}-\text{运费}}{1+\text{出口税率}}$$

● 以境外口岸 CIF 价成交的，应先扣除离开我国口岸后的运费、保险费，再按规定扣除出口税后计算完税价格，即

$$完税价格=\frac{CIF价-保险费-运费}{1+出口税率}$$

● 当成交价格为 CIFC 境外口岸时，其佣金应和运费、保险费同时扣除。有两种情况：

佣金 C 为给定金额，则出口货物完税价格的公式为

$$完税价格=\frac{CIFC价-保险费-运费-佣金}{1+出口税率}$$

佣金 C 为百分比，则出口货物完税价格的公式为

$$完税价格=\frac{CIFC价(1-C)-保险费-运费}{1+出口税率}$$

六、海关估价中的价格质疑程序和价格磋商程序

1. 价格质疑程序

海关对申报价格的真实性、准确性有疑问，或者有理由认为买卖双方的特殊关系可能影响成交价格时，向纳税义务人或者其代理人制发"中华人民共和国海关价格质疑通知书"，将质疑的理由书面告知，纳税义务人或者其代理人应当自收到价格质疑通知书之日起 5 个工作日内，以书面形式提供相关资料或者其他证据，证明其申报价格真实、准确或者双方之间的特殊关系未影响成交价格。纳税义务人或者其代理人确有正当理由无法在规定时间内提供资料的，可以在规定期限届满前以书面形式向海关申请延期。除特殊情况外，延期不得超过 10 个工作日。

对进口货物没有成交价格的，或申报明显不符合成交价格条件的情况，海关无须履行价格质疑程序，可直接进入价格磋商程序。

2. 价格磋商程序

价格磋商是指海关在使用除成交价格以外的估价方法时，在保守商业秘密的基础上，与纳税义务人交换彼此掌握的用于确定完税价格的数据资料的行为。

海关通知纳税义务人进行价格磋商时，纳税义务人需自收到"中华人民共和国海关价格磋商通知书"之日起 5 个工作日内与海关进行价格磋商。纳税义务人未在规定的时限内与海关进行磋商的，视为放弃价格磋商的权利，海关可以直接按照《审价办法》规定的方法审查确定进出口货物的完税价格。

海关与纳税义务人进行价格磋商时，应当制作"中华人民共和国海关价格磋商记录表"。

对符合下列情形之一的，经纳税义务人书面申请，海关可以不进行价格质疑以及价格磋商，依法审查确定进出口货物的完税价格：

A. 同一合同项下分批进出口的货物，海关对其中一批货物已经实施估价的；

B. 进出口货物的完税价格在人民币 10 万元以下，或者关税及进口环节税总额在人民币 2 万元以下的；

C. 进出口货物属于危险品、鲜活品、易腐品、易失效品、废品、旧品等的。

案例8-2

不服海关估价决定行政复议案

一、案件基本情况

2006年6月10日,科华外贸公司以一般贸易方式向某海关申报进口集成电路。某海关经审核,发现其申报价格明显低于海关掌握的相同或类似货物成交价格或国际市场价格行情,遂于2006年6月11日制发《价格质疑通知书》,对申请人进行价格质疑,要求其做出书面说明,并提供相关资料。经审查科华外贸公司提供的说明及相关资料,某海关认为不足以证明其申报货物价格的真实性、准确性,而且该海关还发现科华外贸公司代理的国内实际买方飞达科技公司与境外卖方香港飞达科技公司存在特殊经济关系且对成交价格产生影响。因此,根据《中华人民共和国海关审定进出口货物完税价格办法》(以下简称《审价办法》)的规定,某海关不接受该进口货物的申报价格。为充分交流双方掌握的信息,某海关与科华外贸公司进行了价格磋商。某海关对科华外贸公司提供的价格信息资料进行了审查,认为该资料存在诸多瑕疵,不能作为估价的基础;由于科华外贸公司未能提供适用相同或类似货物成交价格以及构成倒扣价格法、计算价格法所需的相关可量化的数据,而某海关也未能掌握使用相同货物成交价格方法、类似货物成交价格方法、倒扣价格方法和计算价格方法的相关价格资料,2006年9月20日,某海关依据《审价办法》有关规定,使用合理估价方法进行估价,并相应作出征税决定。

科华外贸公司不服海关上述估价征税行为,于2006年9月22日向该海关的上一级海关申请行政复议,国内实际卖方的飞达科技公司作为第三人参加了复议。

二、行政复议情况

科华外贸公司与飞达科技公司在《行政复议申请书》中提出的主要申辩理由是:

1. 被申请人认为飞达科技公司与香港飞达科技公司有特殊关系,因而影响成交价格,没有任何证据支持;

2. 申请人提供的报关单、厂商发票等证据可证实申请人申报价格的真实性;

3. 海关估价未适用法律规定的估价程序,而直接采用合理方法估定完税价格,是违反程序的。

行政复议机关经审理认为,本案有证据表明飞达科技公司的经营活动实际受到香港飞达科技公司的控制,而这种特殊经济关系影响了成交价格,被申请人经了解有关情况,并与申请人进行价格磋商后,依次排除了相同货物成交价格估价方法、类似货物成交价格估价方法、倒扣价格估价方法、计算价格估价方法的使用可能,最后以海关掌握的国内其他口岸相同型号规格产品的实际进口成交价格资料为基础,采用合理方法进行估价,作出了征税决定,认定事实清楚,证据充分,适用依据正确,程序合法,应予支持。2006年11月27日,行政复议机关对本案作出复议决定,维持某海关的原估价征税决定。

资料来源:中国外向型企业网。

七、纳税义务人在海关审定完税价格时的权利和义务

(一) 权利

● 要求具保放行货物的权利,即在海关审查确定进出口货物的完税价格期间,纳税义务人可以在依法向海关提供担保后,先行提取货物。

● 估价方法的选择权,即如果纳税义务人向海关提供有关资料后,可以提出申请,颠倒倒扣价格估价方法和计算价格估价方法的适用次序。

● 对海关如何确定进出口货物完税价格的知情权,即纳税义务人可以提出书面申请,要求海关就如何确定其进出口货物的完税价格作出书面说明。

● 对海关估价决定的申诉权,即依法向上一级海关申请行政复议,对复议决定不服的,可以依法向人民法院提起行政诉讼。

(二) 义务

● 如实提供单证及其他相关资料的义务，即纳税义务人向海关申报时，应当按照《审价办法》的有关规定，向海关如实提供发票、合同、提单、装箱清单等单证。根据海关要求，纳税义务人还应当如实提供与货物买卖有关的支付凭证，以及证明申报价格真实、准确的其他商业单证、书面资料和电子数据。

● 如实申报及举证的义务，即货物买卖中发生《审价办法》规定中所列的价格调整项目的，纳税义务人应当如实向海关申报。价格调整项目如果需要分摊计算的，纳税义务人应当根据客观量化的标准进行分摊，并同时向海关提供分摊的依据。

● 举证证明特殊关系未对进口货物的成交价格产生影响的义务，即买卖双方之间虽然存在特殊关系，但是纳税义务人认为特殊关系未对进口货物的成交价格产生影响时，应提供相关资料，以证明其成交价格符合《审价办法》的规定。

八、《海关估价协议》在实际业务中的运用

我国已经入世，进出口货物所有人或其代理报关单位或其报关员应了解并熟悉 WTO《海关估价协议》，以便充分享受这一协议给予的权利，保护自身正当利益。反之，如果进出口货物所有人或其代理报关单位不了解这一新的海关估价准则，将有可能遭受巨大损失。以下就是例子。

案例 8－3

A 公司通过香港 X 公司从 G 国 H 公司进口一套设备，合同总价为 CIP 中国某内陆城市 180 万美元，合同价包括 H 公司派人来华进行设备安装、调试和验收的费用，但在合同中未单列出来。该设备关税税率为 14%，设备 5 月份到货后缴纳关税约为：180×8.3×14%＝209 万元人民币(当时人民币汇率 100 美元＝830 元人民币)。

B 公司从 G 国 H 公司进口同样一套设备，合同总价为 CIF 中国某港口 160 万美元，其中包含 16 万美元的 H 公司人员来华进行设备安装、调试和验收的费用。同年 6 月设备到货，B 公司以 160 万美元的成交价格向海关申报，海关受理后对其申报价格产生怀疑，要求 B 公司予以解释，B 公司只是提供了一个简单的书面说明，海关认为该说明不足以支持 B 公司的申报价格，于是拒绝接受 160 万美元的申报价格，其依据是：该套设备同上月 A 公司申报的设备属同一国家和同一生产商生产的相同货物，因而参照上月 A 公司申报的 180 万美元作为完税价格，B 公司同样地应缴关税约为 209 万元人民币。B 公司因不了解海关规定又急用该设备，无奈只好缴税提货。

上述案例中的 A、B 公司缴纳 209 万元关税究竟合不合理？答案是：对 A 公司而言是合理的，对 B 公司来说却是不合理的。如果 B 公司充分了解海关的有关规定，它应缴纳的合理关税约为(160－16)×8.3×14%＝167 万元人民币。167 万元和 209 万元相差 42 万元之多！为什么？

根据《协议》，显然 B 公司已在合同中列明的安装、调试和验收费用 16 万美元应当扣除，即完税价格应为 160－16＝144 万美元，而 A 公司因无法区分安装、调试和验收的费用，所以完税价格为 180 万美元(其实这也是因为进口方不了解海关估价准则而造成的损失)。那么为何同样的商品完税价格不一样呢？《协议》认为：不同进口商就同一产品所谈妥的价格有可能不一样，海关不能仅凭某一进口商的报价低于其他进口商进口同类产品的报价为理由，而拒绝接受成交价格。海关只有在有理由对进口商品的报价的真实性和准确性表示怀疑时，方可拒绝

接受成交价格。即使在这种情况下,海关也应该给进口商为其申报价格进行解释的机会。和案例 8-3 中 A 公司不同,B 公司因为是和 H 公司直接签订合约,省掉了中间商的利润或佣金,所以 160 万美元的成交价格是有依据的;而且,合同中单独列出了设备安装、调试和验收的费用,所以 16 万美元要从完税价格中扣除。B 公司有解释的机会但没有利用好,提供的材料苍白无力,最终放弃了权利,白白多付了 42 万元的关税。

让我们来看看《协议》对此有何规定。《协议》要求各成员国的国内立法应为进口商提供一定的权利。首先,如果海关对申报价值的真实性和准确性表示怀疑,进口商有权提供解释,包括出示单据或其他证据以证明其申报价格反映进口货物的真实价值。其次,如果海关对所提供的解释不满意,进口商有权要求海关以书面形式,向其解释海关对所申报价格表示怀疑的原因。案例 8-3 中,B 公司因不熟悉海关规定也放弃了要求海关解释的权利。

在实际工作中遇到像 B 公司这样的问题时该如何操作?

当海关对申报价格表示怀疑时,正确做法是:向海关提供必要的说明和有关单据,除报关必须的合同和商业发票外,银行开立的信用证或付汇凭证、保险公司出具的货物保险单/凭证或招标机构出具的国际招标中标通知书等都是重要和有力的证据;如果海关对此仍不满意,我们可要求海关解释其不满意的原因以便继续提供对应的材料或向海关高一级主管部门申诉。

另外,向海关解释和申诉的过程可能要花费一定的时间,在此期间,进口商急需进口货物怎么办?

《协议》对此也要求各国海关给进口商提供这样的权利,即:在确定完税价格方面可能发生延迟时,进口商在向海关提供足额的担保或保证金后有权从海关提走进口货物。这样,上述问题就迎刃而解了。

第三节 进口货物原产地的确定与税率适用

一、进口货物原产地的确定

(一) 原产地规则的含义

在国际贸易中,原产地这个概念是指货物生产的国家(地区)、就是货物的“国籍”。随着世界经济一体化和生产国际化的发展,准确认定进出口货物的“国籍”变得更为重要,因为确定了进口货物的国籍,就直接确定了其依照进口国的贸易政策所适用的关税和非关税待遇。原产地的不同决定了进口商品所享受的待遇不同。

各国为了适用国际贸易的需要,并为执行本国关税与非关税方面的国别歧视性贸易措施,纷纷以本国立法形式制定出其鉴别货物国籍的标准,这就是原产地规则。[①] WTO《原产地规则协议》将原产地规则定义为:一国(地区)为了确定货物的原产地而实施的普遍适用的法律、法规和行政决定。

(二) 类别

从适用目的讲,原产地规则分为两大类:一类为优惠原产地规则,另一类为非优惠原产地

---

① 中华人民共和国海关总署:海关总署令第 181 号《中华人民共和国海关进出口货物优惠原产地管理规定》,http://www.customs.gov.cn,2009-1-8。

规则。

1. 优惠原产地规则

优惠原产地规则是指一国为了实施国别优惠政策而制定的原产地规则，是以优惠贸易协定通过双边或多边协定形式或本国自主制定的一些特殊原产地认定标准，也称"协定原产地规则"。优惠原产地规则具有很强的排他性，优惠范围以原产地为受惠国的进口产品为限，其目的是促进协议方之间的贸易发展。

优惠原产地规则主要有以下两种实施方式：一是通过自主方式授予，如欧盟普惠制(GSP)、中国对最不发达国家的特别优惠关税待遇；二是通过协定以互惠性方式授予，如《亚太贸易协定》《中国—东盟自贸区协定》《CEPA 香港》《CEPA 澳门》、中国巴基斯坦自贸区协定、中国智利自贸区协定、中国新西兰自贸区协定、中国新加坡自贸区协定等。由于优惠原产地规则是用于认定进口货物有无资格享受比最惠国更优惠待遇的依据，因此其认定标准通常会与非优惠原产地规则不同，其宽或严完全取决于成员方。进口国为了防止此类优惠措施被滥用或规避，一般都制定了货物直接运输的条款。

2. 非优惠原产地规则

非优惠原产地规则是指一国根据实施其海关税则和其他贸易措施的需要，由本国立法自主制定的原产地规则，也称自主原产地规则。按照 WTO 的规定，适用于非优惠性贸易政策措施的原产地规则，其实施必须遵守最惠国待遇原则，即必须普遍地、无差别地适用于所有原产地为最惠国的进口货物。它包括实施最惠国待遇、反倾销、反补贴、保障措施、原产地标记管理、国别数量限制、关税配额等非优惠性贸易措施以及进行政府采购、贸易统计等活动而认定的标准。

（三）原产地认定标准

在认定货物的原产地时，会出现以下两种情况：一种是完全获得标准(Wholly Obtained Standard)，即货物完全是在一个国家(地区)获得或生产制造，如农产品或矿产品，各国的原产地认定标准基本一致，即以产品的种植、开采或生产国为原产国；另一种是不完全获得标准，即货物的生产制造有两个及以上国家(地区)介入，各国多以最后完成实质性加工的国家为原产国，也称"实质性改变标准"(Substantial Transformation Standard)。这一标准包括税则归类改变标准、从价百分比标准(也称增值百分比标准、区域价值成分标准等)、加工工序标准、混合标准等。无论是优惠原产地规则还是非优惠原产地规则，都要确定这两种货物的原产地认定标准。

1. 优惠原产地认定标准

● 完全获得标准：在该国(地区)领土或领海开采的矿产品；在该国(地区)领土或领海收获或采集的植物产品；在该国(地区)领土出土和饲养的活动物及从其所得产品；其他符合相应优惠贸易协定项下完全获得标准的货物。

● 税则归类改变标准，是指原产于非成员国或者地区的材料在出口成员国或者地区境内进行制造、加工后，所得货物在 HS 中税则归类发生了变化。

● 区域价值成分标准，是指出口货物 FOB 价扣除该货物生产过程中该成员国非原产材料价格后，所余价款在出口 FOB 价中所占的百分比。

部分贸易协定的区域价值成分标准如下：《亚太贸易协定》规定，在生产过程中所使用的非成员国原产的材料、零件等总价值不超过该货物出口 FOB 价的 55%，原产于最不发达受惠国

（即孟加拉国）的产品的以上比例不超过65%。

《中国东盟自贸区原产地规则》规定，生产产品中原产于任一成员方的成分不低于该货物FOB价的40%；或者非自贸区原产的材料、零部件等的总价值不超过该货物出口FOB价的60%，且最后生产工序在成员方境内完成。

港澳CEPA项下的原产地规则要求，港澳成分与产品FOB价的比例应不低于30%；特别优惠关税待遇项下要求，受惠国对非该国原材料进行制造、加工后的增值部分不小于货物价值的40%。

● 直接运输规则

该规则是指优惠贸易协定项下进口货物从该协定成员国或地区直接运输至中国境内，而不得在中途转卖或进行实质性的加工。

原产于优惠贸易协定成员国或者地区的货物，经过其他国家或者地区运输至中国境内，不论在运输途中是否转换运输工具或者作临时储存，同时符合下列条件的，视为“直接运输”：该货物在经过其他国家或者地区时，未做除使货物保持良好状态所必须处理以外的其他处理，如未进行贸易或者消费、未进行加工；该货物在其他国家或者地区停留的时间未超过相应优惠贸易协定规定的期限；该货物在其他国家或者地区作临时储存时，处于该国家或者地区海关监管之下。

小测验8-1

境内某公司从香港购进孟加拉国产的某商品一批。设该商品的最惠国税率为10%，普通税率为30%，亚太协定税率为9.5%，香港CEPA项下税率为0，该商品进口时适用的税率是（　　）。

A. 10%　　B. 30%　　C. 9.5%　　D. 0

答案：C，因为原产于与中华人民共和国签订含有关税优惠条款的区域性贸易协定的国家或地区的进口货物，适用协定税率。而孟加拉国与我国签订了亚太贸易协定，故适用亚太协定税率。

2. 非优惠原产地认定标准

目前，我国的非优惠原产地认定标准主要有完全获得标准和实质性改变标准。实质性改变标准以税则归类改变为基本标准，税则归类改变不能反映实质性改变的，以从价百分比、制造或者加工工序等为补充标准。从价百分比标准要求某一国家对非该国原材料进行加工增值部分，不低于所得货物价值的30%，即（工厂交货价－非该国原材料价值）/工厂交货价×100%≥30%。

二、申报要求

享受协定税率商品进出口时，进出口货物收发货人或其代理人不仅要正确填写报关单，申明适用协定税率或特惠税率（否则，海关将依法计征关税及进口环节海关代征税），还要提交经海关总署备案的原产地证书，货物的商业发票正本、运输单证等其他商业单证，同时还必须符合“直接运输”的标准，一旦出现疏漏将直接影响到货主的经济利益。

各受惠国签发的原产地证书样式、政府机构使用的签名式样及印章印模均要在海关总署备案，若货主提供的证书与备案中任一项不符，海关可拒绝接受该证书。但对于智利签发的原产地证书海关不再审核签名，而要求加盖“正本”印章。

另外，根据中国海关规定，享受优惠协定税率的原产地证书上应体现进口货物商品编码，且必须填写进口国的编码。原产地证书的编码不是我国税则号列时，原产地证书六位数协调编码必须与协定税率六位数相同，方可享受协定税率。

一份原产地证书只能对应一份报关单，不能重复使用和逐次扣减。对于多个已经电子数据联网的原产地证书对应一批货物这一特殊情况，申报时应分单填报。

原产地证书自签发之日起 1 年内有效，不得涂改和叠印，所有未填空白之处应当予以划去，以防事后填写。

为进一步规范和统一优惠贸易协定项下《中华人民共和国海关进(出)口货物报关单》和《中华人民共和国海关进(出)境货物备案清单》(以下统称“报关单”)的申报与填制要求，海关总署于 2016 年颁布了《关于优惠贸易协定项下进出口货物报关单填制规范》第 51 号公告[①]，自本公告实施之日起，之前的公告便废止。

(一) 一般填制要求

(1) 办理海关申报手续时，只能使用原产地证书申请享受协定税率或者特惠税率(以下统称“优惠税率”)的优惠贸易协定项下货物(“无原产地声明模式”)，应在报关单“随附单证栏”的“随附单证代码栏”填写“Y”，在“随附单证编号栏”填写“＜优惠贸易协定代码＞”和“原产地证书编号”。优惠贸易协定代码表、具体填制方法和示例见第九章相应内容。

(2) 可以使用原产地证书或者原产地声明申请享受优惠税率的优惠贸易协定项下货物(“有原产地声明模式”)，应在报关单“随附单证栏”的“随附单证代码栏”填写“Y”，在“随附单证编号栏”填写“＜优惠贸易协定代码＞”“C”(凭原产地证书申报)或“D”(凭原产地声明申报)，以及“原产地证书编号(或者原产地声明序列号)”。

(3) 在“单证对应关系表”中应当填写报关单上的申报商品项与原产地证书(原产地声明)上的商品项之间的对应关系。报关单上的商品序号与原产地证书(原产地声明)上的项目编号应当一一对应，不要求顺序对应。享受和不享受协定税率或者特惠税率(以下统称“优惠税率”)的同一批次进口货物可以在同一张报关单中申报。不享受优惠税率的货物序号不填写在“单证对应关系表”中。

“同一批次”进口货物指由同一运输工具同时运抵同一口岸，并且属于同一收货人，使用同一提单的进口货物。对于客观原因(集装箱货物因海河联运需大船换小船，因海陆联运需分车运输，陆路运输集装箱货物需大车换小车以及其他多种联运情况下同一批次货物在中转地需要分拆由多个小型运输工具进行中转运输的情况等)导致有关进口货物在运抵中国关境(运抵口岸)前必须分批运输的情况，不影响同一批次的认定。同一批次出口货物比照上述规定进行审核认定。

(二) 特殊填制要求

1. 海关特殊监管区域和保税监管场所(以下统称“区域(场所)”)内销货物拟申请适用优惠税率的，有关货物进出区域(场所)以及内销时的报关单填制要求如下。

(1) 已通过原产地电子信息交换系统实现电子联网的优惠贸易协定项下货物报关单，按照本公告第一条(一)款的要求填制。

(2) 未实现电子联网的优惠贸易协定项下货物报关单，应在“随附单证栏”的“随附单证代码栏”填写“Y”，在“随附单证编号栏”填写“＜优惠贸易协定代码＞”和“原产地证据文件备案号”。“原产地证据文件备案号”为进出口货物的收发货物人或者其代理人录入原产地证据文

---

① 中华人民共和国海关总署:海关总署公告 2016 年第 51 号(关于优惠贸易协定项下进出口货物报关单填制规范的公告)，http://www.customs.gov.cn，2016-9-20。

件电子信息后，系统自动生成的号码。

(3) 本条(一)款第1和第2项所述的情况，均应当按照本公告第一条(三)款的要求填写“单证对应关系表”。

2. 向我国香港或者澳门特别行政区出口用于生产《内地与香港关于建立更紧密经贸关系的安排》(香港 CEPA)或者《内地与澳门关于建立更紧密经贸关系的安排》(澳门 CEPA)协定税率货物的原材料时，应当按照本公告第一条的要求填制报关单，香港或澳门生产厂商在香港工贸署或者澳门经济局登记备案的有关备案号填写在报关单的关联备案号栏。

三、常见申报错误

由于优惠贸易协定涉及国别地区较多，相关申报规范规定也比较复杂，因此在进口申报中，报关单的相应内容经常会发生各种类型的错误，导致进口货物无法正确申报通关，延误了通关时间，甚至多缴纳了税款，造成后续工作的麻烦。因此，以下错误需要特别引起重视：

(1) 随附单证编号中的尖括号“＜＞”、逗号“，”、连接符“－”及数字未按规范要求使用非中文状态下的半角字符，导致无法正常申报；

(2) 申报时“优惠贸易协定代码”应用混淆，导致无法正确享受相应优惠协定税率，或申报进口的商品不在相应的享受优惠协定税率的商品范围内；

(3) 随附单证编号栏内容未按规范填写，而是错误地申报为原产地证书编号；

(4) 混淆原产地证书联网管理和未联网管理的填制规范要求；

(5) 报关单上申报商品的计量单位与原产地证书上对应商品的计量单位不一致；

(6) 提供的受惠国原产地证书样式、签名式样及印章印模与海关总署备案的不完全相符；

(7) 进口运输路线不符合相关原产地管理办法中关于“直接运输”的要求，又无法提供相关证明文件的。

以上为审单工作中经常发现的申报错误，这些错误可能导致报关单被电脑系统自动退单，或计征税款时适用税率不正确，如在相关受惠货物申报时发现错误可参考检查。

四、税率的适用

(一) 税率适用的原则

进口税则设最惠国税率、协定税率、特惠税率、普通税率、关税配额税率等，一定期限内可实行暂定税率。2007年以来我国的进口关税总水平降至9.8%。

出口税则按进口税则列目方式确定出口税则税目，对部分出口商品实行暂定出口税率。

1. 进口税率

对于同时适用多种税率的进口货物，在选择适用的税率时，基本的原则是“从低适用”，特殊情况除外。

- 最惠国税率：适用于世贸组织成员国的货物；原产于与我国签订含有关税优惠条款的区域性贸易协定的国家或地区的货物适用协定税率；原产于与我国签订含有特殊关税优惠条款的贸易协定的国家或地区的进口货物，适用特惠税率。上述之外的国家或者地区的进口货物，以及原产地不明的进口货物，适用普通税率。
- 适用最惠国税率的进口货物有暂定税率的，暂定税率优先；适用协定税率和特惠税率，又适用于暂定税率的，从低适用。适用普通税率进口的，不适用暂定税率；无法确定原产国的，按普通税率征收。

● 实行关税配额管理的进口货物，关税配额内的货物，配额税率优先；关税配额外的，按其他规定执行。

● 对进口货物采取反倾销、反补贴、保障措施的，其税率的适用按相关条例规定执行；遇有协定税率的，则按照协定税率计征。

● 报复性关税税率：对我实行贸易歧视，则一律按照报复性关税计征。

● 适用协定税率又适用反倾销、反补贴措施范围内的，按协定税率计征进口关税；适用协定税率又适用保障措施范围内的，按采取措施后所确定的适用税率计征。

● 实施关税减让政策的，首先应当在最惠国税率基础上计算有关税目的减征税率，然后与特惠税率、协定税率、进口暂定最惠国税率进行比较，从低执行，但不得在暂定最惠国税率的基础上再进行减免。

● 从2002年起我国对部分非全税目信息技术产品的进口按ITA税率征税。信息技术产品，优先于其他税率。

2. 出口税率

对于出口货物，在计算出口关税时，出口暂定税率的执行优先于出口税率。

（二）税率的实际运用

《关税条例》规定，进出口货物应当按海关接受申报日的税率征税。在实际运用时应区分以下不同情况：

● 提前申报的，适用运输工具申报进境日（进口）税率；

● 进口转关，适用指运地海关接受申报日税率；

● 出口转关，适用启运地海关接受申报日税率；

● 集中申报货物，适用每次进出口（申报进出境）日税率；

● 超限未报被依法变、卖的进口货物，适用运输工具申报进境日税率；

● 违反规定需追征税款的进出口货物，适用违反行为发生日税率；不能确定是选择发现日税率。

● 已放行保税货物、减免税货物、租赁货物、暂时进出境货物，下列行为需交纳税款的，适用海关再次接受申报日或核准日的税率（共性：批准）；

● 保税货物经批准不复运出境的；

● 保税仓储货物转入国内销售的；

● 减免税货物经批准转让或者移作他用的；

● 暂准进出境货物经批准不复运出/进境的；

● 租赁进口货物，分期缴纳税款的。

案例8－5

汽车公司如何利用原产地规定进行关税筹划

设想，如果您是一位成功的汽车商，您的业务同丰田一样遍布全球，特别是东南亚地区，许多国家的企业为您的汽车提供所需的零部件。中国国内日益扩大发展的汽车市场所可能带来的巨大收益对您无疑是一种无法抗拒的诱惑，但进入中国市场您又不得不面对高额关税。高额的普通税率可能使您在激烈的市场竞争中，在价廉质优的丰田、大众、日产面前毫无竞争优势可言。如何选择汽车的组装厂地？如何避免普通税率的重负，取得优惠税率的护身符呢？

很简单，选择合适的原产地。即选择与中华人民共和国签有关税互惠协议的国家和地区作为您汽车的出产地，并比较在与中国签订关税互惠协定的国家和地区中，哪一个更适合，包括税收优惠、经济成本的低廉和外汇管制政策等。关于原产地的确认，海关总署设定了两种标准：一是全部产地标准；二是实质性加工标准。由于您是一位跨国经营者，因此第一个标准，即全部产地标准，对您显然不适用。因为无法变更原产地，适用的税率形式是既定的。对于第二个标准，实质性加工标准，这其中显然充满了避税的可能。采用的方法：一是在符合税则归类改变的要求或者符合规定比例以上时，可对加工产品的最后一个国家进行恰当的选择，使其适用较低的关税税率。二是当产品加工后，加工增值部分占新产品总值的比例达不到规定的30%的比例时，纳税人可以采用适当的转让定价办法，如降低其他地区的零部件生产价格，从而加大总增值部分占全部新产品的比重，达到或超过30%，成为实质性加工。这样您的产品仍然可享受到税率的优惠。

应该指出的是，对仪器或车辆所用的零件、部件、配件、备件以及工具，若与主件同时进口而且数量合理，其原产地按主件的原产地予以确定；如果分别进口的，应按其各自的原产地确定。石油产品以购自国为原产国。

资料来源：外贸知识网(有改写)。

第四节　关税及其他税费的计算

海关征收的关税、进口环节增值税、进口环节消费税、船舶吨税、滞纳金等税费一律以人民币计征，完税价格、税额采用四舍五入法计算至分，分以下四舍五入。关税以及进口环节增值税、进口环节消费税、船舶吨税、滞纳金等税费的起征点为人民币50元。

进出口货物的价格及有关费用以外币计价的，海关按照该货物适用税率之日所适用的计征汇率折合为人民币计算完税价格。海关每月使用的计征汇率为上一个月第三个星期三(第三个星期三为法定节假日的，顺延采用第四个星期三)中国人民银行公布的外币对人民币的基准汇率(即美元对人民币的汇率)；以基准汇率币种以外的外币计价的，采用同一时间中国银行公布的现汇买入价和现汇卖出价的中间值(人民币元后采用四舍五入法保留4位小数)。如果上述汇率发生重大波动，海关总署认为必要时，可另行规定计征汇率，并对外公布。①

一、关税的计算

进出口货物的归类及税率和其完税价格经过审定和确定后，接下来便是进行应征税款的计算。税款一经计算确定，海关即可作出具有强制性的征税决定，纳税义务人必须按时履行，在规定期限内向海关缴纳。税款计算是稽征关税的重要环节。税率体现的政策性、归类的准确性、估价的客观性最终都要体现在税款的计算和征税决定上，因此必须按照有关规定正确计算税款。目前我国海关工作已现代化、科学化，接受申报、计征关税等工作已使用计算机网络。但作为专职报关员应能熟练掌握关税的基本理论和知识，掌握关税税款的计算方法及计算公式。

海关计算税款的一般程序为：

- 按照归类原则确定税则归类，将应税货物归入恰当的税目税号；
- 若为进口，需要根据原产地规则和税率使用原则，确定应税货物所适用的税率；

① 海关总署令第124号，该办法于2005年1月4日发布，2005年3月1日起施行。

● 根据完税价格审定办法和规定，确定进口应税货物的 CIF 价格，出口应税货物的 FOB 价格；

● 根据汇率使用原则和税率使用原则，将外币折算成人民币；

● 按照计算公式正确计算应征进出口关税税款。

以下举几个例子(税率和汇率均为方便计算而假设)。

1. 上海五金矿产进出口公司向新加坡出口黑钨砂 5 吨，成交价格为 CIF 新加坡 USD 3 000.00，其中运费为 USD400，保险费为 USD30，求关税。

● 确定税率：钨矿砂归入税号 2601，出口税率为 20%

● 外币折成人民币：适用汇率设为 USD100＝680 元人民币。

$$\text{CIF}=3\,000\times6.8=20\,400 \text{ 元人民币},$$
$$\text{运费}=400\times6.8=2\,720 \text{ 元人民币},$$
$$\text{保险费}=30\times6.8=204 \text{ 元人民币}$$

● 求 FOB 价：20 400－2 720－204＝17 476 元人民币

● 计算完税价格：$\frac{17\,476}{1+20\%}$

● 计算出口关税：$\frac{17\,476\times20\%}{1+20\%}=2\,912.67$ 元人民币

2. 中南建筑材料厂自香港购进美国纽约产钢铁盘条 80 000 千克，成交价格为 FOB 纽约 USD10 000，另付港商佣金 3%，求关税、增值税。(单位运费为 USD50/吨)

● 确定税率：钢铁盘条归入税号 7310，税率假设为 15%，增值税税率为 14%

● 外币折成人民币：适用汇率为 USD100＝680 元人民币

FOB 价加上佣金折成人民币：10 000×(1＋3%)×6.8＝70 040 元人民币

● 计算运费并折成人民币：50×80×6.8＝27 200 元人民币

● 求完税价格：保险费率设为 0.20%

$$\frac{70\,040+27\,200}{1-0.20\%}=97\,434.869\,739\,4\approx97\,434.87 \text{ 元人民币}$$

● 计算关税：97 434.87×15%＝14 615.23 元人民币

● 计算增值税：参见下一节公式

$$(97\,434.87+14\,615.23)\times14\%=15\,687.01 \text{ 元人民币}$$

3. 国内某公司从日本购进该国企业生产的广播级电视摄像机 40 台，其中 20 台成交价格为 CIF 境内某口岸 4 000 美元/台，其余 20 台成交价格为 CIF 境内某口岸 5 200 美元/台，已知适用汇率 1 美元＝6.80 元，计算应征进口关税额。

● 确定税则归类，该批摄像机归入税号 8525.8012

● 货物原产国为日本，关税税率适用最惠国税率，经查关税税率为，完税价格不高于 5 000 美元/台的，关税税率为单一从价税率 35%；完税价格高于 5 000 美元/台的，关税税率为 3%，加 12 960 元从量税从价税。

● 确定成交价格分别为：20×4 000＝80 000 美元＝544 000 元；20×5 200＝104 000 美元＝707 200 元

● 分别计算进口关税:

单一从价进口关税税额=完税价格×进口关税税率
=544 000×35%=190 400 元
复合进口关税税额=货物数量×单位税额+完税价格×关税税率
=20×12 960+707 200×3%
=280 416 元
合计进口关税税额=从价进口关税税额+复合进口关税税额
=190 400+280 416
=470 816 元

二、关税减免的计算

我国对进出口货物关税减免的方式有以下几种。

1. 全额免税

全额免税即对应纳税款全部免征。

2. 减半征税

减半征税其计算公式为:

$$实征关税税额=完税价格×原关税税率×\frac{1}{2}$$

3. 按实际复出口部分减免关税(如对进料加工的进口料件)

进料加工的进口料件,对其实际复出口部分免征关税。这些进口料件属于保税物品,一般可按保税办法由海关在进、出口时予以核销监管(进口时暂缓征税)。加工后复出口部分免税,内销(不出口)部分予以征税。如经常加工的单位或企业不具备办理保税条件的,则在进口时预先按海关规定的《进料加工料件征免税比例》,分别按 85%或 95%作为出口部分免税,15%或 5%部分作为不出口的部分预先征税。涉及的有关公式有:

● 不出口部分征收关税额=进口料件的到岸价格×进口税率×15%(或 5%)
● 内销部分补税税额=内销料件原进口到岸价格单价×内销料件的数量×进口税率
● 若进口料件因故经批准全部转为内销,则

全部内销补税税额=原进口料件到岸价格×进口税率×85%(或 95%)

4. 按原税率比例减免征税或减按指定的(低)税率征税

实征关税税额=完税价格×实征关税税率

按一般情况,减免关税的货物应代征的国内税同样给予减免税待遇。

5. 举例

国内某远洋渔业企业向美国购进国内性能不能满足需要的柴油船用发动机 2 台,成交价格合计为 CIF 境内目的地口岸 680 000.00 美元。经批准该发动机进口关税税率减按 1%计征。已知适用中国银行的外汇折算价为 1 美元=人民币 6.80 元,计算应征进口关税(原产国美国适用最惠国 5%,减按 1%计征)。

● 确定税则归类,该发动机归入税号 8404.1000

- 原产国美国适用最惠国税率5%，减按1%计征
- 确定货物的完税价格(即确定货物的CIF报价)：审定CIF价格为680 000美元
- 根据汇率适用原则将外币计算为人民币：4 624,000元
- 计算应该征收的税款：

关税税额＝完税价格×减按进口关税税率＝4 624 000×1%＝46 240(元)

三、海关代征税的计算

根据国务院颁布的《中华人民共和国增值税暂行条例》和《中华人民共和国消费税暂行条例》的有关规定，我国从1994年1月1日起，对进口货物由原来的征收产品税、增值税、工商统一税和特别消费税改为征收增值税和消费税。为统一税收政策，便于海关征收工作，对进口的应税产品一律按组成计税价格计征海关代征税，即海关代征税＝组成计税价格×代征税税率。公式中的代征税税率，如征增值税，则为增值税税率，如征消费税，则为消费税税率。

(一) 进口货物增值税的计算

(1) 对于进口货物，如果不属于应征消费税范围的货物，其组成计税价格公式：

组成计税价格＝进口商品完税价格＋关税税额

增值税＝(进口商品完税价格＋关税)×增值税税率

(2) 如属应征消费税范围的进口货物，其计税公式为：

组成计税价格＝进口商品完税价格＋关税税额＋消费税税额

增值税＝(进口商品完税价格＋关税＋消费税)×增值税税率

(二) 进口货物消费税的计算

消费税实行从价定率或从量定额的办法计算应纳税额。

(1) 实行从价定率时，其公式为：

组成计税价格＝进口商品完税价格＋关税＋消费税

$$消费税＝(进口商品完税价格＋关税)\times\frac{消费税税率}{1-消费税税率}$$

(2) 实行从量定额时，其公式为：

消费税＝销售数量×单位税额

(三) 海关代征税的计算例题

1. 某公司自日本进口圆钢500吨，申报价格为FOB大阪380美元/吨，已知申报运费人民币200元/吨，保险费率为0.27%，适用汇率为1美元＝6.8元人民币，求应征进口增值税是多少？

(1) 求完税价格：查圆钢进口税率为10%

$$完税价格=\frac{6.8\times190\ 000+200\times500}{1-0.27\%}$$

＝1 395 768.58元人民币

(2) 求关税：

关税＝完税价格×税率＝139 576.86元人民币

(3) 求增值税的组成计税价格:

$$组成计税价格=完税价格+关税=1\ 395\ 768.58+139\ 576.86=1\ 535\ 345.44\ 元人民币$$

(4) 求海关代征的增值税:圆钢的增值税税率为17%

$$增值税=1\ 535\ 345.44\times17\%=261\ 008.72\ 元人民币$$

2. 某公司从德国进口奔驰豪华小轿车1辆(排气量超过3 000 CC),其成交价格为每辆CIF天津新港25 000美元,求海关应征消费税多少?(外汇牌价同上)

(1) 求完税价格与关税:查小轿车进口税率为120%

$$完税价格=6.8\times25\ 000=170\ 000\ 元人民币$$

$$关税=170\ 000\times120\%=204\ 000\ 元人民币$$

(2) 求消费税的组成计税价格:排气量超3 000 CC的小轿车消费税税率为8%

$$组成计税价格=\frac{170\ 000+204\ 000}{1-8\%}=406\ 521.74\ 元人民币$$

(3) 求消费税:

$$消费税=406\ 521.74\times8\%=32\ 521.74\ 元人民币$$

四、滞纳金的计算

(一) 滞纳金的征收规定

按照规定,海关征收的关税、进口环节增值税和消费税、船舶吨税,进出口货物的纳税义务人应当自海关填发税款缴款书之起15日内缴纳税款;如纳税义务人逾期缴纳税款的,由海关自缴款期限届满之日起至缴清税款之日止,按日加收滞纳税款0.5‰的滞纳金。

纳税义务人应该自海关填发滞纳金缴款书之日起15日内向指定的银行缴纳滞纳金。在实际计算纳税期限时,应从海关填发税款缴款书之日的第二天起计算,当天不计入。即最后那天(到期日)是填发滞纳金缴款书之日+15即可。

缴纳期限的最后一日(到期日)是星期六、星期天或法定节假日,则关税缴纳期限顺延至周末或法定节假日过后的第一个工作日,但税款缴纳期限内含有的星期六、星期天或法定节假日不予扣除。滞纳天数从缴纳期限最后一日的第二天起(即到期日不算在内),按照实际滞纳天数计算(实际交税那天也要算),其中的星期六、星期天或法定节假日一并计算。

(二) 计算公式

$$关税滞纳金金额=滞纳的关税税额\times0.5‰\times滞纳天数$$

$$进口环节税滞纳金金额=滞纳的进口环节税税额\times0.5‰\times滞纳天数$$

(三) 计算实例

国内某公司向香港购进日本皇冠轿车10辆,已知该批货物应征关税税额为人民币352 793.52元,应征进口环节消费税为人民币72 860.70元,进口环节增值税税额为人民币

247 726.38 元。海关于 2009 年 2 月 5 日填发《海关专用缴款书》，该公司于 2009 年 3 月 3 日缴纳税款。现计算应征的滞纳金。

(1) 首先确定滞纳天数，然后再计算应缴纳的关税、进口环节消费税和增值税的滞纳金。

用原来的日期加 15 天算出：税款缴纳的到期日为 2009 年 2 月 20 日（星期五），2 月 21 日～3 月 3 日为滞纳期，共滞纳 11 天。

(2) 按照计算公式分别计算进口关税、进口环节消费税和增值税的滞纳金。

关税滞纳金＝滞纳关税税额×0.5‰×滞纳天数＝352 793.52×0.5‰×11
＝1 940.36(元)

进口环节消费滞纳金＝进口环节消费税税额×0.5％×滞纳天数
＝72 860.70×0.5‰×11
＝400.73(元)

进口环节增值税滞纳金＝进口环节增值税税额×0.5‰×滞纳天数
＝247 726.38×0.5‰×11
＝1 362.50(元)

关键词

从价税　从量税　复合税　选择税　滑准税　完税价格　海关估价协议　成交价格法　企业特殊关系　相同及类似货物成交价格法　倒扣价格法　计算价格法　合理方法　原产地规则

思考与问答

1. 关税的计征方法有哪些?
2. 海关对进口货物完税价格的审定方法有哪些? 使用原则是什么?
3. 如何认定买卖双方有特殊关系?
4. 结合案例 8－1、8－2，谈谈企业特殊关系如何影响成交价格以及海关如何处理此种情况。
5. 进出口完税价格的确定有何差异?
6. 结合案例 8－3，谈谈报关人员了解与掌握海关估价准则带来的益处。
7. 阐述原产地规则的含义、意义及其认定标准。

第九章

进出口货物报关单及有关单证的填制

引导案例

某企业申报出口塑料奶瓶 8 400 个、塑料粉盒 1 200 个、塑料奶瓶刷 2 700 套、棉签 8 160个。经查验，实际出口塑料奶瓶 8 400 个、塑料粉盒 1 200 个、塑料奶瓶刷 1 200 套、棉签 3 360 个，另有儿童尿垫 1 200 个、温度计 600 个、牙签 4 500 包未向海关申报。企业解释，其客户更改了合同，减少了 50 箱棉签和 25 箱塑料奶瓶刷，改为 50 箱牙签、20 箱儿童尿垫和 5 箱温度计，但业务员做单报关时误用了旧合同的数据填写报关单，因此造成错误，企业延迟报关出口造成损失。

报关人员在申报时要注意哪些问题？报关单填制应遵循怎样的规范？本章将回答这些问题。

第一节　进出口货物报关单概述

一、报关单含义及其法律效力

进出口货物报关单是指进出口货物的收发货人或其代理人，按照海关规定的格式对进出口货物实际情况作出书面申明，申请海关审查、放行货物的法律文书，是报关员代表报关单位向海关办理货物进出境手续的主要单证。它在对外经济贸易活动中具有十分重要的法律地位。它既是海关监管、征税、统计以及开展稽查和调查的重要依据，又是加工贸易进出口货物核销，以及出口退税和外汇管理的重要凭证，也是海关处理走私、违规案件及税务、外汇管理部门查处骗税和套汇犯罪活动的重要书证。报关单填写的质量如何，直接关系到报关效率，企业的经济效益和海关的征、减、免、验、放等工作环节。因此，完整、准确、有效地填制进出口货物报关单是报关员执业所必备的基本技能。

二、报关单类别

报关单有不同分类。按进出口状态分为进口货物报关单和出口货物报关单；按表现形式分为纸质报关单和电子数据报关单；按使用性质分为进料加工进出口货物报关单（粉红色），来料加工及补偿贸易进出口货物报关单（浅绿色），外商投资企业进出口货物报关单（浅蓝色），一般贸易及其他贸易进出口货物报关单（白色），需国内退税的出口贸易报关单（浅黄色）；按用途分为报关单录入凭单、预录入报关单、电子数据报关单及报关单证明联。

纸质进出口货物报关单一般一式几联，分别是海关作业联、海关留存联、企业留存联、海关核销联，出口时再增加一份出口退税证明联。

在实际操作中，多数企业都采用通过计算机系统先提交电子版报关单，再打印纸质版报关单并提交给海关的形式申报。提交电子版报关单多采用委托预录入申报的形式，由报关单位的报关人员手工填写报关单预录入凭单的各个栏目，然后交给预录入单位。预录入单位预录入后打印一份，由委托预录入的报关人员审核，有错误就修改，直到确认无误后提交，向海关申报(传输电子数据进入海关的报关自动化系统)。这个经确认无误录入并提交到海关计算机系统中的报关单就是预录入报关单。海关计算机系统对报关单进行逻辑性、规范性审核，通过审核的，计算机自动接受申报，并记录接受申报的时间，发出接受申报的信息。此项处理构成报关员向海关申报及海关接受申报的法律行为。海关接受申报的报关单称为电子数据报关单，报关员凭以打印纸质报关单签名盖章连同随附单证向现场海关递交。

如果电子申报未通过海关计算机系统的规范性审核，海关不接受申报，计算机系统会自动退回并发布信息要求报关员修改。报关员修改后再次提交，海关计算机系统再次对报关单进行逻辑性、规范性审核，通过审核的，计算机自动接受申报。

三、海关对报关单填制的一般要求

报关人员必须按照《海关法》《货物申报管理规定》和填制规范的有关规定和要求，向海关如实申报，对申报内容的真实性、准确性、完整性和规范性承担相应的法律责任。

(1) 报关单的填报必须真实、准确、齐全，不得出现差错，更不能伪报、瞒报及虚报。要做到两个相符：一是单证相符，即报关单与合同、批文、发票、装箱单等相符；二是单货相符，即报关单中所报内容与实际进出口货物情况相符。

(2) 分单填报：不同批文、不同合同、不同贸易方式、不同备案号、不同运输工具名称或运输方式、不同征免性质、不同许可证号的货物，均应分单填报。一份原产地证书只能对应一份报关单。同一份报关单上的商品不能同时享受协定税率和减免税。

(3) 分栏填报：商品编号不同的；商品名称不同的；商品名称、商品编号相同，但规格型号和单价不同的；原产国(地区)或最终目的国不同的均应分栏填报。一张报关单上如有多种不同商品，应分别填报清楚。

(4) 分行填报：指同一栏分行填。以下几个栏目需分行填：商品名称、规格型号、项号、数量及单位。

(5) 报关单有关项目有海关规定的统计代码的，除填写有关项目外，还应填写有关项目的统计代码，这是报关自动化的需要。

总之，报关人员必须按照《海关法》《海关统计制度》以及《报关单填制规范》等有关规定，完整、准确地填制报关单。报关人员对进出境货物的品名、数量、规格、价格、原产国(地区)、监管方式、最终目的国(地区)、贸易国(地区)或者其他应当申报的项目填写不准确或不填报，影响海关统计准确性的，其所属企业将受到处分或可能遭到降级处理。

小经验 9-1

进出口货物报关单填制常见差错

报关单指标项目填制不齐全。根据海关统计，进出口货物报关单经常出现漏填的栏目有备案号、合同号、许可证号、进/出口日期、征免性质、毛重、成交总价等。

报关单指标项目填制不准确。报关单指标项目填制不准确的差错主要表现在以下几个方面：

1. 收发货人及其代码和企业类型填制错误。如委托进出口货物，收发货人填制为被委托单位；代理报关进出口货物，将报关企业作为收发货人填制。

2. 监管方式填制错误。如三资企业凭手册从保税仓库取出货物，其贸易方式应按货物种类分别填为“合作合资设备”或“外资设备物品”，但常错填制为“其他”。

3. 征免性质填制错误。如将“科教用品”征免性质错填为“其他法定”，将货样广告品的征免性质错填为“一般征税”等。

4. 运费、保险费填制错误。如将运费、保险费单价错按总价处理，将总价错按单价处理。

报关单填制不规范，主要表现在以下两个方面：

1. 合同号、备案号、许可证号、征免性质、随附单据等内容不按规定填在相应的报关单栏目内，而填在“备注”栏内。

2. 应填在备案号栏内的加工贸易《登记手册》编号、《征免税证明》编号填在合同号、随附单据栏内等。

小经验 9-2

进出口货物申报不实影响海关统计作业

根据海关反应企业报关常见的问题，总结报关人员在进出口货物申报时，常出现申报不实的问题。由于这些申报不实仅对海关统计的准确性有影响，并未对海关作业造成困扰，也未影响到企业进出口货物的正常通关，因此，对这些申报不实的行为，海关大都对报关单位及报关人员处以罚款处分，对当事人处以人民币1 000元的罚款。以下是常见报关作业中申报不实的问题：

1. 报关单上的统计项目填报不齐全，但该项目不影响到报关作业，例如：运抵地是途经我国香港运至美国，该货物的最终目的地应填写美国不应填写我国香港。

2. 对以收取工缴费的来料加工装配企业，在报关单上未分别填报原料费和加工费。

3. 对于不同海关统计商品编号或不同产、销国别(地区)的货物，未分别填报。

4. 报关单的产、销国别(地区)填报错误。

5. 报关单中填报的产、销国别(地区)与随附单证不符。

6. 实行集中报关的企业，对不同产、销国别(地区)的货物，未分别汇总填制报关单。

7. 报关单所填项目与实际货物不符，或与随附单证不符。

8. 收发货单位所在地填报错误。

9. 监管方式填报错误。

10. 填报数(重)量与实际进出口数(重)量不符。

11. 商品编号填报错误，差错4位数以上。

12. 报关单位对海关的查询未按期作出答复。

13. 报关申请内容有变动，未及时向海关办理更正手续，从而影响到海关的统计。

14. 其他填报统计项目不符合海关统计要求的。

针对报关作业时发生进出口货物申报不实的种种问题，最主要的原因在于报关人员训练不足，以及做事粗心大意。为了减少上述问题一再发生，报关员惟有接受报关训练来熟悉报关作业流程和掌握报关技巧，并在每次报关作业时，由报关管理人员负责审核相关报关单据，如此，一方面可对报关人员产生自我警惕作用及造成压力，另一方面可达到监督的效果。若能制订报关人员奖惩制度，相信将有助于减少报关填报不实的问题一再发生。

资料来源：豆丁网。

四、报关单结构的重大调整

为落实国家简政放权措施，促进贸易便利化，提升海关履职能力，根据海关全面深化改革总体部署和金关工程二期建设安排，海关总署于 2016 年决定对进出口货物报关单结构进行分期修改。涉及进出口货物报关单/进出境备案清单的预录入界面、展示界面以及打印模板，详见表 9－1。

表 9－1　新旧报关单变动对照表

修改类型	原报关单	改版后的报关单	出口	进口	修改原因及备注
删除	批准文号		√		随着国家外汇管理的改革失去意义
删除	结汇证号			√	
删除	结汇方式		√		
删除	用途			√	进口货物的用途不是海关管理的重点和主要职责
删除	生产厂家		√		出口货物的生产厂家不是海关管理的重点和主要职责
新增		特殊关系确认	√	√	完税价格审核前置，加强税收征管
新增		价格影响确认	√	√	
新增		支付特许权使用费确认	√	√	完税价格审核前置，加强税收征管，加强打击侵权
新增		原产国(地区)	√		为了完整掌握贸易走向，打击虚假贸易
新增		最终目的国(地区)		√	
新增		贸易国别(地区)	√	√	明确买方所属国(地区)掌握真实贸易
新增		申报单位的 18 位统一社会信用代码	√	√	响应“三证合一”改革
新增		收发货人的 18 位统一社会信用代码	√	√	
新增		生产销售单位的 18 位统一社会信用代码	√		
新增		消费使用单位的 18 位统一社会信用代码		√	
改名	经营单位	收发货人	√	√	更加一目了然
改名	收货单位	消费使用单位		√	消费使用单位可能与收发货人一样，也可能不一样
改名	发货单位	生产销售单位	√		生产销售单位可能与收发货人一样，也可能不一样

续表

修改类型	原报关单	改版后的报关单	出口	进口	修改原因及备注
改名	区内经营单位	收发货人	√	√	进出境报关备案清单
改名	区内收货单位	消费使用单位		√	
改名	区内发货单位	生产销售单位	√		
改名	贸易国别	贸易国(地区)	√	√	加上“地区”更加明确，因为世界上有的地区不是国家如港澳台
改名	贸易方式	监管方式	√	√	强调监管，实质没变
改名	申报口岸	申报地海关	√	√	适应通关区域一体化的需要
改名	报关员	报关人员	√	√	响应国务院简政放权关于进一步减少资质资格类许可和认定的有关要求
改名	报关员代码	报关人员代码	√	√	
改名	保税仓库或者监管仓库编码	保税/监管场所	√	√	仓库改为场所，范围扩大
改名	商品项数：最多 20 项	商品项数：最多 50 项	√	√	减少拆分物流单据，贸易便利化

（一）报关单/备案清单删除部分指标

删除已失去法律依据或不具备监管意义的申报指标。包括“结汇证号/批准文号”、出口“结汇方式”/进口“征税比例”、“用途/生产厂家”“税费征收情况”“海关审单批注及放行日期”“报关单打印日期”“报关员联系方式”7 个指标。

（二）增加部分指标或指标组

（1）报关单录入界面表体增加“原产国/最终目的国(地区)”数据项，进出口均需填报。出口报关单“原产国(地区)”默认为中国，可修改；“最终目的国(地区)”由企业填报。进口报关单“最终目的国(地区)”默认为中国，可修改；“原产国(地区)”由企业填报。

（2）增加“贸易国(地区)”指标，该指标是与国内企业签订贸易合同的外方客户所属国别(地区)，未发生商业性交易的指拥有货物所有权的外方所属国别(地区)。

（3）增加其他说明事项指标组，含“特殊关系确认”“价格影响确认”“支付特许权使用费确认”等项目。

（三）报关单/备案清单调整部分指标或指标组

1. 申报指标名称修改

（1）“经营单位”指标名称调整为“收发货人”，“收发货单位”指标名称调整为“消费使用单位/生产销售单位”，连同“申报单位”统一使用 18 位统一社会信用代码申报。在统一社会信用代码推广过渡期内，原 10 位海关注册码可以继续使用。将原进出境备案清单中的“区内经营单位”改为“收发货人”；将原进境备案清单中的“区内收货单位”改为“消费使用单位”。

将原出境备案清单中的“区内发货单位”改为“生产销售单位”。

（2）“保税仓库或者出口监管仓库编码”指标名称调整为“保税/监管场所”。

（3）“报关员”指标名称调整为“报关人员”。

（4）将原“贸易国别”改为“贸易国(地区)”。

（5）将原“贸易方式”改为“监管方式”。

(6)“申报口岸”指标名称调整为“申报地海关”。

(7)报关单商品项指标组上限由20调整为50,解决部分因商品项数限制导致的物流凭证拆分。

(8)建立“规格型号指标组”,完善商品申报要素参数,丰富商品申报内容,实现目前规范申报对“品牌”等要素申报的要求。

2. 报关单打印调整

(1)在报关单和清单打印模板中,“兹申明以上申报无讹并承担法律责任”的表述调整为“兹申明对以上内容承担如实申报、依法纳税之法律责任”;“海关审单批注及签章”调整为“海关批注及签章”。

(2)在报关单和清单打印模板中,“运输方式”“成交方式”“包装种类”“征免”栏目增加打印代码。

(3)报关单打印模板中,表体的单价和总价的数字保持右对齐。

第二节　进出口货物报关单表头各栏目的填报

进出口货物报关单表头部分包括29个栏目。

一、收发货人

收发货人是指在海关注册的对外签订并执行进出口贸易合同的中国境内法人、其他组织或个人,在旧版报关单中该栏目名称为“经营单位”。

本栏目进口填报收货人单位名称及编码(两者缺一不可),出口填报发货人单位名称及编码。编码可选填18位法人和其他组织统一社会信用代码或10位海关注册编码①任一项。特殊情况下填制要求如下:

(1)进出口货物合同的签订者和执行者非同一企业的,填报执行合同的企业。例如,中国化工进出口总公司对外统一签约,而由辽宁省化工进出口公司负责合同的具体执行,则收发货人应为辽宁省化工进出口公司。

(2)外商投资企业委托外贸企业进口投资总额以内设备、物品的(监管方式为合资合作设备“2025”、外资设备物品“2225”),“收发货人”栏应填报外商投资企业的中文名称及编码,并在“标记唛码及备注”栏注明“委托××公司进口”,同时注明被委托企业的18位法人和其他组织统一社会信用代码。例如,上海协通针织有限公司(3114920061)②委托上海机械进出口(集团)公司进口“圆形针织机”5台,“收发货人”栏应填报“上海协通针织有限公司3114920061”,并在“标记唛码及备注”栏注明“委托上海机械进出口(集团)公司进口”。

外商投资企业委托外贸企业进口生产用原材料,应视同一般委托,其收发货人应填报外贸企业及其海关编码。

(3)有代理报关资格的报关企业代理其他进出口企业办理进出口报关手续时,填报委托

① 企业海关注册编码可见中华人民共和国海关总署企业基本情况查询,输入企业名称,就可查询到编码。

② 企业注册编码的第6位数如果是2、3、4,则分别代表中外合作企业、中外合资企业及外商独资企业;第6位数如果是8,则代表有报关权而没有进出口经营权的企业。

的进出口企业的名称及海关注册编码。

(4) 使用海关核发的《中华人民共和国海关加工贸易手册》、电子账册及其分册(以下统称《加工贸易手册》)管理的货物,收发货人应与《加工贸易手册》中的"经营企业"一致。

(5) 援助、赠送、捐赠的货物,"收发货人"栏填报直接接收货物的单位的中文名称及编码。例如,湖北省民政厅接受我国香港捐赠的御寒物资 1 批,本栏应填报为"湖北省民政厅"+"4201990000"(临时收发货人编码)。

二、进口口岸/出口口岸

进(出)口口岸亦称关境口岸,本指国家对外开放的港口及边界关口。具体而言是指设在一国关境内的对外开放的国际运输港口、国际民航航空站(港)、国际运输铁路车站、国际邮件交换局(交换站)、跨国(境)输出输入管道(线、网络)以及位于关界的国际运输公路通道等经一国政府批准的进出境地点。但在进出口货物报关单中,进口口岸和出口口岸特指海关名称。

该栏目填报要求如下。

(1) 进口货物报关单的"进口口岸"栏应填报货物实际进入我国关境的口岸海关的名称及代码,出口货物报关单的"出口口岸"栏应填报货物实际运出我国关境的口岸海关的名称及代码。

口岸海关名称及代码指国家正式对外公布并已编入海关"关区代码表"的海关的中文名称及四位代码。例如,上海海关的关区代码为 2200,浦江海关的关区代码为 2201,吴淞海关的关区代码为 2202,浦东海关的关区代码为 2210。其中 2200 表示整个上海海关关区,2201、2202、2210 表示上海海关的隶属海关代码。"关区代码表"中有隶属海关关别及代码时,则应填报隶属海关名称及代码。如货物由天津新港进境,"进口口岸"栏不能填报为"天津海关"+"0201",而应填报为"新港海关"+"0202";出口货物报关单的"出口口岸"栏,应填报货物实际运出我国关境的口岸海关的名称及代码,如货物由上海吴淞港出境,"出口口岸"栏填报为"吴淞海关"+"2202"。若"关区代码表"中只有直属海关关别及代码的,填报直属海关名称及代码,如西宁海关应填报为"9701"。

(2) 特殊情况下,"进口口岸"栏或"出口口岸"栏按以下方式填报。加工贸易货物,填报货物限定或指定进出口岸的口岸海关名称及代码。限定或指定口岸与货物实际进出境口岸不符的,应向合同备案主管海关办理变更手续后填报。进口转关运输货物应填报货物进境地海关名称及代码,出口转关运输货物应填报货物出境地海关名称及代码。按转关运输方式监管的跨关区深加工结转货物,出口报关单填报转出地海关名称及代码,进口报关单填报转入地海关名称及代码。在不同海关特殊监管区域或保税监管场所之间调拨、转让的货物,填报对方特殊监管区域或保税监管场所所在的海关名称及代码。其他无实际进出境的货物,填报接受申报的海关名称及代码。

三、进口日期/出口日期

进口日期是指运载所申报进口货物的运输工具申报进境的日期。"进口日期"栏填报的日期必须与运载所申报货物的运输工具申报进境的实际日期一致。

出口日期是指运载所申报出口货物的运输工具办结出境手续的日期。

该栏目填报要求如下:

(1) 日期均为8位数字，顺序为年(4位)、月(2位)、日(2位)。例如，2008年8月8日进口一批货物，运输工具申报进境日期为8月8日，“进口日期”栏填报为“20080808”。

(2) 进口货物收货人或其代理人在进口申报时无法确知相应的运输工具的实际进境日期时，“进口日期”栏允许为空。

(3) “出口日期”以运载出口货物的运输工具实际离境日期为准。因本栏供海关打印报关单证明联用，在申报时免予填报。

(4) 对于无实际进出境的货物，填报海关接受申报的日期。

(5) 对集中申报的报关单，进口日期以海关接受报关申报的日期为准。

四、申报日期

申报日期指海关接受进出口货物收发货人、受委托的报关企业申报数据的日期。以电子数据报关单方式申报的，申报日期为海关计算机系统接受申报数据时记录的日期。以纸质报关单方式申报的，申报日期为海关接受纸质报关单并对报关单进行登记处理的日期。

本栏目在申报时免予填报。

五、消费使用单位/生产销售单位

消费使用单位填报已知的进口货物在境内的最终消费、使用单位的名称，包括自行从境外进口货物的单位和委托进出口企业进口货物的单位。

生产销售单位填报出口货物在境内的生产或销售单位的名称，包括自行出口货物的单位和委托进出口企业出口货物的单位。

本栏目可选填18位法人和其他组织统一社会信用代码、10位海关注册编码及9位组织机构代码中的任一项。没有代码的应填报“NO”。

有10位海关注册编码或18位法人和其他组织统一社会信用代码或加工企业编码的消费使用单位/生产销售单位，本栏目应填报其中文名称及编码；没有编码的应填报其中文名称。

使用《加工贸易手册》管理的货物，消费使用单位/生产销售单位应与《加工贸易手册》中的“加工企业”一致；减免税货物报关单的消费使用单位/生产销售单位应与《中华人民共和国海关进出口货物征免税证明》(以下简称《征免税证明》)中的“减免税申请人”一致。

六、运输方式

进出口货物报关单所列的“运输方式”栏专指载运货物进出关境所使用的运输工具的分类，即海关规定的运输方式。

海关规定的运输方式与国际货物运输方式既有联系又有区别，前者有实际的运输方式，也有特殊的运输方式，而国际货物运输方式只有实际的运输方式，如海洋运输、铁路运输、公路运输、航空运输、集装箱运输、多式联运等。

(一) 海关规定的运输方式

海关规定的运输方式可分为两大类：实际运输方式和特殊运输方式。

1. 实际运输方式

海关规定的实际运输方式专指用于载运货物实际进出关境的运输方式，按进出境所使用的运输工具分类，主要有以下几种：水路运输、铁路运输、公路运输、航空运输、邮件运输、其他运输(采用人力、兽力、输油管道、输水管道、输送带和输电网络等方式输送货物)。

2. 特殊运输方式

海关规定的特殊运输方式仅指没有实际进出境的运输方式,按货物在境内的流向分类,包括境内与各种海关特殊监管区域之间往来货物的运输。

(二) 填报要求

1. "运输方式"栏填报的常规要求

"运输方式"栏应根据货物实际进出境的运输方式或货物在境内流向的类别按海关规定的"运输方式代码表"选择填报相应的运输方式名称或代码,见表 9-2。

表 9-2 运输方式代码表及说明

代码	名称	运输方式说明
0	非保税区	非保税区运入保税区和保税退区
1	监管仓库	境内存入出口监管仓库和出口监管仓库退仓
2 *	水路运输	
3 *	铁路运输	
4 *	公路运输	
5 *	航空运输	
6	邮件运输	
7	保税区	保税区运往境内非保税区
8	保税仓库	保税仓库转内销
9	其他运输	人扛、驮畜、输水管道、输油管道、输电网等方式
W	物流中心	从境内保税物流中心外运入保税物流中心或从保税物流中心运往境内非保税物流中心
X	物流园区	从境内特殊监管区域之外运入园区内或从保税物流园区运往境内
Y	保税港区	保税港区(不包括直通港区)运往区外或区外运入保税港区
Z	出口加工	出口加工区运往加工区外和区外运入出口加工区(区外企业填报)
H	边境特殊海关作业区	境内运入深港西部通道港方口岸区

2. 无实际进出境货物在境内流转时填报要求

(1) 境内非保税区运入保税区货物和保税区退区货物,填报"非保税区"(代码 0);

(2) 保税区运往境内非保税区货物,填报"保税区"(代码 7);

(3) 境内存入出口监管仓库和出口监管仓库退仓货物,填报"监管仓库"(代码 1);

(4) 保税仓库转内销货物,填报"保税仓库"(代码 8);

(5) 从境内保税物流中心外运入中心或从中心运往境内中心外的货物,填报"物流中心"(代码 W);

(6) 从境内保税物流园区外运入园区或从园区内运往境内园区外的货物,填报"物流园区"(代码 X);

(7) 保税港区、综合保税区、出口加工区、珠澳跨境工业区(珠海园区)、中哈霍尔果斯边境合作区(中方配套区)等特殊区域与境内(区外)(非特殊区域、保税监管场所)之间进出的货物,区内、区外企业应根据实际运输方式分别填报“保税港区/综合保税区”(代码 Y)、“出口加工区”(代码 Z)；

(8) 境内运入深港西部通道港方口岸区的货物，填报“边境特殊海关作业区”(代码 H)；

(9) 经横琴新区和平潭综合实验区(以下简称综合试验区)二线指定申报通道运往境内区外或从境内经二线指定申报通道进入综合试验区的货物，以及综合试验区内按选择性征收关税申报的货物，填报“综合试验区”(代码 T)；

(10) 其他境内流转货物，填报“其他运输”(代码 9)，包括特殊监管区域内货物之间的流转、调拨货物，特殊监管区域、保税监管场所之间相互流转货物，特殊监管区域外的加工贸易余料结转、深加工结转、内销等货物。

3. 特殊情况填报要求

(1) 非邮件方式进出境的快递货物，按实际运输方式填报；

(2) 进出境旅客随身携带的货物，按旅客所乘运输工具填报；

(3) 进口转关运输货物，按载运货物抵达进境地的运输工具填报；出口转关运输货物，按载运货物驶离出境地的运输工具填报；

(4) 不复运出(入)境而留在境内(外)销售的进出境展览品、留赠转卖物品等，填报“其他运输”(代码 9)。

七、运输工具名称

进出口货物报关单上的运输工具名称专指载运货物进出境所使用的运输工具的名称或运输工具编号，以及载运货物进出境的运输工具的航次编号。

在纸质报关单中，“运输工具名称”栏根据不同的运输方式有不同的填报要求，一般需填报运输工具名称或编号及航次号，内容应与运输部门向海关提供的载货清单所列相应内容一致。

(一) 运输工具名称的填报要求

直接在进出境地或采用区域通关一体化通关模式办理报关手续的报关单填报要求如下：

(1) 水路运输：填报船舶编号(来往港澳小型船舶为监管簿编号)或者船舶英文名称。

(2) 公路运输：启用公路舱单前，填报该跨境运输车辆的国内行驶车牌号，深圳提前报关模式的报关单填报国内行驶车牌号+“/”+“提前报关”。启用公路舱单后，免予填报。

(3) 铁路运输：填报车厢编号或交接单号。

(4) 航空运输：填报航班号。

(5) 邮件运输：填报邮政包裹单号。

(6) 其他运输：填报具体运输方式名称，例如管道、驮畜等。

转关运输货物的报关单填报要求如下：

1. 进口

(1) 水路运输：直转、提前报关填报“@”+16 位转关申报单预录入号(或 13 位载货清单号)，中转填报进境英文船名。

(2) 铁路运输：直转、提前报关填报“@”+16 位转关申报单预录入号，中转填报车厢编号。

(3) 航空运输：直转、提前报关填报“@”+16 位转关申报单预录入号(或 13 位载货清单号)，中转填报“@”。

(4) 公路及其他运输：填报“@”+16 位转关申报单预录入号(或 13 位载货清单号)。

(5) 以上各种运输方式使用广东地区载货清单转关的提前报关货物填报“@”+13位载货清单号。

2. 出口

(1) 水路运输:非中转填报“@”+16位转关申报单预录入号(或13位载货清单号),如多张报关单需要通过一张转关单转关的,运输工具名称字段填报“@”。

中转货物,境内水路运输填报驳船船名;境内铁路运输填报车名(主管海关4位关区代码+“TRAIN”);境内公路运输填报车名(主管海关4位关区代码+“TRUCK”)。

(2) 铁路运输:填报“@”+16位转关申报单预录入号(或13位载货清单号),如多张报关单需要通过一张转关单转关的,填报“@”。

(3) 航空运输:填报“@”+16位转关申报单预录入号(或13位载货清单号),如多张报关单需要通过一张转关单转关的,填报“@”。

(4) 其他运输方式:填报“@”+16位转关申报单预录入号(或13位载货清单号)。

采用“集中申报”通关方式办理报关手续的,报关单本栏目填报“集中申报”,无实际进出境的报关单,本栏目免予填报。

(二) 航次号的填报要求

航次是指船舶、飞机等出航编排的次第。航次号是指载运货物进出境的运输工具的航次编号。在填制纸质报关单时,本项内容与运输工具名称合并填报。

直接在进出境地或采用区域通关一体化通关模式办理报关手续的报关单航次号的填报要求如下:

(1) 水路运输:填报船舶的航次号。

(2) 公路运输:启用公路舱单前,填报运输车辆的8位进出境日期,顺序为年(4位)、月(2位)、日(2位),下同。启用公路舱单后,填报货物运输批次号。

(3) 铁路运输:填报列车的进出境日期。

(4) 航空运输:免予填报。

(5) 邮件运输:填报运输工具的进出境日期。

(6) 其他运输方式:免予填报。

转关运输货物的报关单航次号的填报要求如下:

(1) 进口

水路运输:中转转关方式填报“@”+进境干线船舶航次;直转、提前报关免予填报。铁路运输填报“@”+8位进境日期。公路运输、航空运输、其他运输方式免予填报。

(2) 出口

水路运输:非中转货物免予填报;中转货物:境内水路运输填报驳船航次号;境内铁路、公路运输填报6位启运日期,顺序为年(2位)、月(2位)、日(2位)。铁路拼车拼箱捆绑出口、其他运输方式免予填报。

无实际进出境的报关单,本栏目免予填报。

(三) 本栏目纸质报关单填报格式要求

(1) 水路运输填报船舶英文名称(来往港澳的小型船舶为监管簿编号)或者船舶编号+“/”+航次号,即运输工具名称+“/”+航次号。例如,“HANSASTAVANGER”号轮HV300W航次,在“运输工具名称”栏应填报为“HANSASTAVANGER/HV300W”。

(2) 公路运输填报该跨境运输车辆的国内行驶车牌号+"/"+进出境日期,顺序为年(4位)、月(2位)、日(2位),下同。

(3) 铁路运输填报车厢编号或交接单号+"/"+进出境日期。

(4) 航空运输填报航班号。

(5) 邮件运输填报邮政包裹单号+"/"+进出境日期。

(6) 其他运输填报具体运输方式名称,例如管道、驮畜等。

八、提运单号

提运单号是指进出口货物提单或运单的编号,该编号必须与运输部门向海关提供的载货清单所列相应内容一致(包括数码、英文大小写、符号、空格等)。进出口货物报关单所列的"提运单号"栏,主要是填报这些运输单证的编号,包括以下内容。

1. 提单(海运提单)号

提单,是货物承运人或其代理人在收到货物后签发给托运人的一种证件。提单号是指水路运输的承运人编排的号码,便于承运人通知、查阅和处理业务。提单号一般位于提单的右上角。

2. 运单号

运单,是货物运单的简称,是货物运输的承运人签发的承认收到货物并同意负责运送至目的地的凭证,同时也是规定托运和承运双方权利和义务的一种契约。运单主要包括火车和航空器运输的货物运单。

(1) 铁路运单号

铁路运单是铁路运输部门的承运人签发给货物托运人承认收到货物并同意负责运送至目的地的凭证,并规定了托运和承运双方权利和义务的一种契约。铁路运单号是指铁路运输承运人在运单上编排的号码。

(2) 航空运单号

航空运单分为两种:一种是航空公司的运单,称总运单;另一种是航空货运代理公司签发的运单,称为分运单。航空运单号是由航空运输承运人或其代理人签发的货运单据上编排的号码。

3. 海运单号

海运单,是证明海上运输合同和货物由承运人接管或装船,以及承运人保证据以将货物交付给单证所载明的收货人的一种不可流通的单证,因此又被称为"不可转让海运单"。海运单号是指海运单的承运人编排的号码。

一份报关单只允许填报一个提单或运单号,一票货物对应多个提单或运单时,应分单填报。直接在进出境地或采用区域通关一体化通关模式办理报关手续的,提运单号按以下要求填写。

- 水路运输:填报进出口提单号。如有分提单的,填报进出口提单号+"*"+分提单号。
公路运输:启用公路舱单前,免予填报;启用公路舱单后,填报进出口总运单号。
- 铁路运输:填报运单号。
- 航空运输:填报总运单号+"_"+分运单号,无分运单的填报总运单号。
- 邮件运输:填报邮运包裹单号。

转关运输货物的报关单，提运单号按以下要求填写。

1. 进口

● 水路运输：直转、中转填报提单号，提前报关免予填报。

● 铁路运输：直转、中转填报铁路运单号，提前报关免予填报。

● 航空运输：直转、中转货物填报总运单号＋“_”＋分运单号，提前报关免予填报。

● 其他运输方式：免予填报。

● 以上运输方式进境货物，在广东省内用公路运输转关的，填报车牌号。

2. 出口

● 水路运输：中转货物填报提单号；非中转货物免予填报；广东省内汽车运输提前报关的转关货物，填报承运车辆的车牌号。

● 其他运输方式：免予填报。广东省内汽车运输提前报关的转关货物，填报承运车辆的车牌号。

采用“集中申报”通关方式办理报关手续的，报关单填报归并的集中申报清单的进出口起止日期，顺序为年（4 位）、月（2 位）、日（2 位）、年（4 位）、月（2 位）、日（2 位）。无实际进出境的，本栏目免予填报。

九、申报单位

自理报关的，本栏目填报进出口企业的名称及编码；委托代理报关的，本栏目填报报关企业名称及编码。

本栏目可选填 18 位法人和其他组织统一社会信用代码或 10 位海关注册编码任一项。

本栏目还包括报关单左下方用于填报申报单位有关情况的相关栏目，包括报关人员、申报单位签章。

十、监管方式

监管方式是以国际贸易中进出口货物的交易方式为基础，结合海关对进出口货物的征税、统计及监管条件综合设定的海关对进出口货物的管理方式。其代码由四位数字构成，前两位是按照海关监管要求和计算机管理需要划分的分类代码，后两位是参照国际标准编制的贸易方式代码。

本栏目应根据实际对外贸易情况按海关规定的《监管方式代码》（参见附件 9－9）选择填报相应的监管方式简称及代码。[①] 一份报关单只允许填报一种监管方式。

特殊情况下加工贸易货物监管方式填报要求如下：

（1）进口少量低值辅料（即 5 000 美元以下，78 种以内的低值辅料）按规定不使用《加工贸易手册》的，填报“低值辅料”。使用《加工贸易手册》的，按《加工贸易手册》上的监管方式填报。

（2）外商投资企业为加工内销产品而进口的料件，属非保税加工的，填报“一般贸易”；外商投资企业全部使用国内料件加工的出口成品，填报“一般贸易”。

（3）加工贸易料件结转或深加工结转货物，按批准的监管方式填报。

（4）加工贸易料件转内销货物以及按料件办理进口手续的转内销制成品、残次品、未完成

---

① 更详细的监管方式代码说明见海关信息网，http://www.haiguan.info。

品，应填制进口报关单，填报“来料料件内销”或“进料料件内销”；加工贸易成品凭《征免税证明》转为减免税进口货物的，应分别填制进、出口报关单，出口报关单本栏目填报“来料成品减免”或“进料成品减免”，进口报关单本栏目按照实际监管方式填报。

（5）加工贸易出口成品因故退运进口及复运出口的，填报“来料成品退换”或“进料成品退换”；加工贸易进口料件因换料退运出口及复运进口的，填报“来料料件退换”或“进料料件退换”；加工贸易过程中产生的剩余料件、边角料退运出口，以及进口料件因品质、规格等原因退运出口且不再更换同类货物进口的，分别填报“来料料件复出”“来料边角料复出”“进料料件复出”“进料边角料复出”。

（6）备料《加工贸易手册》中的料件结转转入加工出口《加工贸易手册》的，填报“来料加工”或“进料加工”。

（7）保税工厂的加工贸易进出口货物，根据《加工贸易手册》填报“来料加工”或“进料加工”。

（8）加工贸易边角料内销和副产品内销，应填制进口报关单，填报“来料边角料内销”或“进料边角料内销”。

（9）企业销毁处置加工贸易货物未获得收入，销毁处置货物为料件、残次品的，填报“料件销毁”；销毁处置货物为边角料、副产品的，填报“边角料销毁”。企业销毁处置加工贸易货物获得收入的，填报为“进料边角料内销”或“来料边角料内销”。

十一、征免性质

征免性质是指海关根据《海关法》《关税条例》及国家有关政策对进出口货物实施的征、减、免税管理的性质类别。

本栏目应根据进出口货物实际情况按海关规定的《征免性质代码表》（参见表 9－3）选择填报相应的征免性质简称及代码[①]，持有海关核发的《征免税证明》的，应按照《征免税证明》中批注的征免性质填报。一份报关单只允许填报一种征免性质，涉及多个征免性质的，应分单填报。

表 9－3　征免性质代码表

征免性质代码	征免性质简称	征免性质全称
101	一般征税	一般征税进出口货物
118	整车征税	构成整车特征的汽车零部件纳税
119	零部件征税	不构成整车特征的汽车零部件纳税
201	无偿援助	无偿援助进出口物资
299	其他法定	其他法定减免税进出口货物
301	特定区域	特定区域进口自用物资及出口货物
307	保税区	保税区进口自用物资
399	其他地区	其他执行特殊政策地区出口货物
401	科教用品	大专院校及科研机构进口科教用品

① 更详细的征免性质代码表说明见海关信息网，http://www.haiguan.info/。

续表

征免性质代码	征免性质简称	征免性质全称
403	技术改造	企业技术改造进口货物
406	重大项目	国家重大项目进口货物
408	重大技术装备	生产重大技术装备进口关键零部件及原材料
412	基础设施	通信、港口、铁路、公路、机场建设进口设备
413	残疾人	残疾人组织和企业进出口货物
417	远洋渔业	远洋渔业自捕水产品
418	国产化	国家定点生产小轿车和摄录机企业进口散件
419	整车特征	构成整车特征的汽车零部件进口
420	远洋船舶	远洋船舶及设备部件
421	内销设备	内销远洋船用设备及关键部件
422	集成电路	集成电路生产企业进口货物
423	新型显示器件	新型显示器件生产企业进口物资
499	ITA 产品	非全税号信息技术产品
501	加工设备	加工贸易外商提供的不作价进口设备
502	来料加工	来料加工装配和补偿贸易进口料件及出口成品
503	进料加工	进料加工贸易进口料件及出口成品
506	边境小额	边境小额贸易进口货物
510	港澳 OPA	港澳在内地加工的纺织品获证出口
601	中外合资	中外合资经营企业进出口货物
602	中外合作	中外合作经营企业进出口货物
603	外资企业	外商独资企业进出口货物
605	勘探开发煤层气	勘探开发煤层气
606	海洋石油	勘探、开发海洋石油进口货物
608	陆上石油	勘探、开发陆上石油进口货物
609	贷款项目	利用贷款进口货物
611	贷款中标	国际金融组织贷款、外国政府贷款中标机电设备零部件
698	公益收藏	国有公益性收藏单位进口藏品
789	鼓励项目	国家鼓励发展的内外资项目进口设备
799	自有资金	外商投资额度外利用自有资金进口设备、备件、配件
801	救灾捐赠	救灾捐赠进口物资
802	扶贫慈善	境外向我境内无偿捐赠用于扶贫慈善的免税进口物资
888	航材减免	经核准的航空公司进口维修用航空器材
898	国批减免	国务院特准减免税的进出口货物
997	自贸协定	
998	内部暂定	享受内部暂定税率的进出口货物
999	例外减免	例外减免税进出口货物

加工贸易货物报关单应按照海关核发的《加工贸易手册》中批注的征免性质简称及代码填报。特殊情况填报要求如下：

(1) 保税工厂经营的加工贸易，根据《加工贸易手册》填报“进料加工”或“来料加工”；

(2) 外商投资企业为加工内销产品而进口的料件，属非保税加工的，填报“一般征税”或其他相应征免性质；

(3) 加工贸易转内销货物，按实际情况填报，如一般征税、科教用品、其他法定等；

(4) 料件退运出口、成品退运进口货物填报“其他法定”(代码 0299)；

(5) 加工贸易结转货物，本栏目免予填报。

十二、备案号

备案号是指进出口货物收发货人、消费使用单位、生产销售单位在海关办理加工贸易合同备案或征、减、免税备案审批等手续时，海关核发的《加工贸易手册》《征免税证明》或其他备案审批文件的编号。备案号的第 1 位为备案或审批文件的标记码，见表 9－4。

表 9－4　主要备案号代码表

首位代码	备案审批文件	首位代码	备案审批文件
B	加工贸易手册(来料加工)	C	加工贸易手册(进料加工)
E	加工贸易电子账册	Z	征免税证明
Y	原产地证书		

一份报关单只允许填报一个备案号，无备案审批文件的报关单，本栏目免予填报。备案号的标记码必须与“监管方式”“征免性质”“征免”及“项号”等栏目相协调。具体填报要求如下：

(1) 加工贸易项下货物，除少量低值辅料按规定不使用《加工贸易手册》及以后续补税监管方式办理内销征税的外，填报《加工贸易手册》编号，不得为空，如“C57205711700”“B57707170022”“E09088322223”。

使用异地直接报关分册和异地深加工结转出口分册在异地口岸报关的，本栏目应填报分册号；使用本地直接报关分册和本地深加工结转分册限制在本地报关，本栏目应填报总册号。

加工贸易成品凭《征免税证明》转为减免税进口货物的，进口报关单填报《征免税证明》编号，出口报关单填报《加工贸易手册》编号，并在进口报关单“标记唛码及备注”栏填报加工贸易手册编号，在出口报关单的“标记唛码及备注”栏填报征免税证明编号。

对加工贸易设备之间的结转，转入和转出企业分别填制进、出口报关单，在报关单“备案号”栏目填报《加工贸易手册》编号。

(2) 涉及征、减、免税备案审批的报关单，填报《征免税证明》编号，如“Z22010870142”。

(3) 减免税货物退运出口，填报《中华人民共和国海关进口减免税货物准予退运证明》的编号；减免税货物补税进口，填报《减免税货物补税通知书》的编号；减免税货物进口或结转进口(转入)，填报《征免税证明》的编号；相应的结转出口(转出)，填报《中华人民共和国海关进口减免税货物结转联系函》的编号。

十三、贸易国(地区)

本栏目是新版报关单增加的栏目，是指对外贸易中与境内企业签订贸易合同的外方所属的国家(地区)。进口填报购自国,出口填报售予国。未发生商业性交易的填报货物所有权拥有者所属的国家(地区)。

具体含义:

第一,发生商业性交易的,填报贸易合同上的买方 Buyer 或卖方 Seller 所属国别(地区);

第二,未发生商业性交易的(没有贸易合同),比如样品、赠送货物,则填写拥有货物所有权的外方所属国别(地区)。

新版报关单新增的“贸易国(地区)”指标与原报关单“贸易国别(起/运抵地)”指标含义不同,原“贸易国别(即启运地/运抵地)”实际为“启运国(地区)/运抵国(地区)”指标。

启运国(地区)不一定等于贸易合同上卖方所属国别(地区),运抵国(地区)不一定等于贸易合同上买方的所属国别(地区)。因为在实际中,贸易合同上的 Buyer 所属“国别(地区)”与货物的“运抵国(地区)”经常会不一致。比如我国内地卖家和我国香港的贸易商签了贸易合同,但是我国香港的贸易商要求把货物发到阿联酋,此时“贸易国(地区)”就是香港,而“运抵国(地区)”则是阿联酋。

设置这一栏目的目的:第一,为了顺应贸易国(地区)经常与实际运抵国(地区)不一致这个商业实践发展的需要;第二,为了如实体现国外买方(包括我国港澳台地区)与中国境内开展贸易的具体国别(地区)。

本栏目应按海关规定的《国别(地区)代码表》(参见表 9 - 5)选择填报相应的贸易国(地区)中文名称及代码。[1] 无实际进出境的,填报“中国”(代码 142)。

表 9 - 5 主要国别(地区)代码表

代码	中文名称	代码	中文名称
110	中国香港	116	日本
133	韩国	142	中国
143	台澎金马关税区	303	英国
304	德国	305	法国
344	俄罗斯联邦	502	美国
601	澳大利亚	701	国别不详

十四、启运国(地区)/运抵国(地区)

启运国(地区)是指进口货物启始发出直接运抵我国或者在运输中转国(地)未发生任何商业性交易的情况下运抵我国的国家(地区)。

运抵国(地区)是指出口货物离开我国关境直接运抵或者在运输中转国(地区)未发生任何商业性交易的情况下最后运抵的国家(地区)。

1. 常规填报要求

本栏目应按海关规定的《国别(地区)代码表》选择填报相应的启运国(地区)或运抵国(地区)中文名称及代码。无实际进出境的,填报“中国”(代码 142)。

不经过第三国(地区)转运的直接运输进出口货物,以进口货物的装货港所在国(地区)为

---

① 更详细的《国别(地区)代码表》见海关信息网,http://www.haiguan.info。

启运国(地区),以出口货物的指运港所在国(地区)为运抵国(地区)。

2. 中转货物的填报要求

经过第三国(地区)转运的进出口货物,如在中转国(地区)发生商业性交易,则以中转国(地区)作为启运/运抵国(地区)。

中转货物指船舶、飞机等运输工具从装运港将货物装运后,不直接驶往目的港,而在中途的港口卸下后,再换装另外的船舶、飞机等运输工具转运往目的港。

货物中转的原因很多,如至目的港无直达船舶(飞机),或目的港虽有直达船舶(飞机)而时间不定或航次间隔时间太长,或目的港不在装载货物的运输工具的航线上,或货物属于多式联运等。

对于中转货物,启运国(地区)或运抵国(地区)分两种不同情况填报。货物是否中转,可根据随附单据中的有关信息来判断,如随附单据中出现"VIA"或"IN TRANSIT TO"字样,则可确定货物发生了中转。但"VIA"或"IN TRANSIT TO"含有的中转地信息并不相同,请注意二者的区别。

在国际贸易实务中,如相关单证中出现"VIA"字样即为发生中转,跟在"VIA"后面的是中转地,"VIA"是指"经由某地到达某地"。比如"LONDON VIA HONGKONG"是指"经过HONGKONG(香港)到达LONDON(伦敦)";又比如"MALI VIA DAKAR"是指"经过DAKAR(达喀尔)到达MALI(马里)";又比如"TRAVELFROM LONDON TO PARIS VIA DOVER"是指"从LONDON(伦敦)经DOVER(多佛)至PARIS(巴黎)"。"IN TRANSIT TO"是指"转运到……",跟在"IN TRANSIT TO"后面的是目的地。比如"HAMBURG IN TRANSIT TO ZURICH SWITZERLAND"是指"经过HAMBURG(汉堡)到达ZURICH SWITZERLAND(瑞士苏黎世)"。

(1) 对于发生运输中转而未发生任何买卖关系的货物,其启运国(地区)或运抵国(地区)不变,即以进口货物的始发国(地区)为启运国(地区)填报,以出口货物的最终目的国(地区)为运抵国(地区)填报。

例1:上海某进出口公司进口的100台日本产丰田面包车从日本东京启运经香港中转运抵境内,深圳某电子有限公司出口的1万台自产DVD机经香港中转运至日本名古屋。

本例中,进口丰田面包车的启运国(地区)为日本,出口DVD机的运抵国(地区)为日本。

(2) 对于发生运输中转并发生了买卖关系的货物,其中转地为启运国(地区)或运抵国(地区)。可通过提单、发票等单证来判断货物中转时是否发生了买卖关系。

例2:上海某进出口公司与我国香港某公司签约进口的100台日本产丰田面包车从东京启运经香港中转运抵上海,深圳某电子有限公司与香港某公司签约出口的1万台自产DVD机经香港中转运至日本名古屋。

本例中,进口丰田面包车的启运国(地区)为中国香港,因为进口丰田面包车的境外签约人(香港某公司)的所在地(中转地)是香港。出口DVD机的运抵国(地区)和最终目的国(地区)分别为中国香港和日本,因为出口DVD机的境外签约人(香港某公司)的所在地(中转地)是香港。

十五、装货港/指运港

装货港也称装运港,是指货物起始装运的港口。报关单上的"装货港"栏是专指进口货物在运抵我国关境前的最后一个境外装运港。

指运港亦称目的港,指最终卸货的港口。报关单上的"指运港"栏专指出口货物运往境外的最终目的港。

本栏目应根据实际情况按海关规定的《港口代码表》选择填报相应的港口中文名称及代码。[①] 装货港/指运港在《港口代码表》中无港口中文名称及代码的,可选择填报相应的国家中文名称或代码。如最终目的港不可预知的,按尽可能预知的目的港填报。

在填制报关单时,如遇到装货港或指运港为非中文名称时,应翻译成中文名称填报。

对于直接运抵货物,以货物实际装货的港口为装货港,货物直接运抵的港口为指运港。对于发生运输中转的货物,最后一个中转港就是装货港,指运港不受中转影响。如前述例1、例2中,进口丰田面包车的装货港均为我国香港,深圳某电子有限公司出口DVD机的指运港均为名古屋。

无实际进出境的,本栏目填报"中国境内"(代码142)。

十六、境内目的地/境内货源地

境内目的地是指已知的进口货物在国内的消费、使用地或最终运抵地,其中最终运抵地为最终使用单位所在的地区。最终使用单位难以确定的,填报货物进口时预知的最终收货单位所在地。

境内货源地是指出口货物在国内的产地或原始发货地。出口货物产地难以确定的,填报最早发运该出口货物的单位所在地。

本栏目按海关规定的《国内地区代码表》选择填报相应的国内地区名称及代码。[②]

十七、许可证号

本栏目填报以下许可证的编号:进(出)口许可证、两用物项和技术进(出)口许可证、两用物项和技术出口许可证(定向)、纺织品临时出口许可证。

进出口许可证号的组成为××-××-××××××,第1、2位代表年份,第3、4位代表发证机关(AA代表商务部配额许可证事务局发证,AB、AC等代表特派员办事处发证,01、02等代表商务部授权各省、自治区、直辖市等主管部门发证),后6位为顺序号。例如:06 AA 101888。两用物项和技术进(出)口许可证的编号长度、编排与进出口许可证的相同,但编号的第5位为字母。

一份报关单只允许填报一个许可证号。非许可证管理商品本栏目为空。

十八、成交方式

成交方式是指在进出口贸易中,进出口商品的价格构成和买卖双方各自应承担的责任、费用和风险,以及货物所有权转移的界限。成交方式在国际贸易中称为贸易术语,又称价格术语,在我国习惯称为价格条件。成交方式包括两方面的内容:一方面表示交货条件,另一方面表示成交价格的构成因素。

1. 报关单中使用的成交方式

在我国进出口贸易活动中常见的成交方式有:CIF、CFR、FOB、CPT、CIP等。值得注意的

---

① 见全球港口查询网,http://gangkou.51240.com。

② 详细的《国内地区代码表》见海关信息网,http://www.haiguan.info。

是，报关单填制中的诸如"CIF""CFR""FOB"等成交方式是中国海关规定的"成交方式代码表"中所指定的成交方式，与《2010年国际贸易术语解释通则》中的贸易术语内涵并非完全一致。这里的"CIF""CFR""FOB"并不仅限于水路而适用于任何运输方式，主要体现成本、运费、保险费等成交价格构成因素，目的在于方便海关税费的计算。

《2010年国际贸易术语解释通则》中的11种贸易术语与报关单中成交方式的对应关系如表9-6所示。

表9-6 贸易术语与成交方式的对应关系

组别	E组	F组			C组				D组		
术语	EXW	FCA	FAS	FOB	CFR	CPT	CIF	CIP	DAP	DAT	DDP
成交方式	FOB				CFR		CIF				

2. 成交方式的表现形式

成交方式一般标示在发票中的"价格"栏，其表现形式一般为CIFZHUHAI、FOBSHANGHAI、CFR HUANGPU等。

3. 填报要求

本栏目应根据进出口货物实际成交价格条款，按海关规定的《成交方式代码表》(参见表9-7)选择填报相应的成交方式代码。

表9-7 成交方式代码表

成交方式代码	成交方式名称	成交方式代码	成交方式名称
1*	CIF	4	C&I
2*	CFR(C&F/CNF)	5	市场价
3*	FOB	6	垫仓

无实际进出境的报关单，进口填报CIF，出口填报FOB。

十九、运费

本栏目填报进口货物运抵我国境内输入地点起卸前的运输费用，出口货物运至我国境内输出地点装载后的运输费用。

进口货物成交价格包含前述运输费用或者出口货物成交价格不包含前述运输费用的，本栏目免予填报；进口货物成交价格不包含前述运输费用或者出口货物成交价格含有前述运输费用，即进口成交方式为FOB、C&I或出口成交方式为CIF、CFR的，应在本栏填报运费。

运费可按运费单价、总价或运费率三种方式之一填报，注明运费标记(运费标记"1"表示运费率，"2"表示每吨货物的运费单价，"3"表示运费总价)，并按海关规定的《货币代码表》选择填报相应的币种代码。①

填制纸质报关单时，"运费"栏填报格式举例如下。

- 运费率：直接填报运费率的数值，如5%的运费率填报为"5/1"。

① 详细的《币制代码表》见海关信息网，http://www.haiguan.info。

● 运费单价:填报运费货币代码+“/”+运费单价的数值+“/”+运费单价标记,如24美元的运费单价填报为“502/24/2”。

● 运费总价:填报运费货币代码+“/”+运费总价的数值+“/”+运费总价标记,如7 000美元的运费总价填报为“502/7000/3”。

运保费合并计算的,运保费填报在“运费”栏中。

二十、保费

保费是指被保险人允予承保某种损失、风险而支付给保险人的对价或报酬。进出口货物报关单所列的保险费专指进出口货物在国际运输过程中,由被保险人付给保险人的保险费用。

本栏目填报进口货物运抵我国境内输入地点起卸前的保险费用,出口货物运至我国境内输出地点装载后的保险费用。进口货物成交价格包含前述保险费用或者出口货物成交价格不包含前述保险费用的,本栏目免予填报。进口货物成交价格不包含保险费的和出口货物成交价格含有保险费的,即进口成交方式为FOB、CFR或出口成交方式为CIF、C&I的,应在本栏填报保险费。

保费可按保险费总价或保险费率两种方式之一填报,注明保险费标记(保险费标记“1”表示保险费率,“3”表示保险费总价),并按海关规定的《货币代码表》选择填报相应的币种代码。

填制纸质报关单时,“保费”栏不同的保费标记填报如下。

● 保费率:直接填报保费率的数值,如3‰的保险费率填报为“0.3/1”。

● 保费总价:填报保费货币代码+“/”+保费总价的数值+“/”+保费总价标记,如10 000港元保险费总价填报为“110/10000/3”。

运保费合并计算的,运保费填报在“运费”栏中。

二十一、杂费

本栏目填报成交价格以外的,按照《中华人民共和国进出口关税条例》相关规定应计入完税价格或应从完税价格中扣除的费用,如手续费、佣金、折扣等,可按杂费总价或杂费率两种方式之一填报,注明杂费标记(杂费标记“1”表示杂费率,“3”表示杂费总价),并按海关规定的《货币代码表》选择填报相应的币种代码。

应计入完税价格的杂费填报为正值或正率,应从完税价格中扣除的杂费填报为负值或负率。

填制纸质报关单时,“杂费”栏不同的杂费标记填报如下。

● 杂费率:直接填报杂费率的数值,如应计入完税价格的1.5%的杂费率填报为“1.5/1”;应从完税价格中扣除的1%的回扣率填报为“−1/1”。

● 杂费总价:填报杂费货币代码+“/”+杂费总价的数值+“/”+杂费总价标记,如应计入完税价格的500英镑杂费总价填报为“303/500/3”。

无杂费时,本栏免予填报。

二十二、合同协议号

合同协议号是指在进出口贸易中,买卖双方或数方当事人根据国际贸易惯例或国家的法律、法规,自愿按照一定的条件买卖某种商品所签署的合同或协议的编号。本栏目填报进出口货物合同(包括协议或订单)编号,如在原始单据(发票)上合同号表示为"Contract No.：ABC 1001",则"合同协议号"栏应填报为"ABC 1001"。

未发生商业性交易的免予填报。

二十三、件数

本栏目填报有外包装的进出口货物的实际件数,货物可以单独计数的一个包装称为一件。特殊情况填报要求如下:

舱单件数为集装箱的,填报集装箱个数;舱单件数为托盘的,填报托盘数。有关单据仅列明托盘件数,或者既列明托盘件数,又列明单件包装件数的,本栏填报托盘件数,例如"2PALLETS 100CTNS",件数应填报为"2"。

本栏目不得填报为零,裸装、散装货物,"件数"栏填报为"1"。

二十四、包装种类

商品的包装是指包裹和捆扎货物用的内部或外部包装和捆扎物的总称。一般情况下,应以装箱单或提运单据所反映的货物处于运输状态时的最外层包装或称运输包装作为"包装种类"向海关申报,并相应计算件数。

进出口货物报关单所列的"包装种类"栏是指进出口货物在运输过程中外表所呈现的状态,包括包装材料、包装方式等。

在原始单据(装箱单或提运单据)上件数和包装种类一般表示为"No. of PKGS",其后数字即表示应填报的"Packages"(包装)的件数,或"TOTAL PACKED IN ××× CARTONS ONLY",或"TOTAL ××× WOODEN CASES ONLY"。

例1:"PACKED IN 22CTNS",表明共有22个纸箱(CTNS为Carton(纸箱)的缩写的复数),件数填报为"22",包装种类填报为"纸箱"。

例2:"2 Units & 4 Cartons",表明共有2个计件单位(辆、台、件等)和4个纸箱,件数合计为6;由于有两种不同的包装出现,所以类似这种情况,件数填报为"6",包装种类统报为"件"。

例3:"TOTAL PACKED IN 200 CARTONS ONLY",表明共有200个纸箱,件数填报为"200",包装种类填报为"纸箱"。

例4:"TOTAL FIVE(5) WOODEN CASES ONLY",表明共有5个木箱,件数填报为"5",包装种类填报为"木箱"。

本栏目应根据进出口货物的实际外包装种类,按海关规定的《包装种类代码表》(参见表9-8)选择填报相应的包装种类代码。

表9-8　包装种类代码表

1	木箱
2	纸箱
3	桶装
4	散装
5	托盘
6	包
7	其他

二十五、毛重(千克)

本栏目填报进出口货物及其包装材料的重量之和,计量单位为千克,不足 1 千克的填报为"1"。如货物的毛重在 1 千克以上且非整数,其小数点后保留 4 位,第 5 位及以后略去。如毛重 9.567 89 千克填报为"9.567 8",毛重 123 456.789 千克填报为"123 456.789"。应以合同、发票、提(运)单、装箱单等有关单证所显示的重量确定进出口货物的毛重填报。报关单的"毛重"栏不得为空,毛重应大于或等于 1。

二十六、净重(千克)

净重是指货物的毛重扣除外包装材料后所表示出来的纯商品重量。部分商品的净重还包括直接接触商品的销售包装物料的重量(如罐头装食品等)。

商品的净重一般都在合同、发票、装箱单或提运单据的"Net Weight(缩写 N. W.)"栏体现。

本栏目填报进出口货物的毛重减去外包装材料后的重量,即货物本身的实际重量,计量单位为千克,不足 1 千克的填报为"1"。如货物的净重在 1 千克以上且非整数,其小数点后保留 4 位,第 5 位及以后略去。

- 以毛重作为净重计价的,可填毛重。
- 按照国际惯例以公量重计价的货物,如未脱脂羊毛、羊毛条等,填报公量重。
- 合同、发票等有关单证不能确定净重的货物,可以估重填报。
- 对采用零售包装的酒类、饮料,应按照液体部分的重量填报。

二十七、集装箱号

集装箱又称货柜,是一种用金属板材或木材、塑料、纤维板制成的长方体的大箱,常见规格为 20 英尺(约 6.1 米)和 40 英尺(约 12.2 米)。集装箱号是在每个集装箱箱体两侧标示的全球唯一的编号。其组成规则是箱主代号(3 位字母)+设备识别号"U"+顺序号(6 位数字)+校验码(1 位数字),例如 EASU9809490。

本栏目填报装载进出口货物(包括拼箱货物)集装箱的箱体信息。一个集装箱填一条记录,分别填报集装箱号(在集装箱箱体上标示的全球唯一编号)、集装箱的规格和集装箱的自重。

在填制纸质报关单时,本栏填报方式为集装箱号+"/"+规格+"/"+自重。例如 TEXU3605231/20/2275 表明这是一个 20 英尺集装箱,箱号为 TEXU3605231,自重 2 275 千克。多个集装箱的,第一个集装箱号填报在"集装箱号"栏中,其余的依次填报在"标记唛码及备注"栏中。

非集装箱货物填报为"0"。

二十八、随附单证

随附单证是指随进出口货物报关单一并向海关递交的各种监管证件。本栏目根据海关规定的《监管证件代码表》(参见表 9-9)选择填报除本规范第十八条规定的许可证件以外的其他进出口许可证件或监管证件代码及编号。

表 9-9　监管证件代码表

代码	监管证件名称	代码	监管证件名称
1*	进口许可证	2	两用物项和技术进口许可证
3	两用物项和技术出口许可证	4*	出口许可证
5*	纺织品临时出口许可证	6	旧机电产品禁止进口
7*	自动进口许可证	8	禁止出口商品
9	禁止进口商品	A*	入境货物通关单
B*	出境货物通关单	D	出/入境货物通关单(毛坯钻石用)
E*	濒危物种允许出口证明书	F*	濒危物种允许进口证明书
G	两用物项和技术出口许可证(定向)	I	精神药物进(出)口准许证
J	黄金及其制品进出口准许证或批件	K	深加工结转申请表
L	药品进出口准许证	Q*	自动进口许可证(新旧机电产品)
P*	固体废物进口许可证	Q	进口药品通关单
R	进口兽药通关单	S	进出口农药登记证明
T	银行调运现钞进出境许可证	W	麻醉药品进出口准许证
X	有毒化学品环境管理放行通知单	Y*	原产地证明
Z	进口音象制品批准单或节目提取单	c	内销征税联系单
e	关税配额外优惠税率进口棉花配额证	q	国别关税配额证明
r	预归类标志	s	适用 ITA 税率的商品用途认定证明
t	关税配额证明	v*	自动进口许可证(加工贸易)
x	出口许可证(加工贸易)	y	出口许可证(边境小额贸易)

本栏目分为随附单证代码和随附单证编号两栏，其中代码栏应按海关规定的《监管证件代码表》选择填报相应证件代码，编号栏应填报证件编号。

(一) 常规填报要求

(1) 合同、发票、装箱单、进出口许可证等随附单证不在“随附单据”栏填报。

(2) 填报纸质报关单时，本栏目填报监管证件的代码及编号，格式为监管证件代码+“:”+监管证件编号。所申报货物涉及多个监管证件的，一个监管证件代码和编号填报在“随附单据”栏，其余监管证件代码和编号填报在“标记唛码及备注”栏中。

(3) 加工贸易内销征税报关单，本栏目填写内销征税联系单代码(c)及编号。

(4) 含预归类商品报关单，本栏目填写“r”+“:”+“××关预归类书×× 号”。

(二) 优惠贸易协定项下进出口货物报关单随附单证栏的填写要求

“无原产地声明模式”优惠贸易协定项下报关单随附单证栏填写示例：例如凭编号为 EB14CA12345 的原产地证书进出口 ECFA 项下货物，应在报关单随附单证栏的随附单证代码栏填写“Y”，随附单证编号栏填写“<14>EB14CA12345”。

“原产地声明模式”优惠贸易协定项下报关单随附单证栏填写示例：例如凭编号为 12345678 的原产地证书进出口中国—瑞士自贸协定项下货物，应在报关单随附单证栏的随附单证代码栏填写“Y”，随附单证编号栏填写“<17>C12345678”；凭序列号为

00345201501010000000Abc的原产地声明进出口中国—瑞士自贸协定项下货物，应在报关单随附单证栏的随附单证代码栏填写“Y”，随附单证编号栏填写“＜17＞D00345201501010000000Abc”。

“单证对应关系表”填写示例：如报关单第1、3、4、5、8、9、10项为享受某优惠贸易协定项下优惠税率的商品，且其分别对应原产地证书(或者原产地声明)第3、1、4、5、6、7、8项，则“单证对应关系表”应按表9-10填写。

表9-10　单证对应关系表

报关单商品项号	对应原产地证书(或者原产地声明)项号
1	3
3	1
4	4
5	5
8	6
9	7
10	8

已实现电子联网的优惠贸易协定项下货物报关单，应在报关单“随附单证栏”的“随附单证代码栏”填写“Y”，在“随附单证编号栏”填写“＜优惠贸易协定代码＞”和“原产地证书编号”。

未实现电子联网的优惠贸易协定项下进出区域(场所)报关单随附单证栏填写示例：如凭编号为AB001234的原产地证书进口中国—哥斯达黎加自贸协定项下货物，企业录入原产证书电子信息后，系统自动生成的“原产地证据文件备案号”为T15415201500000040，应当在报关单随附单证栏的随附单证代码栏填写“Y”，随附单证编号栏填写“＜15＞T15415201500000040”。

已签署并实施的优惠贸易协定的代码、有无原产地声明模式及是否实现通过原产地电子信息交换系统传输原产地证据文件电子数据等情况见表9-11。

表9-10　优惠贸易协定相关情况对照表

优惠贸易协定名称	优惠贸易协定代码	原产地声明模式	是否实现传输原产地证据文件电子数据
亚太贸易协定	01	无	否(部分)
中国-东盟自贸协定	02	无	否
中国香港CEPA	03	无	是
中国澳门CEPA	04	无	是
台湾农产品零关税措施	06	无	否
中国-巴基斯坦自贸协定	07	无	是
中国-智利自贸协定	08	无	否
中国-新西兰自贸协定	10	有	是
中国-新加坡自贸协定	11	无	否

续表

优惠贸易协定名称	优惠贸易协定代码	原产地声明模式	是否实现传输原产地证据文件电子数据
中国-秘鲁自贸协定	12	无	否
最不发达国家特别优惠关税待遇	13	有	否(部分)
海峡两岸经济合作框架协议(ECFA)	14	无	是
中国-哥斯达黎加自贸协定	15	无	否
中国－冰岛自贸协定	16	有	否
中国-瑞士自贸协定	17	有	否
中国-澳大利亚自贸协定	18	有	否
中国-韩国自贸协定	19	无	是

(三) 其他填制要求

一份原产地证书只能对应一份报关单,享受协定税率和减免税的商品不能填在同一份报关单上。在一票进口货物中,对于实行原产地证书联网管理的,如涉及多份原产地证书或含非原产地证书商品,应分单填报。报关单上申报商品的计量单位必须与原产地证书上对应商品的计量单位一致。

二十九、标记唛码及备注

标记唛码是运输标志的俗称。进出口货物报关上标记唛码专指货物的运输标志。标记唛码英文表示为 Marks、Marking、MKS、Marks& No.、Shipping Marks 等。它通常是由一个简单的几何图形和一些字母、数字及简单的文字组成,一般分列为收货人代号、合同号和发票号、目的地、原产国(地区)[包括最终目的国(地区)、目的港或中转港]和件数号码等项。

备注是指填制报关单时需要备注的事项,包括关联备案号、关联报关单号,以及其他需要补充或特别说明的事项。所以,备注栏有时也称"关联备案"栏或"关联报关单"栏。

本栏目填报要求如下:

(1) 标记唛码中除图形以外的文字、数字,填报在本栏"标记唛码"项。

(2) 受外商投资企业委托代理其进口投资设备、物品的进出口企业名称,填报在本栏"备注"项,格式为"委托××公司进口"。

(3) 与本报关单有关联关系的,同时在业务管理规范方面又要求填报的备案号,填报在电子数据报关单中"关联备案"栏。

加工贸易结转货物及凭《征免税证明》转内销货物,其对应的备案号应填报在"关联备案"栏。如"转至(自)××××××××××××手册"。

减免税货物结转进口(转入),报关单"关联备案"栏应填写本次减免税货物结转所申请的《中华人民共和国海关进口减免税货物结转联系函》的编号。

减免税货物结转出口(转出),报关单"关联备案"栏应填写与其相对应的进口(转入)报关单"备案号"栏中《征免税证明》的编号。

(4) 与本报关单有关联关系的,同时在业务管理规范方面又要求填报的报关单号,填报在电子数据报关单中"关联报关单"栏。

加工贸易结转类的报关单，应先办理进口报关，并将进口报关单号填入出口报关单的“关联报关单”栏。

办理进口货物直接退运手续的，除另有规定外，应当先填写出口报关单，再填写进口报关单，并将出口报关单号填入进口报关单的“关联报关单”栏。

减免税货物结转出口（转出），应先办理进口报关，并将进口（转入）报关单号填入出口（转出）报关单的“关联报关单”栏。

（5）办理进口货物直接退运手续的，本栏目填报《进口货物直接退运表》或者《海关责令进口货物直接退运通知书》编号。

（6）保税监管场所进出货物，在“保税/监管场所”栏填写本保税监管场所编码，其中涉及货物在在保税监管场所间流转的，在本栏填写对方保税监管场所代码。

（7）海关加工贸易货物销毁处置申报表编号。（根据2014年33号公告补充）

（8）当监管方式为“暂时进出货物”（2600）和“展览品”（2700）时，如果为复运进出境货物，在进出口货物报关单的本栏内分别填报“复运进境”“复运出境”。

（9）跨境电子商务进出口货物，在本栏目内填报“跨境电子商务”。

（10）加工贸易副产品内销，在本栏内填报“加工贸易副产品内销”。

（11）公式定价进口货物应在报关单备注栏内填写公式定价备案号，格式为“公式定价”＋备案编号＋“@”。对于同一报关单下有多项商品的，如需要指明某项或某几项商品为公式定价备案的，则备注栏内填写应为“公式定价”＋备案编号＋“#”＋商品序号＋“@”。

（12）获得《预审价决定书》的进出口货物，应在报关单备注栏内填报《预审价决定书》编号，格式为预审价（P＋2位商品项号＋决定书编号）；若报关单中有多项商品为预审价，需依次写入括号中，如预审价（P01VD511500018P02VD511500019）。

（13）含预归类商品报关单，应在报关单备注栏内填写预归类R－3－关区代码－年份－顺序编号，其中关区代码、年份、顺序编号均为4位数字，例如R－3－0100－2016－0001。

（14）含归类裁定报关单，应在报关单备注栏内填写归类裁定编号，格式为“c”＋四位数字编号，例如c0001。

（15）所申报货物涉及多个监管证件的，除第一个监管证件以外的其余监管证件和代码在此填报。格式为监管证件的代码＋“：”＋监管证件编号。

（16）所申报货物涉及多个集装箱的，除第一个集装箱号以外的其余的集装箱号在此填报。格式为集装箱号＋“/”＋规格＋“/”＋自重。

（17）申报时其他必须说明的事项填报在本栏目。

第三节　进出口货物报关单表体各栏目的填报

一、项号

项号是指申报货物在报关单中的商品排列序号及该项商品在加工贸易手册、征免税证明等备案单证中的顺序编号。

一张电子报关单（对应一份纸质报关单，由预录入公司或与海关有电子联网的公司录入）。

表体共有50栏，一项商品占据表体的一栏，超过50项商品时必须填报另一份纸质报关单。

填制报关单需注意的是，对于商品编号不同的，商品名称不同的，原产国（地区）/最终目的国（地区）不同的，征免不同的，都应各自占据表体的一栏。

1. 一般填报要求

每项商品的“项号”栏分两行填报，(1)第一行填报货物在报关单中的商品排列序号；(2)第二行专用于加工贸易、减免税和实行原产地证书联网管理等已备案的审批货物，填报该项货物在加工贸易手册中的项号、征免税证明或对应的原产地证书上的商品项号。

加工贸易合同项下进出口货物，第一行填报报关单中的商品顺序编号，第二行填报该项商品在《加工贸易手册》中的商品项号，用于核销对应项号下的料件或成品数量。

如一张加工贸易料件进口报关单上某项商品的项号是上“01”、下“10”，说明其列此报关单申报商品的第1项，且对应加工贸易手册备案料件第10项。

2. 特殊情况下填报要求

(1) 深加工结转货物，分别按照加工贸易手册中的进口料件项号和出口成品项号填报。

(2) 料件结转货物（包括料件、成品和半成品折料），出口报关单按照转出加工贸易手册中进口料件的项号填报；进口报关单按照转入加工贸易手册中进口料件的项号填报。

(3) 料件复出货物（包括料件、边角料、来料加工半成品折料），出口报关单按照加工贸易手册中进口料件的项号填报；如边角料对应一个以上料件项号时，填报主要料件项号。料件退换货物（包括料件、不包括半成品），进出口报关单按照加工贸易手册中进口料件的项号填报。

(4) 成品退运货物，退运进境报关单和复运出境报关单按照加工贸易手册原出口成品的项号填报。

(5) 加工贸易料件转内销货物，以及按料件补办进口手续的转内销成品、半成品、残次品，应填制进口报关单，本栏目填报加工贸易手册进口料件的项号。加工贸易边角料、副产品内销，本栏目填报加工贸易手册中对应的料件项号。当边角料或副产品对应一个以上料件项号时，填报主要料件项号。

(6) 加工贸易成品凭征免税证明转为享受减免税进口货物的，应先办理进口报关手续。进口报关单填报征免税证明中的项号，出口报关单填报加工贸易手册原出口成品项号，进出口报关单货物的数量应一致。

(7) 加工贸易料件、成品放弃，本栏目应填报加工贸易手册中进口料件或出口成品的项号。半成品放弃的应按单耗折回料件，以料件放弃申报，本栏目填报加工贸易手册中对应的料件项号。

(8) 加工贸易副产品退运出口、结转出口或放弃，本栏目应填报加工贸易手册中新增的变更副产品的出口项号。

(9) 经海关批准实行加工贸易联网监管的企业，按海关联网监管要求，企业需申报报关清单的，应在向海关申报货物进出口（包括形式进出口）报关单前，向海关申报清单。一份报关清单对应一份报关单，报关单商品由报关清单归并而得。加工贸易电子账册报关单中项号、品名、规格等栏目的填制规范比照加工贸易手册。

优惠贸易协定项下实行原产地证书联网管理的报关单分两行填写。第一行填写报关单中商品排列序号，第二行填写对应的原产地证书上的“商品项号”。

二、商品编号

商品编号是指由进出口货物的税则号列及符合海关监管要求的附加编号组成的10位编号。

- “商品编号”栏应填报8位税则号列，以及第9、10位附加编号。
- 在填报商品编号时应该按照进出口商品的实际情况填报。
- 加工贸易手册中商品编号与实际商品编号不符的，应按实际商品编号填报。

三、商品名称、规格型号

商品名称，即商品品名，是指国际贸易缔约双方同意买卖的商品的名称。商品名称一般取自主要用途、主要材料、主要成分或者商品的外观、制作工艺等。报关单中的商品名称，是指进出口货物规范的中文名称。为了规范进出口企业申报行为，提高申报数据质量，促进贸易便利化，海关制定了《规范申报目录》，进出口货物收发货人及其代理人在报关时应当严格按照《规范申报目录》中关于规范申报商品品名、规格的要求，认真填制报关单并依法办理通关手续。

商品的规格型号是指反映商品性能、品质和规格的一系列指标，如品牌、等级、成分、含量、纯度、大小、长短、粗细等。

一般来说商品名称及规格型号都在发票的“Description of Goods”“Product and Description”“Goods Description”“Quantities and Description”栏有具体的描述。

1. 一般填报要求

(1)“商品名称及规格型号”栏分两行填报：● 第一行填报进出口货物规范的中文名称。如果发票中的商品名称为非中文名称，则需翻译成规范的中文名称填报，仅在必要时加注原文。● 第二行填报规格型号。

例如：

商品名称、规格型号	
棕榈仁油	(第一行，规范的中文名称)
H2100G，氢化，碘值0.21，游离脂肪酸0.014%	(第二行，规格型号)

(2)商品名称及规格型号应据实填报，并与合同、商业发票等相关单证相符。

(3)商品名称应当规范，规格型号应足够详细，以能满足海关归类、审价及许可证件的管理要求为准。要根据商品属性来填报，包括：品名、牌名、规格、型号、成分、含量、等级、用途、功能等。

(4)减免税货物、加工贸易等已备案的进出口货物，本栏目填报的内容必须与已在海关备案登记中同项号下货物的名称与规格型号一致。

(5)对需要海关签发“货物进口证明书”的车辆，“商品名称、规格型号”栏应填报“车辆品牌＋排气量(注明cc)＋车型(如越野车、小轿车等)”。进口汽车底盘可不填报排气量。车辆品牌应按照“进口机动车辆制造厂名称和车辆品牌中英文对照表”中“签注名称”一栏的要求填报。“商品名称、规格型号”栏可填报“汽油型”等。

(6)加工贸易边角料和副产品内销，边角料复出口，应填报其报验状态的名称和规格型号。属边角料、副产品、残次品、受灾保税货物且按规定需加以说明的，填注规定的字样。

(7)同一商品编号、多种规格型号的商品，可归并为一项商品的，按照归并后的商品名称和规格型号填报。

(8) 成套设备、减免税货物如需分批进口，货物实际进口时，应按照实际状态确定商品名称填报。

2. 进口汽车零部件的填报要求

进口货物收货人以一般贸易方式申报进口属于《需要详细列名申报的汽车零部件清单》(海关总署2006年第64号公告)范围内的汽车生产件的，应按以下要求填报：

(1) 商品名称填报进口汽车零部件的详细中文商品名称和品牌，中文商品名称与品牌之间用“/”相隔，必要时加注英文商业名称；进口的成套散件或者毛坯件应在品牌后加注“成套散件”“毛坯”等字样，并与品牌之间用“/”相隔。

(2) 规格型号填报汽车零部件的完整编号。在零部件编号前应当加注“S”字样，并与零部件编号之间用“/”相隔，零部件编号之后应当依次加注该零部件适用的汽车品牌和车型。

汽车零部件属于可以适用于多种汽车车型的通用零部件的，零部件编号后应当加注“TY”字样，并用“/”与零部件编号相隔。

与进口汽车零部件规格型号相关的其他需要申报的要素，或者海关规定的其他需要申报的要素，如“功率”“排气量”等，应当在车型或“TY”之后填报，并用“/”与之相隔。

汽车零部件报验状态是成套散件的，应当在“标记唛码及备注”栏内填报该成套散件装配后的最终完整品的零部件编号。

进口货物收货人以一般贸易方式申报进口属于《需要详细列名申报的汽车零部件清单》(海关总署2006年第64号公告)范围内的汽车维修件的，填报规格型号时，应当在零部件编号前加注“W”，并与零部件编号之间用“/”相隔；进口维修件的品牌与该零部件适用的整车厂牌不一致的，应当在零部件编号前加注“WF”，并与零部件编号之间用“/”相隔。其余申报要求同上条执行。

四、数量及单位

报关单上的“数量及单位”栏指进出口商品的成交数量及计量单位。

计量单位分为成交计量单位和海关法定计量单位。成交计量单位是指买卖双方在交易过程中所确定的计量单位；海关法定计量单位是指海关按照《中华人民共和国计量法》的规定所采用的计量单位，我国海关采用的是国际单位制的计量单位。

海关法定计量单位又分为海关法定第一计量单位和海关法定第二计量单位。海关法定计量单位以《统计商品目录》中规定的计量单位为准。

例如，天然水应填报为：千升/吨；卷烟为：千支/千克；牛皮为：千克/张；毛皮衣服为：千克/件等。上述计量单位中的斜线前者为第一计量单位，后者为第二计量单位。

如果进出口货物报关单中只有一项商品且计量单位是千克，其应与报关单表头“净重”栏的重量一致。

1. 一般填报要求

(1) 进出口货物必须按海关法定计量单位和成交计量单位填报。“数量及单位”栏不得为空或填报“0”。

(2) “数量及单位”栏分三行填报。

法定第一计量单位及数量应填报在本栏目第一行。凡列明海关第二法定计量单位的，应

在本栏目第二行填报第二法定计量单位及数量。无第二法定计量单位的,本栏目第二行为空。例如:

商品名称、规格型号	数量及单位
指示灯(发光二极管)	15 000 个 (第一行,法定第一计量单位及数量)
IC ARISTEL - A - S6A 集团电话用	3 千克 (第二行,法定第二计量单位及数量)

以成交计量单位申报的,须填报与海关法定计量单位转换后的数量,同时还需将成交计量单位及数量填报在本栏第三行。如成交计量单位与海关法定计量单位一致时,本栏目第三行为空。例如:

商品名称、规格型号	数量及单位
男式内裤	122 640 件 (第一行,法定第一计量单位及数量)
100%棉 针织	1 042 千克 (第二行,法定第二计量单位及数量)
	10 220 打 (第三行,成交计量单位及数量)

2. 特殊情况下填报要求

- 装入可重复使用的包装容器的货物,按货物的净重填报,如罐装同位素、罐装氧气及类似品等,应扣除其包装容器的重量。
- 使用不可分割包装材料和包装容器的货物,按货物的净重填报(即包括内层直接包装的净重重量),如采用供零售包装的酒、罐头、化妆品及类似品等。
- 按照商业惯例以公量重计价的商品,应按公量重填报,如未脱脂羊毛、羊毛条等。
- 采用以毛重作为净重计价的货物,可按毛重填报,如散装粮食、饲料等价格较低的农副产品。
- 采用零售包装的酒类、饮料,应按照液体部分的重量填报。
- 成套设备、减免税货物如需分批进口,货物实际进口时,应按照实际报验状态确定数量。
- 根据 HS 归类规则零部件按整机归类的,"数量及单位"栏第一行的数量填报为"0.1",有第二法定计量单位的,"数量及单位"栏第二行的数量还应按照以第二法定计量单位计量的数量申报。
- 具有完整品或制成品基本特征的不完整品、未制成品,按照 HS 归类规则应按完整品归类的,申报数量按照构成完整品的实际数量申报。

加工贸易等已备案的货物,成交计量单位必须与备案登记中同项号下货物的计量单位一致,不一致时必须变更备案或转换一致后填报。加工贸易边角料和副产品内销、边角料复出口,本栏目填报其报验状态的计量单位。

优惠贸易协定下出口商品的成交计量单位必须与原产地证书上对应商品的计量单位一致。

法定计量单位为立方米的气体货物,应折算成标准状况(即摄氏零度及 1 个标准大气压)下的体积进行填报。

五、原产国(地区)/最终目的国(地区)

(一) 含义

原产国(地区)是指进口货物的生产、开采或加工制造的国家或地区。对经过几个国家或地区加工制造的进口货物，以最后一个对货物进行经济上可以视为实质性加工的国家或地区作为该货物的原产国(地区)。

在原始单据(发票或原产地证明书)上原产国(地区)一般表示为“Made in”(在……制造)或“Origin/Country of Origin”(原产于)或“Manufacture”(制造)。

最终目的国(地区)是指已知的出口货物最后交付的国家或地区，也即最终实际消费、使用或作进一步加工制造的国家或地区。

(二) 填报要求

(1) 进口报关单“原产国(地区)”栏和出口报关单“最终目的国(地区)”栏均应按“国别(地区)代码表”选择填报相应的国家(地区)中文名称及代码。

(2) 同一批货物的原产地不同的，应当分别填报原产国(地区)。

(3) 进口货物原产国(地区)无法确定的，应填报“国别不详”(701)。

(4) 联合国及其所属机构或其他国际组织赠送的物质，应填报货物的实际生产国(地区)。

(5) 加工贸易报关单特殊情况填报要求如下。

- 料件结转货物，原产国(地区)为原进口料件生产国(地区)，最终目的国(地区)填报中国。
- 深加工结转货物，原产国(地区)和最终目的国(地区)都为中国。
- 料件复运出境货物，填报实际最终目的国(地区)，加工出口成品因故退运境内的，原产国(地区)填报中国，复运出境的货物填报实际最终目的国(地区)。
- 出口加工区运往区外的货物，原产国(地区)按实际填报，即对于未经加工的进口货物，填报货物原进口时的原产国(地区)；对于经加工的成品或半成品，按现行原产地规则确定原产国(地区)；区外运入出口加工区的货物，最终目的国为中国。
- 加工贸易货物转内销，原产国(地区)应按以下情况填报：加工贸易剩余料件内销，填报料件的原实际生产国(地区)；加工贸易成品(包括半成品、残次品、副产品)转内销，均应填报“中国”(142)。

(6) 最终目的国(地区)填报已知的出口货物的最终实际消费、使用或进一步加工制造国家(地区)。不经过第三国(地区)转运的直接运输货物，以运抵国(地区)为最终目的国(地区)；经过第三国(地区)转运的货物，以最后运往国(地区)为最终目的国(地区)。同一批出口货物的最终目的国(地区)不同的，应分别填报最终目的国(地区)。出口货物不能确定最终目的国(地区)时，以尽可能预知的最后运往国(地区)为最终目的国(地区)。

六、单价、总价、币制

(一) 单价、总价、币制的含义

单价是指进出口货物实际成交的商品单位价格的金额部分；总价是指进出口货物实际成交的商品总价的金额部分；币制是指进出口货物实际成交价格的计价货币的名称。

(二) 填报要求

1. “单价”栏

填报同一项号下进出口货物实际成交的商品单位价格的数字部分。单价如非整数，其小数点后保留 4 位，第 5 位及以后略去。无实际成交价格的，填报单位货值。

例 1 珠海某进出口公司出口 DVD 机 1 000 台,每台 100 美元。“单价”栏应该填报为:“100”。

例 2 北京某进出口公司出口长筒丝袜 USD20.55/打。“单价”栏应该填报为:“20.55”。

2. “总价”栏

填报同一项号下进出口货物实际成交的商品总价的数字部分。总价如非整数,其小数点后保留 4 位,第 5 位及以后略去。无实际成交价格的,填报货值。

例 1 上海某进出口公司出口“数码相机”10 000 台,每台 400 美元。“总价”栏应该填报为:“4 000 000”。

例 2 ABC(广州)有限公司进口“铜版纸”16 314.5 千克,每千克 0.804 9 美元,则总价为 13 131.541 05 美元,略去小数点后第 5 位的“5”,即为“13 131.541 0”。在手工填制报关单的时候,小数点后末位的“0”也可略去,因此“总价”栏应该填报为:“13 131.541”。

3. “币制”栏

根据实际成交情况按海关规定的“货币代码表”选择填报相应的货币名称或代码。如“货币代码表”中无实际成交币种,需将实际成交币种按照申报日外汇折算率折算成“货币代码表”列明的货币填报,如表 9-12 所示。

表 9-12 常用货币代码表

货币代码	货币符号	货币名称	货币代码	货币符号	货币名称	货币代码	货币符号	货币名称
110 *	HKD	港币	116 *	JPY	日本元	132	SGD	新加坡元
142 *	CNY	人民币	133	KRW	韩国元	300 *	EUR	欧元
302	DKK	丹麦克朗	303 *	GBP	英镑	330	SEK	瑞典克朗
331	CHF	瑞士法郎	344	RUB	俄罗斯卢布	501	CAD	加拿大元
502 *	USD	美元	601	AUD	澳大利亚元	609	NZD	新西兰元

七、征免

征免是指海关依照《海关法》《关税条例》及其他法律、行政法规,对进出口货物进行征税、减税、免税或特案处理的实际操作方式。

同一份报关单上可以有不同的征减免税方式。

1. 分类

报关单填制中的主要征减免税方式有照章征税、折半征税、全免、特案减免、保函等(见表 9-13)。

表 9-13 征减免税方式代码表

代码	名称	代码	名称
1	照章征税	3	全免
2	折半征税	4	特案
5	随征免性质	8	折半补税
6	保证金	9	全额退税
7	保函		

照章征税指对进出口货物依照法定税率计征各类税、费。

折半征税指依照主管海关签发的征免税证明或海关总署的通知，对进出口货物依照法定税率折半计征关税和增值税，但照章征收消费税。

全免指依照主管海关签发的征免税证明或海关总署的通知，对进出口货物免征关税和增值税，但消费税是否免征应按有关批文的规定办理。

特案减免指依照主管海关签发的征免税证明或海关总署通知规定的税率或完税价格计征各类税、费。

随征免性质指对某些特定监管方式下进出口的货物按照征免性质规定的特殊计税公式或税率计征税、费。

保证金指经海关批准具保放行的货物，由担保人向海关缴纳现金的一种担保形式。

保函指担保人根据海关的要求，向海关提交的订有明确权利义务的一种担保形式。

2. 填报要求

根据海关核发的征免税证明或有关政策规定，对报关单所列每项商品选择填报海关规定的“征减免税方式代码表”中相应的征减免税方式的名称。

加工贸易报关单应根据登记手册中备案的征免规定填报。加工贸易手册中备案的征免规定为“保金”或“保函”的，不能按备案的征免规定填报，而应填报“全免”。

八、特殊关系确认

本栏目根据《中华人民共和国海关审定进出口货物完税价格办法》(以下简称《审价办法》)第十六条，填报确认进出口行为中买卖双方是否存在特殊关系，有下列情形之一的，应当认为买卖双方存在特殊关系，在本栏目应填报“是”，反之则填报“否”：

(1) 买卖双方为同一家族成员的；

(2) 买卖双方互为商业上的高级职员或者董事的；

(3) 一方直接或者间接地受另一方控制的；

(4) 买卖双方都直接或者间接地受第三方控制的；

(5) 买卖双方共同直接或者间接地控制第三方的；

(6) 一方直接或者间接地拥有、控制或者持有对方 5%以上(含 5%)公开发行的有表决权的股票或者股份的；

(7) 一方是另一方的雇员、高级职员或者董事的；

(8) 买卖双方是同一合伙的成员的。

买卖双方在经营上相互有联系，一方是另一方的独家代理、独家经销或者独家受让人，如果符合前款的规定，也应当视为存在特殊关系。

九、价格影响确认

本栏目根据《审价办法》第十七条，填报确认进出口行为中买卖双方存在的特殊关系是否影响成交价格，纳税义务人如不能证明其成交价格与同时或者大约同时发生的下列任何一款价格相近的，应当视为特殊关系对进出口货物的成交价格产生影响，在本栏目应填报“是”，反之则填报“否”：

(1) 向境内无特殊关系的买方出售的相同或者类似进出口货物的成交价格；

（2）按照《审价办法》倒扣价格估价方法的规定所确定的相同或者类似进出口货物的完税价格；

（3）按照《审价办法》计算价格估价方法的规定所确定的相同或者类似进出口货物的完税价格。

十、支付特许权使用费确认

本栏目根据《审价办法》第十三条，填报确认进出口行为中买方是否存在向卖方或者有关方直接或者间接支付特许权使用费。特许权使用费是指进出口货物的买方为取得知识产权权利人及权利人有效授权人关于专利权、商标权、专有技术、著作权、分销权或者销售权的许可或者转让而支付的费用。如果进出口行为中买方存在向卖方或者有关方直接或者间接支付特许权使用费的，在本栏目应填报“是”，反之则填报“否”。

除了以上主要栏目外，进出口货物报关单其他栏目的填制规范如下。

（1）预录入编号栏目填报预录入报关单的编号，预录入编号规则由接受申报的海关决定。

（2）海关编号栏目填报海关接受申报时给予报关单的编号，一份报关单对应一个海关编号。报关单海关编号为18位，其中第1—4位为接受申报海关的编号（海关规定的《关区代码表》中相应海关代码），第5—8位为海关接受申报的公历年份，第9位为进出口标志（“1”为进口，“0”为出口；集中申报清单“I”为进口，“E”为出口），后9位为顺序编号。

（3）版本号栏目适用加工贸易货物出口报关单。本栏目应与《加工贸易手册》中备案的成品单耗版本一致，通过《加工贸易手册》备案数据或企业出口报关清单提取。

（4）货号栏目适用加工贸易货物进出口报关单。本栏目应与《加工贸易手册》中备案的料件、成品货号一致，通过《加工贸易手册》备案数据或企业出口报关清单提取。

（5）录入员栏目用于记录预录入操作人员的姓名，录入单位栏目用于记录预录入单位名称，海关批注及签章栏目供海关作业时签注。

（6）申报单位栏目包括申报单位和报关人员。申报单位指向海关办理进出口货物报关手续的法人，主要有已在海关登记注册的进出口收发货人、报关企业和临时进出口货物的单位。本项填报申报单位的中文名称及编码，并签印。报关人员指具体负责该批货物向海关办理报关手续的人员。

本规范所述尖括号（<>）、逗号（,）、连接符（—）、冒号（:）等标点符号及数字，填报时都必须使用非中文状态下的半角字符。新版报关单的填制范本见附件9-8。

第四节　进出口货物报关单填制实例

一、货物原始单证与报关单有关栏目的对应关系

以下举例说明提单、发票、装箱单等原始单证与进口报关单有关栏目基本对应关系。报关单标有带圈数字的栏目内容，可以从随附的原始单证中标注对应带圈数字的内容中查找、填报。

资料 1：报关单

中华人民共和国海关进口货物报关单

预录入编号：　　　　　　　　　　海关编号：

<table>
<tr><td colspan="2">进口口岸
①</td><td colspan="2">备案号</td><td>进口日期</td><td>申报日期</td></tr>
<tr><td colspan="2">经营单位</td><td>运输方式
②</td><td colspan="2">运输工具名称
③</td><td>提运单号
④</td></tr>
<tr><td colspan="2">收货单位</td><td colspan="2">贸易方式</td><td>征免性质</td><td>征税比例</td></tr>
<tr><td>许可证号</td><td>启运国（地区）
⑤</td><td colspan="2">装货港
⑥</td><td colspan="2">境内目的地</td></tr>
<tr><td>批准文号</td><td>成交方式
⑦</td><td>运费</td><td colspan="2">保费</td><td>杂费</td></tr>
<tr><td>合同协议号
⑧</td><td>件数
⑨</td><td>包装种类
⑩</td><td colspan="2">毛重（千克）
⑪</td><td>净重（千克）
⑫</td></tr>
<tr><td>集装箱号
⑬</td><td colspan="3">随附单据</td><td colspan="2">用途</td></tr>
<tr><td colspan="6">标记唛码及备注
⑭　　　　　　⑮</td></tr>
<tr><td colspan="6">项号　商品编号　商品名称、规格型号　数量及单位　原产国（地区）　单价　总价　币制　征免</td></tr>
<tr><td colspan="6">⑯　⑰　⑱　⑲　⑳　㉑　㉒</td></tr>
<tr><td colspan="6"></td></tr>
<tr><td colspan="6"></td></tr>
<tr><td colspan="6"></td></tr>
<tr><td colspan="6"></td></tr>
<tr><td colspan="6">税费征收情况</td></tr>
<tr><td colspan="2">录入员　　录入单位</td><td colspan="2">兹声明以上申报无讹并承担法律责任</td><td colspan="2">海关审单批注及放行日期（签章）</td></tr>
<tr><td colspan="4">报关员　　　　　　　　申报单位（签章）</td><td colspan="2">审单　　　　审价</td></tr>
<tr><td colspan="4">单位地址</td><td colspan="2">征税　　　　统计</td></tr>
<tr><td colspan="4">邮编　　电话　　　　填制日期</td><td colspan="2">查验　　　　放行</td></tr>
</table>

资料 2：提单

BILL OF LADING ②

For Combined Transport Shipment Or Port To Port Shipment

Shipper： KOREA. CHEMICAL CO. LTD 1301-4， SEOCHO-DONG， SEOCHO-KU，SEOUL，KOREA	Page：1 of 1 B/L No.： MISC200000537 ④ Reference No.：
Consignee or Order： TO THE ORDER OF SHANGHAI FAR EAST CONTAINER CO.，LTD 1729-1731，YANG GAO ROAD. PUDONG，SHANGHAI，CHINA	Carrier： MALAYSLA INTERNATIONAL SHIPPING CORPORATION BERHAD
Notify Party/Address：It is agreed that no responsibility shall attach to the Carrier or his Agents For failure to notify (See Clause 20 on reverse of this Bill of Lading)：SAME AS CONSIGNEE	Place of Receipt (Applicable only when this document is used as Transport Bill of lading)： SLNGAPORE CY
Vessel and VOY No.： ESSEN EXPRESS 28ED09 ③	Place of Delivery (Applicable only when this document is used as Transport Bill of lading)： SHANGHAI CY
Port of Loading： SINGAPORE ⑤⑥	
Port of Transhipment：	Port of Discharge： SHANGHAI ①

Marks & Nos.	Number & Kind of Packages	Description of Goods	Gross Weight	Measurement(CBM)
			161 492.00⑪	281

FAR EAST　　SHIPPER'S LOAD COUNT AND SEALED
SHANGHAI ⑭　　12×20'CONTAINER(S)
C/NO.：　　SAID TO CONTAIN：
234 CRATES ⑨ ⑩
PAINT ⑯
FREIGHT PREPAID
TOTAL：TWEL VE TWENTY FOOT CONTAINERS ONLY

SIZE/TYPE/CONTAINER #/TARE WGNT/GROSS WGHT/SEAL NUMBER/QUANTITY/STAT /STATU

20/DRY/TPHU8290658 ⑬	/2300	/.00	/0464	0/FCL/FCL
20/DRY/TEXU2391475 ⑮	/2300	/.00	/0384	0/FCL/FCL
20/DRY/MISU2369721 ⑮	/2300	/.00	/00977	0/FCL/FCL
20/DRY/MISU1173640 ⑮	/2300	/.00	/04959	0/FCL/FCL
20/DRY/MISU1123306 ⑮	/2300	/.00	/04980	0/FCL/FCL
20/DRY/MISU1107429 ⑮	/2300	/.00	/04973	0/FCL/FCL
20/DRY/MISU1171114 ⑮	/2300	/.00	/04958	0/FCL/FCL
20/DRY/MISU1328245 ⑮	/2300	/.00	/04979	0/FCL/FCL
20/DRY/MISU1304351 ⑮	/2300	/.00	/04963	0/FCL/FCL
20/DRY/MISU1306797 ⑮	/2300	/.00	/165529	0/FCL/FCL
20/DRY/MISU1418038 ⑮	/2300	/.00	/166671	0/FCL/FCL
20/DRY/MISU1113376	/2300	/.00	/165576	0/FCL/FCL

ABOVE PARTICULARS AS DECLARED BY SHIPPER

资料 3：发票

MR'02 02:25PM KCCS' PORE OFFICE 65 8630679 P. 2

COMMERCIAL INVOICE

Seller: KOREA CHEMICAL CO. LTD. 1301-4. SEOCHO-DONG BEOCHO-KU, SEOUL. KOREA	Invoice No. and Date: EX80320 15th MAR 2008 L/C No. and Date:
Consignee: TO THE ORDER OF SHANGHAI FAR EAST CONTAINER CO., LTD. 1729-1731 YANG GAO RD. PUDONG SHANGHAI, CHINA	Buyer (If any than consignee): AS PER CONSIGNEE
Departure Date: ETD: 20 MAR 2008	Terms of Delivery and Payment: T/T SHANGHAI T/T 60 DAYS FROM B/L DATE
Vessel: ESSEN EXPRESS v. 28ED09 ③	Other Reference: CONTRACT No: SFEC/KCC803-01 ⑧
From: SINGAPORE ⑤ ⑥ To: SHANGHAI, CHINA ①	

Shipping Marks	No. & Kinds of Packing	Goods Description	Quantity	Unit Price	Amount
					CIF SHANGHAI CHINA ⑦
FAR EAST SHANGHAI ⑭ C/NO.:		PAINT ⑯	114 056LTR ⑰ ⑱	2.00/LTR ⑳	USD ㉒ 228 112.00 ㉑

Country of Origin: SINGAPORE ⑲

KOREA CHEMICAL CO., LTD.

Signed By: ____________________

资料 4：装箱单

PACKING LIST

Seller： KOREA CHEMICAL COLTD. 1301-4. SEOCHO-DONG BEOCHO-KU， SEOUL. KOREA	Invoice No. and Date： EX80320 15th MAR 2008
Consignee： TO THE ORDER OF SHANGHAI FAR EAST CONTAINER CO，LTD. 1729-1731 YANG GAO RD. PUDONG SHANGHAI，CHINA	Buyer (If any than consignee)： AS PER CONSIGNEE
Departure Date： ETD：20 MAR 2008	Other Reference： CONTRACT NO：SFEC/KCC803-01 ⑧
Vessel： ESSEN EXPRESS v. 28ED09 ③	
From： SINGAPORE ⑤ ⑥ To： SHANGHAI，CHINA ①	

Shipping Marks	No. & Kinds of Packing	Goods Description	Quantity	N/Weight	G/Weight	Measurement
			LTR ⑱	KG	KG	
		PAINT ⑯				
				114 056 ⑰	136 256 ⑫	161 492 ⑪
TOTAL：	234 CRATES ⑨ ⑩					

KOREA CHEMICAL CO.，LTD.

Signed By：________________

二、报关单部分栏目之间的逻辑关系

（一）加工贸易货物报关单填制各栏目逻辑对应关系

1. 料件处理

项目 栏目	料件进口		料件退换	余料结转		深加工结转		料件内销	料件复出
	进境		先出境 后进境	形式 进口	形式 出口	形式 进口	形式 出口	形式进口	出境
贸易方式	来料 加工	进料 对口	来/进料 料件退换	来/进料 余料结转		来/进料深加工		来/进料 料件内销	来/进料 料件复出
进口口岸/ 出口口岸	指定范围内实际进出口岸海关			接受申报的海关					指定范围 实际进出 口岸海关
征免性质	来料 加工	进料 加工	免予填报	免予填报				一般征税	其他法定
备案号	加工贸易手册编号			转入手 册编号	转出手 册编号	转入手 册编号	转出手 册编号	加工贸易手册编号	
运输方式	实际进境 运输方式		实际出/进境 运输方式	其他运输					实际出境 运输方式
运输工具 名称	实际进境运输 工具名称		实际出/进镜 运输工具名称	免予填报					实际出境运 输工具名称
启运国/ 运抵国	实际启运国		实际运抵国/ 启运国	中国					实际运抵国
随附单证						K:深加工结转 申请表编号		c:内销 征税联 系单号	
用途	加工返销		加工返销 （进口）	加工 返销	—	加工 返销	—	其他内销	—
备注			退运出境 报关单填报原 进口报关单号	转出手 册编号	转入进 口报关 单 号; 转入手 册编号	转出手 册编号	转入进 口报关 单 号; 转入手 册编号	“活期”	原进口 报关单号
项号 （第 2 行）	手册对应进口料件项号			转入手 册对应 进口料 件项号	转出手 册对应 进口料 件项号	转入手 册对应 进口料 件项号	转出手 册对应 出口成 品项号	手册对应进口料件项号	
原产国/最 终目的国	料件进口原产 国/成品出口 最终目的国		原进口料件 原产国	原进口 料件 原产国	中国			原进口料 件原产国	实际最终 目的国
征免	全免							照章征税	全免

2. 成品处理

项目 / 栏目	成品出口		成品内销			成品退换	
			按料件征税	转减免税			
栏目	出境		形式进口	形式进口	形式出口	进境	出境
贸易方式	来料加工	进料对口	来/进料料件内销	根据货物实际情况选择填报	来/进料成品减免	来/进料成品退换	
进口口岸/出口口岸	指定范围进出口岸海关		接受申报的海关			指定范围进出口岸海关	
征免性质	来料加工	进料加工	一般征税	征免税证明所批征免性质	免予填报	免予填报	
备案号	加工贸易手册编号			征免税证明编号	加工贸易手册编号		
运输方式	实际出境运输方式		其他运输			实际进/出境运输方式	
运输工具名称	实际出境运输工具名称		免予填报			实际进/出境运输工具名称	
启运国/运抵国	实际运抵国		中国			实际启运国/运抵国	
随附单证			c:内销征税联系单号				
用途	—		其他内销	企业自用	—	其他	—
备注	料件费、工缴费		“活期”	转出手册编号	转入征免税证明编号		
项号（第2行）	手册出口成品项号		手册进口料件项号	征免税证明对应项号	手册原出口成品对应项号		
原产国/最终目的国	实际最终目的国		中国				实际最终目的国
征免	征免:一般为“全免”应征出口税的“照章征税”		照章征税	全免			

(二)减免税进口设备报关单各栏目对应关系

<table>
<tr><td rowspan="3">项目
栏目</td><td colspan="3">投资总额内进口</td><td rowspan="2">投资总额外进口</td><td colspan="2" rowspan="2">减免税设备结转</td></tr>
<tr><td>合资合作企业</td><td>外商独资企业</td><td>国内投资项目</td></tr>
<tr><td>进镜</td><td>进镜</td><td>进镜</td><td>进镜</td><td>形式进口</td><td>形式出口</td></tr>
<tr><td>贸易方式</td><td>合资合作设备</td><td>外资设备物品</td><td>一般贸易</td><td>一般贸易</td><td>根据货物实际情况选择填报</td><td>减免设备结转</td></tr>
<tr><td>征免性质</td><td colspan="3">鼓励项目等</td><td>自有资金</td><td>根据货物实际情况选择填报</td><td>免予填报</td></tr>
<tr><td>备案号</td><td colspan="4">征免税证明编号</td><td>征免税证明编号</td><td>结转联系函编号</td></tr>
<tr><td>经营单位</td><td rowspan="2">该合资合作企业</td><td rowspan="2">该外商独资企业</td><td colspan="2" rowspan="2">设备进口企业</td><td rowspan="2">转入企业</td><td rowspan="2">转出企业</td></tr>
<tr><td>收发货单位</td></tr>
<tr><td>运输方式</td><td colspan="4">进境实际运输方式</td><td colspan="2">其他运输</td></tr>
<tr><td>启运国/运抵国</td><td colspan="4">实际启运国</td><td colspan="2">中国</td></tr>
<tr><td>备注</td><td colspan="2">如为委托进口,须注明代理进口的外贸企业名称</td><td colspan="2"></td><td>结转联系函编号</td><td>转入进口报关单号;转入方征免税证明编号</td></tr>
<tr><td>用途</td><td colspan="4">企业自用</td><td>企业自用</td><td>—</td></tr>
<tr><td>原产国/最终目的国</td><td colspan="4">设备实际原产国</td><td>设备原生产国</td><td>中国</td></tr>
<tr><td>征免</td><td colspan="6">全免</td></tr>
</table>

(三)加工贸易进口设备报关单各栏目对应关系

<table>
<tr><td rowspan="3">项目
栏目</td><td>加工贸易征税进口设备</td><td colspan="5">加工贸易免税进口不作价设备</td></tr>
<tr><td rowspan="2">进境</td><td rowspan="2">进境</td><td rowspan="2">退运出境</td><td>内销</td><td colspan="2">不作价设备结转</td></tr>
<tr><td>形式进口</td><td>形式进口</td><td>形式出口</td></tr>
<tr><td>贸易方式</td><td>加工贸易设备</td><td>不作价设备</td><td>加工设备退运</td><td>加工设备内销</td><td colspan="2">加工设备结转</td></tr>
<tr><td>征免性质</td><td>一般征税</td><td>加工设备</td><td>其他法定</td><td colspan="3">免予填报</td></tr>
<tr><td>备案号</td><td></td><td colspan="5">加工贸易手册(首位标记“D”)编号</td></tr>
<tr><td>经营单位</td><td colspan="4" rowspan="2">加工贸易经营企业</td><td rowspan="2">转入企业</td><td rowspan="2">转出企业</td></tr>
<tr><td>收/发货单位</td></tr>
<tr><td>运输方式</td><td colspan="2">进境实际运输方式</td><td>出境实际运输方式</td><td colspan="3">其他运输</td></tr>
</table>

续表

项目 / 栏目	加工贸易征税进口设备	加工贸易免税进口不作价设备				
				内销	不作价设备结转	
	进境	进境	退运出境	形式进口	形式进口	形式出口
启运国/运抵国	实际启运国		实际运抵国	中国		
备注			原进口报关单号		转出手册号	转入进口报关单号;转入手册号
用途	作价提供/企业自用	企业自用	—	其他内销	企业自用	—
原产国/最终目的国	设备实际原产国		实际最终目的国	设备原生产国		中国
征免	照章征税	全免		照章征税	全免	

（四）暂准进出境货物报关单部分栏目对应关系

暂准进出境货物涉及的贸易方式包括“展览品”与“暂时进出货物”两类。暂准进境及复出境货物的报关单栏目对应关系如下表所示，暂准出境及复进境报关单栏目亦参照填报。

项目 / 栏目	进境展览品		其他暂准进境货物	
	进境	复出境	进境	复出境
贸易方式	展览品		暂时进出货物	
征免性质	其他法定			
用途	收保证金/其他	—	收保证金/其他	—
备注		原进口报关单号		原进口报关单号
征免	保证金/保函	全免	保证金/保函	全免

三、报关单填制例子

要求：根据以下所提供的资料，按报关单填制规范的要求，正确填制报关单。

资料1：上海顺达贸易发展公司（经营单位代码：2201213070）于2004年11月1日进出口货物一批，次日凭“入境货物通关单”（代码及编号A：440300201016448）、“机电产品证明”（代码及编号O：D1014540）及有关单证，由该公司自理向上海浦东海关（关区代码2201）报关。商品编码为：8441.1000，法定计量单位：台，保险费率0.3%，集装箱自重：4 000千克。

资料 2：

中华人民共和国海关进口货物报关单

预录入编号：　　　　　　　　　　　　海关编号：

进口口岸	备案号	进口日期	申报日期	
经营单位	运输方式	运输工具名称	提运单号	
收货单位	贸易方式	征免性质	征税比例	
许可证号	启运国(地区)	装货港	境内目的地	
批准文号	成交方式	运费	保费	杂费
合同协议号	件数	包装种类	毛重(公斤)	净重(公斤)
集装箱号	随附单据	用途		
标记唛码及备注				
项号 商品编号 商品名称、规格型号 数量及单位 原产国(地区) 单价 总价 币制 征免				
税费征税情况				

录入员　录入单位	兹声明以上申报无讹并承担法律责任	海关审单批注及放行日期(签章)
报关员		审单　审价
单位地址	申报单位(签章)	征税　统计
邮编　电话	填制日期	查验　放行

资料 3:发票

HAIDA HEALTH MANAGEMENT LTD.
TONG SHING BUILDING A. 80 SHEUNG SHA WAN ROAD
KOWLOON, U. S. A

INVOICE

NO. SH04-10-001 Date: October 28. 2004

INVOICE of

For account and risk Messrs SHANGHAI SHUNDA TRADE DEVELOPMENT CORP

9/F No. 266 DONG FENG XI RD, SHANGHAI P. R. CHINA 上海顺达贸易发展公司 2201213070(上海浦东新区)

Shipped by HAIDA HEAL TH MANAGEMENT LTD Per QIAN JIN 308

sailing on or about Oct. 31. 2004 From BOSTON U. S. A to PUDONG PORT. SHANGHAI CHINA

L/C No. 360LC010050115 Contract No. SHDI01-16HH024

Mark & Nos	Description of Goods	Quantity	Unit Price	Amount
			CFR SHANG HAI	
VADI	VIDD CUTTING MACHINES	80 PCS	USD 6 500.00	USD 52 000.00
	(VI-400)			
BOSTON	(VIDD牌 切纸机 VI-400)			
U. S. A				
C/No. 1 - 10				
	COUNTRY OF ORIGIN:			
	GERMANY	80 PCS		USD 52 000.00
	SAY TOTAL U. S. DOLLARS FIFTY TOW THOUSAND ONLY.			

HAIDA HEAL TH MANAGEMENT LTD. USA

资料 4:装箱单

HAIDA HEALTH MANAGEMENT LTD.
TONG SHING BUILDING A. 80 SHEUNG SHA WAN ROAD
KOWLOON, U. S. A

PACKING LIST

No. SH04-10-001　　Date: October 28. 2004

PACKLNG LIST of　　B/L NO:SH0103580

For account and risk of Messrs SHANG HAI SHUNDA TRADE DEVELOPMENT CORP　　MRKS & NOS.

9/F No. 266 DONG FENG XI RD SHANGHAI P. R. CHINA　　VADI

Shipped by HAIDA HEAL TH MANAGEMENT LTD Per QIAN JIN 308　　(IN TRI)

Sailing on or about Oct. 31. 2004　　BOSTON U. S. A

From BOSTON U. S. A to PUDONG PORT. SHANGHAI CHLNA　　C/No. 1－10

Packing No.	Description	Quantity	Net Weight	Gross Weight	Measurement
1-10	VIDD CUTTING MACHINES(VI-400) (VIDD 牌 切纸机 VI-400	@ 8 PCS	@144. 00 kg	@156. 00 kg	
		80 PCS	1 440. 00 kg	1 560. 00 kg	
	TOTAL: 10 CASES	80 PCS	1 440. 00 kg	1 560. 00 kg	
	SAT TOTAL TEN (10) GASES ONLY.				
	2×40CONTALNER CONTALNER NO: ABTU136898－9 . ABTU136899-8				

HAIDA HEALTH MANAGEMENT LTD. U. S. A

【答案】

中华人民共和国海关进口货物报关单

预录入编号：　　　　　　　　　　海关编号：

进口口岸	备案号	进口日期	申报日期
上海浦东海关 2201		2004.11.01	2004.11.02

经营单位	运输方式	运输工具名称	提运单号
上海顺达贸易发展公司(2201213070)	江海运输	QIAN JIN/308	SH0103580

收货单位	贸易方式	征免性质	征税比例
2201213070	一般贸易	一般征税	

许可证号	启运国(地区)	装货港	境内目的地
	美国	波士顿	上海浦东新区

批准文号	成交方式	运费	保费	杂费
	CFR		0.3	

合同协议号	件数	包装种类	毛重(公斤)	净重(公斤)
SHDI01－16HH024	10	木箱	1 560	1 440

集装箱号	随附单据	用途
ABTU136898/40/4000	A：44030020101648	外贸自行内销

标记唛码及备注　VADI
BOSTON U. S. A　　ABTU 136899/40/4000
C/No. 1－10　　O：D1014540

项号	商品编号	商品名称、规格型号	数量及单位	原产国(地区)	单价	总价	币制	征免
01	84411000	VIDD 牌切纸机 (VI－400) CUTTING MACHINES	80 台	德国	6 500.00	52 000.00	USD	照章征税

税费征税情况

录入员　录入单位	兹声明以上申报无讹并承担法律责任	海关审单批注及放行日期(签章)
报关员　唐林海　01888 单位地址　中国上海东风西路 226 号	申报单位(签章)　上海对外贸易发展公司报关专用章	审单　　审价
		征税　　统计
邮编：200082　电话：83568694	填制日期：2004.11.02	查验　　放行

四、报关单改错例子

要求根据所提供的资料，按照报关单填制规范的要求，指出以下报关单填制存在的错误。

资料 1: 广州威达服装合资有限公司(企业编码 4401940098)，委托广州对外贸易进出口公司(企业编码 4401910069)进口设备一批，该批设备于 2003 年 3 月 19 日进口，次日由广州对外贸易进出口公司向广州花都海关(关区代码 5131)申报，运费：USD 19/MT，保险费：0.25%。

资料 2:

中华人民共和国海关进口货物报关单

预录入编号：　　　　　　海关编号：

进口口岸 广州花都海关 5131	备案号 Z38018A03668	进口日期 2003.03.19	申报日期 2003.03.20	
经营单位 广州对外贸易进出口公司 4401910059	运输方式 江海运输	运输工具名称 SKY TREASUERE/V013	提运单号 YS-001	
收货单位 广州对外贸易进口公司	贸易方式 外资设备物品	征免性质 外资企业	征税比例	
许可证号	启运国(地区) 日本	装货港 横滨	境内目的地 广州南海其他	
批准文号	成交方式 FOB	运费 502/19/2	保费 0.25%	杂费
合同协议号 03SL-14936JP	件数 8	包装种类 箱	毛重(公斤) 100.884	净重(公斤) 96 210
集装箱号 HUNU3865232/20/2280	随附单据	用途 企业自用		
标记唛码及备注	03SL-14936JP GUANGZHOU CHINA C/NO. 1-8	RULU4695348/20/2280		

项号	商品编码	商品名称、规格型号	数量及单位	原产国(地区)	单价	总价	币制	征免
01	84479020	绣花机 EMBROIDERY MACHINES SANYUM-620	4 台	日本	15,092	60,368		全免

税费征税情况

录入员　　录入单位	兹声明以上申报无讹并承担法律责任	海关审单批注及放行日期(签章)
报关员 单位地址 邮编：　　电话：	申报单位(签章)　广州对外贸易进出口公司 填制日期：	审单　　审价 征税　　统计 查验　　放行

资料 3：发票

INVOICE

FOR ACCOUNT AND RISK OF MESSRS GUANGZHOU WEIDA CLOTHING CO. LTD. 20/F. 18 TAO LIN RD. ,GUANGZHOU 200135 CHINA TEL:81817798 FAX:81818182 广州威达服装合资有限公司(广东广州) 征免税证明:Z38018A03668	INVOICE NO. :KFQE-03-0206 DATE:MAR,10. 2003 L/C NO. : LC312970679 DATED: DEC. 19. 2002 ISSUE BY INDUSTRIAL AND COMMERCIAL BANK OF CHINA, GUANGZHOU BRANCH REPERENCE NO. CONTRACT NO. 03SL-14936JP
SHIPPED PER "SKY TREASURE" V013	SAILING ON OR ABOUT MAR. 10. 2003
FORM YOKOHAMA, JAPAN	TO GUANGHOU. CHINA

DESCRIPTIONS	QUANTITY	PRICE	AMOUT	MARKS & NOS.
EMBROIDERY MACHINES SANYUN—620	4 SET 8CTN	15. 092/SET	USD 60. 368	03SL-1493659 GUANGZHOU C/NO. 1—8

HS CODE:84479020

计量单位:台

#SUMITOMO MADE IN JAPAN
FOB YOKOHAMA

NANKO KINGYO CO. ,LTD.

资料 4:

PACKING LIST/WEIGHT MEMO

NANKO KICYO CO. LTD　　　Cable Address:"NANKOKONSU TOKYO"

TO:	PACKING LIST NO. DATE	MARKS & NOS.
GUANGZHOU WEIDA CLOTHING CO. LTD. 20/F. 18 TAO LIN RD., GUANGZHOU 200135 CHINA TEL:81817798 FAX:81818182	KFQE-02-0206 MAR. 10. 2003 SHIPPED PER "SKY TREASURE" SAILING ON OR ABOUT MAR. 10, 2003 FROM YOKOHAMA. JAPAN TO GUANGZHOU, CHINA B/L. NO. YS-001	03SL-14936JP GUANGZHOU C/NO. 1-8 #SUMITOMO MADE IN JAPAN
DESCRIPTIONS	NET WELGHT	GROSS WEGHT
EMBROIDERYMACHIES SANYUN-620	96 210 kg	100 884 kg
CONTRACT NO.: 03SL-14936JP		
TOTAL:	96 210 kg	100 884 kg

CONTAINERS×20'

NO. HUNU3865232 TAREWGT 2.280 kg

RULU4695348 TAREWGT 2.280 kg

NANKO KIGYO CO.,LTD.

【答案】

该份报关单填制点错误的项目是:

1. 经营单位栏应填"广州威达服装合资有限公司 4401940098",而非"广州对外贸易进出口公司 4401910069"。

2. 收货单位栏应填"广州威达服装合资有限公司",而非"广州对外贸易进出口公司",填写海关注册编号为"4401940098"。

3. 保费栏应填为"0.25",而非"0.25%"。

4. 标记唛码及备注栏漏填"委托广州对外贸易进出口公司进口"字样。

5. 币制栏漏填币制"USD"或"美元"。

【解析】

1. 经营单位栏。资料 1 已明示,该进口货物为广州威达服装合资有限公司(企业编码 4401940098),委托广州对外贸易进出口公司(企业编码 4401910069)进口的设备。从广州威达服装合资有限公司的企业编码第六位"4"(表示独资)可知,该公司属于外资企业。根据报关单填制规范,外商投资企业委托进出口企业进口投资设备(物品)的,应填报外商投资企业。因此,该经营单位栏应填"广州威达服装合资有限公司",而非"广州对外贸易进出口公司"。

2. 收货单位栏。收货单位是指已知的进口货物在境内的最终消费、使用单位。从资料1可知,该进口货物实际消费、使用的单位应为"广州威达服装合资有限公司",填写海关注册编号为"4401940098"。

3. 保费栏。根据报关单填制规范,保费可按保险费总价或保险费率两种方式之一填报,保费率的填写格式为:直接填报保费率的数值。因此,0.25%的保险费率应填写为"0.25",而非"0.25%"。

4. 标记唛码及备注栏。根据报关单填制规范,外商投资企业委托进出口企业进口投资设备(物品)的,应填报外商投资企业,并在标记唛码及备注栏注明"委托某进出口企业进口"字样。

5. 币制栏。币制是指进出口货物实际成交价格的币种。常见币种、代码及货币符号为:人民币—CNY—142、美元—USD—502、港币—HKD—110、英镑—GBP—303等。

第五节　进出口主要商业单据的填制

一、进出口货物商业发票的填制

商业发票(Commercial Invoice),简称发票(Invoice),是卖方向买方开立的发货价目清单,是装运货物的总说明。它既是买卖双方收付货款、记账、收发货物、办理报关、清关、纳税时的依据,也是买卖双方索赔、理赔以及保险索赔的依据。

发票无统一格式,有详有略(参见附件9-10),但它的内容必须符合合同的规定,文字描述必须与信用证完全一致。制作时应注意以下几点。

(1) 出口商的名称、地址。一般出口企业自己使用的固定格式的发票上都预先印有本公司的名称、地址和电话、电传、电挂号码。在信用证支付方式下,该名称必须与信用证的受益人名称一致,受益人名称、地址如有变动,单据也要相应更改。

(2) 发票名称。在出口商名称和地址下面,应用粗体字印刷"COMMERCIAL INVOICE"或"INVOICE"。

(3) 发票抬头人。在托收支付方式下,发票的抬头应按合同中的买方或指定的直接买主的名称填写。在信用证支付方式下,应严格按信用证规定填写,除信用证另有规定外,一般应填写信用证申请人(Applicant)。填写时应注意名称不能换行,地址应合理分行。

(4) 发票号码、签发日期。发票号码由出口企业按习惯编排,签发日期可以早于信用证开证日期,但不能迟于提单签发日期,更不得迟于信用证规定的交单日或信用证有效期。

(5) 合同号码。在托收支付方式下,发票应填写合同号码;在信用证支付方式下,发票应与信用证所列内容一致。

(6) 启运地与目的地。按合同和信用证的规定填写,注意应与贸易术语后的启运地(港)和目的地(港)一致。如货物需要转运,转运地点也应明确地表示出来。

(7) 信用证号码。在信用证支付方式下,应填写信用证号码,尤其在不使用汇票的即期信用证方式下,更有必要。

(8) 货物内容。这是发票的主要部分,应全面描述有关商品的名称、规格、数量、重量和包装，一般先填写商品的名称和总数量，然后再根据信用证或合同的规定填写详细规格、单位及合同号码等。填写的内容必须与信用证所列各项要求完全相同；如来证未规定详细的品质和规格，可不填写；若有必要可按合同加注一些说明，但不能与来证的内容有抵触；如果信用证中品名有误，应要求对方改证，否则在填写发票时应将错就错，也可在错误的名称后，另注正确的品名，并加括号；如果规格、品种较多，可采用列表的形式，将同类项集中并列填写。最后填写包装方式和件数数量，以及毛重、净重和尺码。

(9) 价格条件、单价、总值。这也是发票的主要内容，价格条件(贸易术语)应在总值栏内列出，单价、总值应按合同和信用证规定准确计算，正确填写。佣金和折扣是价格的又一组成部分，但不是每笔交易都有。在实际业务中，一般来证总金额是含佣价或含折扣的总值，在制作发票时，都应在总值中扣除，因为体现在价格中的佣金或折扣都应视为卖方给予买方或中间商的优惠。

假设来证的价格总额是 CIFC5 Hong Kong USD145 935.00。填写在发票的总值栏中的金额应计算如下：

CIFC5 Hong Kong	USD	145 935.00
—C5	USD	7 296.75
CIF Hong Kong	USD	138 638.25

如果来证的价格总额是 CIF Hong Kong HKD147,550.00，要求分别列出运费 HKD10,560.00、保险费 HKD140.00，并显示 FOB 价格，制单时应填写：

CIF Hong Kong	HKD	147 550.00
Less F	HKD	10 560.00
Less I	HKD	140.00
FOB	HKD	136 850.00

(10) 唛头：合同或信用证指定唛头的，必须严格按指定的唛头填写。如无指定，出口商可自行设计唛头，其内容由进口商名称缩写、合同号(或发票号等)、目的港(地)和件号组成。

(11) 加注声明文句：由于各国法令或习惯不同，有的国家或地区开来的信用证要求在发票上加注一些声明文句或特定的号码等，我们应根据情况酌情办理。只要不伤害卖方的利益，一般都照办。加注的内容一般打在发票商品栏以下的空白处。

例如，有的来证要求在发票上加注"证明所列内容真实无误"(This invoice is in an all respects correct & true)，可照样注明，构成"证实发票"，此时应将发票下端印制好的"有错当查"(E. &. O. E.)字样删去。

(12) 签发人的签字或盖章：商业发票上习惯由出口公司的法人代表或经办制单人员代表公司签字，并注公司名称。但根据《UCP500》(即跟单信用证统一惯例，简称 500 号惯例)的规定，除非信用证另有规定，"无多页签署"。这是由于商业发票主要用于使银行和开证人了解货物的概貌，使买卖双方有记账的依据。它与汇票不同，不具备价值，不能被转让，即使遗失也可由卖方重制，但报关、检验等许多方面都需要发票，有时进口人需要 10 余份发票。为减少签发人的负担，《UCP500》增加了发票无需签署的内容。但信用证中要求手签时，必须手签。

二、运输单据的填制

运输单据(Shipping Documents)是指证明货物已装上运输工具，或已发运，或已由承运人接受监管的单据，是承运人与托运方之间运输契约的证明。如以可转让形式开立，它还具有物权凭证的效用，是出口商要求银行议付或要求进口商付款时必备的单据之一。所以，它是进出口贸易中买卖双方最为关注的单据。

运输单据种类繁多，名目不一。《UCP500》按运输方式将其归纳为七大类，即：海运提单，不可转让海运单，租船提单，多式运输单据，空运单，公路、铁路、内河运输单据，专递或邮局收据。《UCP500》要求运输单据上必须标明其单据的名称，但不要求名称与信用证规定的运输单据名称绝对相符，只要内容符合信用证上有关运输单据的要求，银行就可接受。

我国进出口贸易大部分采用海洋运输，所以，这里主要介绍海运提单的有关内容。

海运提单(Ocean Bill of Lading)是海洋运输时使用的运输单据。因海运方式不同，提单种类也名目繁多。主要有：直运提单、转运提单、联运提单、集装箱出口运输提单。从各船公司来说，因各自使用自己签发的提单，不论是内容还是格式都有差异，但基本内容还是相同的。海运提单的格式，如附件 9－11 所示。

以下只对提单中具有共性的内容加以说明。

提单有正、副本之分。正本提单可流通、交单、议付；副本则不可。对正、副本提单要求的权利在收货人一方，出口方应正确判断来证中的要求。如："Full Set of B/L"指"全套提单"，按习惯作两份正本解释。

如：Full set (3/3) plus 2 N/N copies of original forwarded through bills of lading.

(3/3) 分子位置的数字指交银行的份数，分母位置的数字指应制作的正本份数，这里要求向银行提交全部制作的 3 份正本。

N/N：即 Non-Negotiation 的缩写，意为不可转让，即使是副本，也不可转让流通，不得议付，这里要求根据正本复制两份副本。

如：2/3 original clean on board ocean bills of lading.

意思是制作三份正本提单，其中两份向银行提交。提交内容包括签发时应填写的正面内容和背面印就的有关规定承运人免责事项两部分。正面内容在我国许多口岸都由出口公司填制，以下详细介绍填制方法和注意事项。

（一）填制方法

1. 托运人(Shipper/Consigner)

指委托运输的人，一般即出口公司，也就是信用证中的受益人，如果开证人为了贸易上的需要，要求做第三者提单(Third Party's B/L)也可照办，如请运输公司做托运人。《UCP500》允许银行接受第三者提单。

2. 收货人(Consignee)

收货人应严格按信用证规定填写，一般有两种。

(1) 记名式。直接写明收货人名称，如：来证要求"Consigned to A. B. C. Co."收货人栏中应填写"Consigned to A. B. C. Co."，这样，这份提单的收货人已确定，不得转让。

(2) 指示式。即在收货人栏内有指示(Order)字样的，意为承运人凭指示付货，这种提单可通过指示人的背书而进行转让。

如：来证要求"Full set of B/L made out to order"，收货人一栏填"To Order"。转让时应由托运人背书。

如：来证要求"B/L issued to order of applicant"，意为凭开证人指示，查开证人为 Big A.

Co.,则收货人一栏填"To Order of Big A. Co.",不可填"To Order of Applicant"。

如:来证要求"Full set of B/L made out to our order",这里的"our"指本证开证行,意为凭开证行指示,查开证行名称为"Small B Bank",则收货人一栏填"To order of Small B Bank",或"To Small B Bank's order"。

提单的背书也有两种:一种是空白背书。如来证要求"Blank Endorsed",背书时只要书写背书人的名称、地址即可。另一种是记名背书。如来证要求"Endorsed to BBB Co. HK.",背书时既要书写背书人的名称、地址,还要书写被背书人名称、地址,即在提单背面注明"Delivery to the Order of BBB Co. HK.",并签上背书人的名称。

3. 被通知人(Notify)

按信用证规定填写,一般是货物进口人或其代理人,被通知人的地址一定要详细。如信用证未规定,则正本提单这一栏空白,在副本提单这一栏填上信用证申请人名称、地址;如来证要求两个或两个以上的公司为被通知人,则必须把这两个或两个以上公司的名称、地址都填上;如是记名提单或收货人指示提单且收货人有详细地址的,这一栏可不填。

4. 前程运输(Pre-carriage by)

此栏为"多式联运"方式而设,不能作为转船提单时打明第一程海轮名称的栏目,单式海运不必填注。

5. 收货地点(Place of Receipt)

此栏为"多式联运"方式而设,单式海运不必填注。

6. 船名航次(Ocean Vessel Voy No.)

如货物需转运,填写第二程船的船名;如货物不需转运,填写第一程船的船名。

7. 装货港(Port of Loading)

填写装运港(启运港)名称。

8. 卸货港(Port of Discharge)

填写卸货港(目的港)名称。

9. 交货地点(Place of Delivery)

填写最终目的地名称,如果货物的目的地是目的港的话,空白这一栏。如果货物在某国港口卸货后,还要使用其他运输工具转运进口国,卸货港名称(过境国港口)后面必须有"In Transit"(过境)字样,否则将被征收额外的税金。此栏为"联合运输"方式而设,单式海运不必填注。

10. 集装箱号(Container No.)

填写集装箱箱号。

11. 封志号、标记与号码(Seal No. Marks & Nos.)

按信用证规定填写,如信用证未规定,则按发票上所列内容填写;如不使用唛头,注明"N/M"字样。

12. 商品名称、包装件数、运费条款(Description of Goods, No. of Packages, Freight & Charges)

这几个栏目按顺序填写,商品名称应与托运单上完全一样,与信用证用字严格相符;包装件数应按实际包装情况填写,包装材料、包装方式、最后包装的件数,应包括数字、文字两种写法;运费一般只填支付情况,不填运费具体数额及计算,除非信用证明确规定。在 CIF 和 CFR

条件下,填运费预付(Freight Prepaid);在 FOB 条件下,填运费到付(Freight Collect 或 Freight Payable at Destination)。

13. 毛重(Gross Weight)

一般毛重以公吨为单位,小数保留 3 位。

14. 尺码(Measurement)

一般体积以立方米为单位,小数保留 3 位。

15. 正本提单份数(No. of Original B (s)/L)

应按信用证规定签发,并用大写数字填写,如 ONE、TWO、THREE。

16. 提单日期及签发地点(Place and Date of Issue)

提单的签发日期应为货物交付承运人或货物装船完毕的日期,所以提单的签单日期不能晚于合同或信用证规定的装运期。提单的签发地点应按装运地点填写。日期、地点如有不符,构成单证不符,直接影响安全收汇。

(二) 注意事项

正确缮制提单还须注意以下要求。

(1) 提单正面是否打明承运人(CARRIER)的全名及"承运人(CARRIER)"一词以表明其身份。

如提单正面已作如上表示,在承运人自己签署提单时,签署处无须再打明承运人一词及其全名。

如提单正面已作如上表示,但由货代公司(FORWARDER)签署提单时,则在签署处必须打明签署人的身份,如 ABC FORWARDING CO. as agents for the carrier 或 as agents for/on behalf of the carrier。

(2) 提单有印就"已装船"(Shipped in apparent good order and condition on board...)字样的,无须加"装船批注"(On board notation)。若有印就"收妥待运"(Received in apparent good order and condition for shipment...)字样的,则必须再加"装船批注"并加上装船日期。

(3) 提单印有"intended vessel""intended port of loading""intended port of discharge"及/或其他"intended..."等不肯定的描述字样者,则必须加注"装船批注",其中须把实际装货的船名、装货港口、卸货港口等项目打明,即使和预期(intended)的船名和装卸港口并无变动,也需重复打出。

(4) 单式海运即港对港(装货港到卸货港)运输方式下,只需在装货港(Port of Loading)、海轮名(Ocean vessel)及卸货港(Port of Discharge)三栏内正确填写;如在中途转船(Transshipment),转船港(Port of transshipment)的港名不能打在卸货港(Port of discharge)栏内。需要时,只可在提单的货物栏空间打明"在××(转船港)转船"(with transshipment at ××)。

(5) "港口"(Port)和"地点"(Place)是不同的概念。有些提单印有"收货地点"(place of receipt/taking in charge)和"交货地点/最后目的地"(place of delivery/final destination)等栏目,供提单用作"多式联运"(multimodal transport)或"联合运输"(combined transport)运输单据时用。单式海运时不能填注。否则会引起对运输方式究竟是单式海运抑或多式联运的误解。

(6) 提单上印有"前程运输由"(pre-carriage by)栏也为"多式联运"方式所专用,不能作为转船提单时打明第一程海轮名称的栏目。

只有作多式联运运输单据时,方在该栏内注明"铁路""卡车""空运"或"江河"(Rail、truck、

air、river)等运输方式。

(7) 提单不能有"不洁净"批注(unclean clause),即对所承载的该批货物及其包装情况有缺陷现象的批注。

(8) 除非信用证许可,提单不能注有"subject charter party",即租船契约提单。

(9) 提单上关于货物的描述不得与商业发票上的货物描述有所不一致。

如提单上货物用统称表示时,该统称须与信用证中货物描述一致,且与其他单据有共通连结(Link)特征,例如唛头等。

(10) 提单上的任何涂改、更正须加具提单签发者的签章。

(11) 提单必须由受益人及装货人(Shipper)背书。

三、装箱单的填制

装箱单(Packing List)又称花色码单或包装单,是标明出口货物的包装形式、规格、数量、毛重、净重、体积的一种单据,在结汇当中,除散装货物外,一般都要求提供装箱单。装箱单的作用在于:补充商业发票内容之不足,通过表内的包装件数、规格、唛头等项目填制,明确阐明了商品的包装情况,便于买方对进口商品包装及数量的了解和掌握,也便于买方在货物到达目的港时,供海关检查和核对货物。装箱单无统一格式,所包含的内容也不尽相同,但一般有合同号码或发票号码、唛头及件数、货名及品质、数量、毛重和净重等。填制时应注意以下事项(格式如附件 9－12 所示,填制方法参照发票):

- 装箱单内容需与货物实际包装相符,并与商业发票、提单、信用证规定等内容相一致。
- 毛净重应列明每件的毛净重及总的毛净重数字。
- 装箱单一般不显示货物的单价、总价,因为进口商把商品转售给第三者时只要交付包装单和货物,而不愿泄露其购买成本。
- 装箱单编号和制单日期、运输标志应与商业发票一致。

四、产地证的填制

产地证明书(Certificate of Origin),简称产地证,是指由一定的单位或机构签发的证明货物产地或制造地的书面证明,其作用是实行差别关税、分配和控制进口配额。

在出口业务中作用的产地证,根据出具单位分类,可分为四种:普惠制产地证、出口商产地证、贸促会产地证、商检局产地证。选择哪一种产地证,应根据信用证或合同规定确定。如无确切规定,出口商可出具任何一种。

(一) 普遍优惠制产地证明书

普遍优惠制产地证明书(Generalized System of Preferences Certificate of Origin),简称普惠制产地证(Certificate of Origin for GSP)。它是享受普遍优惠制待遇国家的受惠商品要得到该待遇时,向给惠国提供的,证明出口商品原产地的书面凭证。目前,共有 28 个发达国家向发展中国家或地区提供普惠制待遇。这些国家尽管实行不同的普惠制方案,但对受惠商品要求提供的产地证书,除澳大利亚可使用发票加注有关声明文句代替以外,其他国家均要求提供统一格式的产地证,即普惠制产地证格式 A(G. S. P. Form A),该证由出口单位自行填制,然后由商检局审核后签发。在一套 Form A 中有两份副本和一份正本,副本仅供寄单参考和留存之用,正本是可以议付的单据。普惠制产地证——FORM A 的格式,如附件 9－13 所示。

普惠制产地证——Form A 的主要内容和填写方法有以下几种。

1. 证书号(Reference No.)

填写商检局所编的号码，签发地点须填“中华人民共和国”外文全称，填在“Issued in”后面。

2. 出口商名称、地址和所在国家(Exporter's Business Name, Address, Country)

此栏是带强制性的，必须填上出口商的全称和详细地址，包括街道、门牌号码等。

3. 收货人名称、地址、国家(Consignee's Name, Address, Country)

一般应该填给惠国的收货人名称，也即信用证上指定的收货人，如收货人不明确、可填发票抬头人或提单的被通知人，但不要填中间转口商的名称。

4. 运输工具及路线(Means of Transport and Route)

应填启运地与目的地、启运日期及运输工具，如：By Vessel/Air/Train 等，如中途转运，应加上转运地，如“Via Hong Kong”。

5. 供发证机关使用(For Official Use)

出口公司制单时，不必在此栏内填写，由商检局根据需要作批注用。

6. 商品顺序号(Item No.)

如本证书下货物有不同品种，可按不同品种分 1、2、3、…如只有单项商品，此栏只填 1。

7. 唛头及包装号码(Marks and Numbers of Packages)

唛头及包装号须与发票上的唛头及包装号一致。如货物无唛头，则填“N/M”。如唛头过长，可超出本栏，伸展到品名栏的空白处。

8. 包装件数、种类及商品品名(Number and Kind of Packages, Description of Goods)

包装件数应包括大、小写两种方式，小写数字加括号，如“(100)One Hundred Packages”；商品名称应填写具体品种名称及规格，但商标、牌号或货号可不填。此栏内容填完后应在次行加上表示结束的符号，如“ *** ”，以防被人添加其他内容。国外信用证如要求注明合同、信用证号码等，也可加在此栏空白处。

9. 原产地标准(Origin Criterion)

此栏是国外海关审核的重点项目，必须按规定如实填写，具体要求如下：

- 完全自产、无进口成分，填写“P”；
- 含有进口成分，但符合原产地标准，填写“W”；
- 发往加拿大的出口商品，含有进口成分(占产品出厂价的 40%以下)，填写“F”；
- 发往澳大利亚及新西兰的出口商品，只需在第 13 栏内作适当申报即可，不必填写第 9 栏。

10. 毛重或其他数量(Gross Weight or Other Quantity)

此栏应填商品的正常数量，以重量计算的只填毛重(应与提单上的一致)，只有净重的填净重也可以。但要标明 N・W(Net Weight)，并在此行打上结束的符号“ *** ”，以防被人添加。

11. 发票号及日期(Number and Date of Invoice)

此栏不得留空，必须照正式商业发票填写。为避免月份、日期的误解，月份一律用英文缩写，日期和年份用数字。例：

SK530016

Dated 18 JAN - 2006

12. 签证当局的证明(Certification)

此栏由商检局加盖公章，并由授权的签证人手签。商检局原则上只签正本一份，副本概不签章。本栏签发日期不得早于第11栏发票日期和第13栏申报日期，并应早于提单日期。

13. 出口商的申述(Declaration By the Exporter)

生产国的横线上应填"China"。进口国一般应与收货人和目的港的国别一致，进口国应是给惠国。如货物运往欧联盟成员国而具体国别不明确，可填"EEC"。此栏底部应盖出口公司印章，并由公司指派的专人手签，手签人的名单应事先在商检局备案，正副本均须有签章。最后填写出口公司所在地及制单日期，日期不得迟于第12栏商检局签发日期，也不得早于发票日期。

普惠制产地证作为一种官方签发的证明文件不应随便涂改，尤其是数字、日期、唛头和包装号、原产地标准等不允许更改，其他项目允许更改一次，由商检局加盖校正章。

(二) 一般原产地证明书

一般原产地证，简称产地证。它是由各地商检局或贸促会签发的证明中国出口货物符合"中华人民共和国出口货物原产地规则"，货物确系中国原产的证明文件。该证书具有法律效力，是报关结汇、进行贸易统计的重要证明文件。该证书除证书名称和证书号码外，需填写的内容有12个栏目，填写方法大多与普惠制产地证差不多。一般原产地证明书的格式，如附件9-14所示。

这里只把与普惠制产地证填写方法不同的以及应注意的问题介绍如下。

1. 出口商名称、地址(Exporter Full Name and Address)

一般是有效合同的卖方或发票签发人，地址要详细。注意：此栏不得留空，并必须用打字机填打，不得用印章。

2. 运输方式和路线(Means of Transport and Route)

一般填装货港、到货港及运输方式，如经转运的必须注明转运地。

3. 目的港(Destination Port)

指货物最终运抵港，注意不要填中间商国家的名称，最终港即最终进口国，一般与最终收货人或最终目的港国别一致。

4. 商品H.S.税目号(H.S. code)

此栏要求填打四位数的H.S.税目号，例如：出口商品为电风扇，其H.S.税目号为84.14.，即照打"84.14."，注意必须填写准确无误。

5. 出口商声明、签字、盖章(Declaration By the Exporter)

出口商声明内容为"下列签署人在此声明：上述货物详细情况和声明是正确的，所有货物均在中国生产，完全符合中华人民共和国原产地规则"。证书手签人员应是企业法人代表或由法人代表指定的其他人员，即具法人资格。企业盖章要使用中英文对照章，手签人签名与公章的位置不得重合，此栏还要填写申报地点、时间。

6. 签证机构证明、签字、盖章(Certification)

签证机构证明内容为"兹证明出口商声明是正确的"。签证机构审核人员审核该证无误后，由授权的签证人在此栏手签姓名及盖公章，注明签署地点、时间。注意此栏日期不得早于发票日期和申报日期。由于G.S.P.证书申报单位和签证机构签证位置正好与本产地证位置相反，因此，申请单位应注意不要填错位置。

7. 证书的缮制

中国原产地证书一律用打字机缮制，证面要求整齐、清洁，一般要求用英文，如信用证有特殊要求而使用其他文字的，也可接受。

附件9–1

中华人民共和国海关出口货物报关单

旧版

预录入编号：　　　　　　　　　　　　　　　　海关编号：

出口口岸	备案号	出口日期	申报日期
经营单位 变更：收发货人	运输方式	运输工具名称	提运单号
发货单位 变更：生产销售单位	贸易方式 变更：监管方式	征免性质	结汇方式 删除
许可证号	运抵国(地区)	指运港	境内货源地
批准文号 删除	成交方式	运费	保费	杂费
合同协议号	件数	包装种类	毛重(公斤)	净重(公斤)
集装箱号	随附单据		生产厂家 删除
标记唛码及备注			

项号	商品编号	商品名称、规格型号	数量及单位	最终目的国(地区)	单价	总价	币制	征免

税费征收情况 删除

录入员　录入单位	兹声明以上申报无讹并承担法律责任 变更：兹申明对以上内容承担如实申报、依法纳税之法律责任	海关审单批注及放行日期(签章) 变更：海关批注及签章
报关员 变更：报关人员	申报单位(签章)	审单　审价 征税　统计 删除
单位地址 删除 邮编　电话　填制日期		查验　放行

一、海关作业联

附件9–2

新版图样

中华人民共和国海关出口货物报关单

预录入编号：　　　　　　　　　　　　海关编号：

收发货人		出口口岸	出口日期	申报日期
生产销售单位		运输方式	运输工具名称	提运单号
申报单位　新增		监管方式	征免性质	备案号
贸易国(地区)　新增	运抵国(地区)		指运港	境内货源地
许可证号	成交方式	运费	保费	杂费
合同协议号	件数	包装种类	毛重	净重
集装箱号	随附单证			
标记唛码及备注				

项号	商品编号	商品名称、规格型号	数量及单位	最终目的国(地区)	单价	总价	币制	征免

新增

新增

新增

新增　特殊关系确认：　　价格影响确认：　　支付特许权使用费确认：

录入员　　录入单位	兹申明对以上内容承担如实申报，依法纳税之法律责任	海关批注及签章
报关人员	申报单位(签章)	

附件9–3

中华人民共和国海关进口货物报关单

旧版

预录入编号： 海关编号：

进口口岸		备案号	进口日期	申报日期
经管单位 变更：收发货人		运输方式	运输工具名称	提运单号
收货单位 变更：消费使用单位		贸易方式 变更：监管方式	征免性质	征税比例 删除
许可证号	起运国(地区) 变更：启运国(地区)	装货港		境外目的地
批准文号 删除	成交方式	运费	保费	杂费
合同协议号	件数	包装种类	毛重(公斤)	净重(公斤)
集装箱号	随附单据			用途 删除
标记唛码及备注				

项号	商品编号	商品名称、规格型号	数量及单位	原产国(地区)	单价	总价	币制	征免

税费征收情况 删除

录入员 录入单位	兹声明以上申报无讹并承担法律责任 变更：兹申明对以上内容承担如实申报、依法纳税之法律责任	海关审单批注及放行日期(签章) 变更：海关批注及签章
报关员 变更：报关人员	申报单位(签章)	审单 审价
单位地址 删除 邮编 电话 填制日期		征税 统计 删除 查验 放行

一、海关作业联

附件9-4

新版图样

中华人民共和国海关进口货物报关单

预录入编号：　　　　　　　　　　　　海关编号：

收发货人	进口口岸	进口日期	申报日期	
消费使用单位	运输方式	运输工具名称	提运单号	
申报单位　新增	监管方式	征免性质	备案号	
贸易国(地区)　新增	启运国(地区)	装货港	境内目的地	
许可证号	成交方式	运费	保费	杂费
合同协议号	件数	包装种类	毛重(千克)	净重(千克)
集装箱号	随附单证			
标记唛码及备注				

项号	商品编号	商品名称、规格型号	数量及单位	原产国(地区)	单价	总价	币制	征免
新增								
新增								
新增								

新增	特殊关系确认：	价格影响确认：	支付特许权使用费确认：

录入员　录入单位	兹申明对以上内容承担如实申报，依法纳税之法律责任	海关批注及签章
报关人员	申报单位(签章)	

附件9–5

中华人民共和国海关进境货物备案清单

旧版

预录入编号：　　　　　　　　　　海关编号：

进境口岸	备案号	进境日期	申报日期
区内经营单位 变更：收发货人	运输方式	运输工具名称	提运单号
区内收货单位 变更：消费使用单位	贸易方式 变更：监管方式	启运国(地区)	境内目的地
许可证号 / 成交方式	运费	保费	杂费
件数 / 毛重(千克)	净重(千克)	随附单证	
标记唛码及备注			

项号	商品编号	商品名称、规格型号	数量及单位	原产国(地区)	单价	总价	币制

录入员　录入单位	兹声明以上申报无讹并承担法律责任 变更：兹申明对以上内容承担如实申报、依法纳税之法律责任	海关备案审核 变更：海关批注及签章
报关员 变更：报关人员	申报单位(签章)	
单位地址 删除 邮编　电话　填制日期		审核日期

第一联：海关作业联

附件9-6

中华人民共和国海关进境货物备案清单

新版图样

预录入编号：　　　　　　　　　　　　　　　　海关编号：

收发货人	进境口岸	备案号	进境日期	申报日期
消费使用单位	监管方式	贸易国(地区) 新增	启动国(地区)	境内目的地
申报单位　新增	运输方式	运输工具名称	提运单号	
许可证号	成交方式	运费	保费	杂费
件数	毛重	净重	随附单证	
标记唛码及备注				

项号	商品编号	商品名称、规格型号	数量及单位	原产国(地区)	单价	总价	币制

新增

新增

新增

新增　特殊关系确认：　　价格影响确认：　　支付特许权使用费确认：

录入员　录入单位	兹申明对以上内容承担如实申报，依法纳税之法律责任	海关批注及签章
报关人员	申报单位(签章)	审核日期

附件9–7

中华人民共和国海关出境货物备案清单

新版图样

预录入编号：　　　　　　　　　　海关编号：

收发货人	出境口岸	备案号	出境日期	申报日期
生产销售单位	监管方式	贸易国 新增	运抵国	境内货源地
申报单位 新增	运输方式	运输工具名称	提运单号	
许可证号	成交方式	运费	保费	杂费
件数	毛重	净重	随附单证	
标记唛码及备注				

项号	商品编号	商品名称、规格型号	数量及单位	最终目的国(地区)	单价	总价	币制

新增

新增

新增

新增　特殊关系确认：　　价格影响确认：　　支付特许权使用费确认：

录入员　录入单位	兹申明对以上内容承担如实申报，依法纳税之法律责任	海关批注及签章
报关人员	申报单位(签章)	审核日期

附件 9－8

中华人民共和国海关出口货物报关单(最新版)

预录入编号：　　　　　　　　　　　海关编号 011020160420585722

收发货人(18位统一社会信用代码)北京XXXX贸易有限公司	出口口岸 北京海关	出口日期 20160401	申报日期 20160329
生产销售单位(18位社会信用代码)内蒙古XXXX生物科技有限公司	运输方式空运	运输工具名称	提运单号 020—25102618
申报单位 91110113670558003P 北京飞捷腾达货运代理有限公司	监管方式 0110 一般贸易	征免性质 101 一般征税	备案号
贸易国(地区)142 中国	运抵国(地区)502 美国	指运港 3166 纽约	境内货源地 15909 内蒙古其他

许可证号	成交方式 GIF	运费 3 550USD	保费 75USD	杂费
合同协议号 FJTD－2016BJ001	件数 40	包装种类 桶装	毛重(公斤) 1 150	净重(公斤) 1 000
集装箱号	随附单证 B			

标记喷码及备注
随附单证号：

项目	商品编号	商品名称、规格型号	数量及单位	最终目的国(地区)	单价	总价	币制	征免
1.	1302199099	苹果提取物	200千克	美国	45	9 000	美元	照章
制作和保存方法：粉末；加工工艺：提纯、烘干；品牌：无								
2.	2102200000	螺旋藻粉	200千克	美国	8.2	1 640	美元	照章
是否活性酵母：否；是否已死的单细胞微生物：是；包装规格：25KG/桶；品牌：无								
3.	2932999099	越橘多酚	25千克	美国	325	8 125	美元	照章
成分含量：15%花青素，35%多酚，5%水分，5%灰分，40%碳水化合物；用途：减缓衰老、增强记忆								
4.	2938909090	甜菊糖甙	200千克	美国	38	7 600	美元	照章
成分含量：甜菊糖甙 90%，其他 10%；用途：补充膳食纤维；来源：甜菊干叶								
5.	2932999099	西兰花提取物	75千克	美国	8.5	637.5	美元	照章
成分含量：萝卜硫素 50%、水分 6%、维生素 6%、类黄酮 5%、碳水化合物和纤维 33%；用途：增香，调味								
6.	2932999099	红景天提取物	300千克	美国	23	6 900	美元	照章
成分含量：红景天甙 96%、水分 2%、灰分 2%；用途：保健品用食品添加剂								

特殊关系确认：是　　价格影响确认：否　　支付特许权使用费确认：是

录入员　录入单位	兹申明对以上内容承担如实申报、依法纳税之法律责任	海关批注及签章
报关人员	申报单位(签章)	审核日期

注：以上黑体字部分为新版报关单与旧版报关单不一样的地方，请留意。

附件 9 - 9

监管方式代码/监管方式简称/监管方式全称

0110 *	一般贸易	一般贸易
0130	易货贸易	易货贸易
0139	旅游购物商品	用于旅游者 5 万美元以下的出口小批量订货
0200	料件放弃	主动放弃交由海关处理的来料或进料加工料件
0214 *	来料加工	来料加工装配贸易进口料件及加工出口货物
0245	来料料件内销	来料加工料件转内销
0255 *	来料深加工	来料深加工结转货物
0258	来料余料结转	来料加工余料结转
0265	来料料件复出	来料加工复运出境的原进口料件
0300	来料料件退换	来料加工料件退换
0314	加工专用油	国有贸易企业代理来料加工企业进口柴油
0320	不作价设备	加工贸易外商提供的不作价进口设备
0345	来料成品减免	来料加工成品凭征免税证明转减免税
0400	成品放弃	主动放弃交由海关处理的来料及进料加工成品
0420	加工贸易设备	加工贸易项下外商提供的进口设备
0444	保区进料成品	按成品征税的保税区进料加工成品转内销货物
0445	保区来料成品	按成品征税的保税区来料加工成品转内销货物
0446	加工设备内销	加工贸易免税进口设备转内销
0456	加工设备结转	加工贸易免税进口设备结转
0466	加工设备退运	加工贸易免税进口设备退运出境
0500	减免设备结转	用于监管年限内减免税设备的结转
0513	补偿贸易	补偿贸易
0544	保区进料料件	按料件征税的保税区进料加工成品转内销货物
0545	保区来料料件	按料件征税的保税区来料加工成品转内销货物
0615 *	进料对口	进料加工(对口合同)
0642	进料以产顶进	进料加工成品以产顶进
0644	进料料件内销	进料加工料件转内销
0654 *	进料深加工	进料深加工结转货物
0657	进料余料结转	进料加工余料结转
0664	进料料件复出	进料加工复运出境的原进口料件
0700	进料料件退换	进料加工料件退换

续表

0110 *	一般贸易	一般贸易
0715	进料非对口	进料加工(非对口合同)
0744	进料成品减免	进料加工成品凭征免税证明转减免税
0815	低值辅料	低值辅料
0844	进料边角料内销	进料加工项下边角料转内销
0845	来料边角料内销	来料加工项下边角料内销
0864	进料边角料复出	进料加工项下边角料复出口
0865	来料边角料复出	来料加工项下边角料复出口
1139	国轮油物料	中国籍运输工具境内添加的保税油料、物料
1200	保税间货物	海关保税场所及保税区域之间往来的货物
1215	保税工厂	保税工厂
1233	保税仓库货物	保税仓库进出境货物
1234	保税区仓储转口	保税区进出境仓储转口货物
1300	修理物品	进出境修理物品
1427	出料加工	出料加工
1500	租赁不满 1 年	租期不满 1 年的租赁贸易货物
1523	租赁贸易	租期在 1 年及以上的租赁贸易货物
1616	寄售代销	寄售、代销贸易
1741	免税品	免税品
1831	外汇商品	免税外汇商品
2025 *	合资合作设备	合资合作企业作为投资进口设备物品
2225 *	外资设备物品	外资企业作为投资进口的设备物品
2439	常驻机构公用	外国常驻机构进口办公用品
2600 *	暂时进出货物	暂时进出口货物
2700	展览品	进出境展览品
2939	陈列样品	驻华商业机构不复运出口的进口陈列样品
3010 *	货样广告品 A	有经营权单位进出口的货样广告品
3039	货样广告品 B	无经营权单位进出口的货样广告品
3100 *	无代价抵偿	无代价抵偿进出口货物
3339	其他进出口免费	其他进出口免费提供货物
3410	承包工程进口	对外承包工程进口物资
3422	对外承包出口	对外承包工程出口物资
3511	援助物资	国家和国际组织无偿援助物资

续表

0110 *	一般贸易	一般贸易
3611	无偿军援	无偿军援
3612	捐赠物资	进出口捐赠物资
3910	军事装备	军事装备
4019	边境小额	边境小额贸易(边民互市贸易除外)
4039	对台小额	对台小额贸易
4139	对台小额商品交易市场	进入对台小额商品交易专用市场的货物
4200	驻外机构运回	我驻外机构运回旧公用物品
4239	驻外机构购进	我驻外机构境外购买运回国的公务用品
4400	来料成品退换	来料加工成品退换
4500 *	直接退运	直接退运
4539	进口溢误卸	进口溢卸、误卸货物
4561 *	退运货物	因质量不符、延误交货等原因退运进出境货物
4600	进料成品退换	进料成品退换
5000	料件进出区	料件进出海关特殊监管区域
5010	特殊区域研发货物	海关特殊监管区域与境外之间进出的研发货物
5014	区内来料加工	海关特殊监管区域与境外之间进出的来料加工货物
5015	区内进料加工	海关特殊监管区域与境外之间进出的进料加工货物
5033	区内仓储货物	加工区内仓储企业从境外进口的货物
5034	区内物流货物	海关特殊监管区域与境外之间进出的物流货物
5100	成品进出区	成品进出海关特殊监管区域
5200	区内边角调出	用于区内外非实际进出境货物
5300	设备进出区	设备及物资进出海关特殊监管区域
5335	境外设备进区	海关特殊监管区域从境外进口的设备及物资
5361	区内设备退运	海关特殊监管区域设备及物资退运境外
6033	物流中心进出境货物	保税物流中心与境外之间进出仓储货物
9600	内贸货物跨境运输	内贸货物跨境运输
9639	海关处理货物	海关变卖处理的超期未报货物、走私违规货物
9700	后续补税	无原始报关单的后续补税
9739	其他贸易	其他贸易
9800	租赁征税	租赁期1年及以上的租赁贸易货物的租金
9839	留赠转卖物品	外交机构转售境内或国际活动留赠放弃特批货物
9900	其他	其他

附件 9－10

商业发票

P 1001

中国丝绸公司上海进出口分公司
CHINA SILK CORP.,SHANGHAI IMP. & EXP. BRANCH
CABLE ADDRESS: CHISICORP
TELEX 33059 CTSSB CN
17 ZHONG SHAN ROAD (E. 1)
SHANGHAI. CHINA.

发　票
INVOICE

上海，日期
Shanghai, ...

发票编号
Invoice No. ....

销售编号
Sales No. ....

To: ....

承运轮名
Shipped per s. s. .... 至 to ....

开证银行
Drawn Under ....

信用证号码
L/C No. ....

唛头及包/箱号 MARKS & NUMBERS	数量与货品名称 QUANTITY AND DESCRIPTIONS	金　额 AMOUNT
	MANUFACTURER	

CERTIFICATE OF ORIGIN

We hereby certify that the above mentioned goods are manufactured in The People's Republic of China.

中国丝绸公司上海进出口分公司
CHINA SILK CORPORATION
SHANGHAI IMPORT & EXPORT BRANCH

附件 9 - 11

海运提单

Shipper					
Consignee					
Notify Party					
Pre-carriage by	Place of Receipt				
Ocean Vessel Voy. No.	Port of Loading				
Port of Discharge	Place of Delivery	Final Destination (of the goods-not the ship) See Article 7 paragraph(2)			
Marks & Nos. Container. Seal No.	No of containers or P'kgs	Kind of Packages: Description of Goods	Gross Weight kgs	Measurement	
TOTAL NO. OF CONTAINERS OR PACKAGES (IN WORDS)					
FREIGHT & CHARGES	Revenue Tons	Rate	Per	Prepaid	Collect
Ex. Rate:	Prepaid at	Payable at	Place and date of issue		
	Total Prepaid	No. of Original B(s)/L	Signed for the Carrier		

Particulars Furnished by Merchants

LADEN ON BOARD THE VESSEL

DATE BY ______ (TERMS PLEASE FIND ON BACK OF ORIGINAL B/L) Printed in 1994

(COSCO STANDARD FORM 11)

附件 9 - 12

上海康健进出口公司

中国上海浦东东园一村 139 号 1006 室

SHANGHAI KJ IMPORT & EXPORT CORP

Room 1006, No. 139, Dong Yuan Yi Cun, PuDong, Shanghai 200120 China

TEL: 63217148 TLX: 30189 SPEIC CN FAX: 63206379

发票日期：

Date：

装 箱 单 (重量单)

PACKING LIST (Weight Memo)

发票号码

Invoice No.

唛头及包/箱号 MARKS&NOS.	货品名称 DESCRIPTION	数量 QUANTITY	毛重 G. W.	净重 N. W.

TOTAL：

附件 9 - 13

普惠制产地证——FORM A
COPY

1. Goods consigned from (Exporter's business name, address, country)	Reference No. GENERALIZED SYSTEM OF PREFERENCES CERTIFICATE OF ORIGIN (Combined declaration and certificate) FORM A Issued in THE PEOPLE'S REPUBLIC OF CHINA (country) See Notes overleaf
2. Goods consigned to (Consignee's name, address, country)	
3. Means of transport and route (as far as known)	4. For official use

5. Item number	6. Marks and numbers of packages	7. Number and kind of packages; description of goods	8. Origin criterion (see Notes overleaf)	9. Gross weight or other quantity	10. Number and date of invoices

11. Certification It is hereby certified, on basis of control carried out, that the declaration by the exporter is correct. Place and date, signature and stamp of certifying authority	12. Declaration by the exporter The undersigned, hereby declares that the above details and statements are correct; that all the goods were produced in (country) and that they comply with the origin requirements specified for those goods in the Generalized System of Preferences for goods exported to (importing country) Place and date, signature of authorized signatory

附件 9-14

一般原产地证明书

COPY

<table>
<tr><td colspan="2">1. Exporter (full name and address)</td><td colspan="3" rowspan="2">Certificate No.

CERTIFICATE OF ORIGIN
OF
THE PEOPLE'S REPUBLIC OF CHINA</td></tr>
<tr><td colspan="2">2. Consignee(full name, address, country)</td></tr>
<tr><td colspan="2">3. Means of transport and route</td><td colspan="3" rowspan="2">5. For certifying authority use only</td></tr>
<tr><td colspan="2">4. Destination port</td></tr>
<tr><td>6. Marks and numbers of packages</td><td>7. Description of goods; number and kind of packages</td><td>8. H. S. Code</td><td>9. Quantity or weight</td><td>10. Number and date of invoices</td></tr>
<tr><td colspan="2">11. Declaration by the exporter
The undersigned hereby declares that the above details and statements are correct; that all the goods were produced in China and that they comply with the Rules of Origin of the People's Republic of China.</td><td colspan="3">12. Certification
It is hereby certified that the declaration by the exporter is correct.</td></tr>
<tr><td colspan="2">Place and date, signature and stamp of authorized signatory</td><td colspan="3">Place and date, signature and stamp of certifying authority</td></tr>
</table>

※ China Council for the Promotion of International Trade is China Chamber of International Commerce.

关键词

进出口货物报关单　分单填报　分栏填报　分行填报　报关单结构调整

思考与问答

1. 进出口报关单与出入境通关单有什么区别？
2. 进出口货物申报不实会带来什么影响？
3. 贸易国(地区)与启运国(地区)/运抵国(地区)有什么不同？
4. 什么情况下需要填报备案号？
5. 运费、保费、杂费是不是必填栏目？

第十章

与报关有关的海关法律制度

引导案例

2009年在美国纽约上市的某世界著名公司在苏州的独资计算机生产企业，年出口值达100亿元。该企业报关员，财务、仓储、运输、生产、采购、物流经理，总裁由于不太了解中国海关法律、条例、政策和通关物流流程，造成对中国通关法规理解的失误，凭主观推断海关的法规。没有人能跟海关解释清楚关于产品内销、转厂、转关的通关物流这些复杂的细节。有证据显示，该企业未按海关监管要求通关办结通关手续模糊不清，有重大走私嫌疑，南京海关怀疑企业偷逃关税6 000万元。在企业面临海关要抓人、封厂、封账、冻结银行账户、封仓、扣货等一系列危机的发生时，当时的工业园区管委会经发局局长，苏州市副市长，江苏省副省长都感到棘手，爱莫能助！该公司在纽约的股票价值也面临严重危机，一旦危机突发，企业损失何止上亿！最后，企业找到通关顾问，由于顾问精通通关法规、海关业务流程的各个细节，熟悉各种人际关系，第一时间与海关沟通，最后海关接受企业（通关顾问代表企业）提出的解决方案，危机得到化解，挽回了上亿元的经济损失。

案例显示，从事进出口的企业各层人士学习海关法规、政策的重要性。本章将为读者介绍与报关有关的一些重要的海关法律制度。学完本章将为您从事进出口业务并顺利通关储备足够的法律知识。

第一节　海关统计制度

一、海关统计概述

《中华人民共和国海关统计条例》[①]（以下简称《统计条例》）规定，海关统计是海关依法对进出口货物贸易的统计，是国民经济统计的组成部分。它包含海关统计工作、海关统计资料和海关统计理论三大要素。海关统计工作是指收集、整理、分析我国对外贸易进出口货物原始资料，并形成海关统计资料的工作过程。海关统计资料是指反映我国对外贸易进出口货物情况的数据和资料，是国家制定贸易政策、进行宏观调控的重要依据，也是研究对外贸易发展和国际经贸关系的重要资料。海关统计理论是指我国海关统计在实践中不断总结，逐步形成并不断完善的一整套较为系统的制度、原则和方法，是统计学原理与海关管理理论和海关具体业务的有机结合。

---

① 中华人民共和国海关总署：海关法规—行政法规，http://www.customs.gov.cn，2005-12-25。

二、海关统计制度的基本内容

（一）海关统计资料的管理

1. 海关统计数据的收集

海关统计数据的原始资料是经海关确认的进出口货物报关单及其他单证。进出口货物报关单海关作业联是海关统计部门收集整理进出口统计数据的原始凭证和唯一资料来源。海关统计数据是由 H2000/H2010 报关单数据库中提取生成的，当天结关的数据当天就转换到统计数据库中。

2. 海关统计数据的审核

海关统计数据的审核是指通过利用计算机的各种检控条件对已转入统计数据库的数据进行的检查，并打印出各种统计数据审核表供统计人员进行复核。各关统计数据的审核模式是：电子审核、人工专业化审核、现场接单审核、通关数据综合复核、统计数据最终审核，形成上报数据。各直属海关的统计部门负责对本关区统计库的统计数据进行审核，每月初将上月的审核后的统计数据通过网络传到海关总署。海关总署综合统计司负责对各直属海关上报数据进行最终复核和检查，重点是对错误信息进行检控。

3. 海关统计资料的编制

海关统计资料的编制是指对所收集的统计数据，进行科学的汇总与加工整理，使之系统化、条理化，成为能够反映进出口货物贸易特征的综合统计资料。

4. 海关统计资料的发布

海关统计资料的发布是指各级海关统计部门对经汇总加工编制的海关统计资料，通过出版发行统计书刊、电子数据交换、新闻媒介等形式，定期向地方政府通报和向社会各界公开发布（见表 10－1）。

表 10－1　　海关统计资料来源

所需统计资料	提供部门
国务院等有关部门所需数据	海关总署
各省、自治区、直辖市政府部门所需数据	所在地的直属海关
计划单列市政府部门所需数据	所在地海关

（二）海关统计的范围

《统计条例》规定，实际进出境并引起境内物质存量增加或减少的货物，列入海关统计；进出境物品超过自用合理数量的，列入海关统计。因此，列入我国海关统计范围的货物必须同时具备两个条件：跨越我国经济领土边界的物质商品流动；改变我国的物质资源存量。没有实际进出境或虽然进出境但没有引起我国物质资源存量变化的货物则不列入海关统计，具体见表 10－2。

表 10－2　　海关统计的范围

列入海关统计的进出口货物	我国境内法人和其他组织以一般贸易、易货贸易、加工贸易、补偿贸易、寄售代销贸易等方式进出口的货物，保税区和保税仓库进出境货物，租赁期 1 年及以上的租赁进出口货物，边境小额贸易货物，国际援助物资或捐赠品，溢卸货物，无进出口经营权的单位经批准临时进出口的货品等 19 种

续表

不列入海关统计的货物	货物类：过境、转运、通运货物；暂时进出口货物；租赁期在1年以下的租赁货物；无代价抵偿货物；退运货物；无商业价值的货样或者广告品；海关特殊监管区域之间、保税监管场所之间以及海关特殊监管区域和保税监管场所之间转移的货物 物品类：修理物品；我国驻外国和外国驻我国使领馆进出境的公务物品以及使领馆人员的自用物品；我国驻香港和澳门特别行政区军队进出境的公务物品以及军队人员的自用物品
单项统计货物	免税品、进料与来料加工以产顶进、进料与来料加工转内销货物与转内销设备、进料与来料加工深加工结转货物余料及结转设备、退运货物、进料与来料加工复出口料件等24种

（三）海关统计的基本项目

进出口货物的统计项目包括：品名及编码；数量、价格；经营单位；贸易方式；运输方式；进口货物的原产国（地区）、启运国（地区）、境内目的地；出口货物的最终目的国（地区）、运抵国（地区）、境内货源地；进出口日期；关别；海关总署规定的其他统计项目。

小测验10－1

海关统计是海关依法对（　）的统计，是国民经济统计的组成部分。

A. 进出口货物贸易　　B. 进出口技术贸易

C. 进出口服务贸易　　D. 以上三者

小资料10－1

关于对海关统计项目申报不实的处罚尺度问题

为了有效改进报关单填报质量，海关对仅因报关单填报不实，不属于走私、偷逃税等违法违规性质，而仅影响海关统计数据准确的行为，依照《行政处罚细则》第十一条第（五）项的规定，予以以下罚款或停止报关员报关资格的处罚。

（一）填报的价格与实际不符的，处以两者差额1%以下的罚款，罚款金额一般不超过人民币1万元。

（二）填报其他统计项目违反规定，按照其商品的到（离）岸价格计算，处1%以下的罚款，罚款金额一般不超过人民币1万元。

（三）有下列行为之一的，海关对当事人处人民币1 000元以下罚款。

1. 报关单上的统计项目填报不全，或字迹模糊不清或乱涂改的；

2. 对收取工缴费的来料加工装配成品出口，未分别填报原料费和加工费的；

3. 对于不同海关统计商品编号或不同产、销国别（地区）的货物，未分别填报的；

4. 实行集中报关的企业，对不同产、销国别（地区）的，未分别汇总填制报关单的；

5. 报关人对海关的查询未按期作出答复，或者申报内容有变动，未及时向海关办理更正手续，从而影响海关实施统计的；

6. 其他填报统计项目不符合海关要求的。

（四）统计项目申报不实，当事人主动纠正或经海关指出后积极采取措施改正的应从轻或免于处罚；拒绝改正申报差错或经海关多次处罚仍不能如实申报的，除从重处罚外，海关可视情节暂停其报关资格和吊销有关报关员的报关员证书。

资料来源：中国外向型企业网

第二节 海关稽查制度

一、海关稽查概述

《中华人民共和国海关稽查条例》[①]规定，海关稽查是指海关在规定期限内，对被稽查人的会计账簿、会计凭证、报关单证以及其他有关资料(以下统称账簿、单证等有关资料)和有关进出口货物进行核查，以监督被稽查人进出口活动的真实性和合法性。

海关稽查直接作用于被稽查人(企业、单位)，通过对被稽查人的会计资料、报关单证及其他相关资料和进出口货物的稽核，监督被稽查人进出口活动的真实性、合法性。其最终目标是通过有计划、分步骤的海关稽查，全面规范企业的进出口行为，提高进出口企业守法自律意识，防范或减少企业违法行为的发生，维护正常的进出口秩序。

对于一般进出口货物，海关的稽查期限是自货物放行之日起 3 年内；对于保税货物、特定减免税进口货物、暂准进出境货物等，海关的稽查期限是海关监管期限及其后的 3 年内。

二、海关稽查制度的基本内容

(一) 海关稽查的对象

1. 海关稽查的企业、单位(即被稽查人)

海关对下列与进出口活动直接有关的企业、单位实施稽查：

- 从事对外贸易的企业、单位；
- 从事保税加工业务的企业；
- 经营保税物流及仓储业务的企业；
- 使用或经营减免税进口货物的企业、单位，包括外商投资企业、使用减免税进口物质的企业、单位；
- 报关企业；
- 海关总署规定的从事与进出口活动直接相关的其他企业、单位。

2. 海关稽查所涉及的进出口活动

根据《稽查条例》，海关对被稽查人实施稽查所涉及的进出口活动包括：

- 进出口申报；
- 进出口关税和其他税费的缴纳；
- 进出口许可证件的交验；
- 与进出口货物有关资料的记载、保管；
- 保税货物的进口、使用、储存、加工、销售、运输、展示和复出口；
- 减免税进口货物的使用、管理；
- 转关运输货物的承运、管理；
- 暂准进出境货物的使用、管理；

---

① 中华人民共和国海关总署：海关法规—行政法规，http://www.customs.gov.cn，1997-1-3。

- 其他进出口活动。

（二）海关稽查的处理

1. 经海关稽查，发现关税或者其他进口环节的税收少征或漏征的，由海关依照在《海关法》和《海关行政处罚实施条例》的规定向被稽查人补征；因被稽查人违反规定而造成少征或漏征的，由海关依法向被稽查人追征；被稽查人在海关规定的期限内仍未缴纳税款的，海关可以依法采取强制执行措施。

2. 封存的有关进出口货物，经海关稽查排除违法嫌疑的，海关应当立即解除封存；经海关稽查认定违法的，由海关依照《海关法》和《海关行政处罚实施条例》的规定处理。

3. 经海关稽查，认定被稽查人有违反海关监管的行为的，由海关依照《海关法》和《海关行政处罚实施条例》的规定处理。

4. 经海关稽查，发现被稽查人有走私行为，构成犯罪的，依法追究刑事责任；尚不构成犯罪的，由海关依法处理。

5. 海关通过稽查决定补征或者追征的税款、没收的走私货物和违法所得以及收缴的罚款，全部上缴国库。

6. 被稽查人同海关发生纳税争议的，依照《海关法》的规定办理。

（三）被稽查人的法律责任

（1）被稽查人有下列行为之一的，海关应当制发"限期改正通知书"交被稽查人，责令其限期改正。逾期不改的，海关处 1 万元以上 3 万元以下的罚款；情节严重的，海关取消其报关资格，并对负有直接责任的主管人员和其他直接责任人员处 1 000 元以上 5 000 元以下的罚款。

- 向海关提供虚假情况或者隐瞒重要事实的；
- 拒绝、拖延向海关提供账簿、单证等有关资料的；
- 转移、隐匿、篡改、毁弃账簿、单证等有关资料的。

（2）被稽查人未按照规定设置或者编制账簿、单证等有关资料的，海关应当制发《限期改正通知书》交被稽查人，责令其限期改正。逾期不改的，海关处 1 万元以上 5 万元以下罚款；情节严重的，海关取消其报关资格，并对负有直接责任的主管人员和其他直接责任人员处 1 000 元以上 5 000 元以下罚款。

综合案例 10－1

涉嫌违法货物无法扣留，海关是否有权收取担保

某年 4 月 18 日，汇丰化工有限公司（以下简称"汇丰公司"）向某海关申领 B**** 8100002 号来料加工手册，此后，汇丰公司持该手册以加工贸易方式陆续进口高密度聚乙烯原料 150 吨。某年 11 月 15 日，某海关经稽查发现，汇丰公司进口保税料件存在数量短少情形。经进一步核查汇丰公司来料加工料件库存情况、合同执行情况以及国产料件采购情况，某海关确认该公司进口的聚乙烯原料数量短少 55 吨，同时掌握了上述短少料件已有部分在国内销售的初步证据。在此情况下，某海关以涉嫌擅自销售保税料件为由对汇丰公司立案调查，同时依法扣留了涉案进口原料及库存成品；鉴于手册项下进口的 55 吨高密度聚乙烯原料去向不明（有可能已被汇丰公司擅自销售）无法扣留，某海关向汇丰公司收取上述货物等值价款人民币 65 万元作为案件保证金。

行政复议情况如下：

汇丰公司对某海关扣留其涉案进口原料及库存成品的强制措施未提出异议，但不服海关收取案件保证金的具体行政行为。12 月 8 日，汇丰公司就此向某海关的上一级海关申请行政复议。汇丰公司在《复议申请书》中称：该公司除开展进料加工业务外还从事一般贸易（将一般贸易进口聚乙烯的加工制成品在国内销售），

一般贸易与加工贸易进口原料存放于同一库房，两种料件未严格区分、不当串换可能是造成保税料件数量短少的主要原因；该公司内部管理确实存在疏漏，但并未实施擅自内销保税料件的违法行为。对于某海关出于案件调查需要扣留涉案货物的做法，该公司可以理解并予以配合，但不能接受海关额外收取案件保证金的决定。上述决定缺乏法律依据、加重企业经济负担，侵犯其合法权益，请复议机关依法撤销某海关收取担保的具体行政行为，发还有关钱款。

复议机关经审理认为，海关扣留有走私嫌疑或者违反海关法或其他有关法律、行政法规的货物、物品、运输工具，是《海关法》赋予海关的法定职权；涉嫌违法货物、物品、运输工具无法或者不便扣留的，海关向当事人或运输工具承运人收取等值担保亦于法有据。本案中，某海关在有证据显示汇丰公司涉嫌擅自销售保税料件的情况下，就无法扣留的涉案聚乙烯向该公司收取等值钱款作为担保，符合《海关法》和《海关行政处罚实施条例》的有关规定，并无违法或不当情形。上述保证金的最终处理结果取决于汇丰公司的涉案行为是否违法，申请人在有关案件尚未审理终结的情况下要求发还保证金于法无据，不予支持。次年1月13日，复议机关对本案作出行政复议决定，维持某海关收取担保的具体行政行为。

资料来源：中国审计网外贸频道。

第三节　海关事务担保制度

一、海关事务担保概述

海关事务担保，是指与进出境活动有关的自然人、法人或者其他组织在向海关申请从事特定的进出境经营业务或者办理特定的海关事务时，以向海关提交现金、保涵等方式，保证行为的合法性，或保证在一定期限内履行其承诺的义务的法律行为。

对进出境海关事务的担保制度，从本质上讲，是海关支持和促进对外贸易发展和科技文化交流的措施，有利于既保障国家利益不被侵害，又便利进出境经营业务，提高通关效率，保障海关监督管理。同时，担保制度对进出境活动的当事人也将产生较强的制约作用，促进企业守法自律，按时履行其承诺的诸如补充单证、补缴税款、按规定复出(进)口等义务。

二、海关事务担保制度的基本内容

(一) 海关事务担保适用的范围

海关事务担保在关税征收、通关放行、保税监管等海关业务环节被广泛应用。为了使当事人获得快速通关、办理特定海关业务以及免于扣留财产等便利，《中华人民共和国海关事务担保条例》(以下简称《担保条例》)[①]主要规定了三种情形下的海关事务担保：一是申请提前放行货物的担保，即在办结商品归类、估价和提供有效报关单证等海关手续前，当事人向海关提供与应纳税款相适应的担保，申请获得通关便利，由海关提前放行货物。二是当事人申请办理特定海关业务的担保，即当事人在申请办理内地往来港澳货物运输；办理货物、物品暂时进出境；将海关监管货物抵押或者暂时存放海关监管区外等特定业务时，根据海关监管需要或者税收风险大小向海关提供的担保。三是海关行政管理过程中的担保，即海关发现纳税义务人在纳税期限内有明显的转移、藏匿财产迹象，要求纳税义务人提供的担保；海关依法扣留、封存有违法嫌疑的货物、物品、运输工具，当事人申请免予或者解除扣留、封存向海关提供的担保；以及

① 中华人民共和国海关总署：海关法规—行政法规，http://www.customs.gov.cn，2010-9-14。

受海关处罚的当事人或者相关人员在未了结行政处罚前出境,依法提供的担保等。同时,还明确规定了不予担保的情形。详见表 10 - 3。

表 10 - 3 **海关事务担保范围**

一般适用	(1) 进出口货物的商品归类、完税价格、原产地尚未确定的; (2) 有效报关单证尚未提供的; (3) 在纳税期限内税款尚未缴纳的; (4) 滞报金尚未缴纳的; (5) 其他海关手续尚未办结的
特定适用	(1) 运输企业承担来往内地与港澳公路货物运输、承担海关监管货物境内公路运输的; (2) 货物、物品暂时进出境的; (3) 货物进境修理和出境加工的; (4) 租赁货物进口的; (5) 货物和运输工具过境的; (6) 将海关监管货物暂时存放在海关监管区外的; (7) 将海关监管货物向金融机构抵押的; (8) 为保税货物办理有关海关业务的
特殊适用	(1) 进出口货物的纳税义务人在规定的纳税期限内有明显的转移、藏匿其应税货物以及其他财产的迹象的; (2) 申请免予扣留或者放行有侵犯知识产权嫌疑的进出口货物的; (3) 有违法嫌疑,但无法或者不便扣留的; (4) 进口已采取临时反倾销措施、临时反补贴措施的货物应当提供担保的,或者进出口货物收发货人、知识产权权利人申请办理知识产权海关保护相关事务; (5) 受海关行政处罚的境内没有永久住所的当事人,对海关的处罚决定不服或者在离境前不能缴清罚款、违法所得和依法超缴的货物、物品或运输工具的等值价款的
不予适用	(1) 国家对进出境货物、物品有限制性规定,应当提供许可证件而不能提供的; (2) 有违法嫌疑的货物、物品、运输工具属于禁止进出境、必须以原物作为证据或者依法应当予以没收的

《担保条例》对当事人办理海关事务担保还规定了以下便利措施。

一是免除担保。为顺应国际贸易便利化的要求,对连续两年通过海关验证稽查、年度进出口报关差错率在 3%以下、没有拖欠应纳税款、没有受到海关行政处罚以及在相关行政管理部门无不良记录、没有被追究刑事责任的当事人,《担保条例》规定,当事人可以向直属海关申请免除担保,并按照海关规定办理有关手续。但同时规定,海关对享受免除担保待遇的进出口企业实行动态管理,即当事人不再符合上述条件时,海关应当停止其享受免除担保的待遇。

二是总担保。为了使进出口货物品种、数量相对稳定且业务频繁的企业免于反复办理担保,《担保条例》规定,当事人在一定期限内多次办理同一类海关事务的,可以向海关申请提供总担保;提供总担保后,当事人办理该类海关事务,不再单独提供担保。

在确定担保金额方面,《担保条例》坚持的原则是既要保证国家税收不受损失,又不能增加当事人的经济负担。根据海关总署关于知识产权海关保护总担保的公告,总担保的担保金额应相当于知识产权权利人上一年度向海关申请扣留侵权嫌疑货物后发生的仓储、保管和处置等费用之和。

(二) 海关事务担保的方式

海关事务担保是由当事人以财产、权利向海关提供担保。《海关法》第六十八条列明的财产、权利主要包括人民币、可自由兑换的货币、银行或者非银行金融机构的保函以及汇票、本票、支票、存单、债券等。据此,海关事务担保的方式有以下几种。

1. 以人民币、可自由兑换的货币提供担保

人民币是我国的法定货币,支付我国境内的一切公共的和私人的债务,任何单位或个人均不能拒收。可自由兑换货币,指国家外汇管理局公布挂牌的作为国际支付手段的外币现钞。

2. 以汇票、本票、支票、债券、存单提供担保

汇票是指由出票人签发的委托付款人在见票时或者在指定日期无条件支付确定的金额给收款人或持票人的票据;本票是指由出票人签发的,承诺自己在见票时无条件支付确定的金额给收款人或持票人的票据;支票是指由出票人签发的,委托办理支票存款业务的银行或者其他金融机构在见票时无条件付款确定的金额给收款人或持票人的票据;债券是指依法发行的,约定在一定期限还本付息的有价证券,包括国库券、企业债券、金融债券等;存单是指储蓄机构发给存款人的证明其债权的单据。此外,本项可担保的权利还包括外币支付凭证、外币有价证券等。

3. 银行或非银行金融机构出具的保函

保函,即法律上的保证,属于人的担保范畴,不以具体的财产提供担保,而是以保证人的信誉和不特定的财产为他人的债务提供担保;保证人必须是第三人;保证人应当具有清偿债务的能力。中国人民银行作为中央银行不能为任何人和单位提供担保,故不属于担保银行的范畴。

海关应当自收到当事人提交的材料之日起 5 个工作日内对作为担保物的财产、权利进行审核,并决定是否接受担保。当事人申请办理总担保的,海关应当在 10 个工作日内审核并决定是否接受担保。

(三) 海关事务担保的实施

1. 担保资金的使用

海关依法收取的担保资金,根据担保业务性质的不同分为保证金、风险担保金和抵押金 3 种。

(1) 保证金适用以下情形:

- 海关尚未确定商品归类、完税价格、原产地、进口货物物品数量等征税要件的;
- 正在海关办理减免税审批手续的;
- 申请延期缴纳税款的;
- 暂时进出境的;
- 进境修理和出境加工的;
- 因残损、品质不良或者规格不符,纳税义务人申报进口或者出口无代价抵偿货物时,原进口货物尚未退运出境或者放弃交由海关处理的,或者原出口货物尚未退运进境的;
- 对缉私、稽查缴获的货物执行风险较大的追补税款情事的;
- 其他按照有关规定应当收取税款保证金的情形。

(2) 风险担保金适用以下情形:

- 对实施联网监管的相关加工贸易企业收取的风险担保金;
- 对加工贸易货物物品备案征收的风险担保金;
- 对同一经营单位申请将剩余料件结转到另一加工厂收取风险担保金;
- 对从事转关运输的企业收取的风险担保金;

- 对加工区之间往来的货物物品不能按照转关运输办理的企业收取的风险担保金；
- 对进口货物收货人在申请减免滞报金期间因故需先行提取货物收取的风险担保金；
- 对租赁进出口货物物品收取的风险担保金；
- 其他按照有关规定收取的风险担保金。

(3) 抵押金适用以下情形：

- 对无法或者不便扣留的货物，物品或者运输工具收取的等值抵押金；
- 对受海关处罚，在出境前未交清罚款、违法所得和依法追缴的货物、物品、走私运输工具的等值价款的当事人收取的抵押金；
- 对涉及知识产权保护收取的抵押金；
- 其他按照有关规定收取的抵押金。

2. 保证函(担保函)的使用

除上述须用担保资金申请担保的以外，担保人均可以保证函方式申请担保。适用AA类、A类管理的企业按规定允许担保的货物，海关凭企业提交的保证函验放，免收保证金。

3. 担保的作出

以担保资金方式申请担保的，由担保人向海关缴纳相当于有关货物进口税费等额的保证金。海关担保资金金额一般应按人民币计算收取。对能开设外汇(钞)账户的币种，可按其本位币收取，退还时按原币种退还。海关业务部门向相关人收取担保资金后，应开具“海关保证金、风险担保金、抵押金收据”，并注明担保资金类别。

以保证函方式申请担保的，由担保人按照海关规定的格式填写保证函一式两份，并加盖担保人印章，一份交海关备案，一份留存。

4. 担保的销案

在一般情况下，担保期不得超过20天。否则，海关将对有关进出口货物按规定处理。遇有特殊情况时，应在担保期内向海关申请延长担保期限，由海关审核批准展期。暂时进口货物的担保期限按照海关对暂时进口货物监管制度的有关规定执行，一般是在货物进口之日起6个月内。

担保人必须于规定的担保期限届满前，凭“保证金收据”或留存的“保证函”办理销案手续。在担保人履行了向海关承诺的义务后，海关将退还担保人已缴纳的担保资金，或注销已提交的保证函。至此，担保人的担保义务予以解除。

对以担保资金方式提供担保的，其退还须按下列规定办理：

(1) 当事人在担保期内履行纳税义务的，海关业务部门应自纳税人履行纳税义务之日起3个工作日内书面通知当事人办理退款手续。退款应通过银行转账办理，无法办理银行转账的可以退还现金。

(2) 自退还通知书开出之日起超过60天当事人未办理退款手续的，海关业务部门负责发布公告。自公告之日起超过90天当事人仍未办理退款手续的，海关视同放弃资金上缴国库。

综合案例 10－2

出口货物侵权海关处理案

2009年5月16日，佛山市某进出口公司以一般贸易方式向海关申报出口旅行袋、沙滩鞋、太阳眼镜等两票货物。经查，除上述申报的货物外，还有部分货物一批未向海关申报，货值为人民币143 704.3元，同时未申报的货物中夹有侵犯知识产权的 NIKE 牌手表、SEIKO 牌手表、SEIKO 牌表带、SONY 牌收录机、SONY 牌耳塞、ROLEX 牌手表、卡西欧牌手表、东方牌表、乐声牌电池，涉及货值为人民币 94 348.00 元。

该进出口公司在未取得权利人精工株式会社、耐克国际有限公司、日本索尼株式会社等公司授权或许可，及无法提交合法使用卡西欧牌手表、东方牌手表、乐声牌电池的证明文件的情况下，擅自出口受知识产权海关保护的货物，已构成侵权行为。

根据《中华人民共和国海关法》第九十一条之规定，佛山海关作出决定，没收上述侵权货物，并对该进出口公司罚款人民币 9 000 元。没收的侵权货物已于 2009 年 9 月 24 日销毁。

【案件说明】

1. 此案存在两种违法事实，且违反了两个范畴的法律规范：一是向海关申报不实的违法事实，违反了《海关法》的有关规定，属一般法律范畴；二是侵犯了知识产权的违法事实，违反了《海关知识产权保护条例》的有关规定，属特殊法律范畴。与一般的侵权案件不同的是，侵权的货物未向海关申报。一般行政案件的立案程序与知识产权案件的立案程序有所不同：一般案件案发当天即可立案；而知识产权案件的立案时限较长些，要在权利人提出权利申请后方可立案。对此案，海关可以不走侵权程序，应先以申报不实(因不涉证不涉税)立案，定性违规，课处当事人等值以下罚款。同时，对侵权货物予以没收。这样，既可以减少办案时限，提高工作效率，又可以减少当事人的担保负担，保护其合法权益。

2. 以担保书的形式取代担保金。《海关知识产权保护条例》所规定的收取担保金的意义在于：一是保护当事人的合法权益；二是维护国家的利益。收取担保金的前提应是在难以判断货物是否侵权，也就是说易产生侵权争议的情况下采取的一种对双方当事人权益以及海关执法的保护措施。在办理的此侵权案件中，当事人屡屡提出，作为一家品牌权利公司，每年用来在各个口岸提交担保金的负担相当沉重，海关应以其公司的信誉为主，且有权利人提出其他海关已有采取担保函代替担保金的担保形式出现。在此案中，海关虽然不是知识产权的最终认定机关，但双方均已承认侵权和被侵权，即海关阶段已可确定为明显侵权行为的情况下，担保金的收取金额可以予以适当的照顾，从而减少权利人的负担。

3. 担保金收取标准的问题。以侵权的劳力士手表为例，真品的价格约为每只人民币 10 000 元，涉案货物数量为 1 052 只；伪造品的价格只需要人民币 11 元左右；按真品收不利于权利人，按伪造品收不利于海关自身(即存在所交的担保金是否足够支付仓储、销毁费用的问题)。对于此类明显侵权，且货物真伪价格相差甚远的案件，在确定价格方面，海关存在一定的风险。类似此类明显侵权的案件，不应局限于《海关知识产权保护条例》规定的以进口货物到岸价格或出口货物离岸价格等值的价格来收取，以保证足以支付仓储费、销毁费的标准收取更为适宜。

资料来源：中国海关律师网(有改写)。

第四节　知识产权海关保护制度

一、知识产权海关保护概述

世贸组织规定的知识产权范围包括版权、著作权、商标权、地理标志权、工业品外观设计权、专利权、集中电路布图设计权、专利权、集成电路布图设计权、未披露过的信息专用权。我国《知识产权海关保护条例》[①]规定的知识产权范围包括商标权、著作权、专利权。该条例将知识产权海关保护定义为海关对与进出口货物有关并受中华人民共和国法律、行政法规保护的

① 中华人民共和国海关总署：海关法规—行政法规，http://www.customs.gov.cn，2003-12-2。

商标专用权、著作权和与著作权有关的权利、专利权实施的保护。同时规定，侵犯受法律、行政法规保护的知识产权的货物禁止进出口。

知识产权海关保护的作用是通过保护与进出口货物有关的知识产权来履行我国作为世界贸易组织成员国应尽的义务；通过保护与进出口货物有关的知识产权来规范进出口秩序。

二、知识产权海关保护制度的基本内容

(一) 知识产权海关保护的备案申请

知识产权海关保护备案的申请人应为知识产权权利人或者知识产权权利人委托的代理人。知识产权权利人向海关总署申请知识产权海关保护备案的，应当向海关总署提交申请书(申请备案的每一项知识产权单独提交一份申请书)，同时随附以下文件、证据：知识产权权利人个人身份证件的复印件、工商营业执照的复印件或者其他注册登记文件的复印件；商标注册、著作、专利权证明或证书；知识产权权利人许可他人使用注册商标、作品或者实施专利的许可合同；知识产权权利人合法行使知识产权的货物及其包装的照片；已知的侵权货物进出口的证据；海关总署认为需要提交的其他文件或者证据。

上述文件和证据应当齐全、真实和有效。海关总署应当自收到申请人全部申请文件之日起 30 个工作日内作出是否准予备案的决定(备案费为每件 800 元)，并书面通知申请人。不予备案的，海关须说明理由。

(1) 不予备案情形：申请文件不齐或无效的；申请人不是知识产权权利人的；知识产权不再受法律、行政法规保护的。

(2) 备案时效：10 年。期满前 6 个月申请续展，续展备案的有效期为 10 年。

(3) 备案的变更和撤销：发生变化之日起 30 个工作日内，向海关总署办理变更或注销手续。

(二) 扣留侵权嫌疑货物的申请

知识产权权利人发现侵权嫌疑货物(已备案或尚未备案)即将进出口，或者接到海关在实际监管中发现进出口货物涉嫌侵权而发出的书面通知的，可以向货物进出境地海关提出扣留侵权嫌疑货物的申请，并按规定提供相应的担保。

1. 知识产权权利人发现侵权嫌疑货物的扣留申请

知识产权权利人发现侵权嫌疑货物即将进出口，要求海关予以扣留的，应当向海关提交申请书及相关证明文件。知识产权未备案的，还应当随附备案申请的文件及证据。

申请扣留侵权嫌疑货物的证据包括：请求海关扣留的货物即将进出口；在货物上未经许可使用了侵犯其商品专用权的商标标志、作品或者实施了其专利。

知识产权权利人发现侵权嫌疑货物即将进出口，请求海关扣留侵权嫌疑货物，应当在海关规定的期限内向海关提供相当于货物价值的担保。知识产权权利人提出的申请不符合规定或者未按规定提供担保的，海关应驳回其申请并书面通知知识产权权利人。

2. 知识产权权利人接到海关发现侵权嫌疑货物通知的扣留申请

海关在监管过程中，发现进出口货物涉及在海关总署备案的知识产权且进出口商或制造商使用有关知识产权的情况未在海关总署备案的，可以要求收发货人在规定期限内申报货物的知识产权状况和提交相关证明文件。收发货人未按照有关规定申报货物知识产权状况，提交证明文件或者海关有理由认为货物涉嫌侵权的，海关应当中止放行货物并书面通知知识产

权权利人。

知识产权权利人在接到海关书面通知送达之日起 3 个工作日内应予以回复:认为有关货物侵权并要求海关予以扣留的,向海关提出扣留侵权嫌疑货物的书面申请;认为未侵权的或者不要求海关扣留的,书面说明理由。

知识产权权利人要求海关扣留侵权嫌疑货物的,应当按照以下规定向海关提供担保:

- 货物价值<2 万元人民币时,提供等值担保;
- 货物价值<20 万元人民币时,提供 50%货值但不得低于 2 万元人民币担保金;
- 货物价值>20 万元人民币时,提供 10 万元人民币担保。

知识产权权利人也可以向海关总署提供总担保,但不得低于人民币 20 万元。在海关总署备案的商标专用权的知识产权权利人,经海关总署核准可以向海关总署提交银行或者非银行金融机构出具的保函,为其向海关申请商标专用权海关保护措施提供总担保。总担保只限于知识产权权利人在一定时间内因多次向海关提出扣留涉嫌侵权申请(主动保护)的情事。

知识产权权利人不申请或不提供担保的,海关则放行货物。

(三) 海关对侵权嫌疑货物的调查处理

知识产权权利人申请扣留侵权嫌疑货物并提供担保的,海关应当扣留侵权嫌疑货物并向相关当事人制发通知和扣留凭单。

海关对扣留的侵权嫌疑货物进行调查,不能认定货物是否侵犯有关知识产权的,应当自扣留侵权嫌疑货物之日起 30 个工作日内书面通知知识产权权利人和收发货人。海关进行调查时,可以向有关知识产权主管部门咨询,知识产权权利人和收发货人应当予以配合。知识产权权利人和收发货人达成协议,要求海关解除扣留侵权嫌疑货物的,海关可以终止调查。

海关自扣留侵权嫌疑货物之日起 20 个工作日内,未收到人民法院协助扣押通知或者知识产权权利人要求海关放行有关货物的,海关应当放行货物;海关不能认定货物是否侵权,收发货人可以申请具保放行;海关不能认定货物是否侵权,权利人可以向人民法院申请采取责令停止侵权行为或者财产保全的措施;侵权人具保请求放行的,海关应当放行(海关在调查期间认定侵犯有关专利权的除外)。

被扣留的侵权嫌疑货物,海关经调查后认定侵犯知识产权的,予以没收。没收的货物或用于公益事业或被拍卖(清除货物或包装的侵权特征)或销毁(不能完全清除侵权特征的)。

(四) 知识产权权利人应承担的责任

- 海关依法扣留的,知识产权人应当支付仓储、保管、处置费。未支付的,可从其担保金中予以扣除,或要求担保人履行有关担保责任。嫌疑货物被认定为侵权的,权利人可以将所有费用计入其为制止侵权行为所支付的合理开支。
- 海关接受备案申请后,因知识产权人未提供确切情况而未能发现侵权货物、未能及时采取保护措施或者采取保护措施不力的,由知识产权人自行承担责任。
- 知识产权人要求扣留,海关不能认定或法院判定不侵权的,知识产权人应当承担赔偿责任。

海关没收侵权货物的,应当在货物处置完毕并结清有关费用后,向知识产权权利人退还担保金或者解除担保人的担保责任。

综合案例 10－3

宁波海关保护知识产权案例

为打击侵犯奥林匹克标志专有权违法活动，保护奥运相关知识产权，为北京奥运会的成功举办创造良好的赛场外环境，宁波海关将保护奥林匹克标志专有权作为 2008 年知识产权保护工作的重点，开展了“保护奥林匹克标志专有权专项行动”。2008 年，该关共查获侵犯奥林匹克标志专有权案件 7 起，涉及货物数量17 721 件，价值人民币 157 多万元。

2008 年 3 月 17 日，深圳某公司在宁波海关隶属北仑海关申报出口自行车的报关单引起审单关员的注意，这批自行车用 10 个集装箱装运，申报数量达 10 000 辆。经过审单关员对该份报关单内容的细致分析，发现该批自行车存在较高的侵权风险。于是该关对这批自行车进行了查验，发现这 10 000 辆自行车的外包装上、车架上均标有“OLYMPIC”标志，存在侵权嫌疑，经与第 29 届奥林匹克运动会组织委员会联系，确认该批货物未经合法授权。宁波海关依法扣留了该批货物，并作出了没收货物并处以罚款的行政处罚决定。

资料来源：海关统计资讯网。

综合案例 10－4

上海海关查获出口侵犯“SUNWATT 及图形”商标电池案

（一）案件基本情况

2008 年 1 月 18 日，杭州某公司向上海海关申报出口一批原电池及原电池组。审单关员在审核单证时发现了疑点，下达了布控指令。查验关员开箱后，发现集装箱入口处堆放着标有未在海关总署备案的标识的电池。根据以往查获侵权案件的经验，查验关员决定向集装箱中部和底部继续深入检查，并在集装箱后部发现大量标有“SUNWATT 及图形”商标的电池，5 个集装箱内共计装有涉嫌侵权电池 138 万余粒。经权利人广西梧州新华电池股份有限公司鉴定，确认该批货物侵权。海关进行调查后依法对当事人作出没收侵权货物并处罚款的行政处罚决定。

（二）推荐 2008 海关保护知识产权十佳案例理由

1. 该案是上海海关开展风险分析，主动布控查获的一起典型案件。近年来，该关加大了对现场一线关员的知识产权培训力度，特别是加大了对现场单证审核人员的培训，有针对性地将侵权高发货物、高发企业以及目的国等信息向现场关员传授，进一步提高了现场关员的查缉技能。

2. 该案涉及的货物数量大、案值高。海关成功查处此案，不仅保护了国内知识产权权利人的合法权益，也有效维护了公平竞争的外贸秩序，对国内生产及进出口企业起到了良好的警示及宣传效果。

资料来源：海关统计资讯网。

第五节　海关行政处罚制度

一、海关行政处罚概述

《中华人民共和国海关行政处罚实施条例》[①]规定，海关行政处罚是指海关根据法律授予的行政处罚权利，对公民、法人或者其他组织违反海关法律、行政法规，依法不追究刑事责任的

① 见中华人民共和国海关总署网站，海关法规—行政法规，http://www.customs.gov.cn。该条例于 2004 年 9 月 19 日发布，2004 年 11 月 1 日起施行。

走私行为和违反海关监管规定的行为,以及法律、行政法规规定由海关实施行政处罚的行为所实施的一种行政制裁。对于应追究刑事法律责任的违反海关法的行为不能以罚代刑,即不能用海关行政处罚代替刑事处罚。

海关行政处罚要遵循公正、公开原则;法定原则;处罚与教育相结合的原则以及救济原则(即行为人受到处罚,可以进行行政申诉、行政复议、行政诉讼和行政赔偿)。

二、海关行政处罚制度的基本内容

(一)海关行政处罚的范围

海关行政处罚的范围包括依法不追究刑事责任的走私行为、按走私行为论处的行为以及违反海关监管规定的行为,具体见表10-4。

表10-4 海关行政处罚的范围

不追究刑事责任的走私行为	① 未经国务院或国务院授权的机关批准,从未设立海关的地点运输、携带国家禁止或者限制进出境的货物、物品或者依法应当缴纳税款的货物、物品进出境; ② 经过设立海关的地点,以藏匿、伪装、瞒报、伪报或者其他方式逃避海关监管,运输、携带、邮寄国家禁止或者限制进出境的货物、物品或者依法应当缴纳税款的货物、物品进出境的; ③使用伪造、变造的手册、单证、印章、账册、电子数据或者以其他方式逃避海关监管,擅自将海关监管货物、物品、进出境的运输工具,在境内销售的(任何方式违规在境内销售的); ④ 使用伪造、变造的手册、单证、印章、账册、电子数据或者以伪报加工贸易制成品单位耗料量等方式,致使海关监管货物、物品脱离监管的; ⑤ 以藏匿、伪装、瞒报、伪报或者其他方式逃避海关监管,擅自将保税区、出口加工区等海关特殊监管区域内的海关监管货物、物品运往区外的; ⑥ 有逃避海关监管,构成走私的其他行为的
按走私行为论处的行为	① 明知是走私进口的货物、物品,直接向走私人非法收购的; ② 在内海、领海、界河、界湖,船舶及所载人员运输、收购、贩卖国家禁止或者限制进出境的货物物品,或者运输、收购、贩卖依法应当缴纳税款的货物,没有合法证明的; ③ 与走私人通谋为走私人提供贷款、资金、账号、发票、证明、海关单证的,与走私人通谋为走私人提供走私货物、物品的提取、发运、运输、保管、邮寄或者其他方便的,以走私的共同当事人论处
违反海关监管规定的行为	① 违反国家进出口管理规定,进出口国家禁止进出口货物的; ②违反国家进出口管理规定,进出口国家限制进出口货物或属于自动进出口许可管理的货物,进出口货物的收发货人向海关申报时不能提交许可证件的; ③ 进出口货物的品名、税则号列、数量、规格、价格、贸易方式、原产地、启运地、运抵地、最终目的地或者其他应当申报的项目未申报或者申报不实的; ④ 擅自处置监管货物,违规存放监管货物,监管货物短少、灭失,未按规定办理保税手续,单耗申报不实的,过境、转运、通运货物违规,暂时进出口货物违规以及其他货物违规的

(二)海关行政处罚的形式

- 警告,包括口头和书面警告;
- 罚款,对其中较大数额的罚款(指对公民处1万元以上罚款、对法人或者其他组织处10万元以上的罚款),在作出决定之前要告知当事人有要求听证的权利;
- 没收走私货物、物品、运输工具及违法所得;
- 撤销报关企业和海关准予从事海关监管货物的运输、储存、加工、装配、寄售、展示等业务的企业注册登记，取消报关从业资格，暂停从事有关业务或者执业；

- 取缔未经注册登记和未取得报关从业资格从事报关业务的企业和人员的有关活动。

(三) 海关行政处罚的程序

海关行政处罚的程序如下：立案——调查——审查(听证)——作出决定——执行决定。

1. 立案

海关发现公民、法人或者其他组织有依法应当由海关给予行政处罚的行为的，应当立案调查。

2. 调查取证

调查取证的手段包括查问违法嫌疑人、询问证人，依法检查运输工具和场所，查验货物、物品，或取样化验和鉴定，查询案件涉嫌单位和涉嫌人员在金融机构、邮政企业的存款及汇款，依法扣留货物、物品、运输工具、其他财产及账册、单据等资料。

调查获取的证据种类有：书证、物证、视听资料、电子数据、证人证言、化验报告、鉴定结论、当事人的陈述、查验与检查记录等。证据应当经查证属实，才能作为认定事实的根据。

调查结束的案件必须经过海关审查才能最终作决定，如果要听证，则费用由海关承担。听证的范围：海关在作出暂停从事有关业务、暂停报关执业、撤销海关注册登记、取消报关从业资格，对公民处 1 万元以上罚款，对法人或者其他组织处 10 万元以上罚款，没收有关货物物品、走私运输工具等行政处罚决定之前听证。

3. 行政处罚的决定

海关关长应当根据对行政处罚案件审查的不同结果，依法作出以下决定：

- 确有违法行为，应当给予行政处罚的，根据其情节和危害后果的轻重，做出行政处罚决定；
- 依法不予行政处罚的，做出不予行政处罚的决定；
- 符合撤销案件规定的，予以撤销；
- 符合《海关行政处罚实施条例》规定的收缴条件的，予以收缴；
- 违法行为涉嫌犯罪的，移送刑事侦查部门依法办理。

行政处罚决定书应当在宣告后当场交付当事人；当事人不在场的，海关应当在 7 日内将行政处罚决定书送达当事人。

4. 行政处罚决定的执行

(1) 执行——当事人应当在海关作出行政处罚决定后的规定期限内履行。当事人申请延期或者分期缴纳罚款的，应当以书面形式提出，海关收到后，应当在 10 个工作日内作出决定，并通知申请人，海关同意当事人暂缓或者分期缴纳的，应当及时通知收缴罚款的机构，执行完毕的期限自处罚决定书规定的履行期限届满之日起不得超过 180 天。

逾期不履行决定的，海关可采取下列措施：到期不缴纳罚款的，每日按罚款数额的 3% 加处罚款；根据海关法规定，将扣留的货物、物品、运输工具变价抵缴，或者以当事人提供的担保抵缴，还可以申请人民法院强制执行；当事人在出境前未交清罚款、违法所得和依法追缴的货物、物品、走私运输工具的等值价款的，也未向海关提供相当于上述款项担保的，海关可以制作阻止出境协助函，通知出境管理机关阻止其出境。

(2) 中止执行——下列情形应当中止执行：

- 处罚决定可能存在违法或者不当的情况的(经直属海关关长或其授权的隶属海关关长的批准)；
- 申请人民法院强制执行，人民法院裁定中止执行的；

● 行政复议机关、人民法院认为需要中止执行的;

● 其他依法应当中止的。

(3) 恢复执行——中止的情形消失后,应当恢复执行。

(4) 终结执行——有下列情形的应当终结执行:

● 据以执行的法律文书被撤销的;

● 作为当事人的自然人死亡的;

● 作为当事人的法人或者其他组织被依法终止,又无权利义务承受人的,也无其他财产可供执行的;

● 海关行政处罚决定履行期限届满超过 2 年,海关依法采取各种执行措施后仍无法执行完毕的,但是申请人民法院强制执行情形除外。

● 申请人民法院强制执行的,人民法院裁定中止执行后超过 2 年仍无法执行完毕的;

● 申请人民法院强制执行的,人民法院裁定终结执行的;

● 其他依法应当终结执行的。

案例 10－5

海关行政处罚纠纷案

上诉人(原审原告):陈少光,男,1959 年 2 月 10 日出生,泰国人,居住泰国曼谷市。

被上诉人(原审被告):中华人民共和国汕头海关。

一、案件的基本事实

1999 年 7 月 17 日,上诉人陈少光乘坐中国南方航空公司 CZ376 航班从泰国抵中国汕头机场,随身携带人民币 40 万元,经中国汕头机场海关旅检大厅进境未进行申报,被被上诉人的查验关员查获并扣押该笔款项,同时开具了 323785 号海关扣留凭单。2000 年 4 月 26 日,被上诉人作出汕关查 20009 号中华人民共和国汕头海关处罚决定书。该处罚决定书认定:陈少光于 1999 年 7 月 17 日乘坐中国南方航空公司 GZ376 航班从泰国抵汕头机场,进境时选择无申报通道,被海关从其随身携带的密码箱中查获人民币 40 万元整,其中 39.4 万元人民币没有向海关申报。以上事实,有海关旅检现场查验记录、查问笔录、相片、海关扣留凭单等证据为证。依据《中华人民共和国海关法行政处罚实施细则》第三条(二)项、第五条第一款(二)项的规定,决定没收陈少光走私进境的人民币 39.4 万元。当事人对本处罚决定不服的,可以依照《中华人民共和国海关法》第五十三条的规定,自本处罚决定书送达之日起 30 日内,直接向汕头市中级人民法院起诉;也可以依据《中华人民共和国行政复议法》第九条、第十二条的规定,自本处罚决定书送达之日起 60 日内向上一级海关(海关总署)申请复议。根据《中华人民共和国行政处罚法》第四十五条的规定,当事人对行政处罚决定不服申请行政复议或者提起行政诉讼的,行政处罚不停止执行。

陈少光不服该处罚决定,于 2000 年 6 月 2 日向汕头市中级人民法院提起诉讼。

二、裁判情况

汕头市中级人民法院审理认为,原告陈少光经中华人民共和国汕头海关实施双通道制的监管场所进境,携带国家有数量限制的人民币现钞,超过海关规定的数量、且数量显属较大,未向海关申报。在选择走无申报通道,又称绿色通道时被查获,其行为违反了《中华人民共和国海关法行政处罚实施细则》第三条第二项规定。被告中华人民共和国汕头海关的处罚决定认定事实清楚,证据充分,适用法律、法规正确,处罚程序合法,应予支持。原告认为其没有走私的故意和实施走私行为,没有走进绿色通道的意见,缺乏事实根据,理由不能成立,不予采纳。被告采用邮寄方式送达被诉具体行政行为有关的法律文书符合相关的法律规定,原告认为被告应提供送达回证,依据不足,不予支持。根据《中华人民共和国海关关于进出境旅客通关的规定》第八条第三项规定,计算确定没收原告走私人民币 39.4 万元,依据充分,程序合法,原告提出被告没收其人民币 39.4 万元没有法定依据和送达有关法律文书程序违法理由不成立,均不予采纳。判决维持海关的处罚决定。原告陈少光不服一审判决，向省法院提出上诉。省法院于2000年10月9日作出终审判决：驳回上诉，维持原判。

资料来源：中国律师网。

案例10－6

区成不服九龙海关行政处罚决定案

原告：区成，男，69岁，现住香港九龙观塘祥和苑和健阁楼294室。

被告：中华人民共和国九龙海关。

原告区成不服中华人民共和国九龙海关复议处罚决定一案，向广东省深圳市中级人民法院提出诉讼。该院依法组成合议庭，公开进行了审理，查明：

原告区成于1987年12月4日经罗湖海关入境时，未带任何玉石器用品。12月6日，原告携带玉石器317件，放在行李中，未向海关申报，经罗湖口岸"绿色通道"(即无申报物品通道)出境，通过行李机时被查获。经广东省文物管理部门鉴定，原告携带玉石器中，有玉龙带钩1件，属清初文物，禁止出境；玉带钩、白玉猴各1件，属清末文物范畴；其余314件，属现代各式特种玉石工艺品。这些玉石器，估价总值人民币9 580元。

1988年2月27日，罗湖海关作出处罚决定，认定区成违反了《中华人民共和国海关法》第二十九条第一款关于"进出境物品的所有人应当向海关如实申报，并接受海关查验"的规定。根据《中华人民共和国海关法行政处罚实施细则》(以下简称《海关法行政处罚实施细则》)第三条第(二)项的规定，区成经过设立海关的地点，以藏匿、伪装、瞒报的手法，逃避海关监管，携带国家禁止出境的物品，走"绿色通道"出境，而且携带物品的数量和价值，大大超过国家关于《来往港澳的旅客免税和征税物品限量表》规定的限量，属走私行为，依照《海关法行政处罚实施细则》第五条第(二)项的规定，决定给区成以没收所携带玉石器的处罚。

原告不服罗湖海关的处罚决定，于1988年3月3日向九龙海关申请复议。九龙海关复议认为，罗湖海关对区成的处罚决定是适当的，其申请复议的理由不能成立，决定维持原处罚决定。原告不服九龙海关的复议决定，以他所携带的玉石器都是工艺品，不是出土文物，也不是翡翠玉石，而是用山石刻制的工艺品，应当准予出境，罗湖海关没收这些物品不当为由，于1988年7月1日，向深圳市中级人民法院起诉，要求维护他的合法权益，退还被没收的原物。

深圳市中级人民法院审理认为：原告区成出境去香港时，携带的是国家禁止出境的文物和国家有数量限制出境的特种玉石工艺品，不是用山石刻制的工艺品，且混放于行李中，未向海关申报，在选走"绿色通道"时被查获，其行为违反了《海关法》第二十九条第一款和第四十八条的规定，属走私行为。被告九龙海关依照《海关法行政处罚实施细则》第三条第(二)项和第五条第(二)项的规定，作出没收原告携带的玉石器的复议决定，是正确的。综上，该院于1988年11月15日判决：

维持九龙海关作出的没收原告区成玉石器的复议决定。

本案诉讼费港币200元，由原告负担。

资料来源：中国律师之家。

关键词

海关统计　海关稽查　海关事务担保　知识产权海关保护　海关行政处罚

思考与问答

1. 海关统计的范围是什么？
2. 海关稽查的对象有哪些？
3. 什么情形下可以向海关申请海关事务担保？可以什么方式担保？
4. 我国《知识产权海关保护条例》规定的知识产权范围包括哪些？
5. 阐述海关行政处罚的含义及其范围。

全国各地海关机构设置情况

我国海关总署设在北京，由国务院直接领导，统一管理全国海关。

海关总署现设置13个司局级机构，包括：办公厅、政策法规司、关税征管司、通关管理司、监管司、综合统计司、调查局、走私犯罪侦查局、国际合作司、人事教育司、财务科技司、机关党委、督察特派员办公室。此外，海关总署还在广州设立了广东分署，作为总署的派出机构，协助总署管理广东省内的海关。

随着国家改革开放的不断变化，中国海关监督管理范围日益扩大，海关机构大量增加。1980年全国海关机构共有100个，1989年增至195个，到1999年4月，海关机构已增至345个（含筹建中的海关），其中包括分署1个、直属局级海关24个、副局级海关17个、海关院校3所；隶属副局级海关6个、正处级海关256个、副处级海关10个、科级海关28个。

1. 北京海关

为海关总署直属局级海关，下属首都机场海关、中关村海关、北京经济技术开发区海关（筹），另外，还在国际邮局设办事处。

2. 太原海关

为海关总署直属副局级海关。

3. 天津海关

为海关总署直属局级海关，下属天津新港海关、天津经济技术开发区海关、蓟县海关、天津保税区海关、东港海关、武清海关、天津机场海关。

4. 石家庄海关

为总署直属副局级海关。下属秦皇岛海关、唐山海关和保定海关。

5. 满洲里海关

为海关总署直属副局级海关，下属海拉尔海关和额尔古纳海关。

6. 呼和浩特海关

为海关总署直属副局级海关，下属二连海关和包头海关。

7. 大连海关

为海关总署直属局级海关，下属大连新港海关、营口海关、丹东海关、太平湾海关、鲅鱼圈海关、大东港海关、鞍山海关、大连经济技术开发区海关、大连保税区海关和大窑湾海关。

8. 沈阳海关

为海关总署直属副局级海关，下属锦州海关和沈阳经济技术开发区海关。

9. 长春海关

为海关总署直属局级海关，下属图们海关、集安海关、珲春海关、沙坨予海关、吉林海关、长春经济技术开发区海关、延吉海关、三合海关、南坪海关、开山屯海关、海关村海关、长白海关、临江海关。

10. 哈尔滨海关

为海关总署直属局级海关，下属绥芬河海关、黑河海关、同江海关、牡丹江海关、抚远海关、逊克海关、虎林海关、密山海关、佳木斯海关、齐齐哈尔海关、富锦海关、漠河海关、饶河海关、东宁海关、哈尔滨经济技术开发区海关。

11. 上海海关

为海关总署直属局级海关，下属浦东海关、浦江海关、吴淞海关、虹桥机场海关、上海经济技术开发区海关、奉贤海关、莘庄海关、松江海关、青浦海关、金山海关、宝山海关、嘉定海关、龙吴海关、上海外高桥保税区海关、浦东机场海关。

12. 南京海关

为海关总署直属局级海关，下属苏州海关、苏州工业园区海关、连云港海关、南通海关、张家港海关、镇江海关、无锡海关、常州海关、江阴海关、徐州海关、盐城海关、扬州海关、新生圩海关、张家港保税区海关、淮阴海关、常熟海关和太仓海关。

13. 杭州海关

为海关总署直属局级海关，下属舟山海关、温州海关、嘉兴海关、绍兴海关、海门海关、湖州海关、金华海关和杭州经济技术开发区海关。

14. 宁波海关

为海关总署直属副局级海关，下属镇海海关、北仑海关、宁波保税区海关、大榭海关。

15. 合肥海关

为海关总署直属副局级海关，下属芜湖海关、安庆海关、铜陵海关、马鞍山海关、蚌埠海关、黄山海关和阜阳海关。

16. 福州海关

为海关总署直属局级海关，下属马尾海关、莆田海关、三明海关、福清海关、宁德海关、南平海关、武夷山海关、福州保税区海关和松下港海关(筹)。

17. 厦门海关

为海关总署直属局级海关，下属泉州海关、漳州海关、石狮海关、东山海关、龙岩海关和象屿保税区海关。

18. 南昌海关

为海关总署直属副局级海关，下属九江海关、赣州海关、景德镇海关(筹)和吉安海关(筹)。

19. 青岛海关

为海关总署直属局级海关，下属烟台海关、潍坊海关、龙口海关、济南海关、淄博海关、日照海关、济宁海关、泰安海关、临沂海关、青岛经济技术开发区海关、青岛保税区海关、前湾港海关、石岛海关、流亭机场海关、东营海关、莱州海关和蓬莱海关。

20. 武汉海关

为海关总署直属局级海关，下属黄石海关、宜昌海关、荆州海关、襄樊海关和武汉经济技术开发区海关(筹)。

21. 郑州海关

为海关总署直属局级海关，下属洛阳海关和南阳海关。

22. 长沙海关

为海关总署直属局级海关，下属岳阳海关、常德海关、衡阳海关、张家界海关(筹)。

23. 广州海关

为海关总署直属局级海关，下属大铲海关、肇庆海关、佛山海关、韶关海关、南海海关、高明海关、三水海关、清远海关、白云机场海关、广州天河车站海关、从化海关、花都海关、顺德海关、番禺海关、罗定海关和云浮海关。

24. 黄埔海关

为海关总署直属副局级海关，下属太平海关、东莞海关、新塘海关、惠州海关、河源海关、黄埔老港海关、黄埔新港海关、广州保税区海关和新沙海关(筹)。

25. 深圳海关

为海关总署直属局级海关，下属罗湖海关、蛇口海关、皇岗海关、南头海关、布吉海关、沙湾海关、沙头角海关、盐田海关、梅沙海关、西沥海关、笋岗海关、大鹏海关、文锦渡海关、惠州港海关、深圳机场海关、梅林海关、同乐海关、福田保税区海关和惠东海关。

26. 拱北海关

为海关总署直属局级海关，下属中山海关、九洲海关、斗门海关、高栏海关、湾仔海关和万山海关(筹)。

27. 汕头海关

为海关总署直属局级海关,下属汕尾海关、榕城海关、潮州海关、梅州海关、饶平海关、广澳海关、外砂海关、南澳海关、汕头保税区海关和潮阳海关。

28. 江门海关

为海关总署直属副局级海关,下属台山海关、三埠海关、新会海关、鹤山海关、阳江海关、恩平海关。

29. 湛江海关

为海关总署直属副局级海关,下属茂名海关、徐闻海关。

30. 海口海关

为海关总署直属局级海关,下属三亚海关、八所海关、洋浦海关、清澜海关、海口保税区海关(筹)和洋浦经济技术开发区海关(筹)。

31. 南宁海关

为海关总署直属局级海关。下属凭祥海关、北海海关、桂林海关、梧州海关、东兴海关、防城海关、柳州海关、水口海关(筹)、贵港海关、钦州海关、友谊关海关、平而海关、科甲海关、爱店海关、岳圩海关、龙邦海关、平孟海关、硕龙海关。

32. 重庆海关

为海关总署直属局级海关,下属万县海关和重庆经济技术开发区海关。

33. 成都海关

为海关总署直属副局级海关,下属绵阳海关、乐山海关和攀枝花海关。

34. 昆明海关

为海关总署直属副局级海关,下属打洛海关、大理海关、天保海关、西双版纳海关、金水河海关、河口海关、腾冲海关、畹町海关、勐腊海关、瑞丽海关、昆明机场海关、盈江海关、章凤海关、孟连海关、孟定海关、沧源海关、南伞海关、十里村海关、山腰海关、桥头海关、都龙海关、田蓬海关、思茅海关(筹)和芒市海关(筹)。

35. 贵阳海关

为海关总署直属副局级海关。

36. 拉萨海关

为海关总署直属局级海关,下属聂拉木海关、日喀则海关、吉隆海关、狮泉河海关。

37. 兰州海关

为海关总署直属副局级海关。

38. 西安海关

为海关总署直属副局级海关,下属宝鸡海关、西安咸阳机场海关。

39. 乌鲁木齐海关

为海关总署直属局级海关,下属霍尔果斯海关、伊宁海关、喀什海关、吐尔尕特海关、红其拉甫海关、塔城海关、阿勒泰海关、阿拉山口海关、木札尔特海关(筹)、都拉塔海关(筹)、巴克图海关(筹)、伊尔克什坦海关(筹)。

40. 西宁海关

为海关总署直属副局级海关。

41. 银川海关

为海关总署直属副局级海关。

42. 上海海关高等专科学校

为海关总署直属副局级单位。

43. 中国海关管理干部学校

为海关总署直属副局级单位。

44. 秦皇岛海关学校

为海关总署直属正处级单位。

中国海关实行的企业分类管理措施目录

一、海关对进出口货物收发货人实施的分类管理措施

（一）适用AA类管理的进出口货物收发货人在海关实施A类管理措施基础上，提供以下便利：

序号	管理措施	备注
1	进出口货物报关单电子数据经海关接受申报后，在确定商品归类、海关估价和提供有效报关单证、缴清税费或者办结其他海关手续前，企业可以凭《进（出）口货物担保验放清单》先行办理担保验放手续	国家对进出境货物有限制性规定的情形除外
2	通关现场一般情况下不查验	
3	对从事加工贸易的企业，不实行银行保证金台账制度	从事限制类商品加工贸易业务的企业按照国家加工贸易政策执行
4	海关指派专人负责协调解决企业办理海关事务的疑难问题	

（二）适用A类管理的进出口货物收发货人在海关实施常规管理制度的基础上，提供以下便利：

序号	管理措施	备注
1	优先选择作为海关便捷通关试点	
2	经企业申请，海关对其实施“属地报关，口岸验放”等便捷监管模式	
3	对应当查验又不便在通关现场实施查验的进出境货物，经企业申请，海关优先派员到企业结合生产或装卸环节实施查验	
4	优先办理货物申报、查验和放行手续	
5	优先安排在非工作时间和节假日办理预约通关手续	
6	优先办理进出口商品归类和化验手续	

续表

序号	管理措施	备注
7	对从事加工贸易的企业，实行银行保证金台账“空转”	海关特殊监管区域内注册的企业除外；从事限制类商品加工贸易业务的企业按照国家加工贸易政策执行
	对从事加工贸易的企业，符合下列条件之一的，不实行银行保证金台账制度。 1. 实行海关派员驻厂监管或与主管海关实行计算机联网管理保税工厂的； 2. 从事飞机、船舶、汽车等特殊行业加工贸易的； 3. 企业年进出口额 3 000 万美元（自营生产型企业出口额 1 000 万美元）及以上，或年加工贸易出口额 1 000 万美元及以上的	从事限制类商品加工贸易业务的企业按照国家加工贸易政策执行
8	对加工贸易企业一般不下厂核查	
9	优先办理加工贸易备案、变更、报核等手续	
10	优先实行电子账册联网管理	
11	优先办理企业注册登记换证及报关员注册登记手续	

（三）适用B类管理的进出口货物收发货人，海关对其实施常规管理措施。

（四）适用C类管理进出口货物收发货人的管理措施：

序号	管理措施	备注
1	对进出口货物的价格、归类、原产地、税率、汇率等税收要素实行重点审核	
2	对进出口货物实施重点查验	
3	对从事加工贸易的企业，实行银行保证金台账“实转”	海关特殊监管区域内注册的企业在区内合同备案的除外；从事限制类商品加工贸易业务的企业按照国家加工贸易政策执行
4	加工贸易核销时实施下厂核查	
5	对进口的海关监管货物，实施实地核查	

（五）适用于D类管理进出口货物收发货人的管理措施：

序号	管理措施	备注
1	对进出口货物的价格、归类、原产地、税率、汇率等税收要素实行重点审核	
2	进出口货物原则上逐票开箱查验	

续表

序号	管理措施	备注
3	不再办理加工贸易货物备案	海关特殊监管区域内注册的企业在区内合同备案的除外
4	对已经备案的加工贸易货物，提高日常核查率，核销时实施下厂核查	
5	不得再接受经营企业委托开展加工贸易业务	
6	对进口的海关监管货物，实施实地核查	

二、海关对报关企业实施的分类管理措施

（一）适用 AA 类管理的报关企业在海关实施 A 类管理措施基础上，提供以下便利：

序号	管理措施	备注
1	海关指派专人负责协调解决企业办理海关事务的疑难问题	
2	海关根据企业申请，专门组织对该企业报关员的报关业务培训和岗位考核	

（二）适用 A 类管理的报关企业在海关实施常规管理制度的基础上，提供以下便利：

序号	管理措施	备注
1	优先办理代理报关货物的申报、查验和放行手续	
2	优先办理代理的加工贸易手册登记备案、核销、结转等手续	
3	优先安排在非工作时间和节假日办理预约通关手续	
4	优先办理报关注册登记许可延续和分支机构备案手续	
5	海关根据企业申请，优先组织对该企业报关员的报关业务培训和岗位考核	

（三）适用 B 类管理的报关企业，海关对其实施常规管理措施。

（四）适用于 C 类管理报关企业的管理措施：

序号	管理措施	备注
1	办理报关注册登记许可延续时实施重点实地核查	
2	对代理的报关业务实施重点审核	
3	对代理报关的进出口货物实施重点查验	

（五）适用于D类管理报关企业的管理措施：

序号	管理措施	备注
1	办理报关注册登记许可延期时必须实地核查	
2	对代理的报关业务实行重点审核	
3	对代理报关的进出口货物原则上逐票开箱查验	

海关总署令第221号(《中华人民共和国海关报关单位注册登记管理规定》)

《中华人民共和国海关报关单位注册登记管理规定》已于2014年2月13日经海关总署署务会议审议通过，现予公布，自公布之日起施行。2005年3月31日以海关总署令第127号发布的《中华人民共和国海关对报关单位注册登记管理规定》同时废止。

署　长

2014年3月13日

第一章　总则

第一条　为了规范海关对报关单位的注册登记管理，根据《中华人民共和国海关法》(以下简称《海关法》)以及其他有关法律和行政法规，制定本规定。

第二条　中华人民共和国海关是报关单位注册登记管理的主管机关。

第三条　报关单位办理报关业务应当遵守国家有关法律、行政法规和海关规章的规定，承担相应的法律责任。

报关单位对其所属报关人员的报关行为应当承担相应的法律责任。

第四条　除法律、行政法规或者海关规章另有规定外，办理报关业务的报关单位，应当按照本规定到海关办理注册登记。

第五条　报关单位注册登记分为报关企业注册登记和进出口货物收发货人注册登记。

报关企业应当经所在地直属海关或者其授权的隶属海关办理注册登记许可后，方能办理报关业务。

进出口货物收发货人可以直接到所在地海关办理注册登记。

报关单位应当在每年6月30日前向注册地海关提交《报关单位注册信息年度报告》。

报关单位所属人员从事报关业务的，报关单位应当到海关办理备案手续，海关予以核发证明。

报关单位可以在办理注册登记手续的同时办理所属报关人员备案。

第六条　进出口货物收发货人应当通过本单位所属的报关人员办理报关业务，或者委托海关准予注册登记的报关企业，由报关企业所属的报关人员代为办理报关业务。

海关可以将报关单位的报关业务情况以及所属报关人员的执业情况予以公布。

第七条　已经在海关办理注册登记的报关单位，再次向海关提出注册登记申请的，海关不予受理。

第二章　报关企业注册登记

第八条　报关企业应当具备下列条件：

(一) 具备境内企业法人资格条件；

(二) 法定代表人无走私记录；

(三) 无因走私违法行为被海关撤销注册登记许可记录；

(四) 有符合从事报关服务所必需的固定经营场所和设施；

(五) 海关监管所需要的其他条件。

第九条　申请报关企业注册登记许可，应当提交下列文件材料：

(一)《报关单位情况登记表》;

(二)企业法人营业执照副本复印件以及组织机构代码证书副本复印件;

(三)报关服务营业场所所有权证明或者使用权证明;

(四)其他与申请注册登记许可相关的材料。

申请人按照本条第一款规定提交复印件的,应当同时向海关交验原件。

第十条 申请人应当到所在地海关提出申请并递交申请注册登记许可材料。

直属海关应当对外公布受理申请的场所。

第十一条 申请人可以委托代理人提出注册登记许可申请。

申请人委托代理人代为提出申请的,应当出具授权委托书。

第十二条 对申请人提出的申请,海关应当根据下列情况分别作出处理:

(一)申请人不具备报关企业注册登记许可申请资格的,应当作出不予受理的决定;

(二)申请材料不齐全或者不符合法定形式的,应当当场或者在签收申请材料后五日内一次告知申请人需要补正的全部内容,逾期不告知的,自收到申请材料之日起即为受理;

(三)申请材料仅存在文字性或者技术性等可以当场更正的错误的,应当允许申请人当场更正,并且由申请人对更正内容予以签章确认;

(四)申请材料齐全、符合法定形式,或者申请人按照海关的要求提交全部补正申请材料的,应当受理报关企业注册登记许可申请,并作出受理决定。

第十三条 所在地海关受理申请后,应当根据法定条件和程序进行全面审查,并且于受理注册登记许可申请之日起 20 日内审查完毕。

直属海关未授权隶属海关办理注册登记许可的,应当自收到所在地海关报送的审查意见之日起 20 日内作出决定。

直属海关授权隶属海关办理注册登记许可的,隶属海关应当自受理或者收到所在地海关报送的审查意见之日起 20 日内作出决定。

第十四条 申请人的申请符合法定条件的,海关应当依法作出准予注册登记许可的书面决定,并送达申请人,同时核发《中华人民共和国海关报关单位注册登记证书》。

申请人的申请不符合法定条件的,海关应当依法作出不准予注册登记许可的书面决定,并且告知申请人享有依法申请行政复议或者提起行政诉讼的权利。

第十五条 报关企业在取得注册登记许可的直属海关关区外从事报关服务的,应当依法设立分支机构,并且向分支机构所在地海关备案。

报关企业在取得注册登记许可的直属海关关区内从事报关服务的,可以设立分支机构,并且向分支机构所在地海关备案。

报关企业分支机构可以在备案海关关区内从事报关服务。备案海关为隶属海关的,报关企业分支机构可以在备案海关所属直属海关关区内从事报关服务。

报关企业对其分支机构的行为承担法律责任。

第十六条 报关企业设立分支机构应当向其分支机构所在地海关提交下列备案材料:

(一)《报关单位情况登记表》;

(二)报关企业《中华人民共和国海关报关单位注册登记证书》复印件;

(三)分支机构营业执照副本复印件以及组织机构代码证书副本复印件;

(四)报关服务营业场所所有权证明复印件或者使用权证明复印件;

(五)海关要求提交的其他备案材料。

申请人按照本条第一款规定提交复印件的,应当同时向海关交验原件。

经审查符合备案条件的,海关应当核发《中华人民共和国海关报关单位注册登记证书》。

第十七条 报关企业注册登记许可期限为 2 年。被许可人需要延续注册登记许可有效期的,应当办理注册登记许可延续手续。

报关企业分支机构备案有效期为2年,报关企业分支机构应当在有效期届满前30日持本规定第十六条规定的材料到分支机构所在地海关办理换证手续。

第十八条 报关企业的企业名称、法定代表人发生变更的,应当持《报关单位情况登记表》、《中华人民共和国海关报关单位注册登记证书》、变更后的工商营业执照或者其他批准文件及复印件,以书面形式到注册地海关申请变更注册登记许可。

报关企业分支机构企业名称、企业性质、企业住所、负责人等海关备案内容发生变更的,应当自变更生效之日起30日内,持变更后的营业执照副本或者其他批准文件及复印件,到所在地海关办理变更手续。

所属报关人员备案内容发生变更的,报关企业及其分支机构应当在变更事实发生之日起30日内,持变更证明文件等相关材料到注册地海关办理变更手续。

第十九条 对被许可人提出的变更注册登记许可申请,注册地海关应当参照注册登记许可程序进行审查。经审查符合注册登记许可条件的,应当作出准予变更的决定,同时办理注册信息变更手续。

经审查不符合注册登记许可条件的,海关不予变更其注册登记许可。

第二十条 报关企业办理注册登记许可延续手续,应当在有效期届满40日前向海关提出申请,同时提交本规定第九条第一款第(一)项至第(四)项规定的文件材料。依照海关规定提交复印件的,还应当同时交验原件。

报关企业应当在办理注册登记许可延续的同时办理换领《中华人民共和国海关报关单位注册登记证书》手续。

报关企业未按照本条第一款规定的时限提出延续申请的,海关不再受理其注册登记许可延续申请。

第二十一条 海关应当参照注册登记许可程序在有效期届满前对报关企业的延续申请予以审查。经审查认定符合注册登记许可条件,以及法律、行政法规、海关规章规定的延续注册登记许可应当具备的其他条件的,应当依法作出准予延续2年有效期的决定。

海关应当在注册登记许可有效期届满前作出是否准予延续的决定。有效期届满时仍未作出决定的,视为准予延续,海关应当依法为其办理注册登记许可延续手续。

海关对不再具备注册登记许可条件,或者不符合法律、行政法规、海关规章规定的延续注册登记许可应当具备的其他条件的报关企业,不准予延续其注册登记许可。

第二十二条 有下列情形之一的,海关应当依法注销注册登记许可:

(一) 有效期届满未申请延续的;

(二) 报关企业依法终止的;

(三) 注册登记许可依法被撤销、撤回,或者注册登记许可证件依法被吊销的;

(四) 由于不可抗力导致注册登记许可事项无法实施的;

(五) 法律、行政法规规定的应当注销注册登记许可的其他情形。

海关依据本条第一款规定注销报关企业注册登记许可的,应当同时注销该报关企业设立的所有分支机构。

第三章 进出口货物收发货人注册登记

第二十三条 进出口货物收发货人应当按照规定到所在地海关办理报关单位注册登记手续。

进出口货物收发货人在海关办理注册登记后可以在中华人民共和国关境内口岸或者海关监管业务集中的地点办理本企业的报关业务。

第二十四条 进出口货物收发货人申请办理注册登记,应当提交下列文件材料,另有规定的除外:

(一)《报关单位情况登记表》;

(二) 营业执照副本复印件以及组织机构代码证书副本复印件;

(三) 对外贸易经营者备案登记表复印件或者外商投资企业(台港澳侨投资企业)批准证书复印件;

(四) 其他与注册登记有关的文件材料。

申请人按照本条第一款规定提交复印件的,应当同时向海关交验原件。

第二十五条　注册地海关依法对申请注册登记材料进行核对。经核对申请材料齐全、符合法定形式的，应当核发《中华人民共和国海关报关单位注册登记证书》。

第二十六条　除海关另有规定外，进出口货物收发货人《中华人民共和国海关报关单位注册登记证书》长期有效。

第二十七条　下列单位未取得对外贸易经营者备案登记表，按照国家有关规定需要从事非贸易性进出口活动的，应当办理临时注册登记手续：

（一）境外企业、新闻、经贸机构、文化团体等依法在中国境内设立的常驻代表机构；

（二）少量货样进出境的单位；

（三）国家机关、学校、科研院所等组织机构；

（四）临时接受捐赠、礼品、国际援助的单位；

（五）其他可以从事非贸易性进出口活动的单位。

第二十八条　临时注册登记单位在向海关申报前，应当向所在地海关办理备案手续。特殊情况下可以向拟进出境口岸或者海关监管业务集中地海关办理备案手续。

第二十九条　办理临时注册登记，应当持本单位出具的委派证明或者授权证明以及非贸易性活动证明材料。

第三十条　临时注册登记的，海关可以出具临时注册登记证明，但是不予核发注册登记证书。

临时注册登记有效期最长为 1 年，有效期届满后应当重新办理临时注册登记手续。

已经办理报关注册登记的进出口货物收发货人，海关不予办理临时注册登记手续。

第三十一条　进出口货物收发货人企业名称、企业性质、企业住所、法定代表人(负责人)等海关注册登记内容发生变更的，应当自变更生效之日起 30 日内，持变更后的营业执照副本或者其他批准文件以及复印件，到注册地海关办理变更手续。

所属报关人员发生变更的，进出口货物收发货人应当在变更事实发生之日起 30 日内，持变更证明文件等相关材料到注册地海关办理变更手续。

第三十二条　进出口货物收发货人有下列情形之一的，应当以书面形式向注册地海关办理注销手续。海关在办结有关手续后，应当依法办理注销注册登记手续。

（一）破产、解散、自行放弃报关权或者分立成两个以上新企业的；

（二）被工商行政管理机关注销登记或者吊销营业执照的；

（三）丧失独立承担责任能力的；

（四）对外贸易经营者备案登记表或者外商投资企业批准证书失效的；

（五）其他依法应当注销注册登记的情形。

进出口货物收发货人未依照本条第一款主动办理注销手续的，海关可以在办结有关手续后，依法注销其注册登记。

第四章　报关单位的管理

第三十三条　报关单位有权向海关查询其办理的报关业务情况。

第三十四条　报关单位应当妥善保管海关核发的注册登记证书等相关证明文件。发生遗失的，报关单位应当及时书面向海关报告并说明情况。

海关应当自收到情况说明之日起 20 日内予以补发相关证明文件。遗失的注册登记证书等相关证明文件在补办期间仍然处于有效期间的，报关单位可以办理报关业务。

第三十五条　报关单位向海关提交的纸质进出口货物报关单应当加盖本单位的报关专用章。

报关专用章应当按照海关总署统一规定的要求刻制。

报关企业及其分支机构的报关专用章仅限在其取得注册登记许可或者备案的直属海关关区内使用。

进出口货物收发货人的报关专用章可以在全关境内使用。

第三十六条　报关单位在办理注册登记业务时，应当对所提交的申请材料以及所填报信息内容的真实性负责并且承担法律责任。

第三十七条　海关依法对报关单位从事报关活动及其经营场所进行监督和实地检查，依法查阅或者要求报关单位报送有关材料。报关单位应当积极配合，如实提供有关情况和材料。

第三十八条　海关对报关单位办理海关业务中出现的报关差错予以记录，并且公布记录情况的查询方式。

报关单位对报关差错记录有异议的，可以自报关差错记录之日起15日内向记录海关以书面方式申请复核。

海关应当自收到书面申请之日起15日内进行复核，对记录错误的予以更正。

第五章　附则

第三十九条　报关单位、报关人员违反本规定，构成走私行为、违反海关监管规定行为或者其他违反《海关法》行为的，由海关依照《海关法》和《中华人民共和国海关行政处罚实施条例》的有关规定予以处理；构成犯罪的，依法追究刑事责任。

第四十条　报关单位有下列情形之一的，海关予以警告，责令其改正，可以处1万元以下罚款：

(一) 报关单位企业名称、企业性质、企业住所、法定代表人(负责人)等海关注册登记内容发生变更，未按照规定向海关办理变更手续的；

(二) 向海关提交的注册信息中隐瞒真实情况、弄虚作假的。

第四十一条　《中华人民共和国海关报关单位注册登记证书》、《报关单位情况登记表》、《报关单位注册信息年度报告》等法律文书以及格式文本，由海关总署另行制定公布。

第四十二条　本规定规定的期限以工作日计算，不含法定节假日、休息日。

第四十三条　本规定中下列用语的含义：

报关单位，是指按照本规定在海关注册登记的报关企业和进出口货物收发货人。

报关企业，是指按照本规定经海关准予注册登记，接受进出口货物收发货人的委托，以委托人的名义或者以自己的名义，向海关办理代理报关业务，从事报关服务的中华人民共和国关境内的企业法人。

进出口货物收发货人，是指依法直接进口或者出口货物的中华人民共和国关境内的法人、其他组织或者个人。

报关人员，是指经报关单位向海关备案，专门负责办理所在单位报关业务的人员。

报关差错率，是指报关单位被记录报关差错的总次数，除以同期申报总次数的百分比。

第四十四条　海关特殊监管区域内企业可以申请注册登记成为特殊监管区域双重身份企业，海关按照报关企业有关规定办理注册登记手续。

特殊监管区域双重身份企业在海关特殊监管区域内拥有进出口货物收发货人和报关企业双重身份，在海关特殊监管区外仅具报关企业身份。

除海关特殊监管区域双重身份企业外，报关单位不得同时在海关注册登记为进出口货物收发货人和报关企业。

第四十五条　本规定由海关总署负责解释。

第四十六条　本规定自公布之日起施行。2005年3月31日以海关总署令第127号发布的《中华人民共和国海关对报关单位注册登记管理规定》同时废止。